하이델베르크
요리문답 해설

HEIDELBERGER
KATECHISMUS

| 서철원 지음 |

머/리/말

　종교개혁의 근본진리는 이신칭의 교리이다. 오직 주 예수 그리스도와 그의 구원사역을 믿음으로 구원된다. 이것은 또 신약의 가르침의 핵심진리이다. 그러나 현금 이신칭의 교리가 많이 흔들리는 경향을 나타내므로 믿음으로 구원받는 교리를 확고히 할 필요가 있어서 이 해설집을 작성하였다.

　사람은 범죄하여 죗값을 갚을 수 없기 때문에 하나님이 성육신하셔서 사람의 죗값을 대신 갚으심으로 죄와 죽음에서 구원하셨음을 반복적으로 강조한다. 사람이나 어떤 피조물도 하나님의 공의의 법을 충족시켜 사람의 죗값을 갚을 수 없으므로 하나님이 대신 갚으셔서 구원하심을 강조한다. 따라서 사람이 선행을 행하거나 어떤 공로를 세울 수 없음을 극명하게 제시한다. 그러므로 율법을 지키거나 선행을 행해서 사람이 자신을 구원할 수 없다는 것이 전제된 진리이다.

　복음 선포에 성령이 역사하셔서 복음의 내용으로 이성을 조명하고 의지를 설득하셔서 믿음고백을 하게 하신다. 사람이 믿음고백을 하면 성령이 내주하시므로 그리스도인으로 산다. 그리스도인으로 살 때 구원의 확신 가운데 기쁨으로 산다. 따라서 하이델베르크 요리문답은 구원의 확신으로 시작한다. 그리스도를 믿음으로 그의 소유가 되어 사는 것이 죄용서와 영생을 누리는 것이므로 이것이 그리스도인의 유일한 위로라고 전개한다.

　본 요리문답은 그리스도인으로 사는 삶의 방식을 제시함으로 그리스도인으로서 구원의 확신과 기쁨 가운데 살게 한다. 또 합당한 그리스도인의 삶의 태도와 방식을 제시한다. 곧 믿음이 삶으로 구현되게 한다.

　본 요리문답 해설을 읽고 숙지하여 구원의 감격과 기쁨을 누리면서 살 수 있기를 바라는 바이다. 이렇게 살면서 계속적이고 반복적으로 "주 예수님, 내가 주를 믿습니다"라는 믿음고백을 하면 확실한 믿음의 터전 위에 살 수 있을 것이다.

　본《하이델베르크 요리문답 해설》은 종교개혁 500주년 기념물이다.

　이 요리문답을 교정해 준 아내 김정순과 출판을 위해 수고하신 쿰란출판사 직원들과 이형규 사장께 깊은 감사를 표한다.

2019년 8월 1일
해설자 서 철 원

차/례

머리말 … 2

I. 서론: 하이델베르크 요리문답 1563 … 19

II. 하이델베르크 요리문답의 내용개요 … 27

III. 하이델베르크 요리문답 해설 … 31

III-1. 유일한 위로: 물음 1-2

1. 유일한 위로 …………………………………………………… 32
   물음 1. 삶과 죽음에서 당신의 유일한 위로는 무엇입니까?
2. 유일한 위로 안에 사는 비결………………………………… 44
   물음 2. 당신이 이 위로 안에서 복되게 살고 죽을 수 있기 위해서
   당신이 꼭 알아야 할 일들이 몇 가지인가요?

III-2. 제1부 인간의 비참함에 관하여: 물음 3-11

3. 내 비참함을 아는 곳 …………………………………………… 48
   물음 3. 어디로부터 당신은 당신의 비참함을 압니까?
4. 율법은 하나님 사랑과 이웃 사랑을 요구함………………… 50
   물음 4. 하나님의 율법은 우리에게 무엇을 요구합니까?
5. 두 계명을 온전하게 지킬 수 없는 이유 …………………… 56
   물음 5. 당신은 이 모든 것을 완전하게 지킬 수 있습니까?

6. 창조 시부터 하나님과 이웃을 미워하도록 창조되었는가를 묻는다 ······ 58
   물음 6. 그러면 하나님이 인간을 이처럼 악하고 그릇되게 창조하셨
   습니까?

7. 부패한 인간 본성의 유래처 ·· 64
   물음 7. 그러면 그런 인간의 부패한 본성이 어디에서 왔습니까?

8. 거듭나기 전에는 악으로만 기울어짐 ······································· 72
   물음 8. 우리는 어떤 선에도 전혀 적합하지 않고 악으로만 기울어져
   있도록 그렇게 부패하였는지요?

9. 의도적 불순종으로 선을 행할 힘 다 상실 ······························· 75
   물음 9. 그러면 사람이 할 수 없는 것을 하나님이 율법에서 사람에게
   요구하시는 것은 부당한 것이 아닌가요?

10. 하나님이 불순종과 배반을 벌하심 ·· 81
    물음 10. 하나님은 그런 불순종과 배반을 벌하시는가요?

11. 하나님의 자비로우심과 공의로우심 ······································· 85
    물음 11. 그러면 하나님은 자비롭지 않으신가요?

Ⅲ-3. 제2부 인간의 구속에 관하여: 물음 12-25

12. 죗값을 지불해야 형벌을 면함 ·· 90
    물음 12. 그런데 하나님의 의로운 심판에 따라 우리가 시간적인 형벌과
    영원한 형벌을 받기에 합당하게 되었으면, 우리는 어떻게 이 형벌을
    피할 수 있으며 다시금 은혜에 이를 수 있는가요?

13. 언약의 조건들은 사람이 결코 지킬 수 없음 ··························· 94
    물음 13. 그러나 우리는 우리 자신이 지불할 수 있는지요?

14. 피조물은 죗값을 갚을 수 없다 ·· 96
    물음 14. 한낱 피조물이 우리를 위해 갚을 수 있습니까?
15. 참 하나님 구속주만이 우리의 구주이시다 ································ 100
    물음 15. 그러면 우리는 어떤 중보자와 구속주를 구해야 합니까?
16. 구주는 의롭고 참된 사람이어야 함 ·· 103
    물음 16. 왜 그는 참되고 의로운 사람이어야 합니까?
17. 구주가 하나님이고 사람이셔야 하는 이유 ································ 106
    물음 17. 왜 그는 동시에 참 하나님이셔야 하는가요?
18. 중보자 예수 그리스도 우리의 구주 ·· 110
    물음 18. 참 하나님이시며 동시에 참되고 의로운 사람이신 그 동일한 중보자는 누구신가요?
19. 복음에서만 구주 예수 그리스도를 바르게 앎 ·························· 113
    물음 19. 당신은 어디로부터 이것을 압니까?
20. 그리스도를 믿는 사람들만 구원받음 ·· 117
    물음 20. 그러면 모든 사람들이 아담에 의해서 상실된 것처럼 그리스도로 말미암아 다시 구원됩니까?
21. 참 믿음은 참된 지식과 심장의 신뢰로서 죄용서와 의와 구원을 선물로 받는 것임: 믿음을 지식과 찬동과 신뢰로 제시한 것은 바른 이해가 전혀 아님 ·· 121
    물음 21. 참된 믿음은 무엇입니까?
22. 복음에 약속된 것을 모두 믿어야 함 ·· 125
    물음 22. 그러나 그리스도인은 무엇을 꼭 믿어야 합니까?
23. 사도신경의 내용은 창조주, 구속주, 성령과 죄용서와 부활과 영생 등이다 ·· 127
    물음 23. 이 조항들은 어떤 것입니까?
24. 사도신경을 세 부분으로 나눔 ·· 157
    물음 24. 이 조항들은 어떻게 나뉩니까?

25. 한 하나님이 세 위격이심을 하나님이 계시하심 ·············· 161
    물음 25. 한 신적 존재만 계시는데, 왜 셋 곧 아버지와 아들과 성령을 이름합니까?

III-4.   아버지 하나님에 관하여: 물음 26-28

26. 하나님 아버지: 전능하신 창조주 ·························· 168
    물음 26. 나는 하나님 아버지, 전능하신 자, 또 하늘과 땅의 창조주를 믿는다고 말할 때 당신은 무엇을 믿습니까?
27. 하나님의 섭리로 이해되는 것들 ·························· 181
    물음 27. 당신은 하나님의 섭리를 어떻게 이해합니까?
28. 하나님의 창조와 섭리로 배우는 삶의 지혜 ············ 190
    물음 28. 하나님의 창조와 섭리에 대한 지식에서 우리가 어떤 유익을 얻습니까?

III-5.   아들 하나님에 관하여: 물음 29-52

29. 하나님의 아들 예수가 구주가 되심 ······················ 195
    물음 29. 왜 하나님의 아들이 예수 곧 구주로 불립니까?
30. 주 예수 외에 다른 존재에게서 구원을 구하는 자들은
    구세주를 믿지 않는 자들이다 ······························ 197
    물음 30. 그러면 구원을 성인들에게서나 혹은 자신에게서, 또는 다른 어떤 곳에서 구하는 그들은 유일한 구세주를 믿는 것입니까?
31. 주 예수가 그리스도이신 것은 성령으로 기름 부음 받아 대제사장과
    제물이 되어 완전히 구속하셨기 때문 ···················· 201
    물음 31. 왜 그는 그리스도, 곧 기름 부음 받은 자라고 불립니까?
32. 내가 그리스도인으로 불리게 된 이유는 믿음고백으로 그의 지체가 되고
    그의 기름 부으심에 동참하여 그의 이름을 고백하면서 살기 때문 ······ 212
    물음 32. 당신은 왜 그리스도인이라고 불립니까?

33. 그리스도는 본성적으로 영원한 아들이시다 ·················· 218
   물음 33. 우리도 하나님의 자녀들인데 왜 그는 하나님의 독생자라고
   불리는가요?
34. 그리스도가 그의 피로 나를 죄와 죽음에서 구원하시고 자기의 소유로
   삼으셨으므로 주님이라고 부른다 ······························ 221
   물음 34. 당신은 왜 그를 우리의 주님이라고 부릅니까?
35. 성령으로 잉태되시고 동정녀에게서 나심의 뜻을 물음 ·········· 225
   물음 35. 그가 성령으로 잉태되시고 동정녀 마리아에게서 나셨다는
   것은 무슨 뜻입니까?
36. 그리스도가 무흠 무죄하시므로 내 죄를 완전히 덮으심 ········· 228
   물음 36. 그리스도의 거룩한 수태와 출생으로 당신은 어떤 유익을
   얻습니까?
37. '고난 받으사'는 몸으로 하나님의 진노를 다 담당하시고 그 몸을 화목
   제물로 바치고 의와 영생을 얻어내심을 뜻함 ····················· 232
   물음 37. '고난 받으사'라는 말로 당신은 무엇을 이해하십니까?
38. 본디오 빌라도의 재판을 받으신 이유: 우리로 하나님의 심판을 면하
   도록 하기 위해서 ··· 241
   물음 38. 그는 왜 재판관 본디오 빌라도 아래서 고난당하셨습니까?
39. 십자가상 그리스도의 죽음은 내 죄를 지고 저주받아 죽은 것이므로
   가장 처참한 죽음이다 ··· 244
   물음 39. 그가 다른 죽음으로 죽은 것보다 십자가에 못 박힌 것이
   더한 것인가요?
40. 하나님의 공의대로 죗값을 갚아야 죄용서를 받을 수 있다 ········ 247
   물음 40. 왜 그리스도께서 죽음을 당하셔야 했습니까?
41. 장사지냄은 그의 죽음을 확증함 ································ 251
   물음 41. 그는 왜 묻히셨습니까?
42. 그리스도의 대속적 죽음 후에 우리도 죽어야 하는 이유 ········· 253
   물음 42. 그러면 그리스도께서 우리 위해 죽으셨는데도, 우리도 죽어

야만 하는 것은 어찌 된 것인가요?

43. 그리스도의 희생제사와 죽음으로 옛사람을 벗어나고 감사함으로 살게 함 ···260
    물음 43. 우리는 그리스도의 십자가상에서의 희생제사와 죽음으로 어떤 은택을 더 얻게 됩니까?

44. '지옥에 내려가시고'가 따라오는 것은 지옥의 고통에서 해방하였음을 밝히기 위해 ··267
    물음 44. '지옥에 내려가시고'가 왜 따라옵니까?

45. 그리스도의 부활은 의와 새 생명에 동참과 우리 부활의 보증이 됨 ······270
    물음 45. 그리스도의 부활은 우리에게 어떤 유익을 줍니까?

46. 부활 후 그리스도는 하늘로 가셔서 재림까지 그곳에 계심 ···············275
    물음 46. 그가 하늘로 올라가셨다는 것을 당신은 어떻게 이해하십니까?

47. 그리스도가 세상 끝까지 우리와 함께하심 ····································280
    물음 47. 그러면 그리스도께서 우리에게 약속하신 대로 세상 끝까지 우리와 함께 계시지 않는가요?

48. 그리스도는 신성으로 편재하시고 인성으로는 아니다 ·····················284
    물음 48. 이 방식으로 그리스도의 두 본성이 서로 분리되어 있지 않다면, 신성이 계시는 곳이면 어디든지 인성도 그곳에 계셔야 하지 않는가요?

49. 그리스도가 하늘에 오르시어 우리의 대언자가 되시고 우리의 육신을 안전하게 지키시고 또 우리를 자신에게로 올리시며 주님만을 바라게 하신다 ···288
    물음 49. 그리스도께서 하늘에 오르심이 우리에게 어떤 유익을 줍니까?

50. 하나님은 교회의 머리이신 그리스도로 말미암아 만물을 다스리심 ······293
    물음 50. 왜 그리스도가 하나님의 우편에 앉아 계신다는 것을 덧붙였습니까?

51. 교회의 머리이신 그리스도의 영광의 역사를 말함 ···························298
    물음 51. 우리의 머리이신 그리스도의 영광이 우리에게 어떤 유익을 줍니까?

52. 그리스도가 하나님의 심판을 받으심으로 나를 죄와 저주에서 구출
하시고 영광으로 인도하시고 원수들은 정죄하심 ·························· 304
　　물음 52. 죽은 자와 산 자를 심판하기 위해 그리스도께서 다시
　　오시는 것이 당신을 어떻게 위로합니까?

III-6.　성령 하나님에 관하여: 물음 53-64

53. 성령은 영원한 하나님으로서 참된 믿음으로 그리스도의 은혜에
동참하게 하시고 나를 위로하시며 나와 함께 하심을 믿는다 ············ 310
　　물음 53. 당신은 성령에 대해서 무엇을 믿습니까?
54. 그리스도는 세상 시작부터 영과 말씀으로 자기의 백성을 모으시어
교회를 세우셨는데 나는 교회의 산 지체이다 ···························· 319
　　물음 54. 당신은 거룩하고 보편적인 교회에 대하여 무엇을 믿습니까?
55. 성도들의 교제의 핵심 사항 ··· 331
　　물음 55. 성도들의 사귐을 당신은 어떻게 이해하십니까?
56. 죄들을 사해 주시는 것의 내용: 내 죄를 기억하지 않으심, 그리스도의
의를 선사하시고 결코 심판에 이르지 않게 하심 ························· 335
　　물음 56. 당신은 죄를 사해 주시는 것에 관해 무엇을 믿습니까?
57. 몸의 부활이 주는 위로 ·· 345
　　물음 57. 몸의 부활이 당신에게 어떤 위로를 줍니까?
58. 영생하여 영원히 하나님을 찬양함 ··· 349
　　물음 58. 영생에 관한 조항이 어떻게 당신을 위로합니까?
59. 하나님 앞에서 의인이고 영생의 상속자 ·································· 353
　　물음 59. 이 모든 것을 믿도록 무엇이 당신을 돕습니까?
60. 나는 죄뿐이지만 그리스도의 배상과 의와 거룩으로 의인 됨 ·········· 356
　　물음 60. 어떻게 당신은 하나님 앞에 의롭습니까?
61. 내 믿음의 가치 때문이 아니고 그리스도의 갚아주심과 의와 거룩이
　　내 의임 ··· 365
　　물음 61. 왜 당신은 오직 믿음으로만 의롭게 된다고 말합니까?

62. 우리의 최선의 선행도 불완전하고 죄로 덮여 있음 ·················· 369
    물음 62. 왜 우리의 선행들이 하나님 앞에 의가 될 수 없으며 혹 그
    일부라도 될 수 없습니까?
63. 선행에 대한 상급은 은혜일 뿐 ······························ 372
    물음 63. 우리의 선행이 아무런 공로가 되지 못해도 하나님은 현재의
    삶이나 미래 삶에서 상 주실까요?
64. 선행에 상을 주시는 것은 선행자를 방종하게 할 수 없다 ·············· 374
    물음 64. 이 가르침은 사람들을 조심성 없게 만들고 방종하게 만들지
    않겠습니까?

III-7. 거룩한 예전에 관하여: 물음 65-68

65. 구원에 동참하게 하는 믿음은 성령이 일으키심 ····················· 376
    물음 65. 믿음만이 우리를 그리스도와 그의 은택에 동참하게 만들면,
    어디에서 그런 믿음이 옵니까?
66. 성례전은 죄용서와 영생 주심을 확증하는 인장 노릇을 함 ············· 382
    물음 66. 예전들은 무엇 무엇입니까?
67. 말씀과 예전들은 그리스도의 십자가상의 죽음이 우리의 구원의
    유일한 근거임을 지시하기 위해서 세워졌음 ······················ 386
    물음 67. 그러면 두 가지, 곧 말씀과 예전이 십자가상의 그리스도의
    제사에 대한 믿음을 우리의 구원의 유일한 근거로 제시합니까?
68. 성례는 세례와 성찬뿐이다 ································· 389
    물음 68. 그리스도는 신약에서 몇 가지 성례전들을 세우셨습니까?

III-8.   거룩한 세례에 관하여: 물음 69-74

69. 세례는 그리스도께서 그의 피로 내 죄를 씻으셨다는 것을 확신시킴 ··· 391
    물음 69. 당신은 거룩한 세례에서 그리스도의 십자가상의 유일한
    제사가 유익이 된다는 것을 어떻게 기억하고 확신하게 됩니까?

70. 그리스도의 피와 성령으로 씻어진다는 것은 그의 피로 죄가 용서되고
   그 후 성령으로 새롭게 됨을 뜻한다 ··· 395
   물음 70. 그리스도의 피와 그의 영으로 씻어진다는 것은 무엇을 뜻
   합니까?
71. 세례 설립 시에 그리스도가 피와 영으로 깨끗하게 하신다고 가르침 ··· 399
   물음 71. 어디에서 그리스도께서 우리를 그의 피와 영으로 확실하게
   씻으셨다고 약속하셨습니까?
72. 죄는 그의 피로만 씻어지고 세례는 죄 씻음의 확증 ······················ 408
   물음 72. 그러면 외적으로 물로 씻음이 죄들을 씻음 자체인가요?
73. 세례를 죄 씻음과 거듭남의 씻음이라고 한 이유를 밝힘 ················ 411
   물음 73. 그러면 왜 성령이 세례를 거듭남의 씻음과 죄들을 씻어냄
   이라고 부릅니까?
74. 어린이들도 세례 받아 교회에 가담해서 불신자의 자녀와 구분되어야
   함 ·· 414
   물음 74. 어린아이들에게도 세례를 주어야 하는지요?

III-9. 그리스도의 성만찬에 관하여: 물음 75-85

75. 성만찬으로 그리스도의 속죄제사와 그 은혜에 동참 ······················ 420
   물음 75. 당신이 십자가상의 그리스도의 단 한 번의 제사와 그의 모든
   은택에 동참하게 된 것을 어떻게 성만찬에서 기억하고 확신합니까?
76. 떡과 포도주를 먹고 마심은 그의 죽음과 고난으로 죄용서와 영생을
   얻음과 성령으로 그리스도와 연합함과 그의 통치를 받는 것을 뜻함 ··· 426
   물음 76. 그리스도의 십자가에 못 박힌 몸을 먹는 것과 그의 흘리신
   피를 마시는 것은 무엇을 뜻합니까?
77. 그리스도가 그의 몸과 피로 믿는 자를 먹이고 마시게 하시는 것을
   성찬 설립에서 확실하게 밝히심 ··· 432
   물음 77. 믿는 자들이 쪼개진 빵을 먹고 잔을 마실 때 그리스도가

그것들을 확실하게 그의 몸과 피로 먹이고 마시게 하시는 것이라고
어디에서 약속하셨습니까?

78. **떡과 포도주는 사용상 그리스도의 몸과 피가 되는 상징물임** ············ 438
    물음 78. 떡과 포도주가 실제적인 그리스도의 몸과 피가 됩니까?

79. **떡과 포도주는 일시적인 영양소이고, 그리스도의 몸과 피는 영생에
    이르게 하는 양식임을 말함** ··· 441
    물음 79. 그러면 왜 그리스도께서 떡을 자기의 몸이라고 하고, 잔을
    자기의 피라고 부르고, 또는 자기의 피로 세운 새 언약이라고 하고,
    사도 바울도 예수 그리스도의 몸과 피에 동참이라고 하였습니까?

80. **주의 만찬과 교황주의자들의 미사의 차이** ································· 446
    물음 80. 주의 만찬과 교황주의자들의 미사 사이에는 어떤 차이가
    있습니까?

81. **성찬상에 나아갈 자격자들을 규정함** ·· 451
    물음 81. 누가 주의 성만찬상에 나아갈 수 있습니까?

82. **외식자들과 교회 내 불신자들은 성찬 참여를 금해야 함** ············ 455
    물음 82. 믿음고백과 삶에도 불구하고 자신을 불신자와 불경건한 자로
    나타내는 자들도 이 성찬에 허용되어야 하는지요?

83. **열쇠의 직임은 복음의 선포와 회개훈련** ···································· 460
    물음 83. 열쇠의 직임은 무엇입니까?

84. **복음 선포를 듣고 회개하고 믿으면 죄용서를 받아 하늘나라에 들어감**
    ·· 463
    물음 84. 거룩한 복음의 선포로 말미암아 어떻게 하늘나라가 열리고
    닫힙니까?

85. **하늘나라가 회개훈련으로 열리고 닫힘** ···································· 467
    물음 85. 어떻게 하늘나라가 그리스도인의 회개훈련으로 열리고
    닫힙니까?

III-10. 제3부 감사함에 관하여: 물음 86-115

86. 선행을 하는 것은 구원받았으므로 하나님께 감사하고 믿음의 열매로 믿음을 확증하고 이웃을 그리스도께 인도하기 위해서 ····················· 470

　물음 86. 우리는 아무 공로 없이 우리의 비참함에서 그리스도로 말미암아 은혜로 구속받았는데, 왜 우리는 선한 일들을 해야 합니까?

87. 회개하지도 감사하지도 않는 자들은 하나님께로 돌아갈 수 없다 ······ 475

　물음 87. 감사도 하지 않고 회개하려고도 하지 않는 행실을 하면서 하나님께로 돌아가지 않는 자들은 구원받을 수 없는지요?

88. 회개는 옛사람을 죽임과 새사람을 살림으로 성립한다 ····················· 482

　물음 88. 몇 가지 사항에서 사람의 참된 회개 혹은 돌이킴이 성립합니까?

89. 옛사람을 죽임에 대해서 해설함 ··· 486

　물음 89. 옛사람을 죽임이 무엇입니까?

90. 새사람을 살리는 것을 설명함 ··· 490

　물음 90. 새사람을 살리는 것은 무엇입니까?

91. 선한 일들은 하나님의 법에 따라 하나님께 영광이 되는 선행을 말한다
　··· 493

　물음 91. 선한 일들은 어떤 것입니까?

92. 십계명을 해설함 ··· 495

　물음 92. 주의 율법은 무엇입니까?

93. 십계명을 두 판으로 나누는 것을 해설함 ·· 522

　물음 93. 이 계명들은 어떻게 나뉘는지요?

94. 제1계명에서 하나님의 요구사항을 말함 ·· 524

　물음 94. 제1계명에서 하나님은 무엇을 요구하십니까?

95. 우상숭배의 죄악과 해악을 해설함 ·· 535

　물음 95. 우상숭배는 무엇입니까?

96. 하나님의 형상을 만들면 안 된다고 하는 계명을 해설함 ···················· 537

　물음 96. 하나님은 다른 계명에서는 무엇을 바라십니까?

97. 하나님의 형상을 만들어서 경배해도 안 된다 ················· 539
   물음 97. 그러면 사람은 결코 어떤 형상이든지 만들면 안 되는가요?
98. 하나님은 말씀으로 가르치시므로 성상이나 그림은 안 된다 ············ 542
   물음 98. 그림은 평신도의 책으로 교회에서 용납될 수 있지 않겠습니까?
99. 제3계명 하나님의 이름을 함부로 부르는 것을 금지한 계명 해설 ······· 545
   물음 99. 제3계명은 무엇을 원합니까?
100. 하나님의 이름을 모독하는 자들에게 하나님이 진노하심 ············ 550
   물음 100. 저주와 맹세로 하나님의 이름을 모독하는 것이 그렇게
   무서운 죄악인데도 이런 죄를 막지 않고 금하지 않는 자들에게
   하나님이 진노를 발하십니까?
101. 필요 시 경건하게 하나님의 이름으로 맹세할 수 있다 ·············· 552
   물음 101. 그러나 사람이 경건하게 하나님의 이름으로 맹세할 수
   있습니까?
102. 성인들이나 다른 피조물로 서약하는 것은 불가함 ················ 555
   물음 102. 우리는 성인들이나 다른 피조물들로 서약할 수 있습니까?
103. 제4계명 안식일 계명으로 원하시는 것을 해설 ··················· 558
   물음 103. 하나님은 제4계명에서 무엇을 원하십니까?
104. 제5계명 부모를 공경하라는 계명이 요구하는 것을 해설함 ········· 563
   물음 104. 하나님은 제5계명에서 무엇을 원하십니까?
105. 제6계명 살인 금지 계명으로 뜻하신 것 ························ 568
   물음 105. 하나님은 제6계명에서 무엇을 원하십니까?
106. 살인의 뿌리에 대해서도 금하심 ······························· 575
   물음 106. 이 계명은 사람을 죽이는 것에 대해서만 말합니까?
107. 이웃을 사랑할 것을 명하심 ·································· 580
   물음 107. 이미 말한 대로 우리가 우리의 이웃을 죽이지 않는 것으로
   충분하지 않습니까?
108. 간음과 음탕함을 전부 금하심 ································ 583
   물음 108. 제7계명은 무엇을 원합니까?

109. 간음 금지와 음탕한 것에서 몸과 영혼의 순결 보존을 명하심 ········· 587
   물음 109. 하나님은 이 계명에서 간통과 그런 치욕적인 범죄 외에는 아무것도 금하지 않으셨는지요?

110. 도둑질과 유사한 행동들을 다 금하심 ·· 590
   물음 110. 하나님은 제8계명에서 무엇을 금하십니까?

111. 이웃의 복지 증진과 어려운 사람을 도움 ··· 595
   물음 111. 하나님은 이 계명에서 당신에게 무엇을 명령하십니까?

112. 거짓 증거와 비방과 중상도 다 금하심 ·· 597
   물음 112. 제9계명은 무엇을 요구합니까?

113. 모든 탐욕을 금하고 모든 죄에 대해 적대적이어야 함 ····················· 604
   물음 113. 제10계명은 무엇을 원하고 있습니까?

114. 십계명은 그리스도인들이라도 온전하게 지킬 수 없음 ··················· 607
   물음 114. 하나님께로 돌이킨 사람들이 계명들을 완전하게 지킬 수 있습니까?

115. 계명들은 준수할 수 없으므로 그리스도를 믿음으로만 의를 구하도록 하심 ·· 611
   물음 115. 현재의 삶에서는 아무도 십계명을 지킬 수 없는데도 하나님은 왜 십계명을 날카롭게 전파하도록 하셨습니까?

III-11. 기도에 관하여: 물음 116-129

116. 기도는 감사의 표이고, 구하는 자들에게 선한 것을 주시는 통로임 ··· 617
   물음 116. 왜 그리스도인에게 기도가 필요합니까?

117. 모든 선한 것은 하나님께로부터 오는 것을 알고 겸손히 기도할 뿐만 아니라 그리스도의 이름으로 기도하면 응답하신다는 것을 확신해야 한다 ·· 622
   물음 117. 하나님을 기쁘시게 하고 그에게서 응답 받는 기도에는 어떤 것이 속합니까?

118. 영적, 육체적 모든 요구를 다 구하라고 명하심 ·················· 628
   물음 118. 하나님이 무엇을 구하라고 우리에게 명령하셨습니까?
119. 기도의 표준인 주기도문으로 어떻게 우리가 기도할 것인지를 교훈
   하심 ·· 630
   물음 119. 주의 기도는 무엇입니까?
120. 하나님을 아버지로 불러 기도하는 이유 ··························· 641
   물음 120. 그리스도는 왜 하나님을 '우리 아버지'라고 부르라고 명령
   하셨습니까?
121. '하늘에 계시는' 본문을 추가한 이유는 하나님의 엄위를 생각하도록
   하고 모든 필요를 채워주실 것을 믿고 기도하도록 함임 ··············· 645
   물음 121. 왜 '하늘에 계시는'을 추가하였습니까?
122. 첫 간구는 주의 이름이 거룩히 여김을 받으시는 것 ············ 647
   물음 122. 첫 번째 간구는 무엇입니까?
123. 두 번째 간구는 주의 나라가 임함을 구하는 것 ················· 653
   물음 123. 또 다른 간구는 무엇입니까?
124. 셋째 간구는 주의 뜻, 곧 백성 회복이 이루어지는 것임 ········· 658
   물음 124. 셋째 간구는 무엇입니까?
125. 넷째 간구는 일용할 양식 주시기를 구하는 것························ 663
   물음 125. 넷째 간구는 무엇입니까?
126. 우리의 죄를 사하시기를 구함 ·· 668
   물음 126. 다섯째 간구는 무엇입니까?
127. 우리를 시험에 들지 말게 하시고 악에서 구하시기를 구함 ·········· 671
   물음 127. 여섯째 간구는 무엇입니까?
128. 주기도문을 마치면서 하는 기도문 ····································· 675
   물음 128. 당신은 이 기도를 어떻게 마칩니까?
129. '아멘'이란 낱말의 뜻 ··· 678
   물음 129. '아멘'이란 낱말은 무엇을 뜻합니까?

I.

서론:
하이델베르크 요리문답 1563

Heidelberger Katechismus

　루터의 나라에서 개혁신학의 결정체라고 할 요리문답이 작성되었다. 그것이 전 세계 개혁교회의 표준적인 요리문답이 되었다. 그것도 루터교회의 신학자 멜랑톤 (Philip Melanchton)의 제자 울시누스에 의해서 개혁교회의 요리문답이 작성되었다. 이것이 하이델베르크 요리문답 (Heidelberger Katechismus)이다.

　울시누스 (Zacharias Ursinus, 1534-1583)는 루터교회에서 자라나고 루터교회의 신학으로 양육 받았는데도 하이델베르크 요리문답을 작성하였다. 그는 멜랑톤에게서 신학을 배운 후, 여러 개혁신학자들에게서 개혁신학을 익혔다. 그는 배운 개혁신학의 진수를 작은 지면들에 모았다. 이 개혁신학의 견해 때문에 하이델베르크 요리문답 작성자는 루터교회에서 살아남을 수 없게 되었다. 그런데도 하이델베르크에서 자리 잡을 수 있었다. 그것은 팔라티나테 주(洲)의 선제후(選帝侯)인 프레데릭 (Frederick the Elector) 공의 호의와 배려 때문이었다. 루터교회 지반의 제후가 개혁신학을 이해하고 바른 신앙으로 받아들였기 때문이다.

　하이델베르크 요리문답에는 루터의 신앙의 열정이 들어 있다. 그리하여 시작부분에서 '내 유일한 위로가 무엇이냐'고 묻는다. 구원의 확신과 구원자에 대한 신앙고백으로 시작한다. 그 구원이 얼마나 크고 놀라운 신비인지를 확인시키기 위해서 죄의 비참함이 얼마나 크고 무서운지를 알아야 한다고 제시한다. 이 부분은 칼빈의 가르침이 그대로 반영되어 있다. 그리고 구원 얻은 사람이 주를 위해서 사는 것은 하나님을 사랑하고 이웃을 사랑하는 것임을 첫 부분에서 밝힌다.

이 요리문답은 신앙과 생활이 하나로 유기적으로 결합되어 있다. 믿음에서 생활이 자동적으로 진행될 수밖에 없도록 전개하여 믿음과 생활을 하나로 일치시키고 있다.

울시누스는 실레시아 (Silesia)의 수도 브레슬라우 (Breslau) 귀족 가문에서 1534년 7월 18일 출생하였다. 본래 가족의 성은 '곰' (bear, Bär)이었는데 당시의 지식세계의 풍습을 따라서 라틴어 표기인 울시누스로 바꾸었다.

그는 16세 때에 빗텐베르크 (Wittenberg) 대학에서 멜랑톤의 지도 아래 공부하였다. 그는 출생한 도시의 시의회의 장학금으로 1557년까지 빗텐베르크에서 신학을 공부하였다.

울시누스는 고전문학과 철학과 신학에 탁월하였다. 또 그는 라틴어와 희랍어로도 시들을 지었다. 또 그는 온유하고, 근신하고, 사랑스럽고, 신실하였다. 브레슬라우 시의회의 장학금으로 해외에서 공부한 후 울시누스는 같은 도시에서 교수하였다.

멜랑톤은 울시누스가 매력 있는 사람이며 시적 재능이 있고, 올바르고 점잖은 태도를 가져 모든 사람의 사랑과 칭찬을 받기에 합당하다고 하였다. 그의 박식함과 경건함이 뛰어났다고 멜랑톤은 칭찬하였다.

울시누스는 1557년 멜랑톤과 함께 보름스 (Worms) 종교회의에 참석하였다. 그리고 하이델베르크 (Heidelberg), 스트라스부르크 (Strassburg), 바젤 (Basel)과 로산느 (Lausanne)와 제네바 (Geneva)로 가서 개혁파의 지도자들과 사귀게 되었다. 그 후 파리로 가서 프랑스어와 히브리어를 배웠다. 그리고 스위스의 취리히로 가서 불링거 (Bullinger), 페터 말티르 (Peter Martyr), 게쓰너 (Gessner) 등과 사귀었다.

빗텐베르크로 돌아간 후 브레슬라우 당국으로부터 청빙 받아 1558년부터 엘리자벳 김나지움 (Elizabethan Gymnasium)의 교장을 맡았다.

그런데 울시누스는 성례전 논쟁에서 칼빈의 견해를 따르므로 교장직에서 해임되어 그곳을 떠났다. 울시누스는 소책자를 써서 자기의 성찬관을 피력하였다. 그의 성찬관은 선생의 견해와 일치하므로 멜랑톤은 그를 크게 칭찬하였다. 그러나 성찬관 때문에 핍박이 일어나자 그는 브레슬라우를 떠났다.

울시누스는 1560년 10월 취리히로 가서 페터 말티르 (Peter Martyr)의 지도 아래 개혁신학을 열심히 배우므로 멜랑톤의 제자에서 개혁신학자로 변신하였다. 그 후 팔라티나테 (Palatinate)의 교회에서 목회하였다. 성찬관의 차이 때문에 독일에 개혁교회가 생겨났다.

루터교회는 그리스도가 성찬의 요소 안에, 함께, 그리고 아래에 포함되는 것으로 확정하였다. 그리하여 모든 수찬자들이 입으로 성찬의 요소들과 함께 그리스도를 받아야 한다고 하였다. 울시누스의 견해는 루터교회의 성찬관과 다르다고 하여 이단으로 판정받았다.

그의 견해는 그리스도의 임재가 입을 위하지 않고, 믿음을 위해서라고 하는 점이었다. 살로 (in carne) 아니고 영으로만 (spiritu)이고, 불신자를 위하지 않고 신자들만을 위한다는 점이었다. 이 점이 독일에서 성찬논쟁을 촉발시켰다.

이 성찬논쟁이 팔라티나테에도 퍼졌다. 프레데릭 III세의 후원 아래 칼빈주의적인 성향이 팔라티나테에 정착되었다. 프레데릭 선제후는 자기 지방을 안정시킬 방책을 구하였다. 아우구스부르크 신앙고백서 (Confessio Augustana)는 충분하지 못하다고 보았다. 그리하여 예배모범이 변형되었고 개혁파 신학자들로 신학을 가르치게 하였다. 따라서 개혁신학이 대학과 팔라티나테 지방을 지배하였다. 이 작업이 하이델베르크 요리문답의 작성으로 완성되었다.

초빙받은 신학자들 중에서 울시누스가 가장 탁월하였다. 페터 말티르는 초청받았으나 울시누스를 추천하고 그로 가르치게 하였다. 또 울시누스는 불링거의 추천을 받아 하이델베르크로 와서 지혜의 대학 (Collegium Sapientiae)의 교장이 되었다. 그때 그는 28세였다. 1562년부터 하이델베르크 대학에서 신학을 강의하였다. 그 후에 올레비아누스 (Olevianus)의 후계자로서 교의신학 교수가 되었다. 프레데릭 선제후가 죽은 해인 1576년까지 교수로서 가르쳤다. 이 기간 동안 울시누스는 개혁신앙과 개혁신학의 확립을 위해 진력하였다.

프레데릭 선제후는 1562년 궁중 설교자이고 신학교수인 카스파 올레비아누스 (Caspar Olevianus)와 울시누스를 하이델베르크 요리문답 (Heidelberger Katechismus) 작성자로 임명하였다. 올레비아누스는 은혜언약에 대해서 작성하고, 울시누스는 요리문답 작성의 주된 작업을 하였다. 거의 울시누스의 단독 작업이라고 할 수 있다. 이 하이델베르크 요리문답이 1563년에 완성되어 인쇄되었다.

모든 개혁교회들은 하이델베르크 요리문답을 정통 교리의 요약으로 열렬하게 받아들였다. 또 모든 종교교육의 기초교과서가 되었다. 그 후 이 요리문답에 대한 많은 해설과 설교와 번안이 나왔다. 그리고 히브리어, 고대 희랍어와 현대 희랍어, 라틴어, 네덜란드어, 스페인어, 프랑스어, 영어, 이태리어, 보헤미안어, 폴란드어, 헝가리어, 아랍어와 말레시아 언어 등 40여 개 언어로 번역되었다.

그리하여 하이델베르크 문답이 개혁교회의 보편적인 신조가 되었다. 스위스와 프랑스, 영국, 스코틀랜드, 네덜란드와 심지어 독일에서도 개혁신앙을 따르는 사람들은 다 이 신조를 받아들였다. 루터교회의 신앙고백서인 아우구스부르크 신앙고백서 (Confessio Augustana)와 맞서는 신조가 되었다. 네덜란드 개혁교회의 사람들은 바다로 나갈 때 배 갑판에 하이델베르크 요리문답을 달고 나아갔다고 알려져 있다.

하이델베르크 요리문답 공식들은 다 개혁교회의 신앙생활을 그대로 표현하고 있다. 이 요리문답이 그렇게 강한 힘을 나타내는 것은 생활과 신앙을 연합하고 있기 때문이다. 그것은 바로 개혁신앙의 표현이다. 모든 개혁교회의 신조들 중에서 최선이다. 곧 하이델베르크 요리문답이 모든 종교개혁 교회들의 신앙고백서들의 왕관이라고 할 수 있다.

루터교회가 하이델베르크 요리문답을 이단이라고 단죄하였어도 이 고백서는 모든 논쟁과 박해를 이겨냈다. 특히 성찬에 대한 이단

시비를 잘 이겨내어 그 정당성이 입증되었다.

요리문답 교육체계가 세워져서, 매 주일 오후에 이 요리문답 공부를 하되 성인과 어린아이들도 다 동참하도록 하였다. 울시누스 자신도 대학교수이지만 1577년까지 일 년에 한 번씩 하이델베르크 요리문답 전체를 강해하였다. 이 강해는 세 곳에서 출간되었다. 다윗 파레우스 (David Pareus)는 1591년 하이델베르크 요리문답 해설의 최종판을 냈다. 울시누스의 작품들은 죽은 후 그의 친구인 파레우스에 의해 세 권으로 출판되었다.

하이델베르크 요리문답이 전 세계적으로 개혁교회의 교육교과서와 신앙고백서의 역할을 하게 되었다. 특히 네덜란드 개혁교회는 1618-1619년 돌트 총회 (Synodus Dordrechtanus)에서 표준 문서로 채택하였다.

해설자는 문답 중에 의에 관해서 율법주의적인 색채가 있는 부분들은 해설하면서 신약의 가르침대로 시정하였다. 또 성경과 상충되는 부분들도 수정하였다. 신앙의 3요소 문답항도 성경대로 수정 보완하였다. 성령을 기도와 간구로 받는다는 제사도 신약의 가르침대로 수정하였다. 믿음의 생활의 법도 신약의 가르침대로 수정하고 보완하였다. 본 해설문에서 수정하고 보완하였고, 요리문답 본문은 그대로 보존하였다.

II.

하이델베르크
요리문답의 내용개요

Heidelberger Katechismus

선제후의 도시 하이델베르크에서 1563년 요한네스 마이어(Johannes Mayer)에 의해 출판되었다.

요리문답은 세 부분으로 나뉜다.
물음 1 '삶과 죽음에서 당신의 유일한 위로는 무엇입니까?'라고 물은 후에 3등분 되어 있다.
첫째 부분은 물음 3-11로 인간의 비참함에 대해서 다룬다.
둘째 부분은 물음 12-85까지 구속에 대해서 다룬다.
셋째 부분은 물음 86-129까지 감사를 다룬다.
이렇게 하여 복음의 진리의 전체 내용을 다루고 있다.

이 요리문답의 기본전제는 구속사역에 있어서 하나님의 값없이 주시는 은혜이다. 그러나 예정교리 문제는 요리문답에서 제외되었다. 대신 교회의 권징의 필요성은 강조하였다.
울시누스는 멜랑톤보다 칼빈의 신학에 더 크게 의존하였으므로 하이델베르크 요리문답이 루터교회의 가르침과 구별된다. 개혁파의 교리들과 루터파의 견해가 구분되는 부분은 그리스도론 (물음 47)과 성례론 (물음 66-79)이다. 로마교회의 견해는 예리하게 논박하였다

(물음 10, 80, 94, 98, 102).

　이 요리문답의 배열은 예배모범에 맞춰졌다. 모든 주일과 경절에 맞게 문답들을 배정하였다.
　또 매 주일 오후 예배 시에 하이델베르크 요리문답을 공부하도록 구성되었다.

　성경 외에 하이델베르크 요리문답만큼 개혁교회를 세우는 데 이바지한 책이 없다.

III.

하이델베르크 요리문답 해설

III-1. 유일한 위로: 물음 1-2
Mein Einiger Trost

1. 유일한 위로

물음 1.
삶과 죽음에서 당신의 유일한 위로는 무엇입니까?

Frage 1.
Was ist dein einiger Trost im Leben und Sterben?

답.
나는 몸과 영혼과 함께 삶과 죽음에서 나의 것이 아니고 내 신실하신 구주 예수 그리스도의 소유입니다. 그는 그의 존귀한 피로 내 모든 죗값을 완전히 갚으셨습니다. 또 마귀의 모든 권세에서 나를 완전히 구속하셨습니다. 또한 나를 보존하사 하늘에 계신 아버지의 뜻 없이는 머리카락 하나도 내 머리에서 떨어질 수 없게 하시고, 또한 모든 것이 내 구원에 봉사하게 하십니다. 그러므로 그의 성령으로 말미암아 나에게 영원한 생명을 확신시키시고 나로 하여금 이제 이후로 기꺼이 주를 위하여 살기를 원하게 하고 준비되게 하십니다.

Antwort.
Dass ich mit Leib und Seele, beides im Leben und im Sterben,

nicht mein, sondern meines getreuen Heilandes Jesu Christi eigen bin, der mit seinem theuren Blute für alle meine Sünden vollkommen bezahlet, und mich aus aller Gewalt des Teufels erlöset hat; und also bewahrt, dass ohne den Willen meines Vaters im Himmel kein Haar von meinem Haupte kann fallen, ja auch mir alles zu meiner Seligkeit dienen muss. Darum er mich auch durch seinen heiligen Geist des ewigen Lebens versichert, und ihm forthin zu leben von Herzen willig und bereit macht.

해설

- **유일한 위로: 나를 구속하신 구주 예수의 소유임**

1. 내 유일한 위로는 내가 내 소유가 아니고 신실한 구주의 소유라는 것이다.

- **유일한 위로: 내가 그리스도의 소유임**

삶과 죽음에서 내 유일한 위로가 무엇이냐고 물었는데, 답이 내가 나의 것이 아니고 신실하신 내 구주의 소유라고 답하고 있다.

내가 내 구주의 소유가 된 것은 영생을 보장하는 것이다. 내가 내게 속하였으면 고통과 절망과 죽음뿐이다.

2. 만일 내가 내게 속한 존재라면 나는 죄인이어서 죽음 외에 다른 것이 기다리고 있지 않다. 내가 내 것이기만 하면 나는 고통과

슬픔과 어려움이 있을 뿐이어서 아무런 소망이 없다.

현세에서도 기쁨이 없고 소망이 없다. 내세에서도 아무런 소망이 없고 무섭고 참혹한 심판과 멸망만이 기다린다. 내가 내 소유뿐이면 나는 죄인일 뿐이므로 죽음과 절망만이 마지막 몫이다.

- **주 예수가 그의 피로 나를 사심으로 그의 소유가 됨**

3. 내가 구주 예수 그리스도의 소유가 된 것은 주 예수께서 그의 피로 나를 사셔서 나를 자기의 소유로 삼으셨기 때문이다.

나는 죄와 죽음 아래 팔린 자가 되어 하나님의 진노와 죽음과 멸망 외에는 아무것도 남은 것이 없다. 내가 범한 죄는 창조주 하나님을 반역한 것이다. 조상들의 반역이 내게 전가되어 나는 반역자의 후손이 되었다. 반역자의 후손은 반역자와 동일한 운명과 벌을 받게 되어 있다.

반역자는 죽기 전에도 편안한 삶을 살 수가 없다. 온갖 고난과 고초와 고통을 당하면서 죽을 날을 기다리게 되어 있다. 그리고 수치와 모욕을 받아 건전하고 합당한 삶을 살 수가 없다. 그리고 죽음의 날이 언제 올지 모르기 때문에 늘 불안하고 죽음에 대한 공포로 고난당하며 산다.

그러나 주 예수 그리스도의 소유가 되었으므로 나는 죄인이 아니다. 더 이상 반역자가 아니다. 하나님의 사랑받는 아들이 되었다. 따라서 나는 영생과 영광과 하나님의 상속을 받을 자이다. 이러므로 내 위로는 바로 주 예수 그리스도의 소유가 된 것이다.

- 주 예수의 소유가 되었으므로 몸과 영혼이 부활하여 영생에 이름

4. 내 영혼만이 주 예수 그리스도의 소유가 된 것이 아니라 내 몸도 주 예수의 소유가 되었으므로 몸이 부활에 이르고 영생에 이른다.

구원은 전인구원이어서 몸과 영혼이 곧 인간 전 존재가 구원된다. 내 몸도 주 예수 그리스도의 것이므로 내 몸도 구원에 이른다. 그 구원은 영생하고 영광의 상속에 이르는 것이다. 영생하고 영광에 이르기 위하여 몸이 부활된다. 주 예수께서 부활하신 것처럼 내 몸도 부활에 이른다. 그리하여 하나님 앞에 서서 그를 모시고 섬기며 살 수 있게 된다. 곧 영생에 이른다. 하나님을 직접 모시므로 찬란한 영광 가운데 산다.

- 내 몸이 주 예수의 소유가 되었으므로 하나님의 성전이 됨

5. 내 몸이 주 예수 그리스도의 소유가 되었으므로 내 몸은 하나님의 성전이 된다.

성전은 하나님을 모시고 경배하는 곳이다. 내가 주 예수 그리스도의 소유가 됨으로 나는 내 몸에 성령을 모신다. 성령을 모셨으므로 나는 거룩한 하나님의 집이 된다. 내 몸에 성령이 계시는 것은 내 몸이 부활에 이른다는 보증수표이다. 그러므로 내가 주 예수의 소유가 된 것이 내 유일한 위로이다.

- 내가 주 예수의 소유라고 하는 것은 내 삶의 모든 것이 다 주

예수의 것이 되었음을 말함

6. 내가 주 예수 그리스도의 소유라고 하는 것은 내 구원만이 아니라 내 삶의 모든 일들이 다 주 예수 그리스도의 것이 되었음을 말한다.

나는 더 이상 나 자신의 소유가 아니다. 주 예수 그리스도의 소유이다. 그러면 내 일은 나만이 책임질 일이 아니다. 나의 모든 일이 다 주 예수의 일이 되었으므로 그가 모든 것을 책임지고 이루실 것이다. 그러므로 모든 일을 다 주 예수께 맡기고 믿음으로 살아야 한다.

- ### 주 예수가 내 구주이신 것은 자기 몸을 내어주어 나를 구원하셨기 때문임

7. 구주 예수 그리스도를 신실한 구주라고 한 것은 주 예수가 자기 몸을 내어주시면서까지 나를 구원하셨으니 그 이상 신실한 구주는 없기 때문이다.

자기 몸을 내어주어서 나를 구원하셨으니 주 예수가 얼마나 신실하며 구주로서의 자기 소임을 다한 것인가?

세상에 어떤 구주나 선인이 자기 몸을 내어주면서 자기의 소임을 다한 경우가 있는가? 세상에는 그런 제사장이 없다. 그러므로 구주 예수 그리스도는 신실한 구주이시다.

- ### 주 예수께서 죗값을 다 갚으심으로 나를 죄에서 완전히 해방하심

8. 존귀하신 구주께서 내 죗값을 다 갚으셨다.

죄는 그 값대로 죽음을 요구한다. 죽음을 강요한다. 죗값이 해결되지 않고서는 죽음을 피할 수 없다. 그런데 주 예수 그리스도는 내 구주로서 내 죄의 빚을 다 갚으셨다. 내 죄의 빚을 다 갚으심으로 나는 죄에서 해방되었다. 그러므로 더 이상 죽음이 나를 영원히 멸망하게 하지 않을 것이다.

주께서 내 죗값을 다 갚으셨으므로 내게는 죄가 남아 있지 않다. 내게서 죗값을 물을 수 있는 존재가 없게 되었다. 하나님 아버지도 내게서 죗값을 물으실 수 없게 되었다. 주 예수 그리스도가 다 갚으셨기 때문이다.

주 예수께서 내 죗값을 다 갚으셨으므로 나는 더 이상 죄인이 아니다. 남은 죄가 없으므로 추궁 받을 수 없게 되었다. 나는 죄에 관한 한 완전한 자유인이다. 나는 죄와 죽음에서 완전히 해방되었다.

- **그리스도는 나를 사탄의 권세에서 완전히 해방하심**

9. 그리스도께서 그의 피로 나를 마귀의 권세에서 속량하셨다는 것은 마귀가 나를 자기의 권세에 넣었으므로 거기에서 해방시키신 것이다.

마귀가 나를 꾀어 범죄하게 하였다. 그때부터 나는 사탄의 종이 되었다. 그리하여 해방과 자유를 알지 못하고 죄에 매이고 욕망에 매여서 그것만을 최선으로 알았다. 따라서 죄를 떠나 의롭게 살고 거룩한 길을 가는 것은 도저히 상상도 못하고, 그런 것처럼 가치 없는 일이 없다고 단정하며 살았다.

나는 세상에서 죄짓고 방탕하게 사는 것을 최상으로 알았다. 육의 욕망을 만족시키며 사는 것이 최선의 삶이라고 믿으며 살았다. 모든 죄악된 것을 정당한 것으로 알고 살았으므로 그런 생활에서 벗어나는 것은 상상할 수도 없었다.

그러나 그리스도의 피로 구속받음으로 그런 삶이 부끄러운 일인 줄 알게 되었다. 죄짓는 것을 삶의 방식으로 삼고 살 때는 완전히 죄의 종으로 살므로 다른 삶의 길은 생각할 수도 없었다. 완전히 사탄의 권세에 매여 있었기 때문이다.

그리스도의 피로 주께서 나를 죄의 사슬에서 해방하셨다. 사탄의 권세에서 나를 속량해 내신 것이다. 그리스도의 피만이 그런 일을 할 수 있었다.

- **주는 머리카락 하나도 떨어지지 않게 나를 보호하심**

10. 내 몸에서 머리카락 하나도 떨어지지 않게 보호하신다.

주님은 나를 구속하사 자기의 소유로 삼았으므로 언제나 어디서나 나를 지키시고 보호하신다. 주 예수는 나를 가장 귀한 보화로 간직하시고 지키신다.

11. 내 머리카락 하나라도 내 몸에서 떨어질 때는 하나님의 선하신 뜻이 있기 때문이다.

내게 무슨 변화나 일이 생겼을 때는 하나님의 선하신 뜻이 있다. 내가 고난과 슬픔을 당하고 어려움을 만날 때는 하나님의 선한 뜻이 있는 줄을 알아야 할 것이다.

이렇게 주님이 나를 지키시고 안위하시는 것은 내가 주 예수의 소유가 되었기 때문이다. 그러므로 내 구주 예수가 내 주가 되어 내 모든 것을 책임지고 이루실 것을 확신하며 살아야 한다.

- **모든 것이 내 구원에 봉사하도록 역사하심**

12. 주 예수께서는 내게 이루어진 모든 것이 다 내 구원에 봉사하도록 역사하신다.

내가 사는 동안에 만나는 모든 일들은 다 나의 구원을 온전하게 이루도록 하기 위해서 일어난다. 내가 만나는 기쁘고 좋은 일뿐 아니라 나쁘고 불행스런 일도 다 나의 구원에 봉사하도록 주 예수께서 역사하신다. 그리하여 온전한 구원이 되고 온전한 인격이 되도록 역사하신다. 내가 고난당하면 그것은 나를 겸손한 사람이 되게 하고 주님만 의지하도록 하기 위해 일어난 것임을 알아야 한다.

- **성령은 내 부활과 영생의 보증**

13. 주 예수 그리스도께서 그의 성령으로 나의 영원한 생명을 확신시켜 주시는 것은 성령이 내 부활의 보증이 되시고 나를 하나님의 자녀라고 늘 증거해 주심으로 되는 것이다.

주 예수 그리스도는 내 구주이시다. 그가 피 흘리심으로 내 영원한 생명을 획득하셨다. 그러나 영생은 부활 후에 이루어진다. 부활 후에 이루어질 영생을 누가 보증할 것인가? 그것은 주 예수 그리스도가 하시는 일이다. 그런데 그의 성령으로 증거해 주신다. 내가 영생에 이를 것을 성령이 확신시켜 주시고 보증하신다.

주의 성령이 내 부활을 보증하는 보증수표이다. 성령이 내주하시는 한 내가 부활할 것이란 것이 보장된 것이다. 성령의 내주가 내가 죽은 후에 부활하고 영생에 이를 것을 보증하는 보증수표이다.

내가 영생에 이를 것이란 보증은 바로 성령이 내 안에 계시고 사시는 것이다. 성령이 내 안에 거주하시는 한 나는 부활과 영생에 이를 것이란 보증을 받은 것이다.

- **성령은 우리의 영생의 보증으로 내주하심**

14. 주 예수 그리스도께서 영원한 생명을 확신시키는 일을 위해서 성령을 내주하게 하셨음을 말한다.

주 예수는 나를 그의 피로 사실 때부터 성령을 내주하게 하셨다. 예수 믿은 다음에 성령이 오시는 것이 아니고, 회개하고 주 예수를 믿는다고 믿음고백을 할 때부터 성령이 내 마음에 내주하신다. 주 예수 그리스도께서 성령으로 우리 안에 내주하게 하셨다. 주 예수를 믿는 자들은 처음 믿음을 고백할 때부터 성령이 내주하신다.

- **성령이 우리로 주를 위해서 살게 하심**

15. 주를 위해 살도록 마음을 작정하는 것은 중생 다음의 180도 전환이다.

모든 사람은 이기주의자이다. 따라서 자기 자신만을 위해서 살고 모든 것을 자기를 위해서 이용하였다 (incurvatus in se). 루터의 말대로 하나님까지도 자신을 위해서 이용한다. 이것이 사람의 본성이다.

그런데 이제 주 예수를 믿어 그의 구속을 입음으로 자신을 위해서 살던 모든 삶을 주를 위해 사는 방식으로 바꾼다. 이것은 이전의 삶의 방식에 비해 180도 방향을 바꾼 것이다. 사람이 주를 위해서 사는 것은 자기 힘으로는 못할 일이다.

- **그리스도께서 성령으로 나를 주 예수를 위해서 살게 하심**

16. 나로 주 예수 그리스도를 위하여 살도록 하는 마음을 갖게 하는 것은 주 예수께서 하시는데 이 일을 성령으로 하신다.

나 스스로는 나를 위해서 살던 삶에서 주를 위해 사는 방식으로 바꾸는 것이 불가능하다. 그런데 그리스도의 구속의 감격을 알면 주를 위해 사는 마음을 갖게 된다. 그러나 이것은 주의 은혜의 역사이고 나 자신의 본성적인 마음에서 나오는 것이 아니다.

내 본성으로는 나를 위해서 살기를 원하고 나를 잘되게 하기 위해서 산다. 또 내 영광을 위해서 사는 것을 삶의 기본으로 삼는다. 구원 얻은 후에도 그러하다.

그런데 주 예수 그리스도께서 내 마음을 움직여서 주를 위해서 살도록 하는 마음을 갖게 하신다. 내 마음에서 주를 위해서 살아야겠다고 하는 생각을 하게 된 것은 주 예수의 은혜의 역사이다.

나로 하여금 주 예수를 위해 살도록 역사하실 때 주께서 성령으로 그렇게 하신다. 성령이 내 마음을 감화하시사 주를 위해서 살도록 역사하신다.

그뿐만 아니라 주 예수를 위해서 사는 삶이 바른 삶이란 것을 깨우치고 가르쳐주신다. 내가 나를 위해 살지 않고 주 예수를 위해서 살겠다고 하는 마음을 갖는 것은 전적으로 성령께서 감화하시기 때문이다. 더 정확하게 요리문답의 정신대로 말하면, 주 예수께서 그렇게 감화하신다. 그리고 그런 마음의 작정을 하게 하신다. 주 예수께서 성령으로 그렇게 하신다.

- **성령은 나로 주를 위해 살도록 준비시키심**

17. 성령이 나로 주를 위해 살도록 준비시키신다.
나는 주를 위해서 살 마음을 가져도 그렇게 살지 못한다. 그러나 성령은 주를 위해서 살도록 원하게 하실 뿐 아니라 실제로 그렇게 살도록 준비시키신다. 내가 주를 위해서 사는 것은 주께서 나를 그렇게 준비시키시기 때문이다.

- **구속받은 사람은 주를 위해서 사는 것이 당연함**

18. 주 예수 그리스도의 피로 구원받은 나는 주를 위해서 살아야 한다.
주의 피로 죄에서 속량되어 영생에 이르게 된 나는 주를 위해서 살아야 한다. 주 예수 그리스도께서 그의 흘리신 피로 나를 죄와 죽음과 사탄의 권세에서 해방하셨기 때문이다. 그리고 부활과 영생을 선사하시고 보증하신다.
이렇게 그리스도의 피로 구원받은 모든 자들은 다 구주 예수 그리스도를 위해서 사는 것이 당연하고 마땅하다.

- **구원 얻은 날부터 주를 위해서 사는 것이 당연함**

19. 이제 이후로는 주를 위해서 산다는 것은 구원 얻은 이후부터는 늘 주를 위해 사는 것을 말한다.

주 예수께서 우리를 구원하심이 얼마나 큰 은혜인지를 알게 되면 나를 구원하신 주를 위해 살도록 작정하지 않을 수 없다. 구원받은 그리스도인인 나는 주를 믿은 날부터 주를 위해서 살도록 작정하고 또 그렇게 살아야 한다. 처음 은혜를 받은 날 동안만이 아니고 일생 주를 위해 살아야 한다. 그래서 사나 죽으나 주를 위해 살고, 먹으나 마시나 주를 위해 먹고 마셔야 한다.

2. 유일한 위로 안에 사는 비결

물음 2.

당신이 이 위로 안에서 복되게 살고 죽을 수 있기 위해서 당신이 꼭 알아야 할 일들이 몇 가지인가요?

Frage 2.

Wie viele Stücke sind dir nötig dir zu wissen, dass du in diesem Troste seliglich leben und sterben mögest?

답.

세 가지가 있습니다: 첫째는 내 죄와 비참함이 얼마나 큰지를 아는 것입니다. 둘째는 내가 내 모든 죄와 비참함에서 어떻게 구속되었는지를 아는 것입니다. 셋째는 그런 구속을 인해 하나님께 내가 어떻게 감사해야 할 것인가를 아는 것입니다.

Antwort.

Drei Stücke: Erstlich, wie gross meine Sünde und Elend seien. Zum andern, wie ich von allen meinen Sünden und Elend erlöset werde. Und zum Dritten, wie ich Gott für solche Erlösung soll dankbar sein.

> 해설

- **유일한 위로는 구원 얻어 그리스도 안에 사는 것**

1. 유일한 위로는 그리스도에 의해 구원 얻어 그 안에서 사는 것이다.

물음 1에서 살핀 대로 우리의 유일한 위로는 그리스도께서 나를 죄와 죽음에서 구원하시고 나를 자기의 소유로 삼으신 것이다. 구원 얻었을 뿐 아니라 그 안에서 사는 것이 우리의 유일한 위로이다.

- **구원 안에 사는 첫 번째 비결은 내 죄의 비참함을 아는 것**

2. 이 구원 안에 복되게 살기 위해서 알아야 할 첫 번째는 바로 내 죄와 비참함이 얼마나 큰지를 아는 일이다.

나는 내 죄와 죽음으로부터 구원받았다. 그런데 그냥 구원받은 것이 아니라 주 예수께서 자기의 피로 내 죗값을 다 지불하심으로 이루어졌다.

그런데 내 죄가 얼마나 크고 무서운 것이면, 하나님의 아들, 주 예수 그리스도께서 친히 피를 흘리시어 나를 구원하셨는가?

내 죄는 그냥은 결코 제거될 수 없다. 내 죄는 나를 영원히 멸망하도록 정죄한다. 현생에서도 비참함과 고생으로 살 뿐 아니라 죽어서도 영원한 멸망과 고통을 당하게 되어 있다.

내 죄가 왜 그런 결과를 가져오게 되었는가?

- **내 범죄는 창조주에 대한 반역이므로 죽음과 저주에 처해짐**

3. 내 죄는 창조주 하나님에 대한 반역이다.

창조주에 대한 반역은 영원한 멸망과 죽음과 영원한 고통에 처하도록 되어 있다. 그러므로 반역이 무효화되기 전에는 다른 길이 없다. 그러나 나는 그 반역죄를 무효화할 길이나 방도를 전혀 갖고 있지 않다. 나에게는 영원한 멸망과 고통밖에 다른 것이 없다. 너무도 끔찍한 일을 저질렀다. 한 번 범함으로 어떻게 할 도리가 없어졌다. 나는 죽고 멸망하고 영원한 고통만을 당해야 한다.

또 사는 동안에도 늘 양심의 가책과 고문을 받는다. 따라서 죽음과 죽음 후의 고통에 마음 졸이며 산다. 마음에 평안과 기쁨이 없다. 그리고 늘 죽음의 공포와 불안으로 산다. 즉 범죄자이기 때문에 죄책과 죄벌에 눌려 늘 괴로워하며 산다. 그러다 죽으면 영원한 형벌이 기다리고 있다.

이런 비참함을 해결할 방도나 길이 나에게는 전혀 없다.

- **두 번째 비결은 죄의 비참함에서 구속됨을 아는 것임**

4. 이런 죄와 비참함에서 내가 어떻게 구속되었는지를 아는 것이 내가 유일한 위로 안에서 복되게 사는 길이다.

나에게는 완전한 절망 가운데서 멸망뿐이었다. 그런데도 주 예수께서 피 흘려 나를 죄와 죽음에서 구원하셨다. 내 구원을 위해 하나님이 성육신하사 사람이 되셨다. 그리고 그가 십자가에 피 흘려 죽으셨다. 그 피로 내 죗값을 다 지불하사 내 죄와 반역을 무효화하셨다. 이렇게 나를 내 죄와 죽음에서 해방하셨다.

이 구원진리를 알면 이 구원 안에만 머무를 수 있다. 또 현생과 내세에서 받을 영생을 바라며 살 수 있다.

도대체 세상에서 누가 나를 위해 죽어서 죄와 죽음에서 구출할 수 있는가? 사람 중에는 아무도 없다. 어떤 사람도 나를 위해 대신 죽어 구원할 수가 없다. 천사도 그런 일은 할 수가 없다.

하나님만이 나를 죄와 죽음에서 구원하고 해방하실 수 있다. 그런데 하나님은 하나님으로서 그렇게 하신 것이 아니고 사람이 되사 그렇게 하셨다. 사람이 되사 신인으로서 일하사 나를 구원하셨다.

하나님이 신인이 되사 나를 위해 십자가에 대신 죽어 피 흘리심으로 나를 구원하셨다. 하나님이 사람이 되심만으로 나를 구원하셨어도 말로 할 수 없는 감사와 감격이다. 그런데 그 하나님이 신인으로서 나를 대신해서 십자가에 죽고 피 흘리심으로 구원하셨다. 이것은 말로 할 수 없는 신비이고, 감사와 감격을 다 표현할 수 없는 진리이다.

- **세 번째 비결은 감사함으로 사는 것**

5. 이런 구원을 인해 하나님께 어떻게 바르고 합당하게 감사할 수 있겠는가?

이 구속사역에 대해서 사람으로서는 합당하고 바른 감사를 할 수가 없다. 천사들도 바른 감사를 찾지 못할 것이다. 그러나 이 구속이 얼마나 큰 신비인 줄을 알면 조금이라도 바른 감사를 하게 될 것이다.

III-2. 제1부 인간의 비참함에 관하여: 물음 3-11
Der erste Teil
Von des Menschen Elend

> **3. 내 비참함을 아는 곳**

물음 3.
어디로부터 당신은 당신의 비참함을 압니까?

Frage 3.
Woher erkennest du dein Elend?

답.
하나님의 율법으로부터 압니다.

Antwort.
Aus dem Gesetz Gottes.

해설

- 율법은 죄를 깨닫게 해주는 기능

1. 율법의 기능은 죄를 알게 해주는 것이다.
율법은 죄를 깨닫게 해준다. 율법은 이러이러한 것을 행하면 범죄라고 지적하고 교훈한다. 그러므로 내 죄가 얼마나 크고 무서운 것인지를 율법이 알려준다. 내 양심에 가책을 일으켜서 죄를 알도록 하고, 내가 얼마나 큰 죄인인지를 알게 한다.

- **율법은 범죄 후의 결과를 알게 해줌**

2. 율법은 범죄함에 뒤따라오는 것이 어떤 것인지를 알게 해준다.

죄의 값은 바로 죽음과 영벌이므로 죄의 결과가 어떠한지를 율법이 잘 말해준다. 하나님을 반역한 죄가 얼마나 무서운가? 그 참혹한 형벌이 얼마나 큰 것인가? 이런 것을 알게 해주는 것이 바로 하나님의 율법이다.

- **율법은 정죄하고 죽이는 기능만 가짐**

3. 율법은 살리고 구원하는 기능은 없고 정죄하고 죽이는 기능을 갖는다.

사람은 그 죄성으로 말미암아 율법의 요구와 명령을 지킬 수가 없다. 그런데도 율법의 명령을 지키지 않으면 율법은 사람을 정죄하고 저주한다. 이 정죄와 저주가 어떠한 것임을 율법은 밝힌다. 따라서 율법에서 우리의 비참함을 알게 된다.

4. 율법은 하나님 사랑과 이웃 사랑을 요구함

물음 4.

하나님의 율법은 우리에게 무엇을 요구합니까?

Frage 4.

Was erfordert denn das göttliche Gesetz von uns?

답.

이것을 그리스도께서 요약해서 마태복음 22장에서 우리에게 가르치십니다: 너는 네 주 하나님을 온 심장과 온 영혼과 온 마음과 모든 힘으로 사랑할지니라: 이것이 첫째 되고 큰 계명입니다. 다른 계명은 이것과 같은데: 너는 네 이웃을 네 자신처럼 사랑할지니라. 이 두 계명에 온 율법과 선지자가 달려 있습니다.

Antwort.

Dies lehret uns Christus in einer Summa, Matthäi am 22sten: Du sollst lieben Gott, deinen Herrn, von ganzem Herzen, von ganzer Seele, von ganzen Gemüt und allen Kräften: dies ist das vornehmste und grösste Gebot. Das andere aber ist dem gleich: Du sollst deinen Nächsten lieben als dich selbst. In diesen zweien Geboten hanget das ganze Gesetz und die Propheten.

> 해설

- **율법은 하나님 사랑과 이웃 사랑으로 요약됨**

1. 구약 율법의 모든 계명들은 하나님 사랑과 이웃 사랑의 두 계명으로 요약된다.

구약의 율법은 너무 많고 복잡해서 무엇이 중요한 것인지 알 수가 없다. 그런데 주 예수께서 모든 율법을 요약하여 하나님 사랑과 이웃 사랑으로 종합하여 가르치셨다. 율법은 계명이 많아도 오직 두 가지로 집약된다. 그 많은 조항들이 결국은 주 하나님 사랑과 이웃 사랑으로 요약된다.

- **율법의 첫째 요구: 하나님을 사랑하는 것**

2. 율법이 우리에게 요구하는 것은 '너의 주 하나님을 사랑하는 것'이다.

율법이 요구하는 첫 번째 계명은 주 하나님을 사랑하는 것이다. 첫째 계명은 모든 사람이 다 주 하나님을 사랑해야 하는 것이다. 사람의 본분은 하나님을 사랑하고 섬기는 것이기 때문이다.

- **사람의 본분으로 하나님 사랑을 요구하게 된 것은 범죄로 하나님을 미워하게 되었기 때문**

3. 하나님을 섬기고 사랑하는 것이 사람의 본분이면 왜 하나님을

사랑하라고 했는가? 그것은 사람이 하나님을 반역한 후부터는 하나님을 미워하게 되었기 때문이다. 그러므로 하나님을 사랑하는 본래의 본분으로 돌이키라는 것이다.

- **하나님을 온 영혼, 온 마음, 온 힘으로 사랑해야 하는 것은 하나님은 창조주이시기 때문**

4. 하나님을 사랑하되 온 심장과 온 영혼, 온 마음과 모든 힘으로 사랑해야 하는 것은 그가 하나님이시기 때문이다. 즉 피조물을 사랑하는 정도로 하나님을 사랑하면 안 된다는 것이다.

하나님은 창조주이시므로 온 심장, 온 영혼, 온 마음과 모든 힘으로 사랑해야 한다. 그것이 사람의 본래의 본분이다. 하나님은 창조주이시기 때문이다.

모든 세상에 이렇게 사랑해야 할 존재는 창조주 하나님 한 분뿐이시다. 그는 하나님이시므로 우리가 피조물을 사랑하듯 사랑할 수 없다. 가령 친구나 아들이나 아내를 사랑하는 정도로 하나님을 사랑하는 것은 하나님을 바르게 사랑하는 것이 아니다.

하나님을 사랑하는 것은 하나님을 늘 생각하고 사는 것이다. 곧 그것은 예수 그리스도를 늘 생각하고 믿음고백하여 사는 것이다. "주 예수님, 내가 주를 믿습니다"라고 늘 고백하는 것을 말한다.

- **주 예수께서 하나님 사랑을 첫째 되는 계명으로 가르치심**

5. 주 예수 그리스도께서 친히 가르치셨으니 이 계명이 첫째 되

고 가장 큰 계명이다.

하나님 사랑의 계명은 처음 창조 때 사람의 구조에 인각되어 있었다. 그러나 사람이 창조주 하나님을 반역한 후에는 오히려 하나님을 미워하고 적대시하고 멀리하였다. 그러므로 하나님을 온 심장, 온 영혼, 온 마음, 온 힘으로 사랑하라고 명하셨다.

- **남편이 아내를 사랑하는 것처럼 사람을 사랑하는 것이 이웃 사랑임**

6. 내 이웃을 나 자신처럼 사랑하는 것은 남편이 아내를 사랑하는 것처럼 사랑하는 것이다.

처음 창조 때는 아담이 아내인 하와를 사랑하였듯 이웃을 사랑하게 되어 있었다. 그러나 범죄 후에는 사람이 아내를 미워하게 되었고, 이웃도 미워하였다. 범죄 후 사람이 사람을 대한 방식은 미움이 극도에 달해서 형제를 죽이게까지 되었다. 그 이후에 사람은 사람을 사랑하기보다 미워하고 질투하게 되었다.

하나님을 전심으로 사랑하면 이웃도 자기 자신처럼 사랑할 수 있다. 그러므로 하나님을 바로 사랑하는 사람은 이웃도 자신처럼 사랑해야 한다.

사람이 이웃을 자신처럼 사랑하는 것은 바로 사람이 자기 아내를 사랑하는 방식이다. 사람은 결혼하면 한 여자를 자기 아내로 맞아들인다. 자기 아내는 한 몸이 되었으므로 자기 아내를 사랑하는 것이 바로 자기를 사랑하는 것이 된다.

사람이 자기 아내를 사랑하면 사람이 된다. 아내를 바르게 사랑하는 것은 그녀의 인격을 존중하는 것이다.

사람에게 가장 가까이 있는 이웃은 자기 아내이다. 최소한 아내는 자기 자신처럼 사랑할 수 있다. 사람이 자기 아내를 사랑하듯 이웃을 사랑하면 그곳에는 싸움과 미움과 질투가 없어지고 평화가 있게 된다.

하나님을 진심으로 사랑하는 자는 이웃도 자기 자신처럼 사랑할 수 있다. 이렇게 사랑할 수 있는 자는 그리스도의 피로 구속받은 자뿐이다.

하나님을 사랑하는 것은 하나님을 모든 것 가운데 첫째로 삼는 것을 뜻한다.

- 하나님을 사랑하면서 이웃을 사랑하는 것은 이웃 사람의 인격을 존중하는 것임

7. 하나님 사랑과 이웃 사랑이 모든 율법과 선지자의 요약이다.

율법이 가장 강조하는 계명은 하나님을 섬기는 것이다. 하나님을 섬기되 창조주로서 하나님을 사랑하는 것이다. 창조주 하나님은 온 심장과 온 마음과 온 영혼과 온 힘으로 사랑해야만 그 사랑을 받으신다. 그가 바로 하나님이시기 때문이다.

율법의 모든 계명들과 규례들은 다 하나님 사랑을 가르치는 항목들이다. 어떻게 하는 것이 하나님을 바로 사랑하고 섬기는 것인가를 가르치는 것이 율법이다.

하나님 사랑을 가르친 율법은 또 사람 서로 간에 어떻게 할 것인지를 가르친다. 하나님을 사랑하는 자들은 사람들에게도 바로 대

하는 법을 알아야 한다. 사람을 바로 대하는 법은 사람을 사랑하는 것이다. 이웃을 자기 자신처럼 사랑하는 자는 사람을 미워할 필요가 없어진다.

이웃을 사랑하는 첫째 길은 이웃 사람의 인격을 존중하는 것이다. 사람에게는 자기의 인격이 제일 중요하다. 이웃을 자기 몸처럼 사랑하는 것은 이웃의 인격을 존중하는 것이다.

5. 두 계명을 온전하게 지킬 수 없는 이유

물음 5.

당신은 이 모든 것을 완전하게 지킬 수 있습니까?

Frage 5.

Kannst du dies Alles vollkommen halten?

답.

아니요: 왜냐하면 나는 본성으로 하나님과 내 이웃을 미워하는 성향을 갖고 있기 때문입니다.

Antwort.

Nein: denn ich bin von Natur geneigt, Gott und meinen Nächsten zu hassen.

해설

1. 하나님 사랑과 이웃 사랑을 본래 본성대로 할 수 있는 것인지를 묻고 있다. 그것도 완전하게 지킬 수 있는지를 묻는다.

- **사람은 본성으로 하나님을 진심으로 사랑할 수 없음**

2. 그럴 수 없다는 것이 바른 답이다. 그래서 '아니요'라고 답한다.

사람은 그 본성대로는 하나님을 사랑할 수 없고 이웃을 사랑할 수도 없다. 범죄 이후에 사람은 본성으로 하나님을 미워하고 싫어한다. 하나님을 미워함이 뿌리가 깊다. 그리고 나의 모든 불행의 원인을 하나님께로 돌리고 원망한다. 따라서 이웃 사람도 미워하고 싫어한다.

그런데도 온전하게 하나님을 사랑하고 이웃을 자신처럼 사랑하라고 명한다.

- 범죄 후에는 하나님과 사람을 미워하는 것이 본성이 되었기 때문

3. 하나님을 온전하게 사랑할 수 없고 이웃을 자기 자신처럼 사랑할 수 없는 이유는 바로 본성으로 하나님과 이웃을 미워하게 되어 있기 때문이다.

사람은 범죄한 이후에 하나님을 미워하고 원망하고 싫어한다. 하나님을 미워하고 싫어하는 것이 사람의 본성이 되었다. 그리하여 모든 잘못된 것을 다 하나님 탓으로 돌린다. 하나님을 미워함이 사람에게 뿌리가 깊다.

또 이웃 사람을 미워하고 질투하고 잘되는 것을 싫어한다. 이웃을 미워하고 싫어하는 것도 사람의 본성이 되었다. 내가 잘못한 모든 것이 다 이웃 사람 때문이라고 판단하고 더욱 미워한다.

4. 본성으로 미워하게 되어 있다고 답했기 때문에 이것이 하나님의 창조로 이루어졌는지를 다음 물음이 묻고 있다.

6. 창조 시부터 하나님과 이웃을 미워하도록 창조되었는가를 묻는다

물음 6.

그러면 하나님이 인간을 이처럼 악하고 그릇되게 창조하셨습니까?

Frage 6.

Hat denn Gott den Menschen also böse und verkehrt erschaffen?

답.

아니요: 오히려 하나님은 인간을 선하게 그리고 자기의 형상을 따라 창조하셨습니다. 즉 참된 의와 거룩으로 창조하셨습니다. 그리하여 사람은 자기의 창조주 하나님을 올바로 알고 심장으로부터 사랑하고 영원한 축복 안에서 그와 함께 살게 하셨고, 그를 찬양하고 영화롭게 하도록 창조하셨습니다.

Antwort.

Nein: sondern Gott hat den Menschen gut und nach seinem Ebenbild erschaffen, das ist, in wahrhaftiger Gerechtigkeit und Heiligkeit; auf dass er Gott seinen Schöpfer recht erkenne, und von Herzen liebe, und in ewiger Seligkeit mit ihm lebe, Ihn zu loben und zu preisen.

해설

1. 본성적으로 하나님을 미워하고 이웃을 미워하게 정해졌다고 하니까 처음 창조 시부터 그러냐고 묻고 있다.

이 물음은 죄로 인한 타락 때부터 그렇게 잘못되었다는 것을 강조하기 위해서 이렇게 묻는다.

반역 후에는 미워함이 사람의 본성이 되었다는 것을 말한다.

- 하나님은 사람을 선하게 창조하심

2. 하나님은 인간을 선하게 창조하셨다.

하나님은 인간을 선하게 창조하셨고 악하게 창조하지도 않으셨다. 완전하고 선하게 창조하셨다. 적극적인 선으로 창조하셨다. 또 거룩으로 창조하셨다.

- 사람을 인격체로 지으심

3. 하나님은 인간을 자기의 형상을 따라 인격으로 지으셨다.

하나님의 형상을 따라 하나님이 인간을 창조하셨다. 하나님이 인간을 자기의 형상을 따라 지으신 것은 인간을 하나님처럼 인격체로 지으심을 말한다. 하나님은 인간을 처음 창조하실 때 자기의 인격의 반사체로 지으셨다. 하나님은 인격이시다. 그러므로 하나님은 모든 일을 작정하시고 그 작정을 따라 이루신다. 하나님은 계획하시고 창조하셨다. 그리고 미리 작정하신 대로 창조를 이루셨다. 왜냐하면 하나님은 창조주로서 모든 지으실 것을 미리 작정하셨기 때문이다.

이처럼 하나님은 인격으로 계시고, 인격으로서 일하신다. 창조주가 인격이시기 때문이다. 따라서 하나님은 인간을 인격체로 지으시어 자기의 인격을 반사하는 존재가 되게 하셨다. 하나님은 인간이 하나님처럼 자유로 작정하고 결정하고 그 결정에 따라 행동하는 자가 되게 만드셨다. 즉 인격으로 만드셨다. 인격으로 사람을 지으심이 하나님의 형상을 따라 지으심이다.

사람은 인격이므로 고상하고 탁월하며 우수하다. 자유로운 결정을 하고 집행하기 때문에 권위가 있다. 이렇게 인간을 인격체로 지으신 것은 하나님 자신의 인격의 반사체로 지으신 것을 말한다. 이것이 바로 하나님의 형상을 따라 지으셨다는 것이다.

4. 하나님의 형상으로 지으셨다는 것을 루터교회는 온전한 의와 거룩으로 지으셨다고 제시하고 있다.

- **의로 지으신 것은 하나님의 뜻에 일치하도록 창조하심**

5. 온전한 의로 지으신 것은 하나님의 뜻에 일치해서 살도록 창조되었음을 말한다.

처음에 하나님이 사람을 창조하셨을 때 사람은 하나님의 뜻에 완전히 일치해서 살도록 조성되었다. 하나님의 뜻에 일치하는 것이 바로 의이다. 사람은 하나님의 뜻을 따라 살도록 조성되었다.

사람은 모든 것을 하나님께 물어서 살게 되어 있다.

- **거룩으로 창조하심은 하나님의 완전하심대로 지으심을 말함**

6. 거룩으로 창조된 것은 하나님의 완전성을 따라 창조된 것을 말한다.

거룩은 하나님의 신성을 표현하는 것이다. 세상과 관련해서 말하면, 거룩은 세상과 완전히 분리됨을 말한다.

사람이 하나님의 형상으로 지어졌다는 것은 하나님의 완전하심의 반사로 지어졌음을 말한다. 사람이 하나님의 신성의 완전하심에 이르는 것은 불가능하다. 그러나 사람은 하나님의 인격의 반사체로 지어졌으므로 인격으로서는 완전함을 갖는다. 곧 자기의식과 결정에서 완전하다.

그러므로 사람은 처음 지어진 대로 살아야 한다.

- **사람이 인격체로 지어진 것은 창조주를 바로 알고 섬기도록 하려고 하심임**

7. 이렇게 인간이 하나님의 형상으로 지어진 것은 사람으로 하여금 창조주 하나님을 바로 알고 바르게 섬기도록 하기 위해서이다. 또 인격적으로 바로 하나님을 섬기도록 하기 위함이다. 기쁘고 즐겁게 자원하여 하나님을 섬기도록 하기 위해서 하나님은 사람을 자기의 형상을 따라 지으셨다.

- **하나님의 형상으로 지으심은 하나님을 사랑하고 경배하게 하려고 하심임**

8. 온 마음으로 하나님을 사랑하도록 하기 위해서 하나님의 형상

으로 지으셨다.

전심으로 주 하나님을 사랑하도록 하려고 사람을 하나님의 형상을 따라서 인격체로 지으셨다. 하나님을 사랑하는 것은 전심으로 하나님을 좋아하고 경배하는 것이다. 하나님을 경배하는 것이 사람의 본분이다.

- **영원히 하나님을 섬기도록 하려고 인격체로 지으심**

9. 사람은 죽음으로 끝나게 조성되지 않았고, 하나님과 함께 영원히 살도록 조성되었다.

사람을 인격체로 지으신 것은 하나님께서 그와 영원히 함께 살려고 하심이다. 육체만이 아니고 인격체여서 영원히 살 수 있도록 지으셨다. 처음부터 사람은 하나님과 함께 영원히 살 수 있게 창조된 복된 존재이다.

- **하나님을 영원히 찬양하고 영화롭게 하도록 사람을 영원히 살게 창조하셨음**

10. 사람을 영원히 살도록 지으신 것은 하나님을 영원히 찬양하고 영화롭게 하도록 하기 위해서이다.

하나님은 사람을 합리적, 인격적인 존재로 창조하심으로 창조주 하나님을 섬기고 찬양하도록 지으신 것을 뜻한다. 하나님의 창조와 섭리로 인해서 하나님의 지혜와 권능과 영광과 엄위를 찬양하도록 사람이 지어졌다. 하나님을 섬기는 일은 영원히 지속되고 중단될 일이 아니므로 하나님은 사람을 영원히 살도록 지으셨다.

- **하나님을 영화롭게 하는 것은 하나님을 하나님으로 인정하고 찬양하는 것임**

11. 하나님을 영화롭게 하는 것은 하나님을 하나님으로 인정하고 높이는 것이다.

하나님을 영화롭게 하는 것은 하나님을 하나님으로서 합당하게 높이는 것이다. 사람의 본분은 창조주를 하나님으로 인정하고 높이는 것이다. 하나님을 창조주로서 합당하게 높이고 찬양하는 것이다. 이 일은 영원히 계속되고 중단될 수 없는 일이다.

7. 부패한 인간 본성의 유래처

물음 7.

그러면 그런 인간의 부패한 본성이 어디에서 왔습니까?

Frage 7.

Woher kommt denn solche verderbte Art des Menschen?

답.

낙원에서 우리 첫 부모들인 아담과 하와의 타락함과 불순종함으로부터 왔습니다. 우리의 본성이 이로써 중독되고, 이로써 우리는 죄로 잉태되고 출생하였기 때문입니다.

Antwort.

Aus dem Fall und Ungehorsam unserer ersten Eltern, Adam und Eva, im Paradies, da unsere Natur also vergiftet worden, dass wir Alle in Sünden empfangen und geboren werden.

해설

- **본성의 부패는 창조된 것이 아님**

1. 우리 본성이 부패된 것은 본래 그렇게 창조된 것이 아니면 어

디서 왔느냐고 묻는다.

　개혁신학은 성경과 함께 선하고 거룩하며 온전한 창조를 믿는다. 그러면 우리 인간 본성의 부패는 하나님의 창조에서 올 수 없다. 그래서 어디서 인간 본성의 부패가 유래하였는지를 묻는다.

- **본성의 부패의 유래처는 첫 조상의 타락과 불순종**

　2. 우리 본성의 부패가 우리 첫 부모들 곧 아담과 하와의 타락과 불순종함에서 유래하였다고 답한다.

　타락 혹은 범죄는 하나님의 선한 창조에서 유래할 수 없다. 더구나 죄는 하나님의 작정에서 나올 수 없다. 그러면 인간 자신에게서 나오는 것뿐이다. 인간 자신에게서 나온 본성의 부패의 원인을 타락과 불순종에서 찾은 것이다.

　우리 인간 본성 혹은 인간 자체는 처음부터 선하고 거룩하고 의로웠다. 하나님이 완전하게 창조하셨기 때문이다. 그런데 이런 선한 인간 본성이 부패하였다. 이 부패가 사람의 첫 부모인 아담과 하와의 범죄에서 비롯되었다.

- **유혹을 받아 하나님처럼 되려고 반역하였음**
- **선: 하나님 섬김; 악: 하나님 섬김을 거부함**

　3. 이 범죄가 낙원에서 이루어졌다.

　낙원은 하나님의 모든 호의가 넘치는 곳이었다. 그곳에 하나님을 모시고 섬기며 살도록 세워졌는데 사탄의 말을 듣고 하나님의 명령을 거역하여 반역죄를 범하였다. 낙원은 하나님을 모신 곳이므로 그 이상 좋은 곳이 없었다. 그리고 하나님만 섬기도록 세워졌다.

먹거리가 전혀 모자람이 없는 곳에서 아담은 먹는 것에 걸려 넘어졌다. 선악과를 먹으면 하나님처럼 된다는 말에 현혹되어 하나님의 명령을 거슬러서 반역죄를 범하였다.

선악과는 하나님의 말씀에만 의존해서 사는 것을 뜻한다. 선악과 나무 자체가 선악을 알게 하는 것이 아니다. 선은 하나님의 말씀대로 전적으로 하나님만 섬기는 것이고, 악은 하나님의 말씀을 거역하는 것, 곧 하나님 섬김을 거부하는 것이다. 그리하여 백성이 하나님의 말씀에 매이면 그것이 선이어서 생명에 이른다. 그러나 백성이 하나님의 말씀을 어기면 그것이 악이므로 죽음에 이른다.

하나님만이 선악을 결정하신다. 하나님의 말씀에만 매이면 하나님의 뜻대로 사는 것이므로 선이다. 선이므로 생명에 이른다. 하나님만 섬기라는 하나님의 말씀을 어기는 것은 반역죄여서 큰 악이다. 악이므로 사망에 이른다.

선악과는 하나님의 말씀에만 의존해서 살도록 하는 하나님의 작정이었다. 곧 계명은 창조주 하나님만 섬기며 사는 것이다. 그래야 하나님의 백성이 되기 때문이다. 하나님은 자기의 말씀에만 매여 사는 백성을 원하셨다. 선악과는 하나님의 언약백성이 매여 살 생활의 규칙이었다. 백성은 계명대로 하나님만 섬기며 살아야 그의 백성이 되기 때문이다.

그런데 하나님의 말씀을 듣는 데서 사탄의 말을 듣는 데로 돌아섰다. 창조주의 말씀에 매여 사는 것이 아니라 사탄의 말에 매이게 되었다. 곧 창조주 하나님 섬김을 거부하였다. 그러므로 죽음에 이르게 되었다. 사람은 창조주 하나님에게만 매여 살도록 창조되었는데 그 창조목표를 거부하였다.

- **아담과 하와가 하나님을 반역함**

4. 아담 한 사람의 범죄에 국한하지 않고 아담의 아내 하와가 아담과 함께 하나님을 대적하였다.

그것은 하나님의 계명을 어겨 하나님을 반역한 것이다. 이 반역은 인간 본성 전체에 크고 과격한 영향을 초래하였다. 이 과격한 영향이 바로 인간 본성의 썩음과 더러워짐으로 나타났다.

그런데 아담만이 범죄한 것이 아니라 하와도 범죄하였다. 그러므로 인간 본성이 완전히 부패하였다. 아담만 범죄하였으면 하와에게는 죄의 영향이 없었을 것이다. 그러면 반쪽의 본성만 부패하였을 것이다. 한쪽은 성하기 때문이다.

그런데 아담과 하와가 하나님께 범죄하고 하나님을 반역하였으므로 둘 다 완전히 부패한 것이다.

- **범죄의 원인은 유혹임**

5. 범죄 혹은 타락의 원인을 불신앙, 교만 등에 두었으나 성경은 오직 사탄의 유혹이 범죄의 원인이라고 단정한다.

주님 자신이 친히 타락의 원인을 밝히셨다. "마귀는 처음부터 살인한 자요…거짓을 말할 때마다 제 것으로 말하나니 이는 저가 거짓말쟁이요 거짓의 아비가 되었음이니라" (요 8:44).

사탄이 거짓으로 첫 조상들을 꼬이지 않았으면 범죄하지 않았을 것이다. 그러므로 범죄의 원인을 하나님의 선한 창조물인 사람에게서 찾을 것이 아니고 사탄의 유혹에서 찾아야 한다.

- **죄로 본성이 부패함**

6. 독일어 본문에는 부패했다는 말을 독이 들었다고 말한다. 독은 죄를 말한다.

선한 본성이 부패하여 완전히 거꾸로 된 것은 독이 들어서 그랬다고 말할 수 있다. 독이 들어서 악을 발하게 된 것이다. 그 독이 바로 죄이다. 죄가 들어오면 죄는 사람의 본성을 완전히 썩게 하고 더러워지게 한다.

우리 인간은 하나님의 형상으로 창조되어 영생하도록 되어 있었는데 우리의 본성이 부패하였기 때문에 죽게 되었다. 부패한 것은 반드시 해체에 이른다.

이렇게 죽음에 이르도록 부패한 것은 선한 본성에 독이 들어왔기 때문이다. 그 독이 바로 죄이다. 죄로 인해 사람은 다 부패하였다. 이 부패로 사람은 죽음을 면할 수 없게 되었다.

7. 타락과 불순종은 같은 것으로 보아야 한다. 타락은 하나님의 명령에 불순종한 것이다.

하나님은 언약을 맺으시고 명령을 내리셨다. 선악과를 먹지 말도록 명하셨다. 먹으면 반드시 죽는다고 하셨다. 그런데 하나님의 명령을 무시하고 인간은 자기 마음대로 금하신 선악과 열매를 먹었다. 하나님의 명령을 무시하였기 때문에 일어난 일이다. 그러므로 타락과 불순종은 같은 것이고 하나이다.

아담은 선악과를 먹으면 하나님과 같이 된다는 말에 속았다. 선악과를 먹으면 죽게 되는 것이 아니고 선악을 아는 일에 하나님과 같이 된다고 하는 말에 속아서 그것을 진리로 받아들였다.

- **선악은 창조주만이 결정**

8. 선악은 창조주가 정하신다.

창조주만이 선과 악을 결정하신다. 하나님이 결정하신 것은 선이다. 하나님이 배척하거나 금하신 것은 다 악이다. 그런데 아담이 피조물인데도 하나님처럼 선악을 자기 스스로 결정하기로 하였다.

선악은 창조주 하나님이 정하셔야 선악이 된다. 선악을 사람이 결정하면 선악의 구분이 없어진다. 결국 선이 악이 되고 악이 선이 된다. 사람이 선악을 결정하면 선악의 표준이 없어져서 자기가 편리하다고 여기는 것이 선이 된다. 각자는 다 그렇게 생각하므로 자기의 결정이 선이 되고, 자기의 결정에 반대되는 것은 악으로 보게 되어 인간사회에 질서와 법이 없어지게 된다. 가치관의 혼란이 너무 극심하게 된다. 그리하여 선악 결정에 있어서 상대주의가 된다. 절대적인 선악은 없기 때문에 상대주의가 될 수밖에 없다.

- **죄로 본성이 부패**

9. 우리 본성이 부패한 것은 죄가 그 원인이다. 즉 죄로 수태되고 출생되었기 때문이다.

첫 범죄 이래 우리는 죄로 시작한다. 죄를 계속한다. 그리고 언제나 죄와 함께 있고 죄와 분리되지 않는다. 죄가 비록 부가된 것이어도 인간의 본성이 되었다.

우리는 첫 조상들의 범죄로 인해 죄 안에서 수태되고 출생하였다. 즉 모든 사람은 죄인으로 출생한다. 죄인이 되었기 때문에 죄를 짓고, 죄짓는 것을 계속한다. 죄인은 죄짓는 것을 피할 수 없고, 죄지음으로 그 존재를 계속한다. 죄인이기 때문에 죄짓지 않을 수 없다.

사람은 죄로 시작하고 죄로 진행하도록 정해졌다. 죄 때문에 그러하다.

- **아담의 죄과 전가로 본성 부패**

10. 우리가 부패하여 죄 안에서 수태되고 죄로 출생한 것은 아담의 죄과가 다 우리에게 전가되었기 때문이다.

하나님은 아담과 언약을 맺어 자기의 백성으로 삼으셨다. 이런 언약 체결 후에 범죄가 이루어졌으므로 죄의 책임이 언약 당사자의 후손들에게 다 전가되었다. 이렇게 죄책이 아담에게서 모든 후손들에게 전가되었으므로 모든 후손들이 죄를 지고 출생하였다.

- **전가된 죄가 본성을 썩게 함**

11. 전가된 죄가 사람의 본성을 썩게 하였다.

아담의 범죄로 나온 죄책이 모든 후손들에게 전가되어 사람의 본성을 완전히 부패시켰다. 죄는 인간 본성을 썩게 하는 독이다. 죄가 들어오면 인간 본성은 썩어서 악하게 된다.

- **본성의 부패는 자신의 범죄로**

12. 사람의 본성의 부패는 사람 자신의 범죄로 이루어진 것이다.

죄는 하나님의 창조나 하나님의 작정에서 나온 것이 아니다. 인간이 스스로 하나님을 반역하기로 한 것이 범죄이다. 이 범죄가 인간 본성을 다 썩게 하여 죄짓게 한다. 죄는 사람의 본성을 악으로 변화시켰다.

아담의 범죄가 인류의 타락을 구성한다. 그리하여 범죄가 모든 인류를 불행과 멸망으로 인도하였다.

8. 거듭나기 전에는 악으로만 기울어짐

물음 8.

우리는 어떤 선에도 전혀 적합하지 않고 악으로만 기울어져 있도록 그렇게 부패하였는지요?

Frage 8.

Sind wir aber dermassen verderbt, dass wir ganz und gar untüchtig sind zu einigen Guten und geneigt zu allen Bösen?

답.

예: 우리가 하나님의 영으로 거듭나지 않는다면 그렇습니다.

Antwort.

Ja: es sei denn, dass wir durch den Geist Gottes wiedergeboren werden.

해설

- **본성의 부패로 선을 행할 능력이 없음**

1. 우리 본성의 부패가 너무 심각하여 어떤 선한 것에 대해서도 능력이 없고 감당할 수도 없다.

우리는 본성상 진노의 자녀들이 되었다. 그리하여 어떤 선도 감당하거나 행할 능력이 없다. 선을 원하거나 행하는 데 별로 마음이 없다. 선을 원해도 행하기를 원하지 않고 싫어한다.

선을 행할 때도 사람은 자기과시나 자기 유익을 위해서 한다. 그런 것은 시민선(市民善)의 경우이지만 순전하게 남의 유익과 잘됨을 위해서 하는 것이 힘들다.

- **타락 후에는 모든 사람이 본성상 악으로 기울어졌음**

2. 타락 이후에 사람은 본성상 모든 악으로 기울어져 있다.

타락한 이후 사람의 마음은 그 생각하는 것이 악하다. 그리하여 남에 대해서 좋은 것을 생각하지 않고, 남이 잘되는 것을 바라지 않는다.

마음의 생각의 계획하는 바가 악하여 사람은 출생부터 악으로 기울어져 있고, 악을 바란다. 남을 해롭게 하고, 남이 잘못되기를 바라고 좋아한다.

사람의 본성이 모든 악으로 기울어져 있으므로 먼저 남을 미워하고 싫어한다. 그리하여 자기의 요구에 합하지 않거나 반대되면 그를 미워하여 제거하려고 노력한다. 자연적으로 제거되지 않으면 자기의 손으로 직접 그를 제거하려고 한다.

사람은 자기의 손의 수고 없이 남의 재산을 자기 것으로 삼기를 바란다. 일이 자연적으로 이루어지지 않으면 자기의 힘으로 직접 이루려고 시도하고 실제로 성취한다.

- **인성의 전적 타락과 무능**

3. 이 문답은 칼빈의 전적 타락과 전적 무능을 가르치고 있다.

칼빈은 인간의 타락이 너무 심각하여 선에 대하여 전적으로 무능하고 전적으로 부패하였음을 가르쳤다. 칼빈의 가르침이 8문답에 잘 표현되어 있다.

- **전적 부패와 무능이 하나님의 영으로 거듭나 원상태로 돌아감**

4. 인간의 선에 대한 전적 무능과 전적 부패는 하나님의 영으로 거듭남으로 해결할 수 있다.

중생하면 사람이 원리적으로 본래 아담의 의식 상태로 돌아간다. 그리하여 선을 바라고, 선을 행할 능력을 갖는다. 성령께서 힘을 주시기 때문이다. 또 그렇게 선을 바라고 행할 마음을 주시기 때문이다. 중생은 부패한 인간 본성을 본래 창조된 상태로 돌이키는 시작점이다.

중생은 사람이 악에서 돌이켜 선으로 향하는 시작점이다. 하나님의 영이 역사하시기 때문이다. 본성대로 인간은 선을 행할 수 없고 악으로만 기울어져 있기 때문이다.

9. 의도적 불순종으로 선을 행할 힘을 다 상실

물음 9.

그러면 사람이 할 수 없는 것을 하나님이 율법에서 사람에게 요구하시는 것은 부당한 것이 아닌가요?

Frage 9.

Thut denn Gott dem Menschen nicht Unrecht, dass er in seinem Gesetz von ihm erfordert, was er nicht thun kann?

답.

아닙니다: 왜냐하면 하나님은 선을 행할 수 있게 사람을 창조하셨습니다. 그러나 사람은 마귀의 꼬임과 부추김 (교사)을 받아서 의도적으로 불순종함으로 자신과 모든 후손들에게서 이 능력을 빼앗았습니다.

Antwort.

Nein: denn Gott hat den Menschen also erschaffen, dass er es konnte thun. Der Mensch aber hat sich und alle seine Nachkommen, aus Anstiftung des Teufels, durch muthbilligen Ungehorsam derselbigen Gaben beraubet.

해설

- 전적 무능의 상태에 있는 사람에게 선행을 요구하는 것이 부

당하지 않은가?

1. 사람이 전적으로 무능하여 할 수 없는 선을 행하도록 하나님이 사람에게 요구하셨다는 것은 인간에게는 부당한 것이 아니냐고 묻고 있다.

하나님 사랑과 이웃 사랑을 사람은 결코 바르게 할 수 없는데도 하나님이 이것을 행하도록 하셨다는 것은 부당한 것을 요구하시는 것이 아니냐는 반문이다.

그러나 하나님의 창조 때문에 그런 반격을 제기하는 것은 그릇되었다고 제시한다. 그런 반문 자체가 그릇되었다는 것을 밝힌다.

2. 그러므로 물음 9에 대한 답이 '아닙니다'라고 하였다.

처음 창조 때부터 선을 행할 수 없는 상태로 사람이 창조된 것이 아니다. 하나님은 사람을 무능한 상태로 창조하지 않으셨다. 그런데 사람의 잘못으로 그렇게 되었다는 것을 말한다. 사람 자신이 능력을 잃게 만들었다.

- 처음 창조 시 하나님 사랑을 바르게 할 수 있게 창조되었음

3. 하나님이 처음 창조하실 때는 사람이 자기의 본분을 잘 수행할 수 있도록 창조하셨다는 것을 강조한다.

하나님이 사람을 처음 창조하셨을 때는 사람이 하나님 사랑과 이웃 사랑을 바르게 할 수 있도록 조성하셨다. 그러므로 사람이 능히 할 수 있는 것을 못한 것은 전적으로 사람의 책임임을 밝힌다. 하나님은 사람이 능히 할 수 있도록 능력을 주셨다.

사람은 온 마음과 힘과 영혼으로 하나님을 바르고 뜨겁게 사랑할 수 있도록 창조되었다. 하나님을 사랑하고 좋아하고 높이는 것이 사람의 본성이다. 사람은 하나님을 사랑하고 하나님을 좋아하며 하나님을 높이는 것 없이는 살 수 없도록 창조되었다. 그의 삶의 목표와 목적이 하나님을 사랑하고 영화롭게 하는 것이므로 온 마음으로, 마음속 깊은 곳에서부터 자연적으로 하나님을 사랑하고 좋아하도록 만들어졌다. 사람은 하나님 섬김을 전부로 삼도록 조성되고 창조되었다. 그러므로 순전하고 바른 마음으로 하나님을 사랑하고 좋아하며 하나님께 모든 영광과 존귀와 덕을 돌려드리게 되어 있었다.

사람이 하나님을 전심으로 사랑하면 이웃도 자기 자신처럼 사랑하는 것이 당연한 인간 본성이다. 하나님을 거부하고 반역하지 않았더라면 하나님을 사랑하는 것처럼 이웃을 사랑하게 되어 있었다. 자신을 생각하기보다 남의 유익을 먼저 생각할 수 있도록 창조되었다. 자기의 것도 이웃과 기꺼이 나눌 수 있도록 되어 있었다. 바른 그리스도인들에게 나타나는 성품과 성향이 모두 다 처음 사람들에게 그대로 나타났었다.

- **사람의 반역은 마귀의 교사를 받아서 이루어짐**

4. 사람은 마귀의 교사를 받아서 의도적으로 불순종하였다고 밝히고 있다.

사람은 처음부터 하나님을 반역할 마음을 가진 것이 아니다. 더구나 하나님의 명령에 불순종할 마음을 가진 것이 아니다. 하나님을 잘 섬기며 살았고, 하나님을 기쁘게 함으로 살았다. 그러므로 하나님의 명령에 불순종하거나 하나님을 거역하는 것은 생각할 수도 없었다.

그런 중에 사람이 마귀의 유혹을 받았다. 그냥 단순하게 유혹을 받은 것이 아니다. 하나님을 반역하도록 꼬임을 받았다. 선악과를 먹으면 하나님과 같이 되어 선악 판단을 스스로 할 수 있게 된다고 교사를 받았다. 선악과를 먹으면 죽는 것이 아니라고 판정받았다. 오히려 선악과를 먹으면 하나님과 같이 되어 선악 판단을 자유롭게 마음대로 할 수 있게 된다고 꼬임을 받았다.

- **선악과를 먹으면 하나님과 같이 된다고 유혹받음**

첫 사람은 선악과를 먹으면 하나님과 같이 된다는 꼬임에 흥분하였다. 선악과가 그런 과실인데 하나님이 먹지 못하게 막으셨다고 속삭였다. 그리하여 아담과 하와는 흥분하여 쉽게 하나님처럼 되는 길이 정당한 것으로 여겼다. 하나님처럼 되는 길이 있으면 그 방식을 취택하지 않을 이유가 전혀 없었다. 그리하여 창조주 하나님의 명령을 별로 중한 것으로 여기지 않게 되어 계명을 어길 수 있게 되었다.

먹으면 죽는다는 하나님의 엄한 명령보다 먹으면 죽는 것이 아니라 하나님처럼 된다는 거짓 속임이 더 바르고 정당한 것으로 보였다. 그리하여 하나님의 계명에 불순종하기로 정하였다. 창조주의 말씀보다 피조물인 사탄의 말을 더 무게 있고 권위 있는 것으로 보았다. 의도적으로 그렇게 판단하기로 작정하였다.

- 하나님을 반역함으로 모든 은사들을 빼앗김

5. 첫 사람이 하나님께 불순종함으로 자기와 자기의 후손들에게서 하나님의 선물을 빼앗았다.

처음 창조 때 사람은 창조주로부터 모든 은사들을 받아 가졌다. 하나님은 모든 선한 재능들을 아담에게 선사하셨다.

하나님은 사람을 자기의 형상으로 창조하심으로 그에게 모든 선한 은사들을 주셨다. 사람이 하나님을 잘 섬기고 사랑할 수 있도록 그런 능력들을 선물로 주셨다. 그런데 하나님을 반역하고 불순종함으로 인해 그런 귀한 선물들이 사람들에게서 박탈되었다.

아담 자신이 이 재능들을 상실하면서 모든 후손들도 이런 은사를 모두 상실하게 되었다. 그리하여 아담의 모든 후손들은 일부 재능의 차이는 있어도 처음 창조주 하나님이 선물로 주신 능력을 완전히 잃어버렸다.

- 의도적 불순종으로 모든 은사를 잃어버림: 아담 자신이 은사들을 박탈함

6. 의도적으로 불순종하여 아담이 자신과 그의 모든 후손에게서 이 능력을 박탈하였다. 아담이 능력을 박탈한 것이다.

하나님이 주신 이 능력을 외부에서 박탈해 간 것이 아니다. 아담 자신이 자기와 자기의 후손들에게서 이 능력을 박탈하였다. 아담이 박탈한 것이다. 그가 의도적으로 불순종함으로 인간 스스로 능력을 박탈한 것이다.

우리가 불순종함으로 은사들을 박탈당한 것이 아니고 인간 자신이 자기에게서 능력을 박탈한 것이다. 하나님이 주신 능력들을 사람이 스스로 빼앗았다.

10. 하나님이 불순종과 배반을 벌하심

물음 10.

하나님은 그런 불순종과 배반을 벌하시는가요?

Frage 10.

Will Gott solchen Ungehorsam und Abfall ungestraft lassen hingehen?

답.

결단코 그렇습니다: 그는 우리의 타고난 죄와 실제 죄에 대해서 끔찍하게 진노하십니다. 또 의로운 심판으로 그 죄들을 시간과 영원에서 벌하실 것인데, 율법책에 기록된 모든 것에 머물지 않는 각 사람은 저주를 받을 것이라고 하신 대로 그것을 행하실 것입니다.

Antwort.

Mit nichten: sondern Er zürnet schrecklich, beides über angeborne und wirkliche Sünden, und will sie aus gerechtem Urtheil zeitlich und ewig strafen, wie Er gesprochen hat: Verflucht sei jedermann, der nicht bleibt in allem dem, das geschrieben stehet im Buch des Gesetzes, dass er's thue.

해설

- **사람의 의도적 반역**

1. 사람이 그렇게 의도적인 불순종과 반역을 하였다.

비록 마귀의 꼬임과 부추김을 받았지만 결정은 사람이 하였고, 행동도 사람이 하였다. 교사(敎唆)는 받았어도 불순종과 반역은 사람이 결정하고 행하였다. 그러므로 그것은 의도적인 불순종이다. 답에 나온 대로 반역이다. 사람이 범죄하였고, 사람이 반역하였다.

- **반역은 반드시 벌 받음**

2. 하나님은 사람의 불순종과 반역을 반드시 벌 받게 하신다.

사람은 하나님의 형상으로 지음 받았다. 하나님은 사람에게 모든 재능과 호의를 부여하셨다. 그리고 하나님의 대리 통치자로 삼으셨다. 또 하나님의 모든 호의를 입어 하나님과 교제하게 하셨다.

이런 상황에서 하나님의 명령에 불순종하였다. 불순종하는 정도가 아니라 창조주 하나님을 반역하였다. 창조주 하나님을 반역한 죄는 용서될 수가 없다. 반역은 하나님의 인격에 대한 항거이고 무시이다. 이런 항거는 결코 용납될 수가 없다.

창조주를 반역한 죄는 용납될 수가 없다. 하나님의 인격을 무시하고 짓밟았으니 하나님의 진노를 입어서 형벌을 받을 수밖에 없다. 하나님의 인격을 향한 반역이고 항거이므로 하나님은 진노하실 수밖에 없다. 그 진노가 형벌을 가져왔다. 그냥 한낱 범죄가 아니라 창조주 하나님에 대한 반역이므로 죽음이 합당하다. 그 반역은 영원한 죽음에 해당한다.

본래 영생하도록 창조되었는데 벌을 받아 죽게 되었으므로 죽음은 그렇게 무섭고 두렵다.

- **각인의 범죄도 반드시 벌 받음**

3. 처음 반역만이 아니라 사람에게 유전된 모든 죄들에 대해서도 하나님의 벌을 받게 되었음을 말한다.

아담이 범죄함으로 그 죄가 모든 후손에게 전달되었다. 그리하여 사람이 출생하면 죄인으로 출생한다. 이미 아담의 죄과가 전달되어 있기 때문이다.

이 전달된 죄도 무죄한 것이 아니다. 출생할 때 죄를 가지고 나고 죄인으로 나기 때문에 사람은 각자 벌을 받게 되어 있다. 이미 죄인으로 나기 때문에 그 죗값으로 죽게 되고, 저주받은 자로 난다.

실제로 자기 죄를 범하지 않고 죽은 자들도 다 죄인으로 출생하였기 때문에 죽음과 저주를 받고 있다. 다 영원한 죽음에 이르렀고, 영원한 형벌을 받고 있다.

- **출생한 죄인은 반드시 벌 받음**

4. 사람은 죄인으로 출생한다. 그러므로 다 죄를 범하게 되어 있고, 행하는 모든 것들이 다 죄가 된다.

죄인이 행하는 모든 것은 다 죄를 구성한다. 하나님 앞에서 죄인은 죄를 범할 수밖에 없다. 그 범한 죄는 다 형벌을 받는다. 죗값은 사망이므로 모든 사람이 다 죽음을 당한다. 육체적인 죽음만이 아니라 영원한 죽음의 형벌을 받는다.

- **타고난 죄와 실제 범죄는 현세에서도 형벌 받음**

5. 이 두 가지 죄, 곧 타고난 죄와 실제 범한 죄는 경우에 따라 시간 내에서도 형벌을 받는다.

사람은 삶을 마치고 그가 행한 선악 간에 심판을 받아 형벌을 받는다. 그러나 그가 사는 삶의 기간에도 그가 행한 죄 때문에 벌을 받는다. 그 형벌은 재난과 질병과 일찍 죽는 일 등으로 이루어진다.

- **반역죄는 영원한 형벌을 받음**

6. 영원에서 형벌 받는 것은 영원에서 고통으로 형벌 받음을 말한다.

하나님의 엄위와 인격을 무시하고 반역한 것이므로 그 형벌은 일시적인 것이 아니라 영원한 형벌이어야 마땅하다.

율법책에 기록된 모든 것에 머무르지 않는 모든 사람은 다 저주를 받는다고 하였다. 그런데 하나님을 반역한 죄는 저주 위에 저주를 받는 것이 마땅하다. 기록된 조문을 범하여도 저주를 받으면 하나님을 반역한 죄는 영원한 형벌을 받는 것이 창조주의 법에 합당하다.

11. 하나님의 자비로우심과 공의로우심

물음 11.

그러면 하나님은 자비롭지 않으신가요?

Frage 11.

Ist denn Gott nicht auch barmherzig?

답.

하나님은 참으로 자비로우시지만 또한 공의로우십니다. 그러므로 그의 공의는 하나님의 가장 높으신 엄위에 대해 범한 죄는 최고의 형벌 곧 영원한 형벌로 몸과 영혼이 형벌 받는 것을 요구합니다.

Antwort.

Gott ist wohl barmherzig. Er ist aber auch gerecht. Derhalben erfordert seine Gerechtigkeit, dass die Sünde, welche wider die allerhöchste Majestät Gottes begangen ist, auch mit der höchsten, das ist, der ewigen Strafe, an Leib und Seele gestraft werde.

해설

- 사람은 전인으로 범죄

1. 사람은 전인으로 범죄하였다. 즉 몸과 영혼으로 범죄하였다.

영혼으로 지성으로만 범죄한 것이 아니다. 생각하고 판단하고 결단하여 범죄하였다. 그것은 영혼의 영역이다. 그리고 범죄는 육체로 하였다.

- 하나님의 엄위와 인격을 무시하고 언약체결의 약정을 무시함

하나님의 엄위와 인격을 무시하고 또 언약체결의 약정을 무시하고 하나님과 같이 되는 것만 생각하여 하나님의 계명을 어그러뜨리고 무시하기로 작정하였다. 이렇게 결정하고 실행한 것은 몸으로 한 것이었다. 아담은 하나님을 반역하는 일에 전인으로 행하였다.

- 하나님은 자비로우셔서 멸망에 이르는 형벌을 벗어나게 하시기로

2. 그래도 하나님은 참으로 자비로우시다.
하나님은 사람의 큰 반역 앞에서도 하나님의 공의에 앞서 자비로우셨다. 하나님의 공의의 법대로는 죄인은 반드시 형벌을 받아야 한다. 그러나 하나님은 사랑의 하나님이시므로 형벌을 넘어서는 길을 내기로 하셨다. 모든 사람은 반드시 벌 받아 죽어 멸망해야 하지만 하나님은 다른 피할 길을 내기로 하셨음을 밝히려고 하고 있다.

- 행한 대로 벌 받게 하시는 공의의 법도

3. 하나님은 자비로우셔도 공의로우시므로 반드시 행한 대로 상

벌을 받도록 하셔야 한다.

공의는 하나님의 심판 혹은 하나님의 심판의 기준을 말한다. 하나님은 자신이 의의 표준이시다. 그러므로 그의 공의의 법대로 사람이 행한 대로 그에게 갚으시고 형벌하셔야 한다.

- **공의의 법대로 반역죄에 대한 형벌을 지우시기로**

4. 하나님은 공의로우시다.

사람이 범한 죄가 반역죄이므로 하나님의 공의의 법은 그 죄에 합당하게 형벌 받도록 정하셨다. 반역죄가 벌 받지 않고 지나가게 하면 모든 범죄가 다 벌 받지 않게 된다. 그러면 하나님은 가볍게 여김을 받게 된다. 즉 하나님은 하나님으로 계실 수 없다. 어떤 피조물에게도 하나님은 하나님이 되시지 못한다. 범죄 후에도 아무런 형벌이나 그 죄에 상응하는 갚음이 없다면 세상에는 아무런 질서도 없게 된다. 법이 무법이 되고, 질서가 무질서가 된다. 법이 무법이 되고 질서와 무질서가 같은 것이 된다. 그리하여 어떤 선악 판단도 없게 되고 불가능하게 된다. 참과 거짓도 없어져서 세상은 오류와 거짓으로 가득하게 되어 인류 세계가 될 수가 없다.

- **공의의 형벌이 없다면 사회는 무법사회가 됨**

하나님의 법과 벌이 시행되지 않는다면 인간사회가 폭력사회가 되고 아수라장이 되어 완전한 무법세계가 될 것이다. 폭력이 법이 되어 자기의 욕망을 이루기 위해 이웃을 살해하고 상해하는 것이 매일의 법이 될 것이다. 그러므로 하나님의 공의는 반드시 시행되어야 한다.

- **하나님의 법이 세워지게 하심**

창조주는 자기의 피조 세계에 법이 서고 질서가 서게 하셨다. 따라서 벌 받을 자들은 합당하게 벌 받게 하셨다. 또 모든 선은 보상을 받게 하셨다. 그것이 공의롭고 정당한 법이다.

- **반역죄엔 영원한 형벌이 합당함**

5. 사람이 범한 죄가 무한하고 영원한 타당성을 가지므로 영원한 형벌을 받게 하신 것이 하나님의 공의이다.

첫 사람이 범한 죄는 반역죄이다. 창조주 하나님을 반역한 죄는 그의 인격을 무시하고 엄위를 훼손하였고 그의 영광을 무가치한 것으로 만들었으므로 영원한 형벌을 받아야 마땅하다.

- **전인으로 범죄하였으므로 영혼과 몸으로 벌 받게 하심**

6. 범죄가 전인으로 이루어졌으므로 몸과 영혼으로 영원한 형벌을 받도록 하나님의 공의가 정하였다.

사람은 전인 곧 몸과 영혼으로 범죄하였다. 한 인격으로 범죄하였다. 한 인격은 몸과 영혼으로 이루어진다. 그러므로 사람이 벌 받을 때 몸과 영혼으로 다 함께 당한다.

- **영혼과 몸으로 영원한 형벌을 받음**

7. 몸과 영혼은 분리되지 않으므로 전 인격으로 영원한 형벌을 받아 고통을 당한다.

사람은 몸과 영혼으로 영원한 형벌을 받는다. 영원한 형벌이므로 중간에 중단되거나 감소되는 법이 없다. 중단되거나 감소되면 영원한 형벌이 아니게 된다.

III-3. 제2부 인간의 구속에 관하여: 물음 12-25

Der andere Theil

Von des Menschen Erlösung

12. 죗값을 지불해야 형벌을 면함

물음 12.

그런데 하나님의 의로운 심판에 따라 우리가 시간적인 형벌과 영원한 형벌을 받기에 합당하게 되었으면, 우리는 어떻게 이 형벌을 피할 수 있으며 다시금 은혜에 이를 수 있는가요?

Frage 12.

Dieweil wir denn nach dem gerechten Urteil Gottes zeitliche und ewige Strafe verdienet haben: wie möchten wir dieser Strafe entgehen, und wiederum zu Gnaden kommen?

답.

하나님은 그의 의가 충족되기를 원하십니다; 그러므로 우리는 우리 자신에 의해서나 다른 한 사람에 의해서 완전한 지불을 해야만 할 것입니다.

Antwort.

Gott will, dass seiner Gerechtigkeit genug geschehe; desswegen müssen wir derselben entweder durch uns selbst, oder durch einen Andern vollkommene Bezahlung thun.

해설

- **우리가 받는 영원한 형벌은 우리가 행해서 벌은 것임**

1. 우리의 범죄가 하나님의 의로운 심판에 따라 현세적인 형벌과 영원한 형벌을 받기에 마땅하게 되었다고 한 것은 우리가 우리의 행함으로 영원한 형벌과 시간적인 형벌을 벌었다는 것을 말한다.

우리가 영원한 형벌과 시간적인 형벌을 받게 된 것은 우리 자신이 그렇게 벌은 것을 말한다. 우리 자신이 하나님의 법을 어기고 하나님의 계명을 범하여 영원한 형벌을 받을 수밖에 없게 되었다.

- **하나님의 영광과 엄위의 법을 어겼으니 죽음이 마땅함**

하나님의 영광과 엄위의 법을 어겼으니 죽을 수밖에 없다. 더욱이 먹으면 반드시 죽는다고 했는데 자기의 마음대로 하나님의 계명을 어겼다. 그러므로 죽을 뿐 아니라 영원한 형벌을 면할 수 없게 되었다. 이렇게 행동한 존재는 바로 사람 자신이다.

2. '어떻게 이 형벌을 피할 수 있으며, 다시금 어떻게 은혜에 이를 수 있는가'라고 물음으로 하나님의 공의를 만족시키면서도 형벌을 피할 수 있는 길이 있음을 암시하려고 한다.

영원한 형벌을 받았고 받게 되었으니 피할 수 있는 길이 없지만 하나님의 은혜로 다시 살아날 수 있는 길이 있음을 암시하고 있다.

- **하나님의 공의의 법을 성취시켜야 함**

3. 하나님의 공의를 어겼으니 공의를 만족시켜야 할 것을 강조하고 있다.

하나님은 그의 공의를 영원한 법으로 세우셨으니 하나님의 법은 반드시 지켜지고 완성되어야 한다. 즉 하나님의 법은 반드시 지켜지고 성취되어야 한다.

하나님의 법을 어겼어도 하나님의 공의는 성취되고 충족되어야 한다. 하나님의 법은 창조주의 법이므로 반드시 충족되어야 하고 성취되어야 한다. 하나님의 법을 어겼을 때는 그에 대한 대가 지불이 있어야 한다.

- **하나님의 공의의 법을 완전히 충족해야 함**

4. 의의 충족은 당사자가 해야 하지만 그렇지 못할 경우 다른 사람이나 다른 당사자가 충족해야 한다.

하나님이 요구하고 정하신 의는 반드시 충족되어야 한다. 즉 하나님이 세우신 법은 반드시 지켜져야 한다. 그렇지 않으면 하나님이 창조주로서의 엄위와 영광을 잃으신다. 즉 하나님의 인격이 하나님으로서 세워지고 인정되지 못하는 것이 된다. 그런 일은 전혀 가능하지도 않고 용납될 수도 없다.

- **언약 체결자가 언약을 성취하심으로 언약을 회복**

5. 하나님은 자기의 언약을 반드시 지키시기 위해 체결하셨으므로 사람이 범한 언약의 조건들을 하나님 자신이 지키심으로 언약을

완전히 성취하실 것이다.

  하나님은 언약을 체결하실 때 지키시려고 체결하셨다. 인간 당사자가 범한 언약의 조건들도 하나님 자신이 지키신다. 이렇게 하나님 자신이 마침내 언약을 성취하심으로써 처음 언약 체결의 뜻을 이루신다.

- **언약의 조건들을 하나님이 성취하심으로 언약을 성취하심**

  6. 사람이 범한 언약의 조건들은 범죄한 인간이 다시 지킬 수 없으므로 하나님만이 언약 성취의 길을 내실 것이다.

  사람이 한 번 언약을 범하여 죄인이 되었으면 다시는 언약을 지킬 길이 없다. 이 경우 하나님께서 사람과 체결하신 언약의 뜻을 이루시려면 하나님이 언약 성취의 길을 내시는 길뿐이다.

13. 언약의 조건들은 사람이 결코 지킬 수 없음

물음 13.

그러나 우리는 우리 자신이 지불할 수 있는지요?

Frage 13.

Können wir aber durch uns selbst Bezahlung thun?

답.

아닙니다: 반대로 우리는 죄과를 날마다 더 크게 합니다.

Antwort.

Mit nichten: sondern wir machen auch die Schuld noch täglich grösser.

해설

- 사람은 하나님의 의의 요구를 충족할 수 없음

1. '하나님의 의를 범한 것을 우리가 스스로 복원할 수 있는가'라고 묻는 데 대해서 답은 그럴 수 없다고 한다.

사람은 한 번 언약을 범하면 죄인이 되고 반역자가 된다. 그러므로 사람은 하나님의 언약을 복원시킬 능력이 전혀 없어진다. 죄인은 하나님의 계명을 지킬 능력이 전혀 없다.

그러므로 사람은 깨어진 하나님의 법을 복원할 수가 없다. 하나님의 언약을 다시 회복할 수가 없다. 사람은 깨어진 언약을 다시 지켜 복원할 힘을 전적으로 상실한다.

- **언약을 지키려고 하면 범함만 더해짐**

2. 오히려 날마다 우리의 범함을 더하여 죄과를 더할 뿐이다.

죄인이 된 이후에 행한 모든 것은 다 죄이다. 그러므로 처음 죄만이 아니라 그 후에 범한 죄에 대해 벌 받을 허물과 책임이 더해질 뿐이다. 죄만을 더 짓기 때문이다. 행하는 모든 것들이 다 죄이므로 사람은 죄과를 더할 뿐이다.

- **죄짓는 일만 더하므로 죄과를 더한다**

3. 사람은 살면서 행하는 모든 것이 다 죄가 되므로 날마다 죄과를 더 크게 한다.

죄과는 지은 죄에 대하여 벌 받을 책임이다. 날마다 범죄하면 죄과가 날마다 더 커진다.

- **언약 파기자는 언약 파기를 반복할 뿐**

혹 언약이 범해진 후에 우리가 언약을 다시 지키려고 하면 오히려 범할 뿐이고 깨어진 언약이 고쳐지는 것이 아니다. 한 번 언약을 파기한 자는 그 파기를 반복할 뿐이다.

14. 피조물은 죗값을 갚을 수 없다

물음 14.

한낱 피조물이 우리를 위해 갚을 수 있습니까?

Frage 14.

Kann aber irgend eine blosse Creatur für uns bezahlen?

답.

아닙니다. 왜냐하면 첫째로 사람이 죄과를 얻은 것에 대해서 다른 어떤 피조물도 벌하기를 원하시지 않습니다. 둘째로 어떤 피조물도 죄에 대한 하나님의 영원한 진노의 짐을 감당할 수가 없고, 또 다른 피조물들을 거기에서 구출할 수가 없습니다.

Antwort.

Nein: denn erstlich will Gott an keiner andern Creatur strafen, was der Mensch verschuldet hat. Zum andern, so kann auch keine blosse Creatur die Last des ewigen Zornes Gottes wider die Sünde ertragen, und andere davon erlösen.

해설

- 사람이 언약을 파기하였는데 다른 피조물이 그 죗값을 갚을 수 없다

1. 우리가 범죄하여 큰 빚을 졌는데 다른 피조물, 가령 천사가 우리의 빚을 갚을 수 있느냐고 묻는 데 대해서 피조물은 할 수 없다고 단정한다.

언약은 하나님과 사람이 맺었다. 그리고 그 언약을 사람이 범하여 파기하였다. 그러면 그 언약을 다른 존재가 대신 지킴으로 언약을 회복할 수 있느냐에 대해서 전혀 불가능하다고 답한다.

- 우리 죄과가 크므로 천사도 그 빚을 갚을 수 없다

우리의 죄과가 크므로 다른 피조물, 가령 천사라도 그 빚을 갚을 수 없다고 밝히고 있다. 우리가 진 빚은 우리 자신이 갚거나 아니면 하나님만이 대신 갚아주실 수 있음을 암시하고 전제한다.

- 죄과가 범해진 본성이 죗값을 갚아야

2. 우리 인간이 죄과를 범하여 하나님께 빚진 것을 하나님은 인간이 아닌 다른 피조물에게 벌하기를 원하지 않으신다.

하나님은 죄과가 범해진 그 본성에서 죄과가 지불되게 정하셨다. 그러므로 사람이 범한 죄과를 다른 존재에게 전가할 수가 없다. 언제나 죄과를 범한 그 본성에서 그 죄과가 보상되어야 한다.

- 사람의 죄과는 어떤 피조물도 대신 갚을 수 없고 하나님만이 갚으실 수 있음

3. 어떤 존재가 인간이 범한 죄과를 갚는다고 나서도 갚을 수 없는 것은 바로 하나님의 진노의 짐을 감당할 수가 없기 때문이다.

어떤 피조물이라도, 가령 천사나 영이라도 사람이 범한 죄의 짐을 감당할 수가 없다. 사람을 구원하는 것은 오직 하나님만이 하실 수 있는 일이다. 이것이 종교개혁의 근본 진리이다.

- **다른 피조물의 구원은 우리 구원이 될 수 없다**

만일 천사나 다른 영이 우리를 죄와 사망에서 구원할 수 있다면 그것은 우리의 구원이 될 수 없다. 그것은 다른 피조물이 이룬 구원이므로 사람의 구원이 될 수 없다.

이 진리로 아다나시오스는 325년 니카야 공회의에서 아레오스파를 논박하고 파괴하였다. 곧 성육신하신 이가 하나님 자신이 아니고 다른 피조물이면 그 구원은 우리의 구원이 될 수가 없다고 논박하였다.

- **다른 피조물은 하나님의 진노를 감당할 수 없다**

4. 다른 피조물은 하나님의 인격을 무시하고 그의 영광과 엄위를 훼손한 죄를 감당할 수 없고, 이 죄에 대한 하나님의 진노도 감당할 수 없다.

피조물은 하나님을 반역한 죄를 감당할 수도 없고 속죄할 수도 없다. 무한한 진노에 대해 어떤 피조물도 그 앞에 설 수 없고 감당할 수도 없다. 그러므로 피조물은 사람을 죄와 죽음에서 구원할 수 없다.

- 사람은 사람을 구원할 수 없고 하나님만이 구원하신다

5. 사람은 자신을 구원할 수 없다.

다른 어떤 합리적인 피조물도 사람을 구원할 수 없다. 사람이 감당할 수 없는 하나님의 영원한 진노는 다른 어떤 피조물도 감당할 수 없다.

사람을 죄와 사망에서 구원하실 수 있는 이는 그를 지으신 창조주뿐이시다. 하나님만이 사람을 죄와 사망에서 구원해 내실 수 있다. 그리고 완전히 구원해 내실 수 있다.

15. 참 하나님 구속주만이 우리의 구주이시다

물음 15.

그러면 우리는 어떤 중보자와 구속주를 구해야 합니까?

Frage 15.

Was müssen wir denn für einen Mittler und Erlöser suchen?

답.

참되고 의로운 사람 구속주, 또 그렇지만 모든 피조물보다 강한 이, 곧 참 하나님이신 구속주를 구해야 합니다.

Antwort.

Einen solchen, der ein wahrer und gerechter Mensch, und doch stärker denn alle Creaturen, das ist, zugleich wahrer Gott sei.

해설

- **하나님만이 우리의 구주가 되시므로 성육신이 필수적이다**

1. 피조물이 우리의 구속주가 될 수 없으면 어떤 종류의 구속주를 구해야 하는지를 물음으로 참 사람이고 참 하나님이신 그런 구주를 가져야 함을 강조하고 있다.

어떤 피조물도 사람을 죄와 사망에서 구원할 수 없다. 그가 천사라도 사람을 죄와 사망에서 구원할 수 없다.

그러면 하나님 자신이 바로 구원하는 구속주가 되느냐를 물음으로 하나님이 우리의 구속주가 되기 위해 성육신해야 함을 밝히려고 하고 있다.

- **하나님이 우리의 구주가 되시기 위해 성육신하셔야 함**

2. 그리하여 이 문항의 답이 첫째로 참되고 의로운 사람이어야 하지만 모든 피조물보다는 강한 자여야 한다고 하여, 우리가 구하는 구속주는 하나님이셔야 함을 강조한다.

사람보다 강하고 모든 피조물보다 강한 이는 하나님뿐이시다. 그러나 하나님은 하나님 본래대로는 우리의 죄를 담당할 수 없으므로 성육신하여 사람이 되어 우리의 구주가 되시는 하나님을 구해야 함을 전제하고 있다. 하나님만이 사람을 구원하실 수 있다. 그러나 하나님 자신으로서는 우리의 죄과를 감당할 수 없으므로 하나님이 사람의 자리에 오셔야 함을 강조한다.

- **죄지은 사람은 구주가 될 수 없으므로 하나님이 의로운 사람이 되셔야 함**

3. 우리의 구속주가 참되고 의로운 사람이어야 한다고 강조함으로 죄지은 사람은 우리의 구주가 될 수 없음을 강조한다.

사람들 가운데는 죄인 아닌 존재가 아무도 없다. 사람들은 다 죄인이다.

그러나 죄인들을 구원하려면 죄 없는 존재가 죄인들을 구원해야 함을 강조한다. 죄인은 다른 죄인을 구원할 수 없기 때문이다.

의인은 사람들 중에 없다. 모든 사람들이 다 죄인인 상황에서는 사람 가운데서 의인이 나와 다른 죄인들을 구원하는 일을 할 수 없다. 그도 죄인이기 때문이다. 죄인은 죄인을 위해 대속의 일을 할 수 없다. 죄 없는 의로운 사람만이 할 수 있다.

죄 없는 의인은 사람들 중에는 불가능하다. 왜냐하면 모두가 다 죄인으로 출생하고 죄인으로 죽기 때문이다.

- **의인은 사람 가운데 없으므로 하나님이 사람이 되셔서 구주가 되셔야 함**

4. 그러면 의인이면서 참된 사람은 사람들 가운데서 구할 수 없어서 하나님이 구주가 되기 위해 사람이 되셔야 함을 강조한다.

사람은 사람을 구원할 수 없고 하나님만이 하실 수 있다. 그러나 하나님도 하나님 자신으로는 사람의 구주가 될 수 없다. 하나님이 사람의 구주가 되시려면 그가 사람의 자리에 오셔야 한다. 그것이 바로 하나님의 성육신이다.

16. 구주는 의롭고 참된 사람이어야 함

물음 16.

왜 그는 참되고 의로운 사람이어야 합니까?

Frage 16.

Warum muss Er ein wahrer und gerechter Mensch sein?

답.

하나님의 의는 범죄한 인간 본성이 죄에 대해 지불할 것을 요구하기 때문입니다. 그러나 그 자신이 죄인인 사람은 다른 사람들을 위해 죗값을 지불할 수가 없습니다.

Antwort.

Darum, weil die Gerechtigkeit Gottes erfordert, dass die menschliche Natur, die gesündiget hat, für die Sünde bezahle, aber Einer, der selbst ein Sünder wäre, nicht könnte für Andere bezahlen.

해설

- 구주는 사람의 본성을 입으셔야 죗값을 지불할 수 있음

1. 왜 구주는 참된 사람이고 의로운 사람이어야 하는지를 물음

으로 죄인을 구원하는 일은 사람의 본성의 신분에서만 할 수 있음을 말한다.

사람의 죗값을 지불하는 것은 사람이 해야 한다. 그러나 죄인은 죄인이어서 파산 선고를 받아 빚을 지불할 수가 없다. 죗값을 지불하려면 그는 죄가 없어야 한다. 죗값을 지불할 사람은 죄 없는 의인이어야 한다. 따라서 의인만이 죗값을 지불할 수 있다.

- **죗값은 범죄한 인간 본성이 지불해야 함**

2. 그러면 왜 사람이 죗값을 지불해야 하는가? 하나님의 법 혹은 하나님의 의는, 인간 본성이 범한 죄는 인간 본성이 지불할 것을 요구하시기 때문이다.

하나님의 법은 죄과가 범해진 그 본성에서 죄과가 지불되도록 하셨다. 이것이 원상회복의 법이다. 사람이 죄를 지었으면 사람이 갚아야 한다.

- **죄과를 범한 본성이 죗값을 갚아야 하기 때문**

사람이 범죄하였는데 다른 존재가 그 죗값을 갚는다는 것은 부당하다. 사람이 자기의 죄과를 담당해야 한다. 그 죄과에서 놓여나려면 그 죄과를 갚아야 한다. 그것은 범죄한 인간 본성이 갚아야 한다. 하나님의 법은 죄과를 범한 본성이 죗값을 갚도록 정하셨기 때문이다.

- **죄인은 파산 선고를 받았으므로 죗값을 갚을 수 없다**

3. 죄인은 파산 선고를 받은 자이므로 자기의 빚 혹은 죄과를 갚을 길이 없다.

죄인은 파산 선고를 받았다. 그러므로 자기가 갚을 능력이 전혀 없다. 갚지 못하면 자기의 죄 때문에 죽는 길 외에 다른 길이 없다. 죽음만이 죄인에게 마땅한 보상이다.

17. 구주가 하나님이고 사람이셔야 하는 이유

물음 17.

왜 그는 동시에 참 하나님이셔야 하는가요?

Frage 17.

Warum muss Er zugleich wahrer Gott sein?

답.

그는 자기의 신성의 힘으로 하나님의 진노의 짐을 자기의 인성에서 지셔야 하고, 또 우리를 위하여 의와 생명을 획득하여 다시 주셔야 하기 때문입니다.

Antwort.

Dass er aus Kraft seiner Gottheit die Last des Zornes Gottes an seiner Menschheit ertragen, und uns die Gerechtigkeit und das Leben erwerben und wieder geben möchte.

해설

- 사람은 진노와 죄과를 감당할 수 없다

1. 구속주가 참 사람이지만 참 하나님이셔야 하는 이유를 제시하고 있다.

그냥 사람이면 죄과를 감당할 수 없고 죄에 대한 하나님의 진노를 감당할 수 없기 때문이다.

이 17번 물음은 구주가 참 사람이면서 또 왜 참 하나님이셔야 하는지를 묻고 있다. 그 답은 사람이 하나님의 진노의 짐을 감당할 수 없다는 것이다. 죗값은 사람이 그 본성으로 갚아야 하지만 사람으로는 그 본성으로 하나님의 진노의 짐을 감당할 수가 없기 때문이다.

- **참 하나님이셔야 하나님의 진노를 감당하실 수 있음**

2. 참 하나님이셔야 하는 이유는 그의 신성의 힘으로 하나님의 진노를 그의 인성에서 담당해야 하기 때문이다.

사람은 하나님의 진노를 입어 죽음에 이르도록 판정되었으므로 하나님의 진노를 감당할 수 없다. 그 진노는 사람을 바로 죽음으로 판정하였다. 이 죽음의 판정에서 벗어날 수 있는 사람은 아무도 없다. 그러므로 하나님의 진노를 돌이키는 것은 불가능하다.

이 진노를 감당할 수 있는 존재는 하나님뿐이시다. 하나님은 그 신성의 힘으로 하나님의 진노를 능히 감당하실 수 있다. 하나님이시기 때문에 그의 신성의 능력으로 영원한 하나님의 진노를 감당하실 수 있다.

- **인성은 진노를 감당할 수 없지만 하나님이 그의 인성으로 진노를 감당하심**

3. 인성 자체로는 진노를 감당할 수 없으나 신성의 힘으로 인성에서 그 진노를 감당한다.

진노를 감당해야 할 주체는 바로 인간 본성이다. 그러나 인간 본성은 그것을 감당할 수 없다. 그러므로 신성의 힘으로 인간 본성에서 그 진노를 감당하는 것이다. 영원한 진노를 신성의 힘으로 감당한다. 하나님이 인간 안에 계셔서 그 진노를 인성으로 감당하게 하신다.

- **신성의 힘으로 그리스도의 인성이 죗값을 갚아 죄용서를 가져오심**

4. 그리스도의 인성은 신성의 힘의 도움으로 모든 고통을 다 감당하시고 죄용서, 곧 의를 획득하셨다.

사람은 하나님의 법을 지킴으로 의를 받을 수 없기 때문에 사람이 되신 하나님이 죗값을 갚으시기 위해 피 흘리셨다. 죗값은 사망이므로 그리스도께서 피 흘려 죽으심으로 죗값을 다 갚으셨다. 이 흘린 피로 지은 모든 죄를 용서하셨다. 신인이 피 흘려 죗값을 갚으심으로 모든 죄를 용서하시고 죽음을 처분하셨다. 신인이 획득하신 의는 바로 그의 피로 죄를 용서하신 것이다. 이 죄용서를 사람에게 전가하셔서 믿는 사람을 의롭다고 하셨다.

피 흘려 죄용서를 이루시기 위해 그리스도께서 모든 고통을 신성의 힘으로 감당하셨다. 이것이 그리스도의 인성이 하나님의 진노를 신성의 힘으로 감당하신 이유이다.

- **창조주만이 생명을 획득하시고 생명을 주심**

　생명을 획득하고 주실 수 있는 이는 생명의 주이신 창조주뿐이시다. 창조주도 사람이 되셔서 피 흘려 죗값을 지불하심으로 생명을 사람들에게 선사하셨다. 생명을 피로 획득하여 죽은 자들에게 줄 수 있는 존재는 하나님뿐이시다.

18. 중보자 예수 그리스도 우리의 구주

물음 18.

참 하나님이시며 동시에 참되고 의로운 사람이신 그 동일한 중보자는 누구신가요?

Frage 18.

Wer ist aber derselbe Mittler, der zugleich wahrer Gott und ein wahrer gerechter Mensch ist?

답.

우리 주 예수 그리스도이신데, 그는 우리의 완전한 구속과 의를 위해 우리에게 선사되셨습니다.

Antwort.

Unser Herr Jesus Christus, der uns zur vollkommenen Erlösung und Gerechtigkeit geschenkt is.

해설

- **하나님이 참 사람이 되사 주 예수 우리의 구원 중보자가 되심**

1. 참 하나님이시고 참 사람인 중보자가 누구시냐고 묻는 물음에 우리 주 예수 그리스도라고 답한다.

하나님과 사람 사이에 중보자는 주 예수 그리스도뿐이시다. 그가 참 사람이고 참 하나님이시므로 중보자 되시기에 합당하다. 죄인은 사람을 구원할 수 없다. 그러므로 사람은 사람과 하나님 사이에 중보자가 될 수 없다. 죄 없는 완전한 사람이 하나님과 사람 사이에 중보자가 될 수 있다. 그러므로 하나님이 사람이 되사 우리의 중보자가 되셨다. 그가 바로 주 예수 그리스도이시다.

- 이런 구원 중보자는 하나님이 마련하시어 우리에게 주심

2. 하나님이 마련하사 우리에게 주셨으므로 그가 우리에게 선사되셨다고 말한다.
우리 주 예수 그리스도는 하나님이 마련하사 우리에게 주셨다. 하나님이 우리의 구주가 되시기 위해 사람이 되셨다. 그리고 그를 우리의 구주와 중보자로 주셨다. 그러므로 선사되셨다고 말한다.

- 하나님이 사람이 되어 우리의 구주가 되심

3. 하나님이 사람이 되어 우리 사람의 자리에 오셔야 구주가 되신다.
구원 중보자가 되기 위해서 하나님이 사람이 되어 우리에게 오셨으니 그가 우리의 구주로 우리에게 선사되신 것이다.

- 성육신하신 구주는 참 하나님이시고 참 사람이심

4. 하나님이 성육신하사 사람이 되셨으므로 참 하나님과 참 사람이라고 말한다.

하나님은 성육신하심으로 사람이 되셨다. 그러나 그는 여전히 하나님으로 계신다. 그는 성육신으로 사람이 되신 하나님이시다. 그 이름이 바로 예수 그리스도이시다. 예수 그리스도는 우리의 하나님이시고, 사람으로서 우리의 구원 중보자이시다.

이그나치오스 (Ignatios)는 역사상 처음으로 예수 그리스도를 '육체 안에 오신 하나님'이라고 선언하였다.

- 완전한 구속은 우리 몸과 영혼의 구원임

5. 완전한 구속은 우리의 몸과 영혼을 완전히 구원함을 말한다.

구원은 우리의 영혼이 죄용서를 받은 것이다. 구속은 우리의 몸까지 부활하여 하나님의 영생에 동참하는 것이다. 그리스도교의 구속은 몸과 영혼이 다 구원되어 영생에 이른 것이다. 그러므로 완전한 구속이다.

- 의는 하나님 앞에 사는 생존권, 믿음으로만 얻음

6. 의는 하나님 앞에서 사는 권리인데, 주 예수를 믿는 믿음으로만 얻는다.

주 예수 그리스도는 의를 획득하여 우리에게 주셨다. 의를 받는 방식은 주 예수를 믿는 것이다. 즉 믿음으로 의롭게 된다. 누구든지 주 예수를 믿으면 영생과 의를 얻는다. 단지 그리스도를 믿음으로만 얻는다.

19. 복음에서만 구주 예수 그리스도를 바르게 앎

물음 19.

당신은 어디로부터 이것을 압니까?

Frage 19.

Woher weisst du das?

답.

거룩한 복음에서 압니다. 그 복음은 하나님 자신이 처음에 낙원에서 계시하셨습니다. 다음에는 거룩한 족장들과 선지자들로 말미암아 선포되게 하셨습니다. 또 제사와 율법의 다른 의식들로 미리 기초 교육을 하셨고, 마침내 그의 사랑하는 아들로 말미암아 성취하셨습니다.

Antwort.

Aus dem heiligen Evangelio, welches Gott selbst anfänglich im Paradies hat geoffenbaret, in der Folge durch die heiligen Erzväter und Propheten lassen verkündigen, und durch die Opfer und andere Cermonien des Gesetzes vorgebildet, endlich aber durch seinen eingeliebten Sohn erfüllet.

해설

- 복음서에서 하나님의 성육신의 도리를 바르게 알게 됨

1. 예수 그리스도가 참 사람이고 참 하나님이심을 알 수 있는 곳이 어디냐고 묻는 물음에 '복음에서'라고 답한다.

예수 그리스도가 하나님의 성육신이심을 아는 출처는 바로 복음서들이다. 복음서는 주 예수 그리스도의 성육신과 나심과 삶과 십자가의 죽음과 부활을 말하고 있기 때문이다. 주 예수에 관한 모든 것을 증거하기 때문에 신약의 처음 네 책들이 복음서이다.

주 예수 그리스도가 참 하나님이시고 참 사람이심은 복음서에서 알게 된다. 그가 본래 하나님이신데 사람으로 출생하셨음을 복음서가 기록하고 증거한다. 그러므로 복음서에서만 하나님의 성육신을 바로 알 수 있다.

- **복음은 낙원에서부터 알려지다**

2. 이 복음은 복음서에서 처음 나온 것이 아니고 이미 낙원에서 아담과 하와가 타락하였을 때 하나님이 자신을 구속주로 계시하시면서 밝히신 것이다.

하나님의 성육신은 복음 시대에 이루어졌다. 그러나 인류의 반역이 있자마자 하나님은 자신을 구속주로 세우시고 자신을 계시하셨다. 그러므로 낙원에서부터 복음이 시작되었다.

그것이 창세기 3장 15절의 어머니 복음이다. 이 어머니 복음에서 구주와 구속의 방식이 약속되고 선포되었다.

- **족장과 선지자들도 오실 메시아 선포**

3. 족장들과 선지자들은 오실 메시아를 선포하는 데 모든 것을 집중하였다.

족장들은 자기의 후손이 한 민족을 이루고 가나안을 상속하는 데 많은 관심을 가졌지만, 그들의 삶의 목표를 오실 메시아의 선포에 두었다.

선지자들도 민족의 잘못을 지적하고 하나님께로 돌이킬 것을 요구하였지만 그들의 사신 (message)의 중심도 오실 메시아를 선포하는 것이었다.

- **구약의 제사와 의식들은 그리스도의 속죄사역을 예표**

4. 제사와 다른 의식들은 그리스도의 속죄사역을 예표하였고, 그것을 의식의 형태로 알리는 것을 목표로 하고 세워졌다.

구약의 제사와 의식들은 그 자체로 구원과 죄용서를 가져오지 않았다. 그것들은 그리스도의 속죄사역에 대한 예시였다. 모든 죄용서와 속죄는 그리스도의 속죄사역에서만 이루어진다. 그러므로 구약의 제사제도와 모든 의식들은 다 그리스도의 속죄제사의 사전 표상이었다.

- **낙원 이래 복음 선포와 제시는 그리스도의 속죄사역을 목표**

5. 낙원에서부터 시작한 복음 선포와 제시는 다 그리스도의 속죄사역을 목표하였고, 거기서 성취되었다. 실제로 하나님이 성취하신 것이다.

주 예수 그리스도께서 하나님으로서 사람이 되셔서 십자가에 죽고 부활하심으로 모든 죄를 다 속량하시고 세상을 완전하게 구원하셨다. 그러므로 하나님이 구속과 의를 그의 아들 안에서 성취하셨다.

20. 그리스도를 믿는 사람들만 구원받음

물음 20.

그러면 모든 사람들이 아담에 의해서 상실된 것처럼 그리스도로 말미암아 다시 구원됩니까?

Frage 20.

Werden denn alle Menschen wiederum durch Christum selig, wie sie durch Adam sind verloren worden?

답.

아닙니다. 오직 참된 신앙으로 그에게 접붙여진 그런 자들만이 구원되고, 또 모든 그의 은택을 받아들인 자들만입니다.

Antwort.

Nein: sondern allein diejenigen, die durch wahren Glauben ihm werden einverleibt, und alle seine Wohltaten annehmen.

해설

- 아담의 범죄로 모두가 상실되었으나 그리스도를 믿는 사람들만 구원받음

1. 아담이 그의 모든 후손들의 조상으로서 그의 범죄로 인해 모

두가 상실되었다. 그런데 예수 그리스도가 모든 사람들의 중보자가 되셨으니, 모든 사람들이 상실된 것처럼 모두가 구원되는지를 묻고 있다.

아담은 모든 사람들의 조상이며 언약의 당사자이다. 언약에 있어서도 모든 사람의 머리이다. 따라서 그의 범죄가 모든 후손들의 범죄가 되었다. 아담의 범죄로 인해 모든 사람들이 다 상실되었다.

하나님이 상실된 사람들을 위해서 예수 그리스도를 구원 중보자로 세우셨다. 그렇다면 예수 그리스도가 중보자로 세워졌기 때문에 모든 사람들이 다 구원에 이르는지를 묻고 있다.

- 모든 사람들이 상실되었으나 주 예수를 믿는 사람들만 구원 받음

2. 답은 아니라고 한다.

모든 사람이 아담 때문에 상실되어 멸망하게 되었으므로 그리스도가 구원 중보자로 세워졌다. 그러나 아담이 조상인 것처럼 그리스도가 새 인류의 조상이고 구원 중보자이기 때문에 모두가 구원되는 것은 아니라고 단정한다. 범죄로 인한 죄과의 전가는 언약의 대표와 인류의 대표로서 자동으로 후손에게 이루어진다. 그러나 구원은 믿음을 통해서 되기 때문에 자동으로 모든 사람이 구원에 이르는 것은 불가하다.

- 구원받을 사람들은 그리스도를 믿어 그와 연합된 자들만임

3. 그리스도의 구원 중보직에 의해 구원받을 수 있는 사람들은 오직 그리스도에게 접붙여진 사람들뿐이라고 단정한다.

여기서 칼빈이 강조한 그리스도와의 연합에 따라 전개한다. 그리스도에게 접붙여진 사람들만이 생명을 갖는다. 접붙여짐으로 그에게서 생명을 전달받기 때문이다. 그리스도에게 접붙여진 사람들은 그리스도의 생명을 받으므로 죽었던 생명이 살아난다. 그리하여 새 생명을 가진 자들만이 구원받는다.

- **그리스도에게 접붙여지는 비결은 그를 신실히 믿는 것임**

4. 그리스도에게 접붙여지는 비결은 오직 그를 올바르고 참되게 믿는 것이다. 즉 참된 믿음으로만 사람들이 그리스도에게 접붙여진다.

사람들이 그리스도에게 접붙여져서 구원에 이르는 길은 그를 믿는 것뿐이다. 형식적으로, 외식으로 믿는 것이 아니고 진심으로 주 예수를 자기의 구주로 믿는 자들이 구원받는다. 믿는 자들이 그리스도에게 접붙여진다.

- **그리스도에게 접붙여진 것은 성령으로 그와 연합한 것임**

5. 그리스도에게 접붙여지는 것은 믿는 자들이 성령으로 말미암아 그리스도에게 심기고 연합된 것을 말한다.

주 예수를 믿는 자들은 성령으로 그리스도에게 심기고 연합된다. 사람이 주 예수를 믿으면 그 믿음 때문에 성령이 그를 그리스도에게 연합시킨다. 그리하여 그리스도의 생명과 연합된다. 그리스도와 생명의 연합을 하였으므로 그리스도의 생명으로 살게 된다. 이렇게 그리스도의 생명에 연합된 자들이 그리스도로 말미암아 구원받는다. 그리스도에게 접붙여진 자들은 그의 몸에 심긴 자들이므로 그리스도의 생명으로 사는 자들이다.

- 그리스도를 믿어 그의 은혜를 받아들인 자들만이 구원받는다

6. 그리스도의 구원 은혜를 받아들인 자들은 다 구원받는다.
아무나 구원받는 것이 아니고, 더구나 모든 사람들이 구원받는 것이 아니다. 오직 그리스도를 믿어 그의 구원 은혜를 받아들인 사람들만이 구원받는다. 구원받는 것은 오직 주 예수 그리스도의 구원사역을 자기 것으로 받아들인 사람들만이다.
주 예수를 믿으면 그의 구원사역이 자기를 위해서 이루어졌다고 확신하고 받아들인다. 그러므로 그런 사람들만이 구원받는다.

- 그리스도에게 연합된 자들이 그의 부활의 새 생명과 구원 은혜를 받음

7. 그리스도에게 접붙여진 사람들만 그리스도의 부활의 새 생명과 구원 은혜를 받으므로 그들만이 구원받는다.
주 예수를 믿으면 그리스도에게 연합된다. 칼빈의 가르침대로 이 연합으로 그리스도에게서 사람들에게 새 생명과 구원 은혜가 흘러온다. 그러므로 새 생명과 구원 은혜를 받은 자들이 구원되는 것이 하나님의 정하신 뜻이다.

21. 참 믿음은 참된 지식과 심장의 신뢰로서 죄용서와 의와 구원을 선물로 받는 것임: 믿음을 지식과 찬동과 신뢰로 제시한 것은 바른 이해가 전혀 아님

물음 21.

참된 믿음은 무엇입니까?

Frage 21.

Was ist wahrer Glaube?

답.

그것은 하나님이 그의 말씀에서 우리에게 계시하신 모든 것을 내가 참이라고 여기는 지식일 뿐 아니라, 성령이 복음으로 내 안에서 역사하시는 심장의 신뢰인데, 다른 사람들에게뿐 아니라 나에게도 죄의 용서와 영원한 의와 구원을 하나님이 선사하신 것으로서 순전한 은혜에서 오직 그리스도의 공로 때문에 주신 것입니다.

Antwort.

Es ist nicht allein eine gewisse Erkenntniss, dadurch ich Alles für wahr halte, was uns Gott in seinem Worte hat geoffenbaret, sondern auch ein herzliches Vertrauen, welches der heilige Geist durch's Evangelium in mir wirket, dass nicht allein Andern, sondern auch mir Vergebung der Sünden, ewige Gerechtigkeit und Seligkeit von Gott geschenket sei, aus lauter Gnaden, allein um des Verdienstes Christi willen.

> 해설

- 믿음의 요소를 지식, 찬동, 신뢰로 제시한 것은 합당하지 않음

1. 믿음의 요소를 지식과 찬동과 신뢰로 제시하는 것은 합당한 신학이 아니다.

지식과 찬동을 믿음의 요소로 정한 것은 토마스의 견해를 그대로 개혁신학으로 옮겨온 것일 뿐이다. 믿음은 믿음고백으로 성립한다. 믿음고백을 해야 믿음이 믿음으로 성립한다.

그리고 신뢰는 믿은 후 언제 이루어지는 확신인가? 신뢰를 믿음의 요소로 정한 것은 로마교회의 가르침, 곧 처음 믿음은 잠재 신앙이고 이 믿음이 사랑의 선행으로 활성화되면 견신이 된다. 이 견신을 신뢰로 바꾸었을 뿐이다.

신뢰는 처음 믿을 때부터 시작한다. 처음 믿음고백을 할 때부터 확신하고 믿음에 이른다. 그러므로 신뢰는 새로운 단계의 믿음 절차가 아니다. 신뢰가 아니라 계속적인 믿음고백을 하는 것이다. 계속적인 믿음고백, 곧 "주 예수님 내가 주를 믿습니다"라는 믿음고백을 계속함으로 그리스도께서 내 안에 사시고 내 믿음이 뿌리가 내리고 터가 굳어진다.

- 믿음의 요소로 지식을 설정한 것은 바른 제시가 아니다; 지식이 아니라 복음 선포로 말해야 한다

그냥 믿음의 일차적 요소로 지식을 말하면 그것은 내가 노력해

서 얻는 것이 될 뿐이다. 그러므로 우리의 믿음과 그리스도를 아는 지식은 다 복음 선포에서 온다. 그러므로 지식을 믿음의 요소로 설정할 것이 아니라 복음 선포를 요소로 확정해야 한다.

믿음의 요소로 복음 선포와 믿음고백과 계속적인 믿음고백을 바른 신학으로 세워야 한다.

- **찬동은 믿음고백으로 바꾸어야 한다. 믿음은 믿음고백으로 믿음이 된다**

2. 개혁신학이 믿음의 요소로 승인 혹은 찬동을 설정한 것은 로마교회의 신학 위에, 사변을 함으로 나온 것이다.

믿음은 믿음 대상에 대해 찬동을 하는 것이 아니라 믿음고백을 해야 믿음이 이루어진다. 개혁신학이 사변적 사고로 교회생활에서 기쁨과 감격을 제거하였다.

신앙 대상의 지식은 연구하고 노력해서 얻는 것이 아니고 복음 선포에서 온다 (롬 10:17). 복음 선포를 받으면 성령이 역사하셔서 우리로 믿음고백을 하게 하신다. 이 믿음고백으로 믿음이 믿음으로 확립된다. 이 믿음고백으로 확실히 믿기 때문에 감사와 감격이 나온다.

- **신뢰가 아니라 계속적인 믿음고백이 확실한 믿음이 되게 한다**

3. 신뢰는 믿음고백 다음에 새로운 단계로 성립하는 것이 아니고 믿음고백에 포함된다.

그리스도교는 믿음의 종교이다. 시작도 믿음고백이고, 진행도 믿음고백으로 된다. 신뢰가 새로운 단계로 있는 것이 결코 아니다. 처음 믿음고백을 반복하고 계속함으로 그리스도께서 내 안에 사신다. 그리고 믿음고백을 계속함으로 믿음이 뿌리가 박히고 터가 굳게 된다.

- 참 믿음은 믿음고백으로 그리스도를 모시고 사는 것임

4. 참 믿음은 복음 선포의 내용대로 믿음을 고백하여 그리스도를 모시고 살며, 구원의 기쁨과 감격을 누리며 사는 것이다.

말을 반복하면, 복음 선포를 받아 믿음고백을 하여 주 예수를 믿고, 반복적으로 믿음고백을 하여 그리스도를 늘 마음에 모시고 사는 것이다.

22. 복음에 약속된 것을 모두 믿어야 함

물음 22.

그러나 그리스도인은 무엇을 꼭 믿어야 합니까?

Frage 22.

Was ist aber einem Christen nötig zu glauben?

답.

복음서에서 우리에게 약속된 모든 것인데, 그것은 우리의 보편적이고 의심되지 않는 믿음의 조항들을 우리에게 요약으로 가르치는 것입니다.

Antwort.

Alles, was uns im Evangelio verheissen wird, welches uns die Artikel unseres allgemeinen ungezweifelten christlichen Glaubens in einer Summa lehren.

해설

- **죄용서, 의와 구원과 영생과 성령의 내주를 믿어야 함**

1. 복음에 약속된 모든 것을 우리가 믿어야 한다.

복음에는 죄용서와 의와 구원과 영생과 성령의 내주와 성령의 역사하심이 약속되어 있다. 이 모든 것을 믿음으로 받아들여 확신해야 한다.

- 사도신경과 신앙고백서들의 내용을 믿어야 함

2. 복음에 들어 있는 것, 곧 우리 믿음의 조항들을 사도신경과 신앙고백서들이 가르친다.

이것을 요약 형태로 가르치고 증거한다.

창조주 하나님, 구속주 하나님, 성령의 인격과 사역들을 가르치고 증거한다.

23. 사도신경의 내용은 창조주, 구속주, 성령과 죄용서와 부활과 영생 등이다

물음 23.
이 조항들은 어떤 것입니까?

Frage 23.
Wie lauten dieselben?

답.
나는 전능하신 아버지 하나님, 하늘과 땅의 창조주를 믿습니다.
또 예수 그리스도 그의 독생하신 아들 우리 주를 믿습니다. 그는 성령으로 잉태되시고, 동정녀 마리아에게서 나시고, 본디오 빌라도 아래서 고난 받으시고, 십자가에 못 박히시고, 죽으시어 장사되시고, 지옥에 내려가시고, 삼 일에 죽은 자들 가운데서 살아나시고, 하늘에 오르사, 전능하신 아버지 하나님 우편에 앉으시고, 거기로부터 산 자들과 죽은 자들을 심판하러 오실 것입니다.
나는 성령을 믿습니다. 하나의 거룩하고, 보편적인 그리스도의 교회를 믿고, 성도들의 교통을 믿으며, 죄를 용서해 주시는 것과, 몸의 부활과 영원한 생명을 믿습니다.

Antwort.
Ich glaube in Gott Vater, den Allmächtigen, Schöpfer Himmels und der Erden.

Und in Jesum Christum, seinen eingebornen Sohn, unsern Herrn; der empfangen ist von dem heiligen Geiste, geboren aus Maria der Jungfrau; gelitten unter Pontio Pilato, gekreuziget, gestorben und begraben; abgestiegen zu der Hölle; am dritten Tage wieder auferstanden von den Todten; aufgefahren gen Himmel; sitzet zu der Rechten Gottes, der allmächtigen Vaters; von dannen Er kommen wird zu richten die Lebendigen und die Todten.

Ich glaube in den heiligen Geist; eine heilige, allgemeine christliche Kirche; die Gemeinschaft der Heiligen; Vergebung der Sünden Auferstehung des Fleisches, und ein ewiges Leben.

> 해설

- **사도신경은 창조주 하나님과 창조사역을 제시하고 있다**

1. 여기서는 요약된 형태로 제시된 복음의 내용으로서 사도신경을 반복하고 있다.

2. 사도신경은 3개조의 형태로 우리의 믿음의 내용을 개략적으로 전개하고 있다.

첫째로 창조주 하나님을 믿음의 첫째 조항으로 제시한다.

창조주는 아버지 하나님으로 제시되었다. 전능하사 하늘과 땅을 창조하신 창조주를 믿는다고 하여 창조주와 창조의 사항을 믿음의 항목으로 제시한다.

실제 창조주는 아들 하나님이신데 아버지를 창조주로 제시하는 것은 아버지의 창조 작정 때문이다. 아버지께서 모든 창조를 계획하시고 아들로 하여금 그 계획대로 만물을 창조하게 하셨다. 창조의 근본이고 시작점이 되는 창조 작정 때문에 하나님 아버지를 창조주로 믿는다.

- 무에서 만물을 창조하신 전능하신 창조주

그리스도교는 하나님의 창조로 시작한다. '전능하신 창조주'가 뜻하는 것은 하나님이 무에서 만물을 그의 지혜와 권능으로 창조하셨음을 의미한다.

창조주의 작품 중에 하늘은 천체들과 함께 하늘의 영들의 세계를 포함한다. 이 모든 것이 창조 주간 첫날에 창조되었다.

- 하늘은 별들과 영의 세계를 말한다

하늘은 하늘의 별들을 말한다. 이 별들을 창조하셨는데 이 창조가 성경에서는 몇몇 별들에 대한 기술로 표현되어 있다. 별들 창조로 거대하고 광대무변한 우주를 창조하신 것을 표현한다. 이 모든 별들을 무에서 창조하사 무로 펼쳐놓으셨다. 무로 펼쳐놓으셨다는 것은 아무것도 없는 데로 모든 별들을 펼치셨음을 뜻한다.

- 땅은 땅과 대기권과 그 주변을 다 포함한다

땅은 사람이 사는 거소인 지구를 뜻한다. 이 지구상에 모든 사물들이 존재한다. 땅 위의 사물들만이 아니라 대기권과 그 대기권과 연관된 모든 사물들을 만드셨음을 뜻한다.

- 아들은 하나님의 자기 객관화로 계신다. 영원한 객관화이므로 독생하신 영원한 아들이다

3. '예수 그리스도 그의 독생하신 아들 우리 주를 나는 믿습니다.'
예수 그리스도는 하나님 아버지의 독생하신 아들이시다. 아들은 하나님의 자기 객관화를 뜻한다. 하나님은 언제나 자기를 객관화하는 방식으로 계신다. 그 객관화가 한 인격을 이루신다. 이것은 하나님만의 존재방식이어서 언제나 하나님은 자기를 영원히 객관화하는 방식으로 계신다. 이 객관화는 영원한 과정이다. 다른 반복이 없는 하나의 객관화이다. 이 객관화로 이루어진 하나님의 존재방식을 아들로 말한다. 그러므로 그는 독생하신 아들이다.

아들은 삼위일체의 위격을 표시한다. 아들도 영원한 하나님이시다. 아버지와 동일 실체이셔서 아버지와 아들은 한 하나님이시다.

이 하나님의 아들이 성육신하여 사람의 아들이 되심으로 예수 그리스도가 되셨다. '예수'는 '구원'이란 의미로 구원자이시다. '여호수아'의 후기형인 '예수아'의 희랍어 번역이다. 그러므로 구주로서 예수 그리스도를 표시한다.

- 영원하신 아들이 성육신하시고 성령으로 기름 부음 받아 그리스도가 되심

그리스도는 '기름 부음 받은 자'로서 구주를 뜻한다. 구약 메시아의 번역이다. '메시아'는 '기름 부음 받은 자'를 뜻한다. 그러므로 그리스도는 성령으로 기름 부음 받아 구주가 되신 자를 뜻한다. 구약의 임직자들은 감람기름으로 기름 부음 받았으나 예수 그리스도만 성령으로 기름 부음 받아 그리스도가 되셨다. 예수가 메시아, 곧 그리스도로 세워지기 위해 요단강에서 성령으로 기름 부음 받아 하나님 나라의 왕, 곧 그리스도로 세워졌다.

따라서 예수 그리스도는 하나님의 성육신으로서 구주를 뜻한다.

- 영원한 아들이 성령으로 잉태되사 사람이 되시다
- 성령: 성육신의 원리

4. 하나님의 아들은 성령으로 잉태되시어 성육신하셨다. 즉 성령의 능력으로 인성이 조성되어 마리아에게서 나셨다.

성령은 하나님의 아들의 성육신의 원리이시다. 남자 없이 수태되심으로 성령의 능력으로 조성되셨다. 그러므로 하나님의 아들의 성육신은 성령의 능력으로 이루어진 하나님의 창조 사역이다. 성령이 역사하사 마리아의 몸에서 한 인성을 새롭게 조성하신 것이다.

인류의 구주가 되시기 위해 마리아의 살과 피에서 한 사람으로 조성되셨다. 성령으로 조성되심으로 남자의 개입 없이도 한 사람이 되실 수 있었다. 마리아의 피에서 한 인성이 조성되어 하나님의 아들의 인격에 연합되었다. 이렇게 출생하심으로 참 사람과 참 하나님이 되셨다.

인류를 구원하시려는 하나님의 선한 작정 때문에 하나님이 사람이 되시는 일이 일어났다. 하나님의 사랑이 이런 일이 일어나도록 만들었다.

- **사람이 되셔도 하나님이시므로 주 곧 여호와 호칭을 받으셨다**

5. 사람이 되셔도 하나님으로 계시므로 구약의 하나님의 호칭인 주님 곧 여호와가 되셨다.

주님은 구약의 여호와 하나님의 호칭이다. '여호와'를 '아도나이'라고 불렀는데, 이 '아도나이'가 신약에서 '퀴리오스'로 번역되었다. 이 '퀴리오스'를 번역본들이 일제히 '주님'으로 번역하였다. 그래서 신약에서는 여호와를 전부 주님으로 부르게 되었다.

- **주님은 통치자이시다**

주님은 통치자를 뜻한다. 즉 천지의 대주재이시다. 하나님은 성육신하여 사람이 되시되 여전히 하나님이시므로 온 우주를 통치하셨다. 그러므로 그는 천지의 대주재이신 주님이시다.

- **하나님의 성육신이 최대 이적이다**

6. 하나님이 사람이 되신 것이 최대의 이적이다.

하나님이 사람이 되시는 일이 가능한 일인가? 사람의 판단과 추리로 가능한 일인가? 사람의 지능으로 가능하다고 판단할 수 있는 일인가? 이런 일은 사람의 판단으로는 불가능한 일이다. 그런데 하나님이 사람이 되신 이적이 발생하였다.

하나님은 창조를 이루셨다. 온 우주를 창조해 내셨다. 무한한 지혜와 권능으로 무에서 만물을 순간에 창조하셨다. 그것이 하나님이 하신 큰 사역이다.

- **타락한 창조를 회복하기 위해 성육신하심**

그러나 타락한 창조를 회복하시기 위해서 하나님이 사람이 되신 사건은 창조보다 더 큰 신비의 사건이다.

처음 창조에서 하나님은 무한한 지혜와 권능으로 창조를 이루어 내셨다. 말씀으로만 일하셨다.

성육신은 타락한 창조를 회복시키기 위해서 일어났다. 하나님이 무한한 권능과 지혜로 일하신 것이 아니고 친히 그 인격으로 일하셨다. 하나님이 그의 인격에 피조물을 덧입으셨다. 피조물을 자기의 인격에 연합시키셨다. 그러므로 이 성육신의 사건이 최대의 이적이고, 최대의 사건이다.

- **하나님의 성육신은 우리 죄와 사망을 담당하셔서 구원하심**

7. 하나님이 사람이 되신 것은 우리의 죄를 담당하여 죄와 사망에서 구원하려고 하심이었으므로 하나님의 아들 예수 그리스도는 빌라도 아래서 고난을 받으셨다.

- **그의 삶은 고난의 연속**

주 예수는 출생부터 연속 고난을 당하셨다. 사람으로 출생하심도 말로 할 수 없는 낮아지심이다. 출생도 사람으로서는 감당하기 어려웠다. 마구간에 나셨으니 치욕적인 출생이었다. 바울의 말대로 가난해져도 너무 가난해지신 것이다.

또 공생애 3년도 고난과 배척을 연속 받으신 삶이었다.

- 그리스도라는 주장을 로마에 대한 반역자로 고소하여 죽게 함

그리고 마침내 이스라엘의 왕 그리스도라는 죄목으로 고발을 받으셨다. 이 고발을 받았어도 죽일 죄목이 되지 못할 것은 이스라엘을 독립시키기 위해서 봉기를 준비했거나 봉기를 꾀한 적도 없었기 때문이다. 그런데도 제사장들의 압력을 받아서 이스라엘의 독립을 위해 투쟁한 사람으로 판정되었다. 로마의 반역자로서 십자가에 못 박히므로 빌라도 아래 고난 받았다고 하였다.

- 반역자로 죽으므로 십자가에 죽었다

8. 주 예수는 로마의 반역자로 판정받아 십자가에 못 박히셨다.

로마인들은 반역을 일으킨 자들을 잡아서 다 십자가에 처형하였다. 주 예수도 '유대인의 왕'이란 죄패를 받았으니 유다의 독립을 위해서 로마에 반역한 사람으로 판정되었다.

주 예수는 유대인의 왕이기 때문에 십자가 처형을 당하셨다. 유다는 로마의 속국이어서 가이사의 대리 통치자인 총독이 와 있었다. 그가 실제적인 유다의 왕이다. 그런데 예수가 그리스도란 칭호

를 가지고 하나님 나라의 왕이라고 주장한다고 하여 고발되었다. 그러므로 그는 유대인의 왕으로서 정죄 받았다.

정치범으로서 정죄 받아 죽게 되었으므로 십자가에 달리기 전에 온갖 채찍과 태장을 맞으셨다. 사람으로서는 도저히 감당할 수 없는 채찍에 맞으신 것이다. 채찍과 태장에 맞기만 해도 죽었을 것이다. 이렇게 맞고 십자가에 매달려 죽으셨다.

- **십자가 처형은 가장 처절하고 모독적인 처형법이다**

9. 십자가 처형은 가장 참혹하고 처절하며, 가장 인격 모독적인 처형법이다.

민족마다 참혹한 처형법을 만들어냈다. 그런 중에서도 십자가 처형이 가장 처절하고 가장 비열한 처형법이다. 산 사람을 그대로 발과 손에 못을 박아 나무에 걸어놓아 죽게 하는 처형법이다. 피 흘리고 온갖 고통을 다 당하여 도저히 참을 수 없는 아픔을 당한다. 뼈가 부러지고 살이 찢어지고 아파서 고래고래 소리치고 욕설을 퍼부어대다가 기운이 진하면 죽는다.

- **예수는 십자가 처형과 함께 온갖 모욕과 조롱을 당하셨다**

이런 처절한 고통과 함께 사람들이 십자가에 달린 자들의 눈을 마주하게 된다. 이때 당하는 모욕감과 수치는 말로 표현할 수 없다. 동물보다 더 못하게 죽게 하는 처형법이 십자가형이다.

그러나 이것보다 더 심하게 모욕을 받으셨다. 주 예수는 대제사장들과 제사장들과 서기관들과 바리새인들과 백성들의 조롱과 모욕을 받으며 죽으셨다. 사람으로서는 도저히 감당할 수 없는 형벌이었다. 이런 십자가 처형을 받아 주 예수께서 죽으셨다.

- **주 예수는 우리 죗값을 치르기 위해 온갖 고난과 십자가 처형을 받으셨다**

10. 그는 우리의 모든 죄악을 담당하였으므로 그 죗값을 치르기 위해 십자가 처형으로 죽으셨다.

그는 가장 처참한 형벌을 받으셨다. 세상 죄를 다 그에게 지우셨기 때문에 주 예수는 십자가 처형을 받아 죽으셨다. 죗값이 얼마나 무서운 것인가를 말해준다. 그는 세상 모든 죄를 다 담당했으므로 이런 처절한 처형법으로 죽으셨다.

하나님은 주 예수에게 세상 모든 죄과를 지우셨다. 그리고 그 값을 치르게 하셨다. 그러므로 가장 처참한 형벌인 십자가에 달려 죽으셨다.

- **십자가 처형으로 처참한 죽음에 이르렀다**

11. 십자가 처형 후에는 죽는 것 외에는 다른 길이 없다.

십자가 처형에서는 그 달린 사람이 죽지 않으면 시체를 십자가에서 내릴 수 없다. 죽어야 십자가에서 내린다. 십자가 처형을 받은 모든 사람은 십자가상에서 다 죽었다.

주 예수도 십자가상에서 죽으셨다. 그는 중한 죄과를 지고 십자가에서 고통 받아 죽으셨다. 십자가에 달렸으니 죽는 길 외에는 다른 길이 없다. 그러므로 십자가에서 내려져 장사될 수 있었다.

- **장사되기 위해 죽음을 확인받음**

그의 죽음을 확인한 것이 창으로 그의 옆구리를 찌른 것이다. 또 그의 죽음이 확실하므로 그가 무덤에 묻힐 수 있었다. 죽은 자만이 무덤에 묻힌다.

장사하기 위해서는 반드시 사망 확인이 있어야 한다. 주 예수는 사망 확인을 받으셨다. 따라서 총독의 허락을 받아서 십자가에서 내려져 무덤에 묻히셨다.

- **'지옥에 내려가시고'는 신약의 가르침이 아니고 후기의 추가이다**

12. '지옥에 내려가시고'

원래 사도신경에 '지옥에 내려가시고'는 없다. 이에 따라서 우리의 한글 사도신경에도 이 구절이 없다. 그런데 서방 사도신경은 다 이 구절을 갖고 있다.

초기 사도신경에는 이 구절이 없었는데 후기에 추가되었다. 본래 개혁신학은 그리스도의 지옥 강하를 받지 않는다. 그리스도의 영혼이 세상 죄를 속량하는 제물이 되었지만 그 영혼 자체가 저주받은 것은 아니었다. 그러므로 지옥 강하란 있을 수 없다.

그리스도가 지옥 강하했다고 표현한 것은 그가 십자가에서 당한 극심한 고난과 땅에 묻힌 낮아지심을 표현하는 것으로 받아들인다.

이런 신학에 입각해서 한국교회는 처음부터 이 구절을 사도신경 본문에서 뺐다.

- **대신 속죄의 죽음이므로 그의 영혼이 지옥에 갈 수 없다**

그리스도께서 속죄제물로 죽으셨다. 그의 영혼이 속죄제물이 되었다. 그러나 그의 영혼이 버림받은 자들의 곳인 지옥에 갈 필요가 없었다. 지옥에 있는 자들은 영원한 멸망으로 작정된 자들이기 때문이다.

지옥 강하는 실제로 지옥으로 가심이 아니고 십자가에 죽고 부활한 사실이 지옥에 있는 영혼들에게도 알려짐을 말한다.

- **'옥에 있는 영들에게 전파하니라'는 그리스도의 구속사역이 영의 권세로 옥에 있는 자들에게 알려진 것을 말한다**

13. '옥에 있는 영들에게 전파하시니라'는 말씀은 그리스도의 구속사역이 영의 권세로 지옥에 있는 버림받은 자들에게도 알려진 것을 말한다.

- **그리스도의 구속사역은 우주적 사건이므로 옥에 있는 자들에게도 알려짐을 말한다**

그리스도의 구속사역은 전 우주적인 사건이다. 따라서 이 사건이 영의 권세로 지옥에 있는 버림받은 자들에게까지 알려졌다. 특별한 사건이 생기면 호외 신문을 발행하는 것과 같다. 그 호외는 사형 집행을 기다리고 있는 자들에게도 전달된다. 그러나 그 호외 사건 기사는 사형수들의 운명에 아무런 변화를 가져오지 않는다.

그리스도께서 영혼으로 직접 지옥에 가신 것이 아니다. 그의 십자가와 부활이 우주적인 구원 사건이므로 영의 권세로 지옥에 있는 영들에게 알려진 것을 말한다.

이 구원 사건을 영의 권세로 버림받은 자들에게 알리는 것은 그들의 운명을 바꾸는 것이 전혀 아니다. 그들은 멸망 받을 자들로서 죽는 것 외에 다른 길이 없다.

- **'삼 일 만에 부활하사'는 죽은 지 삼 일 후에 부활하셨으므로 완전한 죽음을 죽은 것을 말한다**

14. '삼 일 만에 부활하사'

주 예수는 장사되어 삼 일 동안 죽은 자들 가운데 있다가 생명의 주로 부활하셨다. 십자가에 달린 동일한 몸과 인격으로 부활하셨다. 창조주 하나님의 권세로 죽은 자들 가운데서 부활하셨다.

삼 일 만에 부활하셨으니 완전한 죽음 후에 부활하신 것을 확증한다. 그는 삼 일 동안 무덤에 있었으니 완전한 죽음을 죽었음을 증거한다. 따라서 그의 죽음은 완전한 죽음이었다. 완전한 죽음에서 부활하셨으니 그의 구속사역은 확실한 일이 되었다. 그가 죽은 자들 가운데서 부활했다는 것은 바로 그의 죽음이 세상을 위한 대신 속죄의 죽음이었음을 확증하는 것이다.

부활은 사람 세계에서는 불가능하다는 것이 통념이다. 그러나 주 예수를 하나님이 성령의 권능으로 살리셨다.

그의 부활을 사람들이 받아들이려고 하지 않는다. 그러나 하나님이 성령으로 그의 부활을 증거하신다. 성령의 증거와 감화로 사람들이 주 예수의 부활을 사실로 받아들인다.

- **그리스도의 부활은 그의 죽음이 대신 속죄의 죽음이었음을 광포하는 것이다**

15. 주 예수의 부활은 그의 죽으심이 대신 속죄의 죽음이었음을 하나님이 확증하신 사건이다.

주 예수가 십자가상에서 세상 모든 죄를 지고 죽으셨다. 그런데 부활하지 않았으면 그의 죽음은 죄 때문에 죽은 당연한 죽음이 된다. 비록 자기의 죄 때문에 죽은 것이 아니고 대신 죽은 죽음이어도 그의 죽음은 죄 때문에 정당한 죽음으로 판정된다.

그러나 주 예수가 부활하셨으므로 그의 죽음이 대속적인 죽음이었음을 하나님이 확증하시고 선언하신 것이다. 그가 부활하지 않았으면 그는 비참한 한 죄인으로 끝나는 존재가 되었을 것이다.

- **그리스도의 부활은 그의 죽음으로 세상이 구원되었음을 선언한 것임**

그의 죽음으로 세상이 구원되었음을 선언하신 것이 주 예수를 부활시키신 것이다.

이렇게 부활하심으로 주 예수는 하나님의 성육신이심이 확증되었다. 한낱 사람은 결코 죽은 자들 가운데서 부활할 수가 없다. 주 예수는 하나님의 성육신이기 때문에 죽은 자들 가운데서 다시 살아나셨다. 이로써 부활의 주가 되셨다.

- 생명의 주가 되신 것은 사람들의 죽고 사는 것이 그에 의해서 결정되는 것을 말한다

그리고 생명의 주가 되셨다. 이제 이후로는 사람의 죽고 사는 것이 주 예수에 의해서 결정된다. 그가 생명의 주이시므로 살 수 있는 길은 그를 믿는 길밖에 없다. 주 예수께서 생명의 주이시므로 그를 믿는 자는 생명에 이르고 영생에 이른다. 그러나 믿지 않는 자들은 멸망하는 것밖에 없다. 이것이 죽고 사는 것이 주 예수에게 달렸다는 말씀의 뜻이다.

- '하늘에 오르사'는 몸과 영혼이 하늘에 오르심을 말한다

16. '하늘에 오르사'는 육체와 함께 하늘에 오르심이다.
주 예수는 그의 죽은 동일한 몸으로 부활하셨다. 그러므로 그는 그의 몸으로 하늘에 오르셨다. 몸을 가진 인격으로서 장소적인 하늘로 가심이 '하늘에 오르사'이다.

- 승천은 몸의 상태의 변화도 포함하지만 장소적으로 하나님 앞으로 가신 것을 말한다

루터교회는 가르치기를, 승천은 그의 존재방식의 변화를 뜻한다고 한다. 육신 안에 제한되어 제약해서 계시다가 몸이 보편적으로 편재하게 된 것을 '승천'으로 이해한다. 승천은 그의 존재방식의 변화를 포함한다. 부활과 승천으로 영적인 변화가 매우 큰 것이 사실이다. 몸을 가진 인격으로 장소적으로 하나님 앞으로 가신 것이 승천이다.

그리스도께서 하늘에 오르사 가신 곳은 바로 하나님 아버지 얼굴 앞이다.

- **하늘에 오르심은 속죄제사의 완성이다**

17. 하늘에 오르심은 속죄제사의 완성이다.

주 예수는 하늘에 오르사 하나님 아버지 얼굴 앞에 나타나셨다. 하나님 아버지 얼굴 앞에 나타나심은 속죄제사의 완성이다. 십자가에 못 박히고 부활하신 그 몸으로 아버지 앞에 나타나시어 그의 속죄제사를 보고하셨다. 하나님은 제물이 되었던 그의 몸을 보시고 기뻐하사 그 제사를 받으셨다. 이것이 속죄제사의 완성이다.

- **속죄가 하나님 얼굴 앞에서 이루어지므로 우리의 죄가 완전히 용서된 것이다**

속죄제사가 하나님의 얼굴 앞에서 이루어졌으니 우리의 속죄가 바로 아버지 얼굴 앞에서 완성된 것이다.

하나님 아버지가 그의 속죄제사를 기뻐 받으신 표가 바로 성령을 보내신 것이다. 성령 오심은 그리스도의 속죄제사 없이는 불가능하다. 그리스도가 속죄제사를 완성하심으로 아버지가 성령을 파송하실 수 있었다.

- 우편에 앉으심은 신인 인격으로 온 우주를 다스리심이다

18. 전능하신 하나님 아버지 우편에 앉으신 것은 천지의 대권을 받으시고 온 우주를 통치하심이다.

주 예수는 하늘에 오르사 아버지 우편에 앉으셨다. 아버지 우편에 앉으심은 천지의 대권을 받으사 온 세상을 통치하시는 것을 뜻한다. 보좌의 우편이 통치 권세가 행사되는 곳이다. 그러므로 보좌 우편에 앉으심은 그가 완전한 통치를 수행하시는 것을 말한다.

그는 본래 하나님으로서 온 우주를 통치하셨다. 육체 안에 계실 때도 하나님으로서 온 우주를 통치하셨다. 그렇지만 신인으로서 온 우주를 통치하신 것은 부활로써 이루어졌다. 구원을 이루신 구주로서 온 우주의 대권을 받으신 것이다. 구주로서 죽고 부활하신 이가 이제 천지를 다스리게 되었다.

- 부활하심으로 공적으로 온 우주 통치를 시행하셨다

주 예수는 성육신하셨어도 하나님으로서는 온 우주를 다스리셨다. 그러나 부활하심으로 공적으로 온 우주의 통치권을 받으시고 행사하셨다. 신인의 인격에서 온 우주를 다스리기 시작하셨다.

- 우편에 앉으심은 영원한 통치를 지시

19. 우편에 앉으심은 영원한 통치를 지시한다.
주 예수의 통치는 영원하다. 그의 구원이 영원한 사역이므로 그의 통치도 영원하다. 중단 없는 통치가 계속되되 영원히 계속될 것이다.

- 하나님께 나라를 넘기심은 직접적 신적 통치를 행사하심을 뜻

하나님께 나라를 넘기신다는 것은 통치의 중단을 뜻하지 않는다. 그것은 직접적인 신적 통치를 뜻한다. 그리스도께서 은혜와 말씀으로 다스리신 것은 간접적인 통치로 표현되었다. 이제 구속이 완성되었으므로 은혜와 말씀으로 다스리시는 것이 아니다. 직접적인 신적 통치를 그가 시행하시는 것이다. 이것이 나라를 아버지께 넘김이라고 표현되었다.

혹은 나라를 아버지께 넘기는 것은 아우구스티누스의 해석처럼 백성으로 하나님을 보는 데로 인도함을 뜻한다. 백성을 인도하여 아버지를 보도록 하는 데는 아들 하나님도 빠지는 것이 아니다.

그리스도의 다스림은 영원하여 중단될 수가 없다. 그러므로 콘스탄티노폴리스 공회의 (381)는 그의 나라는 끝이 없다고 확정하였다.

- 구원을 완성하기 위해서 재림하신다

20. '거기로부터 산 자와 죽은 자들을 심판하러 오신다'는 것은

구원의 완성을 위해서 재림하심을 뜻한다.

'거기로부터'는 '하나님의 보좌로부터'를 뜻한다. 하나님으로부터 혹은 하나님의 보좌로부터 주 예수는 다시 오실 것이다. 보좌에서 그는 지금 온 우주를 통치하신다.

주 예수는 십자가에 죽고 피 흘리심으로 세상을 구원하셨다. 그리고 성령을 보내사 자기의 구원을 적용하셨고 지금도 적용하고 계신다. 이 구원 적용이 완성되면 주 예수께서 다시 오실 것이다. 그리스도는 자기가 이룩한 구원을 완성하기 위해서 다시 오신다.

주 예수가 역사의 주재이시다. 그가 역사를 주재하여 자기의 구원을 받아들인 자들을 모으신다. 이 소집이 다 이루어지면 그가 재림하여 구원을 완성하신다.

- **구원의 완성에 악을 소제함이 필수적이다**

구원의 완성에 악을 소제함이 필수적으로 속한다. 악을 소제하여 죄와 지옥의 세력이 더 이상 인류 세계에 들어오지 못하게 하신다. 이 목적을 위해서 심판하신다.

심판 전에 부활이 있다. 단 한 번 모든 인류가 죽은 자들 가운데서 부활할 것이다. 주 예수께서 죽었다가 살아난 자들을 심판하실 것이다. 이것이 죽은 자들을 심판하신다는 말씀의 뜻이다.

그가 산 자들도 심판하신다. 그가 재림하실 때 살아 있는 자들이 변화되어 산 자들로 심판을 받는다.

- **행한 대로 심판은 믿었느냐 안 믿었느냐로 심판하심을 말한다**

주 예수는 모든 사람을 행한 대로 심판하실 것이다.

성도들이 심판 받는 것은 형벌을 위해 행위를 따지는 것이 아니다. 주 예수를 믿는 자들은 형벌이 면제되었다. 그러므로 믿음대로 상을 주시기 위한 심판이다. 주 예수를 믿는 것이 구원 얻음과 심판을 받지 않음에 필수적이다. 믿음이 심판의 표준이다.

- **성령을 믿는다는 것은 성령이 하나님이심을 고백하는 것이다**

21. '나는 성령을 믿습니다.'

성령도 삼위일체 하나님이시다. 그러므로 성령을 믿는다는 신앙고백을 사도신경이 하고 있다.

성령을 믿는다고 할 때 성령이 하나님이심을 믿는다는 고백을 뜻한다. 성령이 하나님이시므로 아버지와 아들과 동등하신 것으로 신앙 고백되었다.

- **성령을 믿는다는 것은 그가 그리스도의 구원을 백성에게 적용하신다는 것을 말한다**

'성령을 믿습니다'라고 한 것은 그가 '그리스도의 구원을 사람들에게 적용하시는 이'라고 믿는 믿음을 고백하는 것이다. 성령은 그리스도의 구원을 적용하여 우리를 구원에 이르게 하신다. 그리스도가 객관적으로 이루신 구원을 우리의 소유가 되게 하신다.

구원은 하나님 아버지가 작정하시고, 아들 하나님이 성취하시고, 성령 하나님이 적용하신다. 성령이 그리스도의 구원의 적용자이시므로 성령을 믿는다고 고백하고 있다.

- **성령을 믿는다는 것은 그가 '주 예수와 그의 구원을 백성들에게 적용하시는 이'라고 고백하는 것이다**

또 성령을 믿는다는 고백은 그가 '우리를 회개케 하시는 이'라고 믿는 것을 말한다. 성령이 우리로 하여금 죄인임을 깨닫고 회개하고 믿게 하신다.

성령은 우리로 믿게 하시는 분이시다. 주 예수가 하나님의 아들로서 내 구주이심을 믿게 하신다. 주 예수를 하나님의 아들로 확실하게 믿게 하신다. 성령이 우리로 주 예수를 믿게 하시므로 이 믿음에 흔들림이 없다.

주 예수가 하나님의 아들로서 십자가에서 죽고 피 흘리심으로 구원을 성취하셨다는 것을 믿게 하는 것도 성령의 일이다. 우리가 주 예수의 십자가에서 죽고 부활하심을 우리의 구원으로 믿을 수 있는 것은 성령이 역사하시기 때문이다. 성령의 역사 때문에 우리의 믿음이 가장 확실한 일이다.

- **하나의 공교회를 믿는다는 것은 모든 교회가 그리스도의 한 교회임을 믿는 것이다**

22. 하나의 거룩한 공교회를 믿는다고 하는 고백에 교회의 기본 성격이 표현된다. 그리스도의 교회는 한 교회임을 말한다.

그리스도의 교회는 하나이다. 한 주가 세우셨으니 한 교회이다.

온 세상에 흩어져 있어도 그리스도의 교회는 하나이다. 많은 교파가 있고 많은 지역에 여러 모양으로 흩어져 있어도 그리스도의 교회는 한 머리, 곧 그리스도 아래 서 있는 한 교회이다.

교회는 주 예수를 믿는 공동체이다. 교회는 주 예수를 믿는 공동체로서 주 예수를 믿는 한 믿음으로만 성립한다. 그러므로 교회는 한 교회이다.

- 교회는 그리스도의 피로 속량된 한 백성이다

교회는 그리스도의 피로 속량되어 한 백성이 되었다. 교회가 되려면 그 교회는 그리스도의 피로 속량되어야 한다. 이때만이 교회는 그리스도의 교회가 된다. 그러므로 교회는 한 교회이다.

교회는 그리스도의 동일한 생명으로 사는 한 공동체이다. 교회는 그리스도의 한 생명으로 성립한다. 모든 교회들이 다 그리스도의 생명으로 산다. 그러므로 교회는 한 교회이다.

- 그리스도가 모든 교회의 머리이시므로 교회는 하나이다

모든 교회의 머리는 하나이다. 주 예수가 교회의 머리이시다. 어디에 있는 교회이든지 언제 있었던 교회이든지 간에 그 모든 교회들의 머리는 그리스도이시다. 머리가 하나이므로 한 교회이다. 교파는 많아도 모든 교회는 다 그리스도를 머리로 가짐으로 한 교회이고, 그리스도의 한 교회이다.

주 예수 그리스도를 믿는 한 교회는 한 교회이다. 주 예수 그리

스도를 한 주로 한 구주로 믿으면 한 믿음이다. 교회들이 믿는 대상은 주 예수이시다. 모든 교회들이 한 주 예수를 믿는다. 그러므로 교회는 하나이다. 이단 교회, 자유주의 신학을 가진 교회를 제외하면 모든 교회는 다 한 믿음이므로 한 교회이다.

- 거룩한 교회라고 한 것은 주 예수의 피로 씻어졌기 때문이다

23. 거룩한 교회라고 한 것은 주 예수의 피로써 깨끗해졌기 때문이다.

교회는 그리스도의 피로 씻어진 사람들의 모임이다. 교회는 물로 씻지 않고 그리스도의 피로 죄가 씻어졌다. 그러므로 교회는 거룩하다.

사람들의 모든 죄와 허물이 주 예수 그리스도의 피로 씻어지고 용서되었으며 제거되었다. 그러므로 더 이상 죄가 그리스도인의 생활의 법칙이 아니다. 주 예수를 믿는 자들은 다 주 예수의 피로 씻어져서 깨끗해졌다.

- 거룩한 교회는 깨끗해진 백성들이다

깨끗해진 백성들은 거룩한 교회이다. 교회는 주 예수를 믿어 깨끗해진 백성들의 모임이다. 비록 남은 죄들의 역사가 있지만 죄는 파괴되었다. 죄가 삶의 방식이 아니다. 따라서 죄의 법으로 살지 않고, 죄의 종으로 살지 않는다.

- **거룩한 교회는 그리스도의 생명으로 사는 교회이다**

또 교회가 거룩한 것은 그리스도의 피로 씻어진 후 그리스도의 거룩한 생명으로 살기 때문이다. 거룩한 생명으로 살므로 거룩한 백성이다. 거룩한 생명으로 사는 교회는 거룩하다. 비록 교회에 실수하고 실패하고 범죄한 사람들이 있어도 교회는 그리스도의 생명 때문에 거룩하다.

교회의 거룩은 구성원들의 거룩의 수준에 달려 있지 않다. 교회는 그리스도의 생명으로 살기 때문에 본질적으로 거룩하다.

- **보편적인 교회라고 하는 것은 그리스도가 보편적이기 때문이다**

24. 가톨릭 혹은 보편적인 교회라는 말은 교회가 시대와 장소에 국한되지 않고 보편적으로 존재함을 말하지만 더욱이 그리스도의 보편성 때문에 교회가 보편적이라고 말한다.

로마교회는 교회가 교황의 지도 아래 전 세계에 존재하기 때문에 가톨릭이라고 말한다.

그러나 교회가 가톨릭, 곧 보편적인 것은 교회의 머리이신 그리스도가 보편적이기 때문이다. 시대를 관통해서 장소에 구애되지 않고 교회는 존재한다. 그 교회는 천상의 교회도 포함한다. 모든 교회는 다 그리스도에 의해 구속되었으므로 교회는 보편적이다.

그리스도가 우주적 구주이시기 때문에 교회는 한 교회이고 보편적이다.

- **성도들의 교제는 바른 신앙에 서도록 격려하고 위로함을 말한다**

25. '성도들이 교통하는 것과'

교회는 성도들의 교제로 성립한다. 그러므로 성도들은 서로 교통한다. 개교회 안에서도 교제하고, 그 교회의 범위를 넘어서서도 교제한다.

성도들의 교제는 서로가 신앙에 바로 서고 잘 자라도록 돕는 것이다. 권면과 위로와 봉사는 다 그리스도인들이 서로 도와 신앙에 바로 서고 바로 성장하도록 돕는 것이다. 또 삶의 길에 만나는 어려움의 경우에도 서로 돕고 위로하고 격려하는 일을 한다.

이 교제는 말씀과 성례와 봉사로 이루어진다. 교회에서 하는 모든 활동은 성도들의 교제의 연속이다.

- **성도들의 교제는 그리스도에 연합되었기 때문에 가능하다**

성도들의 교통은 그리스도와의 연합에 근거한다. 교회가 그리스도에 연합되어 있으므로 교회를 이루고 서로 간에 교제가 가능하다. 성도들이 서로 교제하기 전에 그리스도와 연합되어 있으므로 성도들 간에 교제가 가능하고 이루어진다.

성도들이 그리스도와 연합되어 있으므로 성도들 간에 아무런 주저나 두려움 없이 교제가 가능하다. 그리스도와 연합되어 있는 성도들 간의 교제는 그리스도와의 교제처럼 친밀하다.

- **죄를 용서해 주는 것은 오직 그리스도의 피로만 된다**

26. '죄를 용서해 주는 것과'
사람들의 죄가 용서되는 것은 그리스도의 피로만 가능하다. 하나님이 죄를 용서하실 유일한 근거와 재료는 그리스도의 흘린 피뿐이다. 하나님은 그리스도의 흘린 피에 근거하여 사람들의 모든 죄를 용서하신다. 우리가 지은 모든 죄들을 용서하시기를 구하면 다 용서하신다. 유전된 죄도 다 용서하신다. 그리고 우리에게 있는 원죄도 다 용서하신다. 그리스도의 피에 근거하여 죄들을 용서하시고, 그 피 때문에 다 용서하신다.

- **죄를 용서받는 것은 영생을 보장받는 것을 뜻한다**

죄를 용서받는 것은 구원받아 영생을 보장받는 것이다. 죄인은 하나님 앞에 서지 못하고 살지 못한다. 의인만이 하나님 앞에 서고 살 수 있다. 사람은 그 죄를 용서받음으로 의인이 된다. 이렇게 의인이 되었기 때문에 하나님 앞에서 영생할 수 있다. 의는 하나님 앞에서 살 수 있는 생존권을 받은 것을 말한다. 생존권을 받았으므로 하나님 앞에서 영원히 산다.

- **몸이 다시 사는 것을 성령의 내주로 보장하신다**

27. '몸이 다시 사는 것과'
그리스도교는 부활의 종교이다. 교회의 설립자이신 주 예수께서 부활하셨다.
그가 부활의 첫 열매로 다시 사셨다. 그리고 그를 믿는 자들의 부활을 보증하기 위해 성령을 사람들의 마음에 보내셨다. 성령을 모시고 살므로 그리스도인들은 생명으로 부활할 것이다.

인류의 역사 내내 사람들의 마음에 부활은 불가능하다고 판정되어 왔다. 그러므로 사람의 부활을 보장하기 위해 성령을 부활의 보증으로 보내셨다. 성령을 모신 자들은 다 부활한다는 보증을 받아 가진 자들이다.

- **재림 때 지금의 몸으로 부활한다**

부활은 종말에 이루어진다. 주께서 재림하실 때 사람들의 부활이 이루어진다. 지금 살고 있는 그 몸으로 부활할 것이다. 우리의 몸으로 다시 살아나는 것은 영원한 생명으로 부활한다. 우리가 영생으로 부활할 것에 대한 보증과 보장이 바로 우리 안에 계신 성령이시다.

사람은 영혼과 육체로 이루어졌다. 육체가 사람의 본질적인 구성요인이다. 그러므로 부활해서 몸으로 다시 사는 것이 처음 창조된 대로 살게 되는 것이다. 영적 부활이 아니라 몸으로 부활한다. 이 몸으로 부활하여 하나님을 모시고 영생한다. 이 부활의 소망이 있으므로 그리스도교가 지금까지 존속해 왔다.

- **부활하여 하나님 앞에 영원히 산다**

주님이 다시 오실 때 우리가 부활하여 영원히 하나님 앞에 살게 된다. 첫 범죄로 영원히 죽게 되었는데 주 예수를 믿는 것 하나 때문에 영생하며, 하나님을 영원히 찬양한다.

28. '영원히 사는 것을 믿습니다.'

영생이 그리스도교의 목표이다. 죄로 인해 다 죽게 되었는데 그리스도께서 피 흘리시어 우리의 죄를 다 속량하셨으므로 우리가 부활하여 하나님 앞에 살게 될 것이다. 우리의 영혼이 영원히 사는 것이 아니고 부활한 몸으로 영원히 산다.

우리가 하나님 앞에서 영생하는 것은 전적으로 하나님의 은혜이고 호의이다. 우리는 범죄하여 다 죽도록 작정되었다. 그런데 이제 하나님이 그의 사람 사랑을 드러내셨다.

하나님의 사랑은 이것이다. 그의 아들로 사람이 되어 십자가에 달려 피 흘리심으로 우리의 모든 죄가 다 용서되어 하나님 앞에 영생할 수 있게 하신 것이다. 우리가 몸과 영혼으로 범죄하였는데 그 범죄가 무효화되므로 부활하고 영생하게 되었다.

- **그리스도인들의 영생은 불신자들의 영벌을 내포한다**

그리스도인들이 영생한다는 것은 불신자들의 영벌과 영원한 죽음을 내포한다. 많은 사람들은 그리스도인의 영생은 인정하고 받아들여도 불신자들의 영원한 형벌과 죽음은 거부한다. 이것은 하나님의 사랑에 어긋난다는 것이다. 이런 주장은 죄의 본성에 전적으로 어긋난다. 우리의 죄는 하나님께 대한 반역죄이다.

하나님의 언약 백성들이 반역하였다. 그 반역에도 불구하고 주 예수를 믿기만 하면 죽지 않고 영생하도록 하겠다고 약속하셨다.

주 예수를 믿지 않고 그를 거부한 것은 하나님을 두 번 반역한 것이다. 그러므로 불신자들이 영원한 형벌을 받는 것은 하나님의 공의에 합당하다.

불신자들은 영원한 형벌을 받는 것이 당연하다. 그들은 그리스도의 복음을 끝까지 반대하고 믿지 않았다. 또 처음 아담의 범죄에 동참하여 죽음에 이를 죄를 범하였다. 그리고 살면서도 하나님을 믿지 않고 인정하지 않고, 죄를 생활의 법으로 삼고 살았다. 그러므로 그들이 영원한 형벌을 받는 것은 당연하다.

- **범죄는 하나님의 인격을 무시하고 그의 엄위를 훼손한 것이다**

범죄는 하나님의 인격을 무시하고 하나님의 엄위를 훼손한 것이다. 창조주 하나님의 인격을 무시하고 하나님의 계명을 범하고 살았으니 영원한 형벌이 마땅하다.

이러함에도 불구하고 하나님은 사랑을 나타내셨다. 곧 주 예수를 믿으면 죽지 않고 영생에 이르게 하겠다고 선언하고 약속하셨다.

- **이런 큰 죄에도 불구하고 믿음 하나 때문에 부활과 영생을 보장하신다**

그런데도 전혀 주 예수를 무시하여 하나님의 선포를 받아들이지 않아 믿음을 거부하였다. 믿는 것을 끝까지 거부하고 배척하였다. 그러므로 이중으로 범죄한 것이다. 처음 하나님을 반역한 죄와 주 예수를 믿지 않음으로 두 번 하나님을 반역한 것이다. 이런 범죄자들에게 영원한 형벌이 합당하다.

  하나님은 주 예수를 믿는 자들에게 영생을 약속하셨다. 그 약속대로 믿는 자들을 영생과 영광에 이르게 함이 합당하다.

24. 사도신경을 세 부분으로 나눔

물음 24.

이 조항들은 어떻게 나뉩니까?

Frage 24.

Wie werden diese Artikel abgetheilt?

답.

세 부분으로 나눕니다: 첫 부분은 하나님 아버지와 우리의 창조에 관한 것입니다. 둘째 부분은 하나님 아들과 우리의 구속에 관한 것입니다. 세 번째 부분은 하나님 성령과 우리의 거룩하게 됨에 관해서입니다.

Antwort.

In drei Theile: Der erste ist von Gott dem Vater und unserer Erschaffung. Der andere von Gott dem Sohne und unserer Erlösung. Der dritte von Gott dem heilige Geiste und unserer Heiligung.

해설

- **사도신경을 세 부분으로 나눔**

1. 하이델베르크 요리문답은 사도신경을 세 부분 혹은 세 조항으

로 나눈다.

삼위일체의 각 위격 아래 그 위격의 사역을 함께 분류한다. 즉 아버지 하나님, 아들 하나님과 성령 하나님에 각각의 사역을 귀속시킨다.

이것은 사도신경이 작성된 이래 모든 그리스도인들이 다 함께 믿고 인정하였다.

- 창조사역을 아버지 하나님께 배정

2. 삼위일체의 첫 위격, 하나님 아버지에 창조사역을 배정하였다.

통상 창조는 삼위일체 하나님의 사역으로 인정되고 고백되었다. 창조의 작정이 아버지에게서 유래하고 아들 하나님이 그 작정을 따라 실제로 창조를 이루셨다. 그리고 성령이 질서와 아름다움과 생명으로 창조를 완성하셨다고 고백한다.

그러나 실제로 창조는 하나님 아버지의 사역으로 귀속하고 분류되었다.

- 구속사역을 아들 하나님께 배정

3. 삼위일체의 둘째 위격, 하나님 아들에게 구속사역이 배정되었다.

실제 창조주는 아들 하나님이시다. 그가 창조주이시기 때문에 자기의 창조의 타락과 부패로 인해 아들 하나님이 성육신하여 사람이 되시고 고난 받고 십자가에 죽어 죄를 속량하고 부활하셨다. 그러므로 구속을 아들 하나님의 사역으로 귀속한다.

- **성화사역을 성령 하나님께 배정**

4. 삼위일체의 셋째 위격, 성령 하나님은 거룩하게 하는 사역을 하시는 것으로 고백되어 왔다.

성령 하나님은 아들 하나님이 이룩하신 구원을 적용하신다. 주 예수 그리스도가 십자가에 죽고 피 흘리심으로 죄를 속량하셨다. 성령은 구주와 그의 사역을 믿게 하신다. 그리하여 죄를 용서받게 하신다.

성령은 그리스도의 피로 사람들의 죄를 씻고 그들의 양심을 깨끗하게 하신다. 그럴 뿐 아니라 사람들로 남은 죄를 벗고 거룩하게 되게 역사하신다. 그리스도인들의 목표는 거룩하게 되는 것이다. 거룩함이 없이는 주를 보지 못한다고 하였으니 거룩해져야 주를 본다 (히 12:14).

- **하나님은 거룩한 백성 가운데 거주하심**

하나님은 주를 믿는 자들이 다 거룩해지기를 원하신다. 거룩한 백성들 가운데만 하나님이 온전히 거주하시기 때문이다. 성령이 이 일을 하러 오셨다. 사람들로 죄를 버리고 거룩하게 하려고 성령이 역사하신다. 사람들의 거룩이 온전해지면 하나님께서 사람들 가운데 충만히 거주하신다. 이것이 처음 창조 시에 하나님이 목표하신 것이다.

- **거룩하게 됨은 죄의 욕망을 버림임**

거룩하게 됨은 죄를 버리는 것이다. 죄의 욕망을 버리는 것이다. 그러나 그리스도인들에게 옛사람의 역사가 있어서 육의 욕망을 벗어버리기를 원하지 않는다. 사람은 예수 믿어도 자연적인 능력과 성향으로는 죄를 벗어버리는 것, 곧 옛사람의 욕망을 벗어버리려고 하지 않는다. 그러므로 성령이 역사하사 옛사람의 일을 버리고 거룩해지게 하신다. 옛사람의 일을 벗고 온전하게 새사람이 되도록 역사하시는 이가 바로 성령이시다. 그러므로 성령 하나님에게 거룩하게 함이 귀속되었다.

25. 한 하나님이 세 위격이심을 하나님이 계시하심

물음 25.

한 신적 존재만 계시는데, 왜 셋 곧 아버지와 아들과 성령을 이름합니까?

Frage 25.

Dieweil nur einig göttliche Wesen ist, warum nennest du drei, den Vater, den Sohn und heiligen Geist?

답.

하나님 자신이 그의 말씀에 세 구별된 인격들이 오직 참되시고 영원하신 한 하나님이심을 계시하셨기 때문입니다.

Antwort.

Darum, weil sich Gott also in seinem Wort geoffenbaret hat, dass diese drei unterschiedlichen Personen der einige wahrhaftige ewige Gott sind.

해설

- 하나님은 삼위일체이시다

1. 그리스도교의 하나님은 삼위일체 한 하나님이시다.

하나님은 유일하신 신적 존재이시다. 그가 자신을 계시하사 아버지와 아들과 성령으로 계심을 밝히셨다. 아버지와 아들과 성령이 한 하나님이시다.

- **삼위일체의 존재방식이 그리스도의 계시로 현시되심**

2. 이 삼위일체의 존재방식은 그리스도의 계시로 왔다.

그리스도 자신이 자신을 아버지와 하나라고 선언하셨다 (요 10:30). 그리고 자신이 하나님의 아들이라고 선언하셨다 (마 11:27, 26:63-64; 막 14:36, 61-62; 요 17:1-5, 24). 또 사도 요한은 예수 그리스도가 하나님의 아들이심을 반복한다 (요 1:1-2, 14, 18).

- **로고스가 창조 중보자이심**

요한은 말씀 하나님의 존재로 그의 복음을 시작한다. 태초에 말씀이 계셨는데 이 말씀이 곧 하나님이라고 선언한다 (요 1:1). 또 만물이 다 그로 말미암아 만들어졌다고 선언한다 (요 1:3).

- **창조 중보자가 성육신하사 사람들 가운데 오심**

이 창조 중보자가 성육신하여 사람들 가운데 나타나고 그들 가운데 사셨는데 아버지의 독생자의 영광이 나타났다고 증거한다 (요 1:14).

이 말씀이 하나님을 계시한다. 그러면서 이 말씀이 독생하신 하나님이라고 선언한다 (요 1:18).

- **성육신자가 성령을 주시는 이이심**

이렇게 성육신하여 자기들 가운데 와서 거하시는 이가 성령으로 세례 주는 자라고 단언하여 하나님이심을 반증한다 (요 1:33). 세례 요한은 성령으로 세례 주는 자를 하나님의 아들이라고 증거한다 (요 1:34, 49). 즉 말씀이 하나님이시고 그가 창조 중보자이신데 독생하신 하나님으로서 하나님의 아들이라고 증거한다.

- **그리스도 자신이 독생자이고 아버지와 하나라고 하심**

그리스도 자신이 증거하기를 자신이 하나님이 보내신 독생자 곧 아들이라고 증거하신다 (요 3:16, 35-36). 또 '내 아버지가 이제까지 일하시니 나도 일한다'고 하여 자기를 하나님과 동등으로 여기셨다 (요 5:17). 자기가 하나님의 아들이므로 아버지가 하는 것을 보고 아들로서 그것을 행한다고 주장하신다 (요 5:19-21). 또 아들이므로 아버지가 행하시는 심판을 아들이 심판한다고 제시하신다 (요 5:27).

또 그리스도는 주장하기를, "나와 아버지는 하나"라고 하셨다 (요 10:30). 아버지와 아들의 관계를 말하면서, 자기가 아버지와 완전히 동일한 한 하나님이심을 말씀하신다.

- **주 예수가 이사야서의 여호와이심**

또 복음서에서 사도 요한은 이사야가 바라본 그 여호와가 (사 6:1-5) 지금 자기들 가운데 와 계신 예수 그리스도라고 증거하고 주장한다 (요 12:36-41). 이사야가 바라본 여호와의 영광이 바로 지금 성육신하여 자기들 가운데 와 계신 예수 그리스도의 영광이라고 주장한다. "이사야가 이렇게 말한 것은 주의 영광을 보고 주를 가리켜 말한 것이라" (요 12:41).

- **예수 자신이 자신을 여호와라고 선언하심**

이보다 앞서서 그리스도 자신이 주장하여 자기를 구약의 여호와라고 단언하신다. 그것은 '나는 이다' 곧 '에고 에미' (ἐγώ εἰμι)라고 선언하여 (요 8:24, 28) 자기가 구약의 여호와이심을 밝히신다.

요한복음은 그리스도를 향하여 '나의 주 나의 하나님'이란 고백으로 마침으로 (요 20:28), 자기들 가운데 사람으로 와 계신 주 예수가 태초부터 계신 하나님이라고 확증한다.

요한복음은 성육신하여 자기들 가운데 오신 예수 그리스도가 태초부터 아버지와 함께 계신 독생하신 하나님으로서 하나님이심을 처음부터 일관되게 주장하고 있다 (요 1:1-2; 1:14-18; 10:30; 12:38-41; 20:28).

- **성육신자가 참 하나님이심**

또 요한일서는 성육신하신 하나님이 참 하나님이시라고 밝힌다 (요일 5:20).

- 바울은 그리스도가 교회를 세우신 하나님이라고 선언함

바울은 그리스도를 하나님으로 지목하고 피 흘려 교회를 사셨다고 밝힌다 (행 20:28). 또 그리스도를 만물 위에 영원히 찬송 받으실 하나님이라고 고백한다 (롬 9:5). 그리고 예수 그리스도를 '우리의 크신 하나님 구주'라고 고백한다 (딛 2:13).

- 창조주의 공식을 그리스도에게 적용

그리고 창조주 공식인 '에서 나오고', '로 말미암아', '에게로'를 요약함이 없이 그리스도에게 그대로 적용함으로 그리스도가 창조주이심을 강조한다 (롬 11:36). 또 창조주의 요약 공식인 '말미암고'를 그리스도에게 적용한다 (고전 8:6). "또한 한 주 예수 그리스도께서 계시니 만물이 그로 말미암고 우리도 그로 말미암았느니라" (고전 8:6).

- 주 예수가 원보혜사로서 보혜사를 보내심

또 주 예수는 다른 보혜사를 보내어 영원토록 제자들과 함께 있게 하겠다고 하셨다 (요 14:16). 그리고 그는 그 보혜사가 성령이라고 밝히셨다. 그 보혜사는 아버지가 아들의 이름으로 보내신다 (요 14:26). 또 보혜사가 와서 주 예수를 증거한다 (요 15:26). 그리고 성령 보혜사를 주 예수 자신이 보낸다고 하셨다 (요 16:7). 이 성령은 자기의 말을 하는 것이 아니라 주 예수를 말하고, 주 예수의 것을 가지고 말한다고 제시되었다 (요 16:13-15).

- 성령 보혜사와 원보혜사 주 예수가 동등이심

이로써 성령은 보혜사로서 원보혜사이신 주 예수와 동등이고 동격임을 밝혔다. 또 주 예수와 그의 구원사역을 증거하고 전파할 것이다.

이런 모든 계시 위에 그리스도 자신이 "나와 아버지는 하나"라고 선언하신 것이다 (요 10:30).

이로써 하나님의 존재방식에 구분이 있음을 알게 되었다. 아버지가 계시고 아들이 계시는데 그가 세상에 구주로 오셨으며, 성령은 그 구원을 증거하고 전파하기 위해서 아버지로부터 오셨다 (요 16:7-15).

- 삼위는 하나님의 존재방식의 구분

이런 그리스도의 계시에서 하나님의 존재방식에 구분과 구별이 있어서 아버지와 아들과 성령이 계심이 이해되고 믿어졌다.

- 하나님에게서 나온 하나님; 참 하나님에게서 나온 참 하나님

이런 성경과 그리스도 자신의 진술에 근거하여 니카야 공회의는 (325 AD) 예수 그리스도를 '하나님에게서 나온 하나님이요, 빛에서 나온 빛이요', '참 하나님에게서 나온 참 하나님'으로 신앙고백을 공식화하였다.

- **주 예수가 성육신하신 하나님**

이후에는 예수 그리스도가 성육신하신 하나님이시라는 신앙고백에 아무런 의심이 없게 되었다. 그리하여 만대 교회의 정통 신앙고백이 되었다.

- **삼위가 한 하나님이신 것은 실체가 하나이고 동일하기 때문**

3. 아버지와 아들과 성령이 한 하나님이신 것은 실체가 동일하고 하나이기 때문이다.
아버지와 아들과 성령은 한 하나님이시다. 비록 인격은 셋이어도 한 하나님이시다. 한 하나님이신 것은 그 실체가 하나이고 동일하며 분할불가하기 때문이다.

- **삼위일체 교리가 교회의 서고 넘어짐의 조항이다**

4. 그리스도교는 이 삼위일체 교리로 성립한다.
삼위일체 교리가 그리스도교의 근본 신앙 조항이다. 그리스도교는 삼위일체 교리를 믿음고백할 때만 성립한다. 이 교리를 부정하면 그리스도교는 그냥 무너진다. 삼위일체 교리를 부정하면 그리스도교가 그리스도교이기를 그친다. 교회가 그리스도교로 존재하려면 언제든지 삼위일체 교리를 굳게 붙잡고 믿어야 한다.
교회의 서고 넘어짐의 근본 신앙 조항이 삼위일체 교리이다.

III-4. 아버지 하나님에 관하여: 물음 26-28
von Gott dem Vater

26. 하나님 아버지: 전능하신 창조주

물음 26.

나는 하나님 아버지, 전능하신 자, 또 하늘과 땅의 창조주를 믿는다고 말할 때 당신은 무엇을 믿습니까?

Frage 26.

Was glaubst du, wenn du sprichst: Ich glaube in Gott Vater, den Allmächtigen, Schöpfer Himmels und der Erden?

답.

우리 주 예수 그리스도의 영원한 아버지는 하늘과 땅과 그 안에 있는 모든 것을 무에서 창조하셨습니다. 또 이 모든 것들을 그의 영원한 경륜과 섭리로 보존하시고 다스리십니다.

그의 아들 그리스도 때문에 아버지 하나님을 내 하나님 아버지로 믿는 것입니다.

내가 신뢰하는 그가 내 몸과 영혼의 모든 필요를 마련해 주시고, 또 많은 눈물의 골짜기에서 무슨 악을 보내시든지 그것을 나에게 선이 되도록 돌리십니다. 그가 전능하신 하나님으로서 그것을 하실 수 있고, 또 내 신실하신 아버지로서 하실 것임을 믿는 것입니다.

Antwort.

Dass der ewige Vater unsers Herrn Jesu Christi, der Himmel und Erde, sammt allem, was darinnen ist, aus nichts erschaffen, auch dieselbigen noch durch seinen ewigen Rath und Fürsehung erhält und regiert, um seines Sohnes Christi willen mein Gott und mein Vater sei, auf welchen ich also vertraue, dass ich nicht zweifle, Er werde mich mit aller Nothdurft Leibes und der Seele versorgen, auch alles Uebel, so Er mir in diesem Jammerthal zuschicket, mir zu gut wenden, dieweil Er's thun kann, als ein allmächtiger Gott, und auch thun will, als ein getreuer Vater.

해설

- 하나님 아버지; 예수 그리스도의 영원한 아버지

1. 하나님 아버지는 우리 주 예수 그리스도의 영원한 아버지이시다.

하나님은 우리 주 예수 그리스도의 아버지이시다. 그것은 사람들 가운데 있는 아버지와 아들의 관계가 아니다. 하나님 아버지는 그의 아들, 말씀을 영원한 과정으로 낳으셨다.

여기서 낳으심은 사람의 출생방식이 아니다. 하나님의 방식이기 때문에 출생자와 출생되신 이만이 아시는 방식이라고 나지안주스의 그레고리오스가 설명하였다. 그러나 그는 출생방식에 대해서는 아무런 설명을 하지 않았다.

- 아버지가 아들을 출생; 하나님이 자기 객관화의 방식으로 계심을 말함

하나님은 자기를 객관화하시는 방식으로 계신다. 그 객관화가 한 인격을 이루신다. 이 객관화로 인격을 이루시는 것이 하나님의 아들이다.

하나님은 영원하신 존재이므로 아버지 되심도 영원하다. 아들도 영원한 하나님이시다. 그러므로 하나님 아버지는 영원한 아버지이시다. 주 예수 그리스도는 성육신하신 하나님이시다. 이 아들 하나님의 아버지는 영원하신 아버지이시다.

하나님은 영원부터 아버지와 아들과 성령으로 계신다. 그러므로 하나님 아버지는 영원한 아버지로서 아들의 아버지이시다.

삼위일체 교리는 사람의 머리로는 도저히 이해할 수 없다. 믿음으로 받는 것만이 삼위일체를 확실하게 아는 것이다.

- 하나님 아버지; 만물을 창조하심

2. 하나님 아버지가 하늘과 땅과 그 안에 있는 만물을 무에서 창조하셨다.

하나님 아버지가 창조주이시다. 하늘과 땅을 아무것도 없는 데서 창조하셨다. 이미 물질이 있어서 그 물질로 현상대로 조성한 것이 아니다. 만물을 무(無)에로 창조해서 넣으셨다.

- 하나님 아버지는 그의 창조 작정 때문에 창조주로 고백됨

하나님 아버지를 창조주라고 고백하는 것은 만물의 창조 작정을 홀로 이루셨기 때문이다. 이 창조 작정 때문에 교회는 하나님 아버지를 창조주로 고백해 왔다.

하나님은 홀로, 곧 외부세력의 도움 없이 만물을 창조하셨다. 천사들의 도움을 받으신 것이 아니다. 유대교에서는 천사들을 통해서 창조하셨다고 주장한다. 그런 것이 아니다. 하나님 홀로 하늘의 별들과 땅과 그 사이에 있는 모든 것들을 창조하셨다.

- **하늘은 별들과 영체들을 말함**

3. 하늘은 하늘의 별들과 천사와 영들을 말한다.

이 모든 것들이 하나님에 의해서 창조되었다. 하늘은 일차적으로 해와 달과 별들을 지시한다. 하나님은 하늘, 곧 해와 달과 별들을 창조하셨다. 하늘에 별들이 얼마나 많은지 아직도 세지 못한다. 대강 얼마라고 말하지만 그것은 다 추정치일 뿐이다. 수천만, 수천억 개의 별들이 창조되었다.

그리고 영체들도 천체 창조와 동시에 창조하셨다.

- **별들을 무에서 창조하심이 하나님의 전능**

하나님은 아무 수고 없이 하늘의 헤아릴 수 없는 별들을 창조하셨다. 하나님은 전능하시기 때문에 수천억 개 이상 되는 별들을 수고 없이 창조하셨다. 하나님의 전능이 하늘의 별들의 창조에서 가장 잘 현시되었다. 그렇게 많은 별들과 그렇게 크고 작은 별들을 다 하나님이 창조하셨다. 그리고 넓은 공간에 펼쳐놓으셨다.

- **별들은 빛과 열을 냄**

또 모든 별들이 다 빛을 발하도록 창조하셨다. 그리하여 별들이 존재하는 동안 늘 빛을 내게 되어 있다. 그 빛으로 별들은 우주를 밝히고 따뜻하게 한다. 더구나 땅 위의 생물들에게 빛을 주어 열도 일어나게 한다.

- **영들도 처음 창조 시에 창조됨**

하늘은 또 천사들과 영들도 지시한다. 하늘은 하늘의 별들만이 아니라 천사들과 영들을 포함한다. 하나님이 천사들과 영들도 처음 창조 시에 창조하셨다. 영들도 물질적 하늘의 창조와 동시에 창조되었다.

영들은 영원에서 창조되었다가 물질세계의 창조 후에 활동한 것이 아니다. 처음 하나님이 만물을 창조하실 때 하늘의 영들도 함께 창조되었다.

- **땅은 지구와 사람과 땅 위의 만물을 뜻함**

4. 땅은 지구와 사람과 지구상의 만물을 뜻한다.

땅은 지구 자체를 뜻한다. 하나님은 우주의 많은 별들 중에서 땅을 생명체들과 사람이 살 수 있는 곳으로 지으셨다. 흙으로 땅이 조성되게 하여 생명체들이 살 수 있게 하셨다.

먼저 풀들과 나무와 씨 맺는 식물들이 나게 하셨다. 그리고 동물들과 사람을 지으시어 풀과 채소와 씨 맺는 곡식들을 그들에게 먹거리로 주셨다.

- 사람을 하나님의 백성으로 삼으심

하나님은 사람을 자기의 형상으로 지으시어 자기의 백성으로 삼으셨다. 창조경륜을 이루시기 위해 사람과 언약을 맺어 자기의 백성으로 삼아 하나님만을 찬양하고 경배하게 하셨다.

- 물질과 생명체의 진화는 불가능

5. 물질과 생명체의 진화는 불가능하다.

찰스 다윈이 1859년 '종의 기원'을 발표한 이후에 모든 세상은 다 진화론을 물질과 생명체의 발생과 생성의 원리로 삼아왔다. 그래서 사물의 존재방식이 창조가 아니라고 단정하였다.

물질과 생명체의 진화는 열역학 제1법칙과 제2법칙에 의해서 불가능하다. 사물이 일정 기간 유지는 되지만 그 후에는 다 퇴락하고 파괴된다. 제1법칙은 물질 보존의 법칙이고, 제2법칙은 엔트로피 법칙이다. 일정 기간 후에는 다 파괴되고 무질서하게 된다.

- 물질이 유기체와 생명체로 진화하는 것은 불가능

물질이 처음 간단한 조직으로 있다가 진화하여 복잡한 유기체가 되는 것은 불가능하다. 유기체에서 생명체로 넘어가는 것은 더더구나 불가능하다.

소련의 오파린 (Oparin) 교수가 코아세르베이트 (coacervate) 액적은 만들 수 있었어도 생명체로 넘어가는 과정은 성공시키지 못하였다.

- **물질에 오랜 시간 동안 열을 가해도 생명체로 진화는 안 됨**

진화론에 의하면 물질에 열과 시간을 가하면 그 물질이 생명체로 진화한다고 한다. 그러나 합성 물질에다가 열과 시간을 아무리 오래 가해도 생명체는 나오지 않는다. 제네바 대학의 와일더 스미스 교수 (A. E. Wilder-Smith)는 합성 물질을 생명체에다 넣지 않아서는 결코 생명이 발생하지 않는다는 것을 증명하였다. 그것이 자기로 하여금 진화론이 아니라 창조론을 주장하고 믿는 이유라고 하였다. 그는 물질 특허만도 200개 넘게 갖고 있다.

- **현대인 이전의 사람의 진화체라는 것은 다 허위조작일 뿐**

사람 진화 주장은 전적으로 근거가 없는 가설일 뿐이다. 자바인은 네덜란드 의사가 따로 떨어진 곳에서 돼지 이빨 하나와 원숭이 어깨뼈 하나를 주워서 갈고 문질러 조합하여 조작한 것일 뿐이다.

진화론은 공룡 생존 2백만 년이 지나서 사람이 진화해 나왔다고 주장하였다. 그런데 지금은 65만 년 후에 나왔다고 주장한다. 성경에 의하면 공룡과 사람은 동시에 살았다. 텍사스 주에 있는 팔룩시 강 (Phaluxy) 바닥에 공룡의 발자국과 사람과 어린아이의 발자국의 화석이 함께 있는 것을 보면 두 존재가 동시대에 살았음을 알 수 있다.

북경인의 진화도 전적으로 허구일 뿐이다. 북경인의 화석을 발굴하여 다른 곳으로 옮기는 과정에서 그 발굴물의 80%를 소실했다는 것은 말도 안 되는 소리이다.

- 모든 생명체 동시 다발적으로 발생

모든 생명체는 동시에 다발적으로 나타났다. 한 단순 세포가 복잡한 생명체로 진화한 것이 아니다.

모든 화석들이 보여주는 것은 모든 현존 생명체들이 화석에 있는 것과 동일하다는 것이다. 어떤 것도 단순한 것에서 복잡한 것으로 진화되어 온 것을 보여주는 것이 없다.

모든 생물들이 동시에 살았고, 함께 살았다. 한 단순 생명체에서 진화하여 복잡하게 된 생명체는 나타나지 않는다.

- 하나님은 자기의 작정대로 순간에 만물 창조

6. 하늘의 별들과 영들을 그의 경륜을 따라 창조하셨다.

만물의 창조는 전적으로 하나님의 작정과 계획대로 이루어졌다. 플라톤의 철학에서처럼 영원한 물질에서 자기보다 더 높은 이념을 따라서 하나님이 하늘과 땅을 창조하신 것이 아니다. 하나님은 자기의 작정대로 모든 일을 이루신다. 하나님은 자기의 영원한 작정을 따라 만물을 다 창조하셨다.

- 만물 통치도 작정대로 진행하심

7. 창조된 만물도 그의 영원한 작정을 따라 다스리신다.

하나님은 창조된 만물을 그의 영원한 작정대로 다스리고 유지하신다. 하나님은 무에서 만물을 창조하실 때만 그의 영원한 작정을 따라서 창조하신 것이 아니다. 창조된 만물을 다스릴 때도 영원한 작정을 따라 다스리신다. 하나님은 창조 후에 섭리하실 것도 창조 전에 다 작정하셨다.

하나님은 만물 창조와 창조 후의 역사의 진행을 다 미리 정하셨다. 하나님은 모든 것을 다 작정하시고 그 작정대로 일하신다.

- 세계에서 일어나는 모든 일도 다 작정을 따라 일어남

하나님의 창조 세계에 우연은 성립하지 않는다. 창조 세계에 일어난 일들은 다 하나님의 작정을 따라서 이루어진다.

그러나 인류의 첫 범죄는 하나님의 작정으로 이루어졌다고 말할 수 없다. 성경이 말하지 않으므로 첫 범죄와 하나님의 작정 간에 사변을 전개할 것이 전혀 아니다.

- 창조주가 내 하나님 되심은 전적으로 그리스도 때문

8. 창조주가 내 하나님이 되시고 내 아버지가 되시는 것은 전적으

로 그의 아들 그리스도 때문이다.

천지를 창조하신 하나님이 내 하나님이 되시고 내 아버지가 되신 것은 전적으로 그의 아들 그리스도의 구속의 공로 때문이다.

나도 창조주의 피조물이지만 나는 첫 조상 아담 안에서 하나님을 반역하여 죄인이 되었다. 첫 범죄 후에도 나는 하나님을 반역하는 생활 체계를 계속하였다. 죄는 첫 반역의 생활 체계화라고 정의해야 바르다.

- 그리스도로 말미암아 반역자가 하나님의 자녀가 됨

반역으로 창조주는 내 하나님이 되실 수가 없게 되었다. 그런데 하나님의 아들, 우리 주 예수 그리스도께서 나를 위해 사람이 되사 십자가에서 피 흘려 내 죗값을 다 갚으셨다. 이로써 내 모든 죄를 다 속량하셨다. 내 모든 범죄와 반역을 무효화하여 나를 하나님께 화해시키셨다. 그리하여 창조주가 내 하나님이 되셨다.

- 그리스도의 구속으로 내가 하나님의 아들이 됨

그뿐만 아니라 하나님은 나를 자기의 자녀로 삼으셨다. 예수 그리스도의 피 흘리시고 구속하신 것 때문에 반역자인 나를 자녀로 삼으셨다. 하나님이 내 아버지가 되신 것이다.

창조주 하나님을 내 아버지로 모실 수 있게 된 것은 전적으로 그리스도의 공로 때문이다. 그리스도의 구속 아니면 나는 결코 하나님의 자녀가 될 수 없었다.

- 하나님이 내 아버지이시므로 내 모든 필요를 채우심

9. 하나님이 내 몸과 영혼의 모든 필요를 채우신다.

창조주가 내 하나님이 되시고 내 아버지가 되셨으니 내 몸과 영혼의 모든 필요를 다 충족시키실 것이다. 통상 아버지는 아들의 모든 필요를 책임진다. 내 생존과 건강과 교육이 다 아버지의 몫이다.

마찬가지로 창조주 하나님이 내 아버지가 되셨으니 내 모든 필요를 채우실 책임을 지신다. 내 몸이 잘되고 건강한 것만이 아니라 내 영혼이 잘되는 것도 하나님 아버지의 책임이다. 그러므로 내 모든 필요를 하나님이 다 채우신다.

- 하나님이 내 주님이 되시기 때문에

내가 주 예수를 믿은 이후에는 하나님이 내 주님이 되신다.
주님은 내 모든 것을 책임지시는 분이다.

- 내가 만나는 곤궁도 다 나에게 선이 되도록 역사하심

10. 삶의 골짜기에서 만나는 모든 악도 하나님이 내게 선이 되도록 바꾸실 것을 의심하지 않는다.

삶의 길에는 선한 일만 생기는 것이 아니라 악한 일도 생긴다. 그리스도인들도 예외가 아니다. 좋은 일과 나쁜 일을 함께 만나고 교차하여 만난다. 기쁨과 성공과 만족만이 아니라 슬픔과 실패와 질병과 사망을 만나게 된다.

하나님이 내 아버지이신 한, 내가 만나는 모든 어려움과 악도 내게 선이 되고 유익이 되도록 하신다. 비록 악을 만나도 그 악이 내게 선이 되게 역사하신다. 악을 만나지 않는 것이 아니다.

그리스도인들도 다 성공과 실패를 만난다. 절망과 좌절을 만난다. 그러나 그런 것들을 다 내게 선이 되도록 하나님 아버지가 역사하신다.

- 모든 곤궁과 어려움은 내 신앙의 단련과 인격의 성숙을 위함

내 삶의 길에 고난과 고통이 많다. 도저히 이해할 수 없는 일이 생겨 감당하기 어려울 경우들이 생긴다. 그러나 그런 이해할 수 없는 어려움들도 하나님이 내게 선이 되게 하신다. 신앙의 단련과 인격의 성숙을 위해서 그런 일들이 일어난다. 또 죄악을 버리고 거룩한 길을 가도록 그런 어려움을 보내신다. 나를 겸손하게 만드시고 바른 그리스도인이 되게 하시려고 고난을 보내신다. 그런 모든 어려움들이 내게 선이 되도록 하나님 아버지가 역사하신다.

- 고난 후에 하나님의 선한 섭리를 깨달음

처음 당했을 때는 이해할 수 없었어도 그 고난을 이겨내고 또 통과한 다음에는 하나님의 선한 섭리를 깨닫게 된다.

그리스도인들이 당하는 고난 뒤에는 하나님의 선한 섭리가 있다. 그러므로 고난을 당하여 부끄럽고 모멸감을 느낄 경우가 있어도 나를 위한 하나님의 선한 뜻이 있는 줄을 확신해야 한다.

- 신실하신 아버지로서 나를 위해 환난을 선으로 바꾸심

11. 그뿐만 아니라 신실하신 아버지로서 그렇게 하시기를 원하신다.
전능하신 하나님으로서 악을 선으로 바꾸실 수 있는 권세를 가지셨다. 그뿐만 아니라 그가 신실하신 아버지이기 때문에 기꺼이 그렇게 하기를 원하신다.

어느 아버지라고 아들이 감당하기 어려운 일들을 만나 고난을 받고 있을 때, 그냥 '잘되었다, 그렇게 될 줄 알았다'고 하고는 가만히 있을 수 있는가? 자기가 할 수 있는 모든 힘과 지혜와 수단을 동원하여 자기 아들의 고난을 막고 바꾸려고 노력한다. 또 그렇게 하기를 간절히 바라고 실제로 그렇게 한다.

하나님은 내 신실하신 아버지이시다. 더구나 전능하신 하나님이 내 아버지가 되셨으니 내가 만난 환난을 선으로 바꾸시기를 열망하신다. 그리고 실제로 그렇게 하신다.

- 절망적인 상황에서도 절망할 필요가 없다

그러므로 우리가 만나는 모든 악들과 고통에서도 결코 절망하거나 포기할 일이 아니다. 하나님이 내 신실하신 아버지이시므로 내 고통과 내가 당하는 환난을 보고만 계시지 않는다. 그는 반드시 일어나사 내게 선이 되도록 역사하신다. 그러므로 이 믿음을 굳게 해야 한다.

27. 하나님의 섭리로 이해되는 것들

물음 27.

당신은 하나님의 섭리를 어떻게 이해합니까?

Frage 27.

Was verstehst du unter der Fürsehung Gottes?

답.

그의 전능한 능력은 하나님이 하늘과 땅과 다른 모든 피조물을 보존하고 다스려서 채소와 풀, 비와 가뭄, 풍년과 흉년, 먹는 것과 마시는 것, 건강과 병듦, 부와 가난과 모든 것들이 우연에서 나오는 것이 아니라 아버지 손에서 우리에게 오도록 되는 것을 말합니다.

Antwort.

Die allmächtige und gegenwärtige Kraft Gottes, durch welche Er Himmel und Erde, sammt allen Creaturen, gleich als mit seiner Hand noch erhält, und also regiert, dass Laub und Gras, Regen und Dürre, fruchtbare und unfruchtbare Jahre, Essen und Trinken, Gesundheit und Krankheit, Reichtum und Armuth, und alles nicht von ohngefähr, sondern von seiner väterlichen Hand uns zukomme.

해설

- **섭리는 하나님의 전능하고 임재하는 능력**

1. 섭리를 전능하고 임재하는 하나님의 능력이라고 정의한다.

하나님은 전능하시기 때문에 하늘과 땅을 무에서 창조하셨다. 창조를 이루신 그 능력으로 하나님은 온 세상을 다스리시고 유지하신다. 거대한 우주를 다스리시고 유지하시는 것도 천지를 창조하신 것과 같은 전능이 없으면 안 될 것이다. 거대한 천체의 운행과 우주 내의 모든 일어나는 일들을 다 다스리고 유지하는 것은 전능한 권세가 아니면 안 될 일이다.

2. 전능한 능력으로 하늘과 땅과 만물을 유지하고 다스리는 것이 섭리이다.

- **창조 후 만물을 다스리심**

창조주가 창조 후에 하늘과 땅을 다스리심이 필수적이다. 하나님은 자기의 창조를 책임지고 보존하고 다스리신다. 모든 자기의 창조를 유지하고 다스리는 것에 전능한 하나님의 능력이 필요하다. 큰 것만이 아니라 가장 작은 것, 심지어 먼지 하나까지도 하나님이 지키고 다스리셔야 존속하고 보존된다.

- **만물을 보존하심**

더구나 하나님이 지키고 다스리셔야 만물에 질서가 있고, 창조주가 주신 본성을 보존할 수 있다. 각 사물이 본성을 보존할 뿐만 아니라 그 존재목적에 이르러 가는데도 하나님의 섭리 곧 다스림과 보존이 필수적이다.

- **하나님의 섭리로 사람은 존재목적에 이름**

하나님이 다스리고 만물을 보존하지 않으시면 먼지라도 자기의 본래 존재목적을 다 이룰 수 없다. 더구나 사람들의 경우에는 하나님의 섭리가 더욱 절실하다. 인간은 도덕적이고 지성적인 존재이므로 판단과 선택의 자유를 갖는다. 그러므로 하나님의 보존과 다스림 없이는 사람이 그 존재목적에 이르러 갈 수가 없다. 모든 길을 다 인도하셔야 한다.

- **채소와 풀도 다 하나님의 섭리로 잘 자람**

3. 채소와 풀이 하나님의 손에서 우리에게 온다는 것은 하나님이 섭리하셔야 그런 것들이 우리의 먹거리로서 많이 생산될 수 있음을 보인 것이다.

하나님은 채소와 풀을 사람과 동물의 먹거리로 배정하셨다. 그러기 때문에 하나님이 섭리하셔야 그것들이 잘 생산되는 것을 밝히고 있다.

들에서 가장 잘 자라는 것이 풀과 잎 식물이다. 땅이나 빈 공간이 있으면 어디든지 나서 자라는 것이 풀과 잎 식물이다. 그래도 하나님이 다스리고 돌보셔야 잘 자라난다. 지금 풀과 채소가 무성하게 자라나는 것은 하나님의 처음 작정 때문에 그 사명을 다하기 위해서 생기는 현상이다.

4. 비와 가뭄도 하나님의 손에서 온다.

- 비와 가뭄도 하나님의 손에서 온다

하나님이 만물을 다스리시면 세상에 우연은 성립하지 않는다.
비가 오고 가뭄이 생기는 것도 하나님의 섭리를 따라 이루어진다. 비가 많이 와서 홍수가 나고 태풍이 불어서 사람이 죽고 떠내려가고 가옥이 파손되고 농작물이 다 썩고 물에 휩쓸려가도 비와 태풍은 필요하다. 대기를 순환시키고 공기를 정화시킬 뿐 아니라 바닷물의 흐름을 깨끗하게 해서 어족을 풍성하게 한다. 그 외에도 홍수와 태풍이 가져오는 유익에 대해서 아직은 다 알지 못한다.
가뭄이 생기면 농사가 이루어지지 않아서 많은 사람이 굶어 죽고 병들어 죽게 된다.

- 가뭄은 토지의 지력을 회복시킴

가뭄은 황폐하게 된 토지가 다시 기력을 회복하게 하는 기능을 한다. 일정 기간 사용하지 못함으로 그 토지들이 본래의 기능을 회복하게 된다. 그렇지 않으면 지력을 다 소모하여 더 이상 생산을 할 수 없게 된다.

토지도 안식을 해야 한다. 해마다 땅을 갈고 곡식을 가꾸어서 지력을 다 소모한다. 하나님은 가뭄으로 말미암아 토지를 강제로 안식하게 하신다. 가뭄은 인간의 무지와 죄악에 대한 하나님의 징벌이다.

5. 햇빛과 비와 날씨가 적합하여 농사가 잘되어 풍년이 생긴다. 그러므로 풍년은 하나님의 축복이다.

- 흉년은 범죄한 백성을 심판하심임

흉년은 비가 너무 안 와서 농토가 말라 농사가 안 되는 경우이다. 또 너무 비가 많이 와서 농사가 잘 안 될 수도 있다. 태풍이 심하여 농사를 다 망칠 수도 있다. 또 병충해가 심하여 농사를 완전히 망치는 경우도 있다. 그러나 비가 안 와서 농사를 망치는 경우가 대부분이다.

흉년이 들면 사람만이 아니라 가축과 들의 짐승들과 모든 생명체들이 고난을 당한다. 흉년은 하나님의 형벌이라고 할 수 있다.

흉년은 범죄한 백성을 벌하는 수단이다. 흉년이 어떻게 생명체들과 생체 환경에 영향을 주는지는 설명할 수 없다. 그러나 흉년에 대한 하나님의 섭리는 있다.

6. 먹는 것과 마시는 것은 모든 생명체의 존속에 필수적이다.

식물이나 동물이나 다 먹고 마셔야 한다. 그래야 생존할 수 있고 번창할 수 있다. 물이 없으면 모든 생명체가 다 죽게 되어 있다. 먹는 것이 없으면 모든 동물들과 사람이 다 죽게 된다.

그러므로 먹는 것과 마시는 것은 하나님이 주신 축복이다.

7. 건강과 병듦은 양극이다.

- **병듦은 사람의 죄악을 그치게 함**

건강하면 사람이 잘 살고 일을 잘하여 자기의 목표를 이룰 수 있다. 병들면 활동을 하지 못하고 자기의 몫을 할 수가 없다. 병드는 것이 심하면 모든 활동이 중단되고 죽음에 이른다. 병듦이 재앙이고 저주이다.

반면에 병듦은 사람을 유익하게 한다. 먼저 죄짓는 것을 중단하게 한다. 병들면 죄짓는 것을 계속할 수가 없다. 또 죄지을 생각도 그친다.

병듦은 사람으로 겸손하게 한다. 병들면 자기의 한계와 연약함을 먼저 깨닫게 된다. 그리하여 사람이 자기의 한계를 알게 되어 겸손하게 된다. 자기의 한계를 깨달으므로 회개하고 바른 삶을 살기로 결심한다.

고칠 수 없는 병은 사람으로 죽음에 바로 이르게 한다. 참으로 큰 비극이다. 한 사람의 죽음이 자기의 가족에게 미치는 영향이 참으로 크다. 그리고 이웃에게 미치는 영향도 크다.

- **병듦과 죽음도 하나님의 섭리와 무관하지 않다**

그러나 죽음이 여러 면에서 치료와 새로운 시작을 가져온다.

병들고 죽음으로 고통과 재산의 손실과 시간을 바로 쓰지 못하는 것이 참으로 크다. 그러므로 건강하고 오래 살며 자기의 일을 다 할 수 있도록 노력해야 한다.

그러나 건강과 병듦은 사람의 결정과 습관에 의해서 이루어지지만 하나님의 섭리를 떠나서 이루어진다고 할 수 없다.

8. 부와 가난이 만대를 통해 사람들을 괴롭히는 문제이다.

- **부와 가난도 하나님의 섭리와 상관 있음**

어느 정도 재산을 가지면 공부해서 자기의 재능을 발휘할 수 있다. 돈이 있어야 장사도 하고 연구도 하고 사업을 일으킬 수 있다. 돈이 있어야 먹고 살 수 있다. 돈이 있어야 친구도 사귀고 잘 살 수 있다.

그러나 돈이 많아지면 죄짓는 일을 제일 먼저 시작한다. 그래서 가정이 파괴되고 해체된다.

가난은 사람의 재능을 완전히 사장한다. 그래서 사람 노릇을 못하게 한다. 가난은 모든 질병과 다툼의 원인이고 시작이다. 문제점은 아무리 사람이 노력하고 수고해도 가난을 벗어날 수 없다는 점이다. 그러나 열심히 노력하고 수고하여 가난을 벗도록 해야 하고, 자녀들을 교육시켜 자기의 삶을 살 수 있도록 해야 한다.

큰 부는 하나님의 손에서 오는 것이 확실하다. 가난도 하나님의 섭리에 의해서 우리에게 이루어진다고 보고 열심히 노력해야 할 것이다.

9. 창조주는 섭리주가 되사 모든 것을 자기의 작정을 따라 집행하시므로 하나님의 창조 세계에서 일어나는 모든 것은 다 하나님의 손에서 온다. 우연에서 오는 것이 결코 아니다.

- **순수한 우연은 불가**

하나님의 창조 세계에 우연은 불가능하다. 우연으로 보이는 것은 우리가 알지 못해서 그렇게 판단할 뿐이다. 우연과 무지를 일치시킬 수 없다.

- **가난은 감당하기 힘들어도 하나님께 의존하게 만듦**

가난은 사람의 삶에서 참으로 감당하기 어려운 일이다. 그렇지만 그리스도인들에게 오는 가난은 하나님의 사랑의 섭리에서 온 것으로 보아야 한다. 가난으로 사람은 겸손하게 되고, 간절히 하나님께 기도하게 된다. 또 가난은 사람으로 열심히 일하도록 촉진한다.

가난하기 때문에 사람이 교육도 받지 못하고 주어진 재능도 발휘하지 못한다. 먹지 못하여 병들고 또 일찍 죽게 된다.

그러나 견딜 만한 가난은 하나님이 자기의 자녀들을 교육하여 하나님만 의지하는 사람으로 만드시기 위한 하나님의 섭리로 보아야 한다. 또 가난하므로 죄짓지 않고 겸손하게 하나님을 섬기는 자가 되도록 연단을 받는다. 하나님이 사랑하시는 자녀들이 가난한 것은 겸손하여 하나님만 의지하며 살도록 만드시기 위해서 이루어진 하나님의 섭리적 조치이다.

- **많은 재산이 죄에 빠져들게 만듦**

많은 재산을 가지면 죄짓는 일에 빠르다. 그렇게 죄짓는 사람은 가정을 파괴하고 자녀들을 망친다. 시험과 연단이 없으면 사람은 재물로 인해서 쉽게 죄악으로 떨어진다.

- **넉넉한 재물로 자녀교육과 이웃 봉사에**

재물은 가정생활과 자녀교육과 교회 봉사를 위해서 주어졌다. 넉넉한 재산은 어려운 사람을 돕고 사회에 이바지하는 방식으로 사용하도록 하나님이 주신 것이다. 그러므로 넉넉한 재산을 죄짓는 데 쓰면 안 된다.

28. 하나님의 창조와 섭리로 배우는 삶의 지혜

물음 28.

하나님의 창조와 섭리에 대한 지식에서 우리가 어떤 유익을 얻습니까?

Frage 28.

Was für Nutzen bekommen wir aus der Erkenntnis der Schöpfung und Fürsehung Gottes?

답.

우리가 모든 역경에서 인내하게 되고 번성할 때 감사하며, 미래에 대해서는 우리의 미쁘신 하나님 아버지께 신뢰하게 되어야 하는 것입니다. 또 어떤 피조물도 우리를 그의 사랑에서 떼어놓을 수 없습니다. 모든 것이 그의 손안에 있기 때문입니다. 또 그것들은 그의 뜻 없이는 활동하거나 움직이지도 못합니다.

Antwort.

Dass wir in aller Widerwärtigkeit geduldig, in Glückseligkeit dankbar, und aufs Zukünftige guter Zuversicht zu unserm getreuen Gott und Vater sein sollen, dass uns keine Creatur von seiner Liebe scheiden wird, dieweil alle Creaturen also in seiner Hand sind, dass sie sich ohne seinen Willen auch nicht regen noch bewegen können.

해설

1. 하나님의 만물 창조와 섭리를 알면 우리가 얻을 유익이 무엇인지를 묻고 있다.

- 하나님의 창조와 섭리를 알므로 평안과 담대함으로 살아갈 수 있음

두려움 없이 평안하게 살게 됨을 말한다. 우리가 세상을 살아갈 때 생소한 세계에서 사는 것이 아니다. 우리는 하나님이 창조하신 세계에 산다. 우리는 창조주 하나님이 다스리시고 지키시는 세상에 산다.
그러면 우리는 세상을 살 때 두렵고 떨림으로 살지 않고 평안하고 담대히 살 수 있다.

- 하나님의 창조하신 세상에 살므로 역경에서도 하나님의 선한 뜻을 기다림

2. 하나님이 창조하시고 다스리시는 세상에서 살면 역경을 만나도 인내하며 기다릴 수 있다. 하나님의 선한 뜻을 알기 때문이다.
하나님의 창조 세계에 살면서 역경을 만나면 하나님의 선한 섭리가 있는 줄 확신하기 때문에 그 역경에서도 감사하며 참고 기다릴 수 있게 된다. 비록 역경을 만났지만 하나님의 선한 뜻이 있는 것을 확신하기 때문이다. 하나님이 내 아버지여서 나를 위해 선한 뜻을

가지고 계심을 확신하기 때문이다.

　비록 내가 만난 역경을 내가 이해하지 못하지만 하나님이 내 아버지로서 나를 위해 선한 뜻을 가지셨음을 확신하기 때문에 참고 기다릴 수 있다.

- 행복한 상태에서는 감사하며 삶

　3. 행복한 상태에서는 감사하는 것이 당연하다.

　행복한 상태 혹은 성공과 번창의 경우에는 감사하고 기뻐하는 것이 당연하다. 하나님이 은혜와 호의를 베푸시사 이렇게 잘되게 하심을 알고 감사하고 찬송함이 당연하다. 행복한 삶을 살 때 그것은 하나님의 사랑과 호의인 줄 알고 하나님께 감사해야 한다.

- 하나님의 선한 계획을 알기 때문에 미래에 관해서도 불안해할 필요가 없음

　4. 미래에 관해서 미쁘신 아버지 하나님이 선한 계획을 갖고 계심을 확신할 수 있다.

　미래에 관한 것만큼 어둡고 헤아리기 어려운 일이 없다. 미래는 아직 오지 않았고 알려지지 않은 시간 간격이다. 그러므로 예측과 예언이 거의 불가능하다. 미래에 대한 계획은 불확실성이 우세하고 가능성에 관한 것이기 때문에 확신을 가질 수 없다. 가능성은 될 수 있는 것과 될 수 없는 것의 복합이다.

　섭리주 하나님이 내 아버지이시므로 미래에 관해서 답답해하고

불안해할 필요가 전혀 없다. 하나님 아버지가 내게 대해서 선한 계획을 가지고 선한 길로 인도하실 줄을 확신한다.

- 영적 존재들도 나를 하나님의 사랑에서 떼어놓을 수 없다

5. 어떤 피조물도 우리를 그의 사랑에서 떼어놓을 수 없는 것은 그것들이 그의 손안에 있기 때문이다.

사탄과 악령들이 우리를 하나님의 사랑에서 떼어놓으려고 노력한다. 우리를 시험하고 유혹하여 하나님의 사랑을 믿지 못하게 하고 의심하게 한다. 또 우리 자신의 상황과 형편을 늘 생각하고 반성하게 하여 하나님의 사랑에 합당하지 않는 자로 판정하게 한다.

그 피조물이 어떠한 존재이든지 간에 그 존재도 하나님 아버지의 손안에 있어서 아버지의 허락 없이는 아무것도 하지 못할 것이 확실하다.

- 영적 존재들도 나를 믿음에서 떠나게 할 수 없다

영적 피조물이 내 신앙을 약하게 하고 헐어내려 믿음의 결과에 이르지 못하도록 할지라도 결코 그 뜻을 이루지 못할 것은 하나님이 그런 것을 결코 허락하시지 않기 때문이다.

- 악령들도 하나님의 뜻에 따라서만 일한다

6. 영적 피조물들은 하나님의 뜻에 의해서만 활동하고 움직인다.

사탄과 악령들도 다 하나님의 피조물이다. 그런데 그것들이 하나님을 배반하여 하나님의 적대 세력이 되었다. 하나님을 대적하고 그의 나라를 무너뜨리기 위해서 활동한다. 또 하나님의 백성들이 이탈하도록 온갖 꾀를 다 부린다.
　그러나 이 영적 세력들이 하나님의 피조물임은 부인할 수 없다. 이 영적 피조물들이 존재하는 것도 창조주 하나님의 허락을 받아서이다. 따라서 하나님의 뜻 없이는 그것들은 활동하지도 움직이지도 못한다.

- **어떤 피조물도 우리를 하나님의 구원에서 떨어지게 못함**

　7. 결론은 하나님의 섭리와 경륜 때문에 어떠한 피조물도 우리를 하나님의 구원에서 떨어지게 할 수 없다.
　때때로 영적 세력들이 일정한 기간에 큰 배도와 환난과 큰 시험을 가져온다. 그러나 그런 일들도 하나님의 자녀들을 하나님의 사랑과 구원에서 떨어지게 할 수 없다.
　한 번 구원에 이르도록 작정되어 주 예수를 믿게 된 자들은 끝까지 믿음에 남아 구원에 이른다.

III-5. 아들 하나님에 관하여: 물음 29-52
Von Gott dem Sohn

29. 하나님의 아들 예수가 구주가 되심

물음 29.
왜 하나님의 아들이 예수 곧 구주로 불립니까?

Frage 29.
Warum wird der Sohn Gottes Jesus, das ist, Seligmacher, genannt?

답.
그가 우리를 우리의 죄에서 구원하시기 때문이요, 또 다른 어떤 이에게서는 어떤 구원도 찾거나 발견할 수가 없기 때문입니다.

Antwort.
Darum, weil er uns selig macht von unsern Sünden, und weil bei keinem Andern einige Seligkeit zu suchen noch zu finden ist.

해설

- 아들 하나님이 성육신하여 우리의 죗값을 갚아 구원하심으로 구주가 되심

1. 하나님의 아들이 예수 곧 구주로 불리는 이유를 묻는다.

하나님의 아들은 삼위일체의 제2위격이시다. 그가 성육신하여 사람이 되시어 우리의 구주가 되셨다. 우리의 죄를 다 지고 십자가에 죽고 부활하심으로 우리를 죄와 죽음에서 구원하셨다. 그러므로 하나님의 아들이 예수 곧 구주라고 불리게 되었다.

- 하나님의 아들이 구주가 된 것은 피 흘려 우리를 죄와 죽음에서 구원하셨기 때문

2. 하나님의 아들이 구주가 된 것은 그가 우리를 죄와 죽음에서 구원하시기 때문이다.

하나님의 아들이 사람이 되시되 십자가에 죽어 피 흘림으로 우리를 죄와 죽음에서 구원하셨다. 그러므로 하나님의 아들이 구주가 되신다.

하나님의 아들이 사람이 되시기만 했으면 기이한 일이기는 하나 우리의 구주가 되시지 못했을 것이다. 하나님이 우리의 구주가 되신 것은 그가 우리의 죄를 지고 십자가에서 죽고 피 흘리심으로 우리를 죄와 죽음에서 구원하셨기 때문이다.

하나님의 아들이 십자가에서 피 흘리심으로 하나님의 진노를 진정시키고 우리를 하나님과 화해하게 하심으로 우리의 구주가 되셨다.

30. 주 예수 외에 다른 존재에게서 구원을 구하는 자들은 구세주를 믿지 않는 자들이다

물음 30.

그러면 구원을 성인들에게서나 혹은 자신에게서, 또는 다른 어떤 곳에서 구하는 그들은 유일한 구세주를 믿는 것입니까?

Frage 30.

Glauben denn die auch an den einigen Seligmacher Jesum, die ihre Seligkeit und Heil bei Heiligen, bei sich selbst, oder anderswo suchen?

답.

아니요; 그들은 비록 구세주 예수를 마찬가지로 자랑한다고 하여도, 오히려 그들은 행동으로는 유일한 구세주 예수를 부인합니다. 왜냐하면 예수는 그들에게 완전한 구세주가 될 수 없게 되기 때문입니다. 아니면 이 구세주를 참된 신앙으로 받는 자들은 그들의 구원에 필요한 모든 것을 그분 안에서 가져야만 합니다.

Antwort.

Nein; sondern sie verläugnen mit der That den einigen Seligmacher und Heiland Jesum, ob sie sich sein gleich rühmen. Denn entweder Jesus nicht ein vollkommener Heiland sein kann, oder die diesen Heiland mit wahrem Glauben annehmen, müssen alles in Ihm haben, das zu ihrer Seligkeit vonnöthen ist.

> 해설

- 유일한 구세주는 예수 그리스도뿐

1. 유일한 구세주는 예수 그리스도뿐이다.
우리의 구세주는 오직 주 예수뿐이다. 그만이 우리의 구세주이신 것은 그가 우리를 죄와 죽음에서 구원하기 위해서 십자가에서 피 흘리셨기 때문이다.

- 로마교도들은 자기의 공로와 봉사를 믿기 때문에 그리스도만을 구주로 믿지 않음

2. 그러나 자기 자신을 자랑하는 자들, 곧 로마교도들은 자기의 공로와 수고와 봉사를 믿고 자랑하기 때문에 예수 그리스도만을 구세주로 믿지 못한다.
사람이 공로를 세울 수 있으면 구세주 예수만을 전적으로 믿지 못한다. 자기의 공로가 자기 구원에 상당한 몫을 한다고 믿기 때문이다. 예수를 믿는다고 하여도 예수만을 구주로 믿지 못한다. 자기 스스로 자기 구원에 큰 몫을 할 수 있다고 믿으면 전적으로 예수만 믿을 필요를 알지 못한다. 또 그렇게 믿어지지도 않는다.

- 성모 마리아와 다른 성인들에게서 구원을 구하는 자들은 예수만을 구주로 믿지 않음

3. 성인들에게서 자기의 구원을 구하는 자들은 성모 마리아나 다른 성인들에게 구원과 도움을 청하는 자들이다.

로마교회는 성모 마리아를 구주 예수와 함께 구원하는 일을 하는 자로 높였다. 그러므로 모든 기도와 소원을 성모 마리아에게 고한다. 성모 마리아가 구원에 관한 모든 것을 중재하고 중보한다고 믿는다. 따라서 성모 마리아도 구원자가 된다. 하나님의 어머니이기 때문에 모든 것을 중보할 수 있다고 믿는다. 그러므로 전적으로 예수만을 유일한 구주라고 믿을 근거가 약해진다.

또 훌륭한 성인들이 공로가 있으므로 우리의 구원을 위해 중보할 수 있다고 여긴다. 구원을 도와줄 수 있는 사람이 또 있다고 여기는 한, 예수 구주만을 전적으로 믿을 수 없게 된다.

이렇게 자기 자신이나 성인이나 다른 곳에서 구원을 구하는 자들은 예수 그리스도 구주만을 전적으로 믿지 못하기 때문에 그의 구주로서의 자격과 공로를 무시한다.

- **죄용서와 구원은 오직 주 예수로부터**

4. 참된 신앙으로 이 구주를 받아들이는 자들은 구원에 필요한 모든 것을 그에게서 받아야만 한다.

성모 마리아나 다른 성인들이나 자기의 공적에서 구원을 구하는 자들은 주 예수만을 구주로 믿고 받아들이지 못한다. 구주를 믿는다고는 해도 전적으로 주 예수만을 의지하고 믿지 못한다.

죄용서뿐 아니라 다른 모든 은혜도 다 주 예수에게서만 구해야 한다. 왜냐하면 주 예수만이 구주이시기 때문에 다른 것을 믿거나 의지할 수가 없다. 구원과 죄용서와 모든 구원 은혜가 다 주 예수에게서만 나온다.

- **참 믿음은 주 예수만을 구주로 믿는 믿음을 말한다**

5. 참 믿음은 예수 그리스도만이 내 구주로서 내 구원을 위해 피 흘리시어 나를 죄와 죽음에서 구원하셨다고 믿는 믿음이다.

주 예수만을 구주로 믿는 믿음이 참된 신앙이다. 이런 참 믿음은 주 예수만을 구주로 믿을 뿐 아니라 모든 것을 주 예수에게서 구하고, 그만을 전적으로 의지하는 것이다.

31. 주 예수가 그리스도이신 것은 성령으로 기름 부음 받아 대제사장과 제물이 되어 완전히 구속하셨기 때문

물음 31.

왜 그는 그리스도, 곧 기름 부음 받은 자라고 불립니까?

Frage 31.

Warum ist Er Christus, das ist, ein Gesalbter, genannt?

답.

그는 하나님 아버지로부터 임명되시고 성령으로 기름 부음 받아 우리의 최상의 선지자와 교사가 되시어, 우리에게 우리의 구속에 관한 하나님의 비밀한 경륜과 의지를 완전히 계시하셨으며; 우리의 유일한 대제사장이 되시어 자기의 몸으로 드린 유일한 제사로 우리를 구속하셨으며, 항상 자기의 중보기도로 아버지 앞에 나타나시고; 우리의 영원한 왕이 되시어 그의 말씀과 영으로 우리를 다스리시고 그가 얻은 구속으로 우리를 지키시고 보존하십니다.

Antwort.

Weil Er von Gott dem Vater verordnet und mit dem heiligen Geiste gesalbet ist zu unserm obersten Prophet und Lehrer, der uns den heimlichen Rath und Willen Gottes von unserer Erlösung vollkommen offenbaret; und zu unserm einigen Hohenpriester, der uns mit dem einigen Ofper seines Leibes erlöset hat, und immerdar mit seiner Fürbitte vor dem Vater vertritt; und zu unserm ewigen König, der uns mit seinem Wort und Geist regieret, und bei der erworbenen Erlösung schützet und erhält.

해설

- **주 예수가 기름 부음 받은 자, 곧 그리스도이신 것은 성령으로 기름 부음 받아 구주가 되셨기 때문**

1. 예수가 그리스도, 곧 기름 부음 받은 자라고 불리는 이유를 묻고 있다.

하나님의 아들이 성육신하여 사람이 되심으로 예수란 칭호를 얻으셨다. 그런데 그는 구주로 오셨기 때문에 기름 부음을 받으셔야 했다.

그리스도 (Χριστος)는 히브리어 '메시아흐'의 희랍어 번역이다. '메시아흐' (מָשִׁיחַ)는 '기름 붓다'는 동사 마사흐 (מָשַׁח)에서 왔다. '기름 붓다'는 동사의 수동태여서 '기름 부음 받은 자'가 된다.

예수께서 그리스도가 되신 것은 성령으로 기름 부음 받으셨기 때문이다. 감람유로 기름 부음 받은 것은 성령으로 기름 부음 받은 그리스도를 예표할 뿐이다. 참 기름 부음 받은 것은 성령으로 기름 부음 받은 것이다.

- **감람기름으로 기름 부음 받은 왕, 제사장, 선지자는 성령으로 기름 부음 받은 그리스도를 예표함**

2. 구약의 왕, 제사장, 선지자는 감람기름으로 기름 부음 받아 왕, 제사장, 선지자 노릇을 하였다. 그들은 바로 성령으로 기름 부음 받아 대제사장 되신 그리스도를 예표하였다.

아론이 감람기름으로 기름 부음 받아 제사장이 되었다. 그리하여 처음으로 제사장 직분을 행하였다. 그 후에는 모든 제사장들이 다 감람기름으로 기름 부음 받아 제사장 직분을 행하였다.

왕은 이스라엘 역사에서 처음으로 사울과 다윗이 기름 부음 받아 왕이 되었다. 선지자로는 엘리사가 기름 부음 받아 선지자 직임을 행하였다.

이런 구약의 기름 부음 받은 자들은 다 성령으로 기름 부음 받아 유일한 대제사장이 되신 그리스도를 예표한다.

- 하나님의 아들은 성령으로 기름 부음 받아 대제사장 그리스도가 되셨다

3. 하나님의 아들은 아버지 하나님에 의해 성령으로 기름 부음 받아 대제사장이 되심으로 그리스도가 되셨다.

아버지는 아들을 대제사장 혹은 참 대제사장으로 지목하셨다 (히 7:15-17). 그리고 성육신하여 사람이 되신 후 구주로 일하시기 위해 성령으로 기름 부으셨다. 성령으로 기름 부어져서 대제사장이 되셨다.

- 그리스도는 속죄제사를 드리기 위해 대제사장이 되심

대제사장은 모든 백성을 위해서 속죄제사를 하는 제사장이다. 제사장은 개인들의 죄가 속량되도록 제사를 드린다. 그러나 대제사장은 모든 백성의 죄가 속량 받도록 하기 위해서 제사를 드린다. 이 제사를 할 수 있는 특권 때문에 대제사장이다.

주 예수는 하나님의 백성이 될 모든 사람들의 죄를 속량하기 위해서 대제사장이 되셨다 (히 8:1-6).

- 그리스도는 하나님의 구원경륜을 계시하고 실현하시기 때문에 선지자이고 교사이심

4. 그리스도가 최상 선지자와 교사인 것은 세상 구원에 대한 하나님의 경륜을 친히 계시하고 그 경륜을 실현하셨기 때문이다.

구약의 선지자들은 그리스도의 오심을 예언하였다. 이사야도 고난의 종으로서 그리스도에 관해서 예언하였다. 그리스도가 고난 받음으로 우리의 죄를 담당할 것을 말하였다. 그러나 백성들은 그런 예언을 잘 이해할 수 없었다. 그리스도 자신은 자기의 오심의 목적이 속죄제물로 희생의 제사를 하여 세상을 구원할 것을 강조하셨다. 그는 자기의 몸을 대속물로 바쳐 많은 사람을 구원하러 왔다고 선언하셨다. 주 예수는 십자가에 못 박혀 피 흘림으로 세상의 죄를 다 속량하는 것을 반복해서 가르치셨다.

- 부활은 그리스도가 구원을 성취하셨음을 공포한 것임

마침내 그 자신이 십자가에 못 박혀 피 흘려 세상을 구원하셨다.

그 구원을 이루신 표로 그가 죽은 자들 가운데서 부활하셨다.

주 예수는 하나님의 구원경륜을 선포하고 가르치셨을 뿐 아니라 실제로 구원사역을 다 성취하셨다. 그러므로 그가 참 선지자이고 최상의 선지자이다.

- **사탄을 멸하고 죄를 속량하여 세상 구원하심이 하나님의 경륜이다**

5. 유혹자인 사탄을 멸하고 하나님 자신이 사탄의 일인 죄를 속량함으로 세상을 구원하시는 것이 하나님의 비밀한 경륜이다 (요일 3:5, 8).

하나님은 인류를 유혹하여 죄와 죽음에 떨어지게 한 사탄을 멸함으로 인류를 구속하기로 작정하셨다. 따라서 사탄이 일으킨 죄를 완전히 속량하기로 하나님이 작정하셨다. 이 하나님의 작정을 알리고 가르치고 선포하신 이가 주 예수이시다.

- **세상 구원은 그리스도가 피 흘리심으로만**

하나님이 세상을 구원하시는 일은 주 예수께서 십자가에 못 박히고 피 흘림으로만 이루어지게 되어 있다. 이 일은 아무도 알지 못하였다. 천사들도 알지 못하였다 (벧전 1:11-12).

하나님이 사탄의 왕국을 멸하여 세상을 구원하실 것을 아담과 하와에게 처음으로 알리셨다 (창 3:15). 그 후에 아무 선지자도 그것을 알지 못하였다. 그런데 이렇게 구원이 이루어질 것을 처음으로 주 예수께서 알리셨다.

- **사탄을 멸하는 법이 그리스도가 피 흘려 죄를 멸하는 것임**

사탄을 멸하는 방법은 주 예수께서 십자가에 못 박혀 피 흘림으로 사탄의 일인 죄를 멸하는 것이다 (요일 3:5, 8). 이 방식으로 사탄의 왕국을 멸하신다. 사탄이 하나님의 백성을 빼앗아 자기의 나라를 세우려고 아담을 유혹하여 범죄하게 하였다. 그리고 백성들을 자기의 손아래 두었다. 그리스도께서 피 흘려 죗값을 갚으심으로 사탄의 나라를 멸하셨다. 그러므로 그가 선지자이고 제사장이시다.

- **그리스도가 그의 몸으로 완전한 제사를 드렸으므로 대제사장이심**

6. 주 예수께서 대제사장으로서 자기의 몸으로 세상을 구속하는 완전한 제사를 드렸으니 그가 유일한 대제사장이시다.

구약시대에는 많은 제사장들과 대제사장들이 있었지만 그들은 결코 속죄제사를 할 수가 없었다. 제사는 늘 드렸어도 죄는 없이하지 못하였다. 짐승의 피와 살로 드린 제사로는 온전히 죄를 속량할 수 없었다 (히 10:1-4).

주 예수는 자기의 몸과 피로 제사를 드려 완전한 속죄제사를 드렸다. 그리하여 세상 죄를 완전히 속량하셨다. 구약 제사가 아무리 하려고 해도 할 수 없었던 속죄제사를 그는 완전하게 바쳐드렸다. 그러므로 세상 죄를 완전히 속량한 주 예수가 유일한 대제사장이시다.

- 구약 제사는 죄를 속량하지 못함

구약 제사장들은 짐승의 살과 피로 제사하였다. 그 제물로는 백성의 죄를 속량할 수 없었다. 그냥 죄만 생각나게 하고 반복해서 같은 죄를 짓게 하였다 (히 10:1-4).

- 그리스도의 제사만이 죄를 완전히 속량함

주 예수는 성령으로 거룩하게 된 자기의 거룩한 몸과 피로써 제사하여 완전한 속죄제사를 드림으로 세상 구원을 완성하셨다. 세상 어디에도 자기 몸과 피로 제물을 삼아 제사한 대제사장은 없었다. 자기 몸과 피로 제사한 제사장은 하나님의 아들 주 예수뿐이다. 그러므로 그의 제사로 완전한 속죄가 이루어졌다. 따라서 주 예수 그리스도만이 유일한 대제사장이시다.

모든 제사장은 속죄를 이루기 위해서 세워졌다. 그리고 실제로 속죄를 위해서 제사하였다. 그러나 그런 제사장들은 속죄를 결코 이룰 수 없었다.

- 그리스도는 그의 살과 피로 완전한 속죄제사를 드렸으므로 유일한 대제사장

주 예수 그리스도, 하나님의 아들, 대제사장은 자기의 흠 없는 살과 피로써 단번에 완전한 속죄를 하였다 (히 10:10-12). 그러므로 그만이 유일한 대제사장이시다. 그 이전에도 그런 대제사장은 없었고 그

이후에도 그런 제사장은 불가능하다. 왜냐하면 그만이 속죄를 완수하셨기 때문이다.

- 주 예수는 속죄제사의 적용과 중보기도로 제사장 직분 계속 하심

7. 주 예수는 제사장직을 속죄제사의 적용과 중보기도로 수행하신다.

제사 후에 하나님 앞에 중보기도를 하여 그의 속죄사역이 계속 유효하게 하신다. 세상 죄인들을 자기의 제사 때문에 용서하시고 하나님의 자녀로 받으시도록 주 예수는 계속하여 중보기도 하신다. 또 주 예수는 신자들이 잘못하여 하나님의 노를 촉발하였을 때도 자기의 속죄사역에 근거하여 그들을 사하시고 하나님의 자녀로 받으시도록 기도하신다.

- 주 예수의 피 흘림으로만 죄가 용서됨

주 예수의 피 흘림 때문에 우리의 죄가 용서되고 의롭게 되었다. 그리고 그의 중보기도 때문에 하나님이 우리들의 죄를 용서하지 않으실 수 없다. 이렇게 피 흘리고 중보기도 하심으로 주 예수는 그의 속죄사역이 온전히 성취되도록 하신다.

그리스도께서 구속사역을 다 이루시고 그 구속을 적용하는 일을 하신다.

- **그리스도는 성령으로 그의 구원을 백성에게 적용하심**

8. 주 예수는 부활 승천하신 후에 성령을 보내시어 위해서 피 흘리신 백성들을 자기의 백성으로 삼으신다. 이것이 그리스도의 왕권의 행사이다.

주 예수는 구원사역을 다 이루신 후에 죽은 자들 가운데서 부활하셨다. 그리고 승천하사 성령을 보내셨다. 인류 역사상 처음으로 성령이 사람들의 육체에 부어지셨다. 하나님의 영이 사람들의 육체에 부어진 것이 큰 신비이다. 그리고 그 영이 사람들 안에 사신다.

- **성령이 내주하시면서 백성들을 거룩하게 하심**

이렇게 파송 받아 오신 성령은 사람들 안에 거하시면서 사람들을 거룩하게 하신다. 이것이 주 예수께서 성령으로 사람들을 다스리신다는 것을 뜻한다. 구원이 완성되기 전에는 주 예수는 사람들을 직접 다스리시는 법이 없다. 성령을 통해서 성령으로 사람들을 다스리신다. 주 예수는 성령을 통하여 사람들을 다스리시므로 구속 받은 백성들 가운데 왕이시다.

- **그리스도의 다스림은 말씀으로 죄를 지적하고 성령으로 죄를 버리게 함**

9. 주 예수께서 성령과 말씀으로 백성들을 다스리시는 것은 말씀으로 죄를 지적하고, 성령으로 말미암아 죄를 버리고 거룩하게 하

는 것이다.

주 예수께서 다스리시는 것은 바로 말씀과 성령으로 말미암아 구속받은 백성들이 죄를 버리고 주의 법에 매이고 거룩해지도록 하는 것을 말한다.

- **성령으로 사람들을 설득하여 주 예수를 구주로 믿고 죄를 버리게 하심**

주 예수의 통치는 물리적인 권세의 행사가 아니다. 성령으로 사람들을 설득하여 주 예수를 구주로 믿게 하고, 믿는 자들로 죄를 버리고 거룩한 삶을 살게 하는 것이다. 바로 이것이 주 예수의 통치권의 행사이다.

사람들이 죄를 버리고 거룩하게 하는 일을 주 예수는 말씀과 성령으로 하신다. 그러므로 그리스도의 통치는 은혜의 통치이다.

이 다스림은 다시 오실 때까지 계속된다. 그 후에는 심판이 있고, 하나님이 백성들 가운데 친히 임재하신다.

- **주 예수는 자기의 피로 죄와 죽음에서 구원하시고 구원에서 떨어지지 않게 하신다. 이것이 그리스도의 통치이다**

10. 주 예수는 그 흘리신 피로 우리를 죄와 죽음에서 사시고 우리를 지키신다.

주 예수께서 피 흘리시어 우리를 죄와 죽음에서 구원하셨다. 또 그의 피를 믿어 죄용서 받고 하나님의 자녀가 된 자들이 구원에서 떨어지지 않게 주 예수는 늘 지키신다.

  그리하여 구원 얻은 백성들이 구원에서 탈락하여 다시 범죄하는 데로 나아가지 못하게 역사하신다. 주 예수는 믿는 자들이 죄로 떨어지지 않게 성령과 말씀 선포자로 말미암아 일하신다. 주 예수는 성령과 말씀 선포자로 자기의 백성을 권하고 감화하시고 바르게 사는 법을 말씀으로 가르치신다. 이렇게 하여 구원 얻은 백성들이 구원에서 떨어지지 않게 역사하신다.

> **32.** 내가 그리스도인으로 불리게 된 이유는 믿음고백으로 그의 지체가 되고 그의 기름 부으심에 동참하여 그의 이름을 고백하면서 살기 때문

물음 32.

당신은 왜 그리스도인이라고 불립니까?

Frage 32.

Warum wirst aber du ein Christ genannt?

답.

나는 믿음으로 그리스도의 한 지체가 되고 또 그의 기름 부으심에 동참함으로, 나 또한 그의 이름을 고백하고, 나를 그에게 산 감사 제사로 드리고, 자유로운 양심으로 이 삶에서 죄와 마귀와 맞서서 싸우고, 그 후에는 영원히 그와 함께 모든 피조물들을 다스릴 것이기 때문입니다.

Antwort.

Weil ich durch den Glauben ein Glied Christi, und also seiner Salbung theilhaftig bin, auf dass auch ich seinen Namen bekenne, mich Ihm zu einem lebendigen Dankopfer darstelle, und mit freiem Gewissen in diesem Leben wider die Sünde und Teufel streite, und hiernach in Ewigkeit mit Ihm über alle Creaturen herrsche.

> 해설

- 믿음고백으로 그리스도의 지체가 되었으므로 그리스도인

1. 내가 왜 그리스도인으로 불리는지를 묻는다.
그리스도인이란 뜻은 '그리스도에게 속한 자', 혹은 '그리스도의 사람'을 뜻한다. 내가 그리스도인이 된 것은 믿음으로 그리스도의 지체가 되었기 때문이라고 제시한다.

- 그리스도의 지체가 되었으므로 그리스도인

2. 내가 그리스도인으로 불리는 것은 믿음으로 그리스도의 몸의 한 지체가 되었기 때문이다.
내가 주 예수를 믿었더니 그가 나를 자기의 소유로 삼으셨다. 그리하여 나는 그리스도인이 되었다. 그리스도인은 그리스도의 소유이다. 내가 주 예수를 믿으므로 그가 나를 자기 몸의 지체로 삼으셨다.
주 예수는 자기를 믿는 자들을 자기의 몸으로 삼으시고 몸의 머리가 되셨다. 그리고 믿는 각 사람을 자기 몸의 지체로 삼으셨다. 그의 몸의 지체가 되었으니 우리는 완전한 그리스도의 소유이다. 따라서 우리는 그리스도인으로 불리게 되었다.
이것이 칼빈이 강조한 '그리스도와의 연합'(unio mystica cum Christo) 교리의 내용이다.

- 그리스도의 지체가 된 자들은 주 예수 안에 계신 성령에 동참하기 때문

3. 주 예수를 믿어 그의 지체가 된 신자들은 주 예수 안에 계신 성령에 동참한다. 그러므로 그의 몸의 지체가 되어 그리스도인이 된다.

주 예수를 믿으면 성령을 받는다. 성령은 먼저 주 예수의 육체 안에 계셨던 영이다. 이 성령께서 믿는 자들 각 사람 안에 오셔서 거주하신다. 그러므로 믿는 자들은 다 주 예수의 영에 동참한 자들이다.

- 성령에 동참하므로 그리스도의 몸에 연합됨

주 예수 안에 계셨던 동일한 영에 동참하므로 주 예수의 몸에 완전히 연합한다. 성령이 우리를 그리스도의 몸에 연합시킨다. 이렇게 그리스도와 한 몸으로 연합하였으니 그리스도인이다.

칼빈은 그리스도와의 연합에 가장 가슴 설렌다고 고백하였다.

- 주 예수와 연합하였으므로 그리스도를 구주로 고백

4. 이렇게 주 예수와 연합하여 한 몸이 되었으니 그리스도를 자기의 구주로 고백한다.

주 예수를 믿는 것도 내가 한 것이 아니라 주 예수께서 하신다. 믿는 나를 주 예수께서 자기 몸의 지체로 삼고 자기 몸에 연합시키셨다. 나는 주 예수께 속하였고, 그의 소유이다. 그의 소유가 되었으

니 그의 생명으로 산다.

- **주 예수를 믿는 믿음고백으로 구주와 주로 고백함**

주 예수에게서 나온 생명이 나로 하여금 주 예수를 내 구주와 주로 고백하게 만든다. 그러므로 나는 주 예수를 날마다 믿을 뿐 아니라 그의 이름을 고백한다. 그를 '내 구주와 주님'이라고 고백한다.

그리스도는 믿음고백에 따라 우리 안에 거하시므로 언제나 믿음고백을 해야 한다. "주 예수님, 내가 주를 믿습니다"라고 늘 고백해야 한다.

- **주 예수를 믿는 자에게 생명의 약동이 있으므로 늘 감사함**

5. 주 예수를 믿는 자들은 늘 그에게 감사의 고백을 한다.

십자가에서 피 흘리고 고난 받아 나를 죄와 죽음에서 구출하시고 성령으로 살게 하시니 어찌 감사가 나오지 않겠는가?

주 예수를 믿는 모든 자들은 그의 구원의 은혜로 말미암아 그에게 늘 감사고백을 한다. 믿는 자 안에 생명이 약동하고 성령이 내주하사 늘 인도하심으로 감사가 넘쳐난다. 삶의 길에 어려움이 닥쳐와도 주의 은혜가 늘 함께함으로 감사가 넘쳐서 감사를 고백한다. 그러므로 감사제사를 드리는 것이다. 주 예수를 믿는다는 믿음고백을 할 때만 감격과 감사가 나온다.

- **주 예수를 믿는 믿음고백으로 죄의 충동을 이길 수 있다**

6. 주 예수를 믿은 후에도 옛사람이 살아 있어 죄의 유혹과 욕망을 많이 경험한다. 그리고 죄로의 충동을 늘 경험한다. 따라서 이 죄의 유혹과 욕망에 대항하여 투쟁해야 한다.

그리스도인은 주 예수를 믿어 새사람이 되었다. 죄인이 아니고 의인이다. 그러나 옛사람이 속에 있어서 늘 역사한다. 옛사람의 역사를 통하여 그리스도인들은 시험과 유혹을 늘 경험한다. 옛사람의 유혹과 욕망이 죄를 구성한다. 이 욕망에 동의하면 바로 죄를 구성한다. 그러므로 그리스도인들은 늘 죄와 싸워야 한다.

그 싸움은 주 예수의 피가 나를 모든 죄에서 깨끗하게 하신다고 선언함으로 죄의 욕망이 소산되게 하는 일을 말한다. 왜냐하면 죄의 욕망이 일면 그 욕망을 즐기기를 원하고 물리치기를 원하지 않기 때문이다. 주 예수의 피의 권세로만 죄의 욕망을 이길 수 있다.

7. 마귀도 옛사람의 욕망을 통하여 죄를 원하고 죄짓도록 충동한다. 이 충동에 거슬러 마귀와 싸워야 한다.

그리스도인은 죄에서 나왔으므로 죄에 대한 향수가 있다. 특히 육의 욕망에 대해서 매우 호의적이다. 그리하여 그 욕망을 자연적인 욕구로 받아들여 그대로 행하기를 원한다.

이 성향을 이용하여 마귀는 우리로 죄짓게 한다. 우리를 죄에 대한 욕망으로 가득하게 한다. 그리고 그 욕망을 충족하도록 충동한다. 육체적 욕구를 충족하는 것은 죄가 되지 않는다고 유혹한다. 육체적 욕구는 자연적인 것이므로 죄가 되지 않는다고 유혹하고 그 욕망을 따르도록 충동한다.

그리스도인들은 육욕을 통하여 유혹하는 마귀의 충동에 대항해서 싸워야 한다. 이 유혹과 충동에 대항해서 늘 싸워야 한다. 그리고 마귀를 물리쳐야 한다. 주 예수께서 그의 피로 나를 사셨으니 마귀, 너는 나와 아무 상관이 없다고 분명하게 선언해야 한다. 또 이와 함께 주 예수의 피가 나를 모든 죄에서 깨끗하게 한다고 (요일 1:7) 선언함으로 죄의 욕망을 이기고 사탄의 역사를 무력하게 할 수 있다.

그리하여 마귀가 다시 나를 지배하려고 하는 것을 물리쳐야 한다. 마귀가 지배하면 나는 죄짓는 것밖에 없다.

8. 옛사람 곧 죄의 욕망을 이기는 길

요일 1:7의 말씀을 따라 죄의 욕망, 육의 욕망이 일 때마다 주 예수의 피가 나를 모든 죄에서 깨끗하게 한다고 선언함으로 욕망이 소산된다. 이 방법으로만 옛사람을 이길 수 있고, 죄에 빠지지 않게 된다.

- **죄의 욕망과 마귀의 유혹에 맞서 싸운 후에는 그리스도와 함께 영원히 만물을 다스린다**

9. 죄와 마귀에 맞서 싸운 후에는 영원히 그리스도와 함께 만물을 다스릴 것이다.

우리 그리스도인들은 주 예수의 통치에 동참한다. 그의 통치는 영원하다. 그러므로 우리도 그리스도의 통치에 동참하여 만물을 다스린다. 그리스도인들은 천 년간만 다스리는 것이 아니라 영원히 그리스도의 통치에 동참하여 만물을 다스리는 자들이 된다. 성경에는 그리스도께서 세우시는 천년왕국은 없다.

33. 그리스도는 본성적으로 영원한 아들이시다

물음 33.

우리도 하나님의 자녀들인데 왜 그는 하나님의 독생자라고 불리는가요?

Frage 33.

Warum heisst Er Gottes eingeborner Sohn, so doch wir auch Gottes Kinder sind?

답.

그리스도만이 하나님의 본성적인 영원한 아들이지만, 우리는 그이 때문에 은혜로 하나님의 자녀들로 입양되었습니다.

Antwort.

Darum, weil Christus allein der ewige natürliche Sohn Gottes ist, wir aber um seinetwillen aus Gnaden zu Kindern Gottes angenommen sind.

해설

- 성육신하셨어도 그리스도는 영원한 하나님이시다

1. 그리스도는 영원한 하나님의 아들이시다.

그는 본래 삼위일체의 제2위격이시다. 그러므로 본성으로 영원히 하나님이시고 하나님의 아들이시다.

또 예수 그리스도는 하나님의 성육신이다. 그는 본래 하나님이셨는데 우리의 구속을 위해 사람이 되시고 십자가에 피 흘려 죽으시고 부활하셨다.

예수 그리스도는 성육신하셨어도 하나님으로서 인격의 동일성을 유지하신다. 그러므로 그는 하나님이시다. 그리스도는 하나님으로서 독생하신 아들이시다.

- **하나님은 자기를 영원히 객관화하는 방식으로 존재하신다. 이 객관화가 한 인격을 이루므로 하나님의 영원한 아들이시다**

하나님은 자기를 객관화하는 방식으로 존재하신다. 그 객관화는 영원한 과정이다. 하나님은 자기 객관화에서 자기의 전부 곧 신성 자체를 투입하셨다. 그러므로 하나님의 자기 객관화가 한 인격을 이룬다. 이 하나님의 자기 객관화는 영원한 과정이므로 하나뿐이다. 그러므로 하나님은 한 아들, 독생한 아들만을 가지신다.

- **믿는 자들은 전적으로 은혜로 믿음으로 하나님의 자녀들이 되었다**

2. 우리는 예수 그리스도를 믿음으로 하나님의 자녀들이 되었다. 즉 은혜로 하나님의 아들이 된 것이다.

우리는 본래 피조물이다. 더구나 하나님을 반역한 죄인들이므로 하나님의 자녀가 될 수가 없다. 그러나 긍휼에 풍성하신 하나님이 이런 죄인들을 구원하여 다시 자기의 백성 삼기로 하셨다. 그러기 위해 하나님은 아들 하나님을 세상에 보내시어 사람이 되시고 십자가에 못 박혀 피 흘리심으로 사람들의 죄를 속량하셨다. 죄를 속량하심으로 예수 그리스도를 믿는 모든 사람들을 다시 자기의 백성으로 삼고 자녀로 삼기로 하셨다 (요 3:15-17).

- **믿는 자들은 구원은혜로 입양되었다**

우리는 하나님의 은혜를 입어 주 예수를 믿음으로 하나님의 자녀가 되었다. 본래 하나님의 자녀일 수 없는 자들이 하나님의 구원은혜로 자녀가 되었다. 그러므로 하나님의 자녀로 입양된 것이다. 우리는 예수 그리스도의 구속사역 때문에 하나님의 자녀들이 되었다.

하나님은 그리스도의 흘리신 피 때문에 믿는 자들을 하나님의 아들과 딸로 삼으셨다. 곧 우리는 은혜에 의해서 입양되었다.

34. 그리스도가 그의 피로 나를 죄와 죽음에서 구원하시고 자기의 소유로 삼으셨으므로 주님이라고 부른다

물음 34.

당신은 왜 그를 우리의 주님이라고 부릅니까?

Frage 34.

Warum nennest du Ihn unsern Herrn?

답.

그는 우리를 몸과 영혼과 함께 죄와 마귀의 권세에서 구속하시되, 금과 은으로 하지 않고 그의 귀중한 피로 자기의 소유가 되도록 구속하시고 사셨기 때문입니다.

Antwort.

Weil Er uns mit Leib und Seele von der Sünde und aus aller Gewalt des Teufels nicht mit Gold oder Silber, sondern mit seinem theuren Blut ihm zum Eigentum erlöset und erkaufet hat.

해설

- 주 예수는 죄와 사탄의 권세에서 나를 구원하셨으므로 구주 이고 주님이시다

1. 주 예수는 우리의 구주이실 뿐 아니라 주님이시다. 우리를 죄

와 마귀의 권세에서 구출하셨기 때문이다.

  범죄한 우리를 구출하실 이는 오직 주 예수뿐이다. 그가 우리를 죄와 사탄의 권세에서 구원하시기 위해서 사람이 되신 하나님이시기 때문이다. 또 그만이 실제로 나를 구원하시기 위해서 내 죄를 지시고 십자가에 달려 피 흘리셨다. 그 피로 나를 용서하고 내 죄를 다 씻으셨다.

  나를 죄와 사탄의 권세에서 구원하신 이는 천하에 오직 주 예수뿐이시다. 그러므로 그가 내 주님이시다. 내 주님으로서 내 모든 것을 책임지신다.

- **그리스도는 사람을 전인으로 구원하신다**

2. 우리를 구원하시되 몸과 영혼을 함께 구원하신다.
  주 예수는 사람을 전인으로 구원하신다. 사람은 몸이다. 또 사람은 영혼이다. 그러나 영혼만으로 사람이 되지 못하고 몸만으로 사람이 되지 못한다. 몸과 영혼으로 사람이 된다. 하나님은 주 예수의 피 흘리심으로 전인을 구원하신다.

- **그리스도는 사람을 구원하셔서 사탄의 권세에서 벗어나 살게 하신다**

  하나님이 사람을 구원하시되 영혼만을 구원하시는 것이 아니다. 하나님은 몸도 구원하셔서 영생에 이르게 하신다. 영생에 이르도록 하기 위해서 몸을 부활시키실 것이다. 영혼을 구원하사 죄와 사망에서 벗어나고 사탄의 권세에서 벗어나 살게 하셨다. 우리의 영혼이 죄의 짐에서 벗어나 죄의 권세 아래 살지 않게 되었다.

우리의 영혼을 구원하신 하나님은 몸도 구원하시어 부활하고 영생에 이르게 하셨다. 부활 때에 몸과 영혼이 합쳐져서 온전한 인격으로 부활한다.

- **주 예수는 자기의 존귀한 피로 나를 죄와 죽음에서 구원하셨다**

3. 주 예수께서 우리를 구원하실 때 그의 존귀한 피로 구원하셨다. 사람 사회에서 잘 통하는 금과 은, 곧 돈으로 산 것이 아니다.

세상에서는 돈으로 모든 것을 거의 다 해결한다. 종들도 돈으로 사서 해방시킨다. 병도 돈이 있어야 고칠 수 있다. 결혼도, 자녀들을 교육시키는 일도, 정치하는 것도, 사업도 돈이 있어야 할 수 있다. 세상의 모든 일은 다 돈이 있어야 할 수 있다.

그래서 사람들은 구원도 돈으로 해결할 수 있는 것으로 생각한다. 그것이 세상 사람들이 추구하는 법이다. 사마리아의 박수무당 시몬은 많은 돈으로 성령을 사려고 하였다. 그리하여 베드로에 의해 지옥 자식으로 정죄되어 사마리아를 떠나 로마로 갔다. 그는 로마에서 마술을 행하면서 신으로 행세하였다.

죄와 사망에서 구출되는 유일한 길은 주 예수의 흘린 피뿐이다. 하나님의 아들의 존귀한 피가 세상 모든 죄를 다 씻어낸다. 오직 주 예수의 피만이 죄를 해결한다. 그러므로 그가 우리의 구주이시다.

- **주 예수는 나를 구원하시고 자기의 소유로 삼으셨다**

4. 나를 죄와 사탄의 권세에서 구출하신 주님은 나를 자기의 소유로 삼으셨다.

나는 죄와 사탄의 권세에서 구원받으면 해방된다. 그 해방으로 자유인이 된다. 그러나 나는 혼자 마음대로 사는 자유인이 아니다. 나는 주 예수의 소유가 되었다. 전에는 사탄과 악령들의 소유였는데, 이제는 주 예수의 소유가 되었다. 더 이상 사탄의 소유가 아니다. 나는 자유인이지만 또 그리스도의 소유이다.

- 그리스도는 나를 자기의 소유로 삼기 위해 그의 피를 내 속전으로 지불하셨다

이렇게 나를 자기의 소유로 삼기 위해서 주 예수는 그의 피로 나를 사셨다. 자기의 피를 몸값 (속전, 贖錢)으로 지불했으니 나는 완전히 그리스도의 소유이다. 내 모든 것은 주님의 일이다. 그가 내 주님이시므로 모든 것을 책임지신다.

- 그리스도는 주님이시므로 내 모든 것을 책임지신다

5. 그리스도가 내 주님이신 것은 나를 구원하신 이후에는 내 모든 것을 책임지시는 분이기 때문이다.

나를 구원하신 주 예수는 내 삶의 모든 것을 책임지시는 분이다. 또 내 생명과 소유도 다 자기의 것으로 소유하신 분이 예수 그리스도이시기 때문에 내 주님이시다.

35. 성령으로 잉태되시고 동정녀에게서 나심의 뜻을 물음

물음 35.

그가 성령으로 잉태되시고 동정녀 마리아에게서 나셨다는 것은 무슨 뜻입니까?

Frage 35.

Was heisst, dass Er empfangen ist von dem heiligen Geist, geboren aus Maria der Jungfrau?

답.

영원하신 하나님의 아들은 참되시고 영원한 하나님이시고 그렇게 계시는데, 그가 참된 인간 본성을 동정녀 마리아의 살과 피에서 성령의 역사로 자신에게 취하시어 참된 다윗의 씨가 되시고, 자기의 형제들과 모든 면에서 같이 되셨으나 죄는 없으십니다.

Antwort.

Dass der ewige Sohn Gottes, der wahrer und ewiger Gott ist und bleibet, wahre menschliche Natur aus dem Fleisch und Blut der Jungfrau Maria, durch Wirkung des heiligen Geistes, an sich genommen hat, auf dass Er auch der wahre Same Davids sei, seinen Brüdern in allem gleich, ausgenommen die Sünde.

해설

- **하나님이 사람이 되시기 위해 한 여인을 통해 오기로 하셨다**

1. 하나님의 영원한 아들, 영원하고 참되신 하나님이 사람이 되실 때 동정녀 마리아에게서 나심으로 사람이 되셨다.

하나님은 세상을 구원하기 위해 사람의 아들이 되기로 작정하셨다. 이 작정을 이루기 위해서 한 피조물을 사용하기로 하셨다. 그리하여 한 여인을 택하셨다. 그 여인은 유대의 한 처녀인데 마리아이다. 하나님은 이 여인의 몸을 통하여 사람이 되기로 하셨다. 마리아의 살과 피에서 그의 몸을 지으셨다. 남자의 개입 없이 한 사람을 지으셨다. 이것이 동정녀에게서 나셨다는 것을 말한다.

- **하나님이 사람이 되시기 위해 마리아의 몸에서 한 몸을 지으심**

2. 영원하신 하나님이 마리아의 피에서 한 몸을 취하실 때 성령의 역사로 한 몸을 만드시어 깨끗하게 하시고, 그리스도의 인격에 그 조성된 몸을 연합시키셨다.

남자와 여자 사이에서 한 사람이 나온 것이 아니다. 성령이 역사해서 한 육신을 만드셨다.

- **성령이 마리아의 피로 한 몸을 지으시기로 하심**

'성령으로 잉태하사'는 성령이 마리아의 피와 살에서 한 몸을 조성하신 것을 말한다. 성령이 남자의 자리를 대신한 것이 아니고 성령이 한 몸을 조성하시고 마리아의 피와 살을 깨끗하게 하셨다. 그리고 그 조성된 몸을 그리스도의 인격에 연합시키셨다. 이 일을 성령이 하셨다.

- **한 몸과 영혼을 만드시므로 완전한 사람이 되셨다**

3. 그리스도는 한 몸과 한 영혼을 취하셨으므로 완전한 참 사람이 되셨다. 그러므로 참된 다윗의 씨가 된 것이다.

그리스도는 영원한 하나님으로서 한 영혼과 한 몸을 취하사 사람이 되셨으니 완전한 사람이다. 그리고 다윗의 씨에서 나왔으므로 참된 다윗의 씨이다. 그는 다윗의 자손이다.

- **그리스도는 죄과와 죄의 오염은 전혀 없으시다**

4. 그리스도는 아담의 죄과와 죄의 오염은 전혀 받지 않았으므로 죄는 전혀 없다.

그리스도는 한 몸과 한 영혼을 취하셨으므로 완전한 사람이다. 모든 형제들과 같이 되었지만 죄는 전혀 없었다. 성령의 역사로 죄의 오염과 죄과가 그리스도에게 전가되지 않게 하셨다.

36. 그리스도가 무흠 무죄하시므로 내 죄를 완전히 덮으심

물음 36.

그리스도의 거룩한 수태와 출생으로 당신은 어떤 유익을 얻습니까?

Frage 36.

Was für Nutzen bekommst du aus der heiligen Empfängnis und Geburt Christi?

답.

그는 우리의 중보자이시므로, 그의 무흠과 완전한 거룩으로, 내가 수태된 그 죄를, 하나님의 얼굴 앞에서 덮어주셨습니다.

Antwort.

Dass Er unser Mittler ist, und mit seiner Unschuld und vollkommenen Heiligkeit meine Sünde, darin ich bin empfangen, vor Gottes Angesicht bedecket.

해설

- 주 예수는 하나님 앞에 우리의 중보자이시다

1. 주 예수 그리스도는 하나님 앞에서 우리의 중보자이시다.

하나님 아버지께서 반역한 인류를 다시 돌이켜 자기의 백성으로 삼으시기 위해 아들 하나님을 하나님과 사람 사이에 중보자로 세우셨다.

- 그리스도는 피 흘리심으로 내 죗값을 완전히 갚으셨다

2. 예수 그리스도가 우리의 중보자 되신 것은 우리의 죗값을 갚으시고 우리의 모든 죄를 용서하기 위해서 십자가에서 피 흘리셨기 때문이다.

우리의 죄를 덮으실 수 있는 이는 하나님의 아들뿐이시다. 그가 본래 하나님이신데, 우리의 죄를 없애기 위해서 사람이 되시고 십자가에서 피 흘리심으로 우리의 죗값을 완전히 갚으셨기 때문이다.

- 그리스도는 거룩하고 무흠하시다. 죄과의 전달이 없었다

3. 예수 그리스도는 거룩하고 무흠하게 나셨으므로 완전한 의인이시다.

아담의 모든 후손들은 다 죄인이고 악한 죄인이므로 하나님과 사람 사이에 아무도 중보자가 될 수 없었다.

그러나 예수 그리스도가 하나님의 아들로서 사람이 되셨기 때문에 아담의 모든 죄과가 그에게 전달되지 않았다. 그리스도의 몸에 아담의 죄과가 전달되지 않게 하기 위해 마리아의 피로 한 몸을 구성하시고 한 개인을 취하지 않으셨다. 그리고 그의 영혼도 새롭게 창조하셨다.

5세기 중엽 네스토리오스 (Nestorios)는 그리스도가 한 개인을 취하여 그 안에 계셨다고 하였다. 이것은 하나님의 성육신이 아니고 한 개인 안에 하나님이 계심이므로 구약의 선지자들의 경우와 차이가 없다. 따라서 네스토리오스는 정죄되었다.

퀴릴로스 (Kyrillos)는 네스토리오스의 주장을 논박하였다. 그리스도는 그 인격으로는 하나님이시고 한 몸을 조성하셨다고 주장하였다.

그리하여 한 인격에 두 본성이 칼케돈 공회의 (451)에서 정통 교리로 분명하게 세워졌다.

- 그리스도의 피가 내 모든 죄를 씻고 깨끗하게 하여 내 죄를 덮었다

4. 무죄한 그리스도의 피가 내 모든 죄를 속량하고 깨끗하게 씻고 제거하였으므로 내 모든 죄를 덮은 것이다.

그리스도가 한 개인 인격을 취하여 사람이 되셨다면 그도 아담의 죄과를 전가 받았을 것이다. 그러면 그는 흠과 죄과를 전가 받은 죄인이므로 도저히 내 죄와 인류의 죄를 속량할 수 없었을 것이다. 그러나 그리스도는 무죄하고 무흠하므로 그의 피로 내 죄와 인류의 죄를 다 속량하고 제거할 수 있었다. 그리스도의 피만이 내 죄를 완전히 덮었다.

- 내 죄를 덮은 것은 무흠 상태로 돌아가는 것이 아니고 죄를 용서하되 죄의 흔적과 옛사람을 인정하는 것

5. 나의 죄를 덮었다고 한 것은 내가 죄짓지 않은 상태로 돌아가는 것, 곧 무흠 상태로 돌리는 것이 아니고, 죄를 인정하고 그 죄를 용서한 것이므로 죄의 흔적과 옛사람을 그대로 인정하는 것을 말한다.

그리스도의 피가 우리의 죄를 씻고 용서한다고 할 때 그것은 죄짓지 않은 무흠 상태로 돌리는 것이 아니다. 죄의 흔적과 죄를 짓도록 한 옛사람의 존재를 그대로 인정하는 것을 말한다.

37. '고난 받으사'는 몸으로 하나님의 진노를 다 담당하시고 그 몸을 화목제물로 바치고 의와 영생을 얻어내심을 뜻함

물음 37.

'고난 받으사'라는 말로 당신은 무엇을 이해하십니까?

Frage 37.

Was versteht du unter dem Wörtlein: gelitten?

답.

그가 땅 위에서 사는 동안, 특히 그의 삶의 마지막에, 모든 인간 종족의 죄에 대한 하나님의 진노를 몸과 영혼으로 담당하시어 그의 몸을 유일한 화목제물로 바치심으로, 우리의 몸과 영혼을 영원한 정죄에서 구속하시고, 우리를 위하여 하나님의 은혜와 의와 영생을 얻어내셨다는 것을 깨닫습니다.

Antwort.

Dass Er an Leib und Seele die ganze Zeit seines Lebens auf Erden, sonderlich aber am Ende desselben, den Zorn Gottes wider die Sünde des ganzen menschlichen Geschlechts getragen hat, auf dass Er mit seinem Leiden, als mit dem einigen Sühnopfer, unsern Leib und Seele von der ewigen Verdammniss erlösete, und uns Gottes Gnade, Gerechtigkeit und ewiges Leben erwürbe.

해설

- 그리스도는 우리의 죗값을 갚고 전인으로 죗값에 합당한 모든 고통을 당하셨다

1. 그리스도께서 우리의 죗값을 갚고 우리의 모든 죄를 용서하시기 위해서 죄를 범한 본성인 몸과 영혼으로 죗값에 합당한 모든 고통을 당하셨다.

하나님의 공의의 법은 죄가 범해진 본성에서 죗값이 갚아지게 하였다. 그러므로 그리스도께서 우리의 본성인 몸과 영혼을 입으시고 그 본성에서 우리의 죄과에 합당한 고난을 당하셨다.

- 죗값 때문에 몸과 영혼으로 부끄럼과 배척과 욕먹음을 다 당하셨다

2. 십자가를 지시기 전에도 그리스도는 몸과 영혼으로 외로움과 부끄러움과 배척과 욕먹음 등을 다 당하셨다.

죗값이 너무나 커서 십자가에서 피 흘려 죗값을 갚기도 전에 인격적인 모욕과 부끄러움과 배척을 당하셨다.

- 십자가 처형의 고통과 모든 고난을 당하심으로 죗값을 다 갚으셨다

3. 그의 삶의 마지막 기간, 곧 잡혀 심문받고 채찍에 맞고 온갖 놀

림과 비웃음과 십자가에 못 박혀서 모진 고통을 당한 것이 다 우리의 죗값을 갚기 위해서 당한 일이었다.

- **어머니 옆에서 온갖 모욕과 수치를 당하셨다**

십자가 처형으로 당하는 아픔과 괴로움은 인류 역사상 가장 처참하고 비참한 비인간적인 형벌이었다. 그리스도는 이런 험한 십자가의 아픔과 괴로움 위에 온갖 놀림과 비웃음과 인격적인 모욕을 당하셨다. 그것도 모친이 옆에 선 자리에서 그렇게 모욕과 모독과 수치를 당하셨다.

이런 거칠고 괴로운 일들을 다 당하심으로 그리스도는 우리의 죗값을 다 갚으셨다. 그 무거운 죗값을 갚으신 것은 그리스도께서 십자가에서 피 흘리신 것이었다. 피는 생명이므로 그 피를 흘렸다는 것은 목숨을 우리의 몸값으로 내어놓았다는 것이다.

- **죗값을 갚음과 영생을 주시려고 모든 고난을 당하심**

4. 죗값을 갚는 것뿐만 아니라 우리에게 영원한 생명을 주시려고 그의 몸과 영혼으로 모든 고난을 당하셨다.

우리의 죗값을 갚음이 우리의 죄용서를 이루는 것이었다. 또 죄용서를 받도록 하는 것은 우리에게 영생을 거저 주시는 것이 되었다. 따라서 그리스도의 십자가 위에서 죽어 피 흘리심을 믿는 것은 죄용서를 받는 것이고, 영생을 얻는 것이다.

- **모든 사람은 죄 때문에 하나님의 진노의 대상이 되었다**

5. 하나님의 거룩은 죄를 만나면 언제든지 진노로 바뀐다. 모든 인류 종족이 범죄하여 하나님의 거룩을 훼손했으므로 하나님의 진노하심의 대상이 되었다.

아담의 후손들 가운데는 아무도 의로운 사람이 없다. 곧 죄 없는 사람이 없다. 그러므로 다 하나님의 노하심을 입어서 망하는 것뿐이다.

- **아담의 죄로 모든 인류가 죽음과 영원한 형벌을 받게 되었다**

6. 아담의 죄로 말미암아 죽을 자들은 어떤 사람들이 아니라 모든 인류 종족들이다. 그들이 죽고 영원한 형벌을 받는 것이 하나님의 법이다.

7. 모든 인류가 죽어 영원한 형벌을 받게 되는 것을 풀기 위해서 그리스도께서 자기의 몸을 화목제물로 하나님께 바쳐 우리로 영원한 정죄에서 놓여나게 하셨다.

- **모든 인류가 몸으로 범죄하므로 그리스도도 그의 몸을 몸값으로 지불하셨다**

모든 인류가 몸으로 범죄하였으므로 그리스도께서 자기 몸을 하나님과 화해의 몸값으로 갚으셨다. 그리스도께서 피 흘려 죽으심으로 우리의 죄에 대한 하나님의 노하심을 멈추고 우리와 화해하게 하셨다.

- 아무도 우리의 죗값을 갚을 수 없으므로 하나님 자신이 몸값 노릇을 하셨다

8. 아무도 우리의 죗값을 갚을 수 없으므로 하나님 자신이 이 죗값을 갚는 몸값 (속전) 노릇을 하셨다.

우리는 죄와 죽음에 팔렸으므로 거기서 놓여나 자유롭게 되려면 몸값을 내야 한다. 옛날 헬라 로마 세계에서는 노예가 놓여나 자유인이 되기 위해서는 자기의 몸값을 마련하여 주인에게 지불함으로 해방되었다.

유대 백성들에게서는 한 사람이 종으로 팔린 후에 놓여나려면 가족이나 친족이, 혹은 이웃이 몸값을 지불함으로 종에서 놓여났다.

우리가 죄인으로서 죄와 죽음에 팔려 죽게 되었는데 우리의 형제가 된 주 예수 그리스도가 우리를 대신하여 우리의 몸값을 지불하셨다. 주 예수께서 몸값을 지불하심으로 우리를 죄와 죽음에서 해방하여 자유인으로 만드시고 영생에 이르게 하셨다.

우리가 죄와 죽음에 팔렸으므로 죗값을 지불해야 우리가 거기서 놓여날 수 있다. 그러나 아무도 우리의 죗값을 지불할 수가 없다. 다 죄인이므로 우리 자신도 죗값을 지불할 수 없고 다른 사람도 우리의 죗값을 지불할 수가 없다.

그러므로 하나님이 사람이 되시어 인류의 일원이 되셨다. 그리고 우리 몸으로 범한 죄를 갚으시기 위해 자기의 몸을 우리의 몸값으로 하나님 아버지께 드리셨다. 죗값은 반드시 그 죄가 범해진 본성

에서 갚아져야 하기 때문이다.

이렇게 아무도 우리를 죄와 죽음에서 살릴 수가 없으므로 하나님 자신이 사람이 되시어 인성을 그의 인격에 입으시고 우리의 몸값으로 그의 몸을 바치셨다. 따라서 우리는 죄와 죽음에서 놓여나 영생을 얻게 되었다.

- 예수 그리스도가 우리의 죗값을 갚으심으로 우리를 하나님과 화해하게 하셨다

9. 우리의 구세주 예수 그리스도가 우리의 죗값을 갚으심으로 우리의 죄에 대한 하나님의 진노를 가라앉히시고 우리를 하나님과 화해시키셨다.

우리가 창조주 하나님에 대한 반역죄를 지으므로 우리는 하나님과 원수가 되었다 (롬 5:10). 그런데 주 예수께서 우리의 죗값을 그의 몸으로 갚으심으로 하나님의 진노를 진정시키셨다. 그리고 우리와 하나님과 화해하게 만드셨다.

그리스도의 피로 우리의 죗값이 지불됨으로 원수였던 우리를 하나님은 자기의 백성으로 삼으시고 이에서 더 나아가 자녀로 삼으셨다. 그리스도의 피가 우리를 하나님과 화해하게 만들었고, 우리를 하나님의 자녀로까지 만들었다. 곧 완전한 화해가 이루어졌다.

- 우리의 죗값이 지불됨으로 정죄와 저주에서 놓여났다

10. 우리의 죗값이 지불됨으로 정죄와 저주에서 놓여났다.

우리의 범죄로 말미암아 우리는 다 하나님의 진노를 받아 저주받고 정죄되었다. 영원한 죽음과 형벌을 받도록 정해졌다.

그러나 우리의 구속주이신 주 예수께서 우리의 죗값으로 그의 몸을 바치심으로 우리의 죄가 무효화되어 정죄와 저주에서 놓여났다. 더 이상 죄로 인해서 죽음과 영원한 형벌에 매이지 않게 되었다. 우리의 영혼과 몸이 영원히 죽지 않고 영원한 형벌을 받지 않게 되었다.

- **우리의 죗값으로 자기 몸을 드리심으로 우리로 의와 영생을 얻게 하셨다**

11. 주 예수께서 그의 몸을 우리의 죄를 위해 몸값으로 드리심으로 하나님의 은혜 곧 우리를 사랑하시는 사랑과 영원한 의와 영생을 얻게 하셨다.

은혜는 가치 없는 죄인들을 사랑하시는 하나님의 호의이다. 하나님이 아무런 가치도 없는 죄인들, 곧 미움과 저주의 대상을 그리스도의 피 때문에 좋게 여기셨다. 호의를 나타내셨다.

의는 그리스도의 피로만 얻은 생존권이다. 그가 죗값을 지불하심으로 우리의 영원한 생존권을 획득하셨다. 그리스도의 피로 우리의 죗값을 갚으심으로 우리의 죄가 무효가 되어 의로운 사람의 신분에 이르렀다.

그러므로 죄인들이 하나님 앞에서 영원히 살 수 있게 되었다. 그리스도가 우리의 죗값을 그의 피로 갚으심으로 죄용서, 곧 의를 우리에게 전가하셨다.

- **영생은 하나님 앞에서 영원히 사는 것을 말한다**

   영생은 하나님 앞에서 더 이상 죽음 없이 영원히 사는 것을 말한다. 그리스도의 피로만이 우리가 죽지 않을 뿐만 아니라 영원히 살게 만들어졌다. 하나님을 모시고 항상 살므로 더 이상 죽음의 위협과 협박이 없어져서 영원히 산다. 그냥 영생하는 것이 아니라 하나님의 아들과 딸들로서 영원히 산다.

- **그리스도의 피를 믿지 않는 자들은 끝까지 주 예수를 믿는 것을 거부함으로 영원한 형벌을 받는다**

   그리스도의 피를 믿지 않는 자들은 영원한 죽음과 형벌을 받는다. 하나님을 반역하므로 영원히 죽게 작정되었으나 하나님의 아들을 믿기만 하면 영생을 주시겠다고 약속하셨다 (요 3:16). 그런데도 믿지 않는 자들은 하나님의 큰 호의를 무시하고 하나님의 인격을 짓밟았으므로 더 이상 용서할 수가 없어서 영원한 죽음과 형벌을 받게 되었다 (요 3:18-20). 그것이 합당한 죗값이다.

- **성령 훼방죄는 성령이 전하시는 예수 그리스도의 복음을 끝까지 거부하는 것이다**

   여기서 성령 훼방죄도 바르게 밝힐 수 있다. 성령 훼방죄는 성령의 신적 본성을 직접 욕하는 것이 아니고, 성령이 전하시는 예수 그리스도를 끝까지 거부하는 것이다.

영원한 죽음을 면하고 영생에 이르고자 하면 죽기 전에 주 예수를 구주로 받아들이고 그의 피로 죄용서를 얻어야 한다.

- 예수 그리스도가 구원의 알파와 오메가이시다

12. 예수 그리스도가 구원의 알파와 오메가이시다.

하나님의 아들이 사람이 되시고 십자가에서 피 흘리심으로 우리의 죗값을 다 갚으셔서 우리를 죄와 죽음에서 놓여나게 하시고 의와 영생을 우리에게 주셨다. 그러므로 그는 우리 구원의 알파와 오메가이시다 (고전 15:28).

그리스도가 새 세상을 만들고 새 인류를 만드셨다. 그리하여 만유 안에 만유가 되시려는 하나님의 경륜을 성취해 드렸다.

38. 본디오 빌라도의 재판을 받으신 이유: 우리로 하나님의 심판을 면하도록 하기 위해서

물음 38.

그는 왜 재판관 본디오 빌라도 아래서 고난당하셨습니까?

Frage 38.

Warum hat Er unter dem Richter Pontio Pilato gelitten?

답.

그가 무죄하지만 세상적 재판관 아래서 정죄 받으심으로 우리에게 내릴 엄정한 하나님의 심판을 우리로 면하게 하기 위해서입니다.

Antwort.

Auf dass Er unschuldig unter dem weltlichen Richter verdammet würde, und uns damit von dem strengen Urtheil Gottes, das über uns ergehen sollte, erledigte.

해설

1. 예수 그리스도 하나님의 아들이 우리의 죄를 위해서 십자가에서 죽었는데 어찌 로마 총독 본디오 빌라도의 재판을 받아서 고난을 당했느냐고 묻고 있다.

- 재판을 받아야 고난 받아 죽으므로 그리스도가 빌라도의 심판을 받으셨다

2. 왜 하나님의 직접적인 심판을 받아 고난 받은 것이 아니고 세상적인 재판관의 재판을 받아서 죽게 된 이유를 묻고 있다.
재판을 받아야 죽게 되므로 그리스도도 죽기 위해서 빌라도의 재판을 받으셨다.

- 빌라도의 재판을 받아 그리스도가 죽으심으로 우리로 하나님의 엄한 심판을 면하게 하셨다

3. 그 답으로 세상적인 재판관의 재판을 받아 죽으심으로 우리로 하나님의 엄한 심판을 면하도록 하기 위해서라고 답하고 있다.
4. 우리가 하나님으로부터 정죄 받아 죽기 전에 그리스도께서 빌라도의 재판을 받아 죽으심으로 우리로 하나님의 심판을 사전에 면하도록 하셨다고 제시한다.
5. 그리스도께서 우리의 죄를 지시고 빌라도의 재판을 받아 죽으심으로 우리가 하나님의 진노로 죽어야 할 벌을 제거하셨다.

- 그리스도가 우리 대신 죽으심으로 우리 모두가 죽은 것이므로 형벌이 우리에게 오지 않는다

6. 그리스도가 우리를 대신하여 우리 위해서 십자가에서 죽으심으로 우리 모두가 죽은 것이 되어 (고후 5:14, 21; 딤전 2:6; 롬 5:18) 우리

에게 실질적인 형벌이 올 수 없게 만드셨다.

- 그리스도가 우리의 죗값대로 죽으심으로 우리는 영원한 죽음을 면하게 되었다

7. 우리가 죗값대로 죽으면서 당할 모든 것을 그리스도께서 십자가에서 달려 죽으심으로 다 당하셨다.

그러므로 우리는 더 이상 형벌 받을 아무런 근거를 갖지 않게 되었다. 그리스도가 우리 죗값대로 모든 육체적, 영적 고통과 부끄러움과 놀림과 인격적인 모욕, 그리고 마침내 죽음을 맛보셨다. 그러므로 우리는 더 이상 죽을 때 고통도 당하지 않고, 영원한 죽음도 면하게 되었다.

- 하나님은 죄로 오는 모든 형벌을 그리스도께 지우심으로 우리에게는 형벌이 면제되었다

8. 하나님은 우리의 죗값에 대한 모든 형벌을 그리스도께 다 지우셨다.

그러므로 더 이상 죄와 허물로 인한 형벌을 우리에게 지우실 수 없게 되었다. 그리스도가 우리의 죗값대로 모든 것을 다 당하시고 갚으셨기 때문이다. 그러므로 우리에게는 그 어떤 형벌과 영원한 죽음도 올 수 없게 되었다.

39. 십자가상 그리스도의 죽음은 내 죄를 지고 저주받아 죽은 것이므로 가장 처참한 죽음이다

물음 39.

그가 다른 죽음으로 죽은 것보다 십자가에 못 박힌 것이 더한 것인가요?

Frage 39.

Ist es etwas mehr, dass Er ist gekreuziget worden, denn so Er eines andern Todes gestorben wäre?

답.

예: 왜냐하면 그가 내 위에 지워진 저주를 자신 위에 지시고 그 때문에 십자가의 죽음은 하나님으로부터 저주받아 죽은 것이라는 것을 내가 확신하기 때문입니다.

Antwort.

Ja: denn dadurch bin ich gewiss, dass Er die Vermaledeiung, die auf mir lag, auf sich geladen habe, dieweil der Tod des Kreuzes von Gott verflucht war.

해설

- 십자가에서 죽으신 것은 그리스도가 가장 처참한 죽음을 죽은

것을 뜻한다

1. 그리스도는 빌라도의 재판을 받아 십자가에서 죽으셨다.

그의 십자가의 죽음은 인류 역사상 가장 참혹하고 저주스런 죽음이었다. 로마의 철학자요 정치가인 세네카가 십자가상의 처형을 그렇게 정의하였다.

이 죽음은 육체적 고통만 큰 것이 아니라 영혼이 당하는 고통도 헤아릴 수 없다. 또 그의 인격이 모욕과 모독을 받아 사람인 것을 완전히 부정당하는 일이었다.

이런 형벌은 우리를 대신하여 죽으신 그리스도가 우리의 죗값을 다 치름이 되었다.

- 그리스도는 우리 대신 저주받아 대신 죽으심으로 죗값을 다 갚으셨다

2. 나무에 달린 자는 하나님께 저주받은 자라고 성경이 정하였기 때문에 (신 21:23) 그리스도는 우리의 저주를 지고 우리 대신 저주받아 죽으셨다.

그러므로 보통의 죽음을 죽는 것과 십자가상의 그리스도의 죽음은 전혀 차원이 다르다. 그리스도는 우리의 저주를 지시고 우리가 저주받아 죽을 죽음을 죽으셨다. 자기의 허물과 죄 때문이 아니고 우리의 허물과 죄로 인한 저주를 자신 위에 지우셨다.

죗값은 죽음이므로 그리스도께서 우리의 죄에 대한 저주를 지심으로 하나님으로부터 저주받아 죽으셨다. 이로써 그리스도는 우리

의 죗값을 다 갚으셨다.

- 그리스도의 십자가 죽음은 대신 죗값을 갚는 죽음이다

3. 십자가의 죽음이 보통 죽음의 방식과 다른 점은 그리스도께서 우리의 죗값에 대해서 지워진 저주를 지고 우리의 죗값을 대신 갚는 죽음이었기 때문이다.

하나님이 이 방식으로 세상을 구원하기로 정하셨기 때문에 그리스도의 죽음은 우리의 죄와 죽음을 다 해결한 죽음이었다.

40. 하나님의 공의대로 죗값을 갚아야 죄용서를 받을 수 있다

물음 40.

왜 그리스도께서 죽음을 당하셔야 했습니까?

Frage 40.

Warum hat Christus den Tod müssen leiden?

답.

하나님의 의와 진리 때문에 하나님의 아들의 죽음 외에는 달리 우리의 죄에 대해 갚을 수가 없기 때문입니다.

Antwort.

Darum, weil wegen der Gerechtigkeit und Wahrheit Gottes nicht anders für unsere Sünden möchte bezahlet werden, denn durch den Tod des Sohnes Gottes.

해설

- 죗값을 치러야 죄가 용서되므로 하나님이 성육신하사 죗값을 갚으셨다

1. 하나님의 의 때문에 하나님의 아들이 죽어야 한 이유는 하나님의 아들만이 사람이 되셔서 하나님의 공의대로 죗값을 치러야 하

기 때문이다.

하나님의 공의의 법에 의하면 죄가 범해진 본성이 죗값을 치러야 한다. 그러나 하나님의 아들 외에는 아무도 하나님께 죗값을 치를 수가 없으므로 하나님의 아들이 대신해서 죗값을 치르시기 위해 사람이 되셨다.

죄를 범한 인간 본성을 입고 하나님의 아들 그리스도가 죗값을 치르심으로 범죄한 인류를 구원해 내기로 하셨다.

- 그리스도의 십자가상 죽음은 율법의 요구대로 죗값을 갚음이다

2. 십자가에 죽으심으로 그리스도께서 우리를 구원하신 것은 그의 죽음이 율법의 요구를 따라 죗값대로 죽으심이고 그리하여 죗값을 갚으심이기 때문이다.

죗값은 죽음이다 (롬 6:23). 그러므로 범죄한 아담부터 모든 아담의 후손들이 다 죽게 되었다. 범죄 때문에 죽음이 인류 세계에 철칙으로 들어왔고 세워졌다 (창 3:17-19).

범죄한 아담의 후손들은 다 죽어 흙으로 돌아가 풀어지므로 더 이상 있을 수 없게 되었다. 마지막 사람까지 다 죽어 없어지게 되었고 그 후에는 영원한 형벌을 받게 되어 있다.

그러나 하나님은 그 범죄로 모든 사람들이 다 죽어 없어지게 되었어도 죄를 제거하심으로 다시 창조경륜을 이루기로 하셨다.

- 창조경륜을 이루어 자기 백성을 가지시기 위해 죗값을 갚아 죄를 무효화하기로 하심

하나님의 창조경륜은 하나님이 자기의 백성을 가지시고 그 백성 가운데 거하시며 찬양과 경배를 받으시는 것이다. 이 경륜을 이루시기 위해서 하나님은 언약을 맺어서 사람을 자기의 백성으로 삼으셨다. 그런데 반역이 일어나서 창조주 하나님을 자기의 하나님으로 섬기기를 거부하였다. 그러므로 죽음이 세상에 들어왔다.

그러나 하나님은 반역한 백성을 돌이켜서 다시 자기의 백성으로 삼기로 하셨다. 그러려면 자기의 백성으로 삼기로 한 백성들의 죄가 지워지고 무효가 되어야 했다. 이 일을 위해서 하나님은 독생자로 사람이 되어 사람의 자리에 서셔서 백성의 죗값을 갚아 처음 반역 죄를 무효화하기로 하셨다.

- **죄를 무효화하는 것은 죗값을 갚는 것이다**

죄를 무효화하는 것은 죗값을 갚는 것이다. 이 죗값을 갚으시기 위해서 하나님의 아들이 사람이 되사 십자가에 죗값대로 죽으심으로 죗값을 다 갚으셨다. 이로써 처음 죄와 그 후의 모든 죄가 다 무효화되도록 하셨다. 하나님의 아들을 믿는 자에게 모든 죄를 다 무효화하여 죄 없다고 선언하심으로 믿는 자들을 하나님의 백성으로 돌이키기로 하셨다.

- **죗값을 무효화하기 위해 하나님의 아들이 죗값을 갚으심**

이렇게 하나님의 창조경륜을 이루시기 위해서 하나님의 아들이 죗값을 갚으시려고 십자가에 피 흘려 죽으셨다. 하나님의 아들이 죗값을 갚으심으로 우리를 죄와 죽음에서 구출하여 하나님의 백성으로 돌이키셨다.

41. 장사지냄은 그의 죽음을 확증함

물음 41.

그는 왜 묻히셨습니까?

Frage 41.

Warum ist Er begraven worden?

답.

그가 참으로 죽으셨음을 확증하기 위해서입니다.

Antwort.

Damit zu bezeugen, dass Er wahrhaftig gestorben sei.

해설

- 십자가 죽음 후 장례되심은 그의 죽음이 참임을 증명함

1. 죽음의 과정은 죽은 다음에 장례되어야 죽음이 완료된다.

죽음은 죽는 것으로 끝나지 않고 죽은 다음 장례되어 땅에 묻혀야 한다. 그리스도는 십자가에서 죽으셨으므로 땅에 묻혀야 확실하게 죽은 것이 증명된다. 그러므로 그리스도는 십자가에 죽은 후에 장례되어 삼 일간 무덤에 머물렀다. 장례되어 그가 무덤에 묻힘으로 그의 죽음이 확실한 죽음임이 확증되었다.

- 십자가에 매여 있다가 부활하셨으면 그의 죽음이 확실하지 않다고 할 것이었음

2. 장례되지 않고 십자가에 매달려 있다가 부활하였으면 실제로 죽은 것이 아니라고 할 것이다. 그러나 죽은 후에 무덤에 묻힘으로 그의 죽음이 확실하게 이루어졌음을 확증하였다.

주 예수는 죽은 후 죽은 자들 가운데서 다시 살아나셨다. 그런데 십자가에 매달려 있다가 부활하였으면 그의 죽음이 실제로 이루어지지 않았고 기절이거나 가사 상태에 있었다고 할 것이다. 그런 억설들이 일어나지 못하게 하고 그의 죽음이 확실한 죽음이었음을 증거하기 위해서 무덤에 묻히어서 삼 일을 지냈다. 그것은 확실한 죽음임을 증거한 것이다.

- 대속적 죽음이므로 확실하게 죽음을 맛보아야

대속적 죽음이기 때문에 그리스도는 확실하게 죽음을 맛보아야 하고 죽은 후에 부활에 이르러야 했다.

42. 그리스도의 대속적 죽음 후에 우리도 죽어야 하는 이유

물음 42.

그러면 그리스도께서 우리 위해 죽으셨는데도, 우리도 죽어야만 하는 것은 어찌 된 것인가요?

Frage 42.

Weil denn Christus für uns gestorben ist, wie kommt's, dass wir auch sterben müssen?

답.

우리의 죽음은 우리의 죄에 대한 값을 치름이 아니고 죄를 죽여 없앰(eine Absterbung der Sünde)이고, 또 영원한 생명으로 들어감입니다.

Antwort.

Unser Tod ist nicht eine Bezahlung für unsere Sünde, sondern nur eine Absterbung der Sünden, und Eingang zum ewigen Leben.

해설

- 그리스도의 죽음은 대신 죽음이다

1. 그리스도께서 우리 죄를 위해서 죽으심으로 죗값을 치렀으면 우리는 죽지 않아야 하는데, 어찌해서 우리도 죽어야 하는지를 묻

는다.

그리스도께서 죽으심은 대속적 죽음이었다. 우리의 죗값을 지고 우리를 대신해서 죽으심으로 죄와 죽음을 멸하셨다. '그러면 그를 믿는 자들은 죽지 않아야 하는데, 어찌해서 주 예수를 믿는 그리스도인들도 죽어야만 하는가?' 하는 이것이 물음 42의 핵심이다.

- 그리스도의 죽음 후 그리스도인의 죽음은 형벌 죽음이 아님

2. 이에 대한 답이 그리스도인의 죽음은 형벌의 죽음이 아니라고 단언한다.

그리스도인들은 죄용서와 죽음의 문제를 해결 받았다. 그러면 죽지 않아야 하는데 죽는 것에 대한 해답을 하고 있다. 그리스도인의 죽음은 죄에 대한 형벌이 아니다. 모든 사람으로 한 번은 죽도록 정하셨다 (히 9:27). 사람이 죽도록 정하심에 그리스도인들도 예외가 아니다.

- 불신자들의 죽음은 형벌임

불신자들이 죽는 것은 형벌의 죽음이어서 영원한 형벌을 받는 데로 들어가는 시작점이다. 그러나 그리스도인들에게는 하나님의 별도의 섭리가 있다.

- 그리스도인의 죽음은 죄를 완전히 죽게 함임; 또 영생으로 들어감임

3. 그리스도인은 몸의 죽음을 통해서 옛사람, 곧 죄를 완전히 죽게 하고 죄를 중단하게 한다. 또 몸의 죽음을 통하여 하나님 앞으로 감으로 영원한 생명에 들어가는 시작점이 된다.

- **새사람은 주 예수를 믿는 믿음으로 사는 삶의 방식**

4. 그리스도를 믿는 믿음으로 사는 삶의 방식이 새사람이다.
　그리스도인들은 주 예수를 믿음으로 새사람이 된다. 그리스도의 형상을 따른 새사람이 된다. 죄짓는 것을 삶의 방식으로 살던 데서 죄를 끊고 그리스도의 법, 곧 그를 믿는 믿음으로 산다. 그리하여 죄를 버리고 의의 삶을 산다. 이렇게 그리스도를 믿는 믿음으로 사는 삶의 방식이 새사람이다.

- **옛사람은 죄짓는 것을 삶의 방식으로 삼고 사는 방식**

　옛사람은 죄짓는 것을 삶의 방식으로 삼고 사는 방식이다. 그러나 그리스도인들이 주 예수를 믿음으로 새사람이 되어 죄짓는 것을 버리고 의의 삶을 살게 되었어도, 죄의 뿌리가 그리스도인의 마음에 박혀 있다. 죄의 뿌리가 속에 남아 있어서 새사람으로 사는 것이 약하게 되면 언제든지 옛사람이 되살아난다.

- **그리스도인의 삶은 새사람과 옛사람의 싸움의 연속**

　그리스도인의 삶은 새사람과 옛사람의 싸움으로 이어진다. 성령의 인도를 따라서 새사람으로 살려는 욕망은 옛사람의 욕망을 이루기를 바라는 정욕과 늘 싸우게 된다. 기도하고 복음의 선포를 받아서 옛사람을 이겨내지만, 옛사람도 육체의 욕망을 따라서 살도록 끌어당긴다.

- 복음 선포가 소홀해지면 옛사람으로 돌아감

성령의 인도와 복음의 가르침을 소홀히 하면 언제든지 옛사람이 살아 움직인다. 그리하여 옛사람으로 살던 때의 풍습과 습관을 따라서 살도록 꾄다. 그것을 거듭하면 결국 옛사람으로 돌아가서 죄짓는 일을 한다.

- 죄지으면 성령이 역사를 중단하심

죄지으면 성령이 역사를 쉬신다. 범죄하고서 오래 탄식하지만 회개의 눈물도 쉽지 않다. 그러면 더욱 죄성이 깊어져서 죄짓는 것을 보통으로 알고 옛사람으로 완전히 돌아간다.

- 복음 선포로 새사람의 삶으로 돌아감

그러다가 말씀의 권고와 성령의 역사를 힘입어 다시 새사람으로서 살기로 한다. 이때 더 큰 기도와 말씀의 가르침을 필요로 한다. 이렇게 믿음의 삶을 살다가 영적인 삶을 소홀히 하면 다시 죄의 역사가 강하게 일어난다.

- 옛사람과 새사람의 반복적 충돌은 그리스도인을 완악하게 함

이런 싸움의 반복이 결국 그리스도인들로 완악하게 되게 하고, 고질적인 약점들이 생기게도 한다. 그러나 그리스도인들은 거룩으로 작정된 사람들이므로 주의 은혜와 성령의 역사하심으로 끝내는 새사람으로 마치게 된다. 새사람으로 삶을 마치도록 하기 위해서 죽음을 큰 문으로 정하셨다.

- 새사람으로 마치도록 하기 위해 죽음이 있다

죄와의 싸움이 성화 작업이다. 이 일을 이루도록 하나님은 그리스도인들에게 죽음을 그 수단으로 정하셨다. 죽음에서 거룩하게 되는 작업, 곧 성화 작업이 끝난다. 부활에서 성화가 완성되지만 죽음에서 죄와의 싸움이 모두 끝이 난다. 죽음에서 모든 육의 욕망들을 내려놓고 주 앞으로 간다.

- 죽음으로 죄의 끈을 놓음

만일 죽음이 없이 혹은 삶이 크게 길어진다면 다 죄짓는 일에 용사가 될 것이다. 또 인간사회에 죄가 크게 역사하는 것을 막기 위해서 죄와의 싸움을 마치는 방책으로 죽음이 세워졌다.

그리스도인들도 죄의 끈을 놓지 않으려고 안간힘을 쓰므로 사람들로 죽게 하여 죄짓는 것을 중단하고 죄의 뿌리를 끊도록 하셨다.

- 그리스도인이 죽음을 통해서 하나님 앞으로 간다

5. 그리스도인들은 몸이 죽으므로 그 영혼이 하나님 앞으로 가서 영생을 맛보게 된다.

그리스도인들도 다 하나님을 반역한 죄인들이므로 영원한 형벌과 영원한 죽음에 이르러야 마땅하다.

하나님이 사람들로 이런 것을 면하고 하나님을 모시고 영원히 살게 하려고 그리스도로 십자가에서 피 흘려 죗값을 갚게 하셨다. 이로써 우리의 죄를 사하시고 의롭다고 하셨다. 그리고 영원히 하나님을 모시고 살게 하셨다.

- 그리스도인의 죽음은 영원한 죽음이 아니고 미리 하나님을 모시고 살도록 하는 예비조치임

그러므로 그리스도인들이 죽는 것은 죗값대로 죽는 영원한 죽음이 아니고, 하나님 앞으로 가서 영원히 모시고 사는 것을 연습하기 위한 조치이다.

주께서 다시 땅에 오셔서 자기가 위해서 피 흘린 모든 백성들을 다 모아 하나님을 영원히 모시고 살 수 있게 하시기까지 믿는 자들은 하나님 앞에 가서 영원한 삶의 기쁨과 평화를 맛보게 된다.

- 부활과 심판은 그리스도인이 영원한 생명을 누리며 하나님 앞에서 사는 것임

모든 인류가 다 부활하여 선악 간에 심판을 받아 영원한 형벌과 영원한 생명을 누린다. 그리스도를 믿고 영원한 생명을 선사받은 사람들은 하나님 앞으로 가기 위해서 죽는 것이다.

- **그리스도인의 죽음은 죗값 치름이 아님, 하나님 앞에서 안식하기 위함임**

6. 그리스도인들이 죽는 것이 자기의 죗값을 치름이라면 그리스도인들도 자기의 죗값대로 죽는 정당한 죽음이 된다.

그렇다면 하나님의 구원경륜이 다 무너진다. 하나님은 주 예수를 믿는 자들로 자기의 죗값대로 죽지 않게 하시려고 아들 하나님으로 십자가에서 죗값을 치르는 죽음을 죽게 하셨다.

따라서 그리스도인들은 죗값 때문에 죽는 것이 결코 아니다. 그리스도인들이 죽는 죽음은 결코 형벌적인 죽음이 아니다. 죄짓는 것을 그치고 하나님 앞으로 가서 안식하게 하는 통과 과정이다.

그러므로 그리스도인들은 죽음을 무서워하거나 떨 필요가 전혀 없다.

43. 그리스도의 희생제사와 죽음으로 옛사람을 벗어나고 감사함으로 살게 함

물음 43.

우리는 그리스도의 십자가상에서의 희생제사와 죽음으로 어떤 은택을 더 얻게 됩니까?

Frage 43.

Was bekommen wir mehr für Nutzen aus dem Ofper und Tod Christi am Kreuz?

답.

그의 힘으로 우리 옛사람이 그와 함께 십자가에 못 박히고 죽고 장사지내게 된 것은 육신의 악한 욕망들이 더 이상 우리 안에서 주장하지 않도록 하고, 도리어 우리가 감사함으로 우리 자신을 그에게 바쳐드리기 위함입니다.

Antwort.

Dass durch seine Kraft unser alter Mensch mit Ihm gekreuziget, getödtet und begraben wird, auf dass die bösen Lüste des Fleisches nicht mehr in uns regieren, sondern dass wir uns selbst Ihm zur Danksagung aufopfern.

해설

- **그리스도의 속죄사역은 영생과 옛사람의 죽음을 이룸**

1. 그리스도의 십자가상의 속죄사역이 영생만을 이루려고 함이 아니라 옛사람을 죽게 하려 함이라는 것을 강조한다 (롬 6-8장).

그리스도의 십자가의 구속사역의 최종 목표는 많은 백성들을 모아서 하나님의 백성으로 세우려고 함이다. 곧 하나님의 창조경륜을 이루심이다.

이에서 나아가 그리스도의 구속사역은 죄로 살던 옛사람을 죽게 함으로 거룩한 새사람으로서 하나님을 섬기며 찬양하게 하려고 함이다. 하나님을 모시고 살기에 합당한 자들로 만들어서 거룩한 경배를 할 수 있는 자들로 만드시는 것이다.

이 목적을 위해서 그리스도께서 십자가에 못 박히어 죽으심으로 거룩하고 흠없는 백성을 만들기로 하셨다. 이런 일은 옛사람을 죽게 함으로 이루도록 하셨다.

- **그리스도의 십자가상의 죽음은 우리 옛사람을 죽도록 함임**

2. 이 일을 위해서 그리스도의 십자가로 우리 옛사람이 죽도록 하였다는 것을 강조한다.

바울은 로마서 6장에서 우리 옛사람이 그리스도의 십자가에 못 박혀 죽었으므로 죄의 종으로 살 수 없다고 강조하였다. 특히 롬 6:6에서 이 진리를 강조하고 있다.

- 우리는 새사람이 되어도 옛사람이 함께 있음

우리는 주 예수를 믿음으로 새사람이 되었다. 죄만 짓고 사는 옛사람이 아니다. 그러나 사람으로 죄짓게 하는 죄의 뿌리가 다 잘려나가고 완벽한 새사람만이 있는 것이 아니다. 옛사람이 그 본성을 드러내고 본성적 요구를 따라서 죄짓도록 충동하고 죄를 즐기는 것을 좋아하게 만든다.

따라서 성령의 인도만을 좇아서 살 수 없게 한다. 옛사람의 욕망이 끊임없이 일어나서 새사람으로 살지 못하게 하고 옛사람의 욕망을 즐기며 살도록 한다. 이 욕망을 따라가면 결국 죄짓고 죄의 종이 되어 죄에서 벗어날 수 없게 한다.

- 그리스도의 십자가는 우리 옛사람을 십자가에 못 박음

이것을 막기 위해서 하나님께서 우리 옛사람을 그리스도의 십자가에 못 박아 죽게 하셨다.

그러므로 우리가 옛사람의 욕망에 충동되어 죄를 즐기기를 바라고 그렇게 할 때 성령은 우리 옛사람대로 살지 못하게 우리의 양심을 번민하게 하신다.

이때 그리스도인은 내가 혹은 내 옛사람이 십자가에 못 박혀 죽었다는 것을 인정하고 소리 내어 외쳐야 한다. 그러면 옛사람의 욕망이 흩어지고 사라진다.

- 옛사람이 죽었음을 늘 인정하고 소리 내어 알려야 함

우리 옛사람이 그리스도의 십자가에 못 박혀 죽었다는 것을 늘 상 인정하고 소리쳐서 우리 양심에 그 진리를 알려야 한다. 그러면 옛사람의 욕망이 사라지고 없어진다.

- 옛사람이 십자가에 못 박혔음을 인정하면 그 욕망이 소산됨

이미 그리스도의 십자가에서 내 옛사람이 못 박혔으므로 그 사실을 인정해야 한다. 그러면 옛사람의 욕망이 사라지고 흩어진다.
거룩하게 되는 길에서 옛사람의 욕망으로 살지 않고 성령의 인도를 따라 그리스도의 법으로 살도록 하려고 우리 옛사람을 그리스도의 십자가에 못 박았다. 그러므로 그리스도인들은 옛사람의 욕망이 일 때마다 이 진리를 마음에 새기고 이 진리를 밝혀야 한다.

- 옛사람은 죄짓고 사는 삶의 방식임

3. 옛사람은 죄짓고 사는 삶의 방식을 말한다.
그리스도인들은 주 예수를 믿어 새사람이 되었지만 죄짓고 사는 삶의 방식을 갖고 있다. 옛사람은 육체의 욕망을 통해서 죄짓는 일을 하도록 충동한다.

- 죄의 욕망은 늘 일어나서 죄지으며 살게 함

그리스도인들이 늘 그리스도의 은혜 안에 살고 그의 영의 인도를 따라서 사는 것을 대수롭지 않게 여기면, 언제든지 옛사람의 욕망

이 일어나서 과거에 짓던 죄의 즐거움을 즐기게 한다. 그리하여 다시 죄짓고 사는 것을 참으로 좋은 일로 여기도록 만든다. 이렇게 가면 죄의 욕망이 작동해서 죄짓는 것을 전혀 나쁘다고 여기지 않게 된다.

그러면 옛사람은 그 욕망을 기어이 이루어내므로 만족하고 즐거워한다. 자기만족을 얻었다고 확신하기 때문이다.

- **십자가에 못 박힌 사람은 마음대로 움직이지 못함**

4. 이런 과정을 막기 위해서 하나님은 우리 옛사람으로 그리스도의 십자가에 함께 못 박혀 죽게 하고 무덤에 묻히게 하셨다.

이 진리를 인정하고 입 밖으로 드러내면 성령이 역사하시기 때문에 옛사람이 힘을 잃는다.

왜냐하면 우리 옛사람이 십자가에 못 박혔으니 마음대로 움직일 수 없게 되었기 때문이다. 죽은 자는 더 이상 살아서 움직이지 못한다. 십자가에 못 박혀 죽은 옛사람은 옛날처럼 마음대로 살아서 움직일 수 없다. 그럴 뿐만 아니라 무덤에 묻히었다. 무덤에 묻히면 무덤 밖으로 살아나올 수 없다.

그러므로 우리는 옛사람이 그리스도와 함께 못 박혀 죽고 무덤에 묻히었음을 인정해야 한다.

- **우리 옛사람이 십자가에 못 박힌 것은 영의 권세로 이루어짐**

5. 우리 옛사람이 그리스도와 함께 십자가에 못 박힌 것은 우리

의 몸이 실제로 못 박힌 것처럼 이루어진 것이 아니라 십자가에 못 박히신 그리스도의 권세로, 곧 영의 권세로 이루어졌다.

우리 스스로 우리의 옛사람을 십자가에 못 박은 것이 아니다. 또 육체적으로 못 박은 것이 아니다. 옛사람은 실체가 아니므로 육체적으로 못 박을 수가 없다. 그것은 영의 권세로 못 박은 것을 말한다.

- **옛사람이 십자가에 못 박힌 것은 영적으로 이루어진 것임**

그러므로 옛사람이 십자가에 못 박힌 것은 영적으로 이해해야 한다. 영적으로 이루어졌으므로 옛사람이 자주 살아나서 일한다. 옛사람의 활동 방식은 언제나 육체의 욕망으로 일한다. 육체의 욕망으로 일하는 옛사람을 막는 것은 육체적 힘으로 되는 것이 아니고 영의 힘으로만 된다.

- **옛사람은 육체적 욕망으로 일하므로 영의 권세로만 제압**

6. 영의 권세로 옛사람을 복종시킴으로 옛사람의 욕망이 우리 안에서 주장하지 못한다.

영의 권세로 옛사람의 욕망을 복종시킴으로 더 이상 우리는 육체의 욕망으로 사는 것이 아니다. 옛사람의 욕망대로 우리가 살고 행동하지 않는다. 영의 권세로 그것을 억제함으로 그 욕망대로 행동하고 죄짓지 않는다.

비록 욕망이 강하여서 우리의 마음이 흔들리고 거기로 향하는 자세가 된다고 하더라도 그것에 져서 그 욕망대로 살지 않는다.

- 십자가의 권세로 옛사람을 억제함으로 죄로 살지 않는 것을 감사하며 삶

7. 십자가의 권세로 옛사람의 욕망을 억제하므로 옛사람의 다스림에서 벗어나서 해방을 주신 그리스도께 감사를 바쳐드리며 살게 된다.

우리를 죄와 죽음에서 구출하여 영생을 주신 것만을 감사하는 것이 아니라 죄의 세력으로 살지 않고 영의 인도를 따라서 살게 되었으므로 늘 감사하는 삶을 살게 하셨다.

- 죄짓지 않고 사는 것을 감사

영생을 주신 것만을 감사하는 것이 아니라 죄를 이기고 승리하는 삶을 살게 하신 것으로 말미암아 그리스도께 늘 감사하는 삶을 살아야 한다. 죄짓지 않고 사는 것보다 더 크게 감사할 일이 그리스도인들에게 있는가?

44. '지옥에 내려가시고'가 따라오는 것은 지옥의 고통에서 해방하였음을 밝히기 위해

물음 44.

'지옥에 내려가시고'가 왜 따라옵니까?

Frage 44.

Warum folget: Abstiegen zu der Hölle?

답.

나의 가장 큰 시험들에서도 내 주 그리스도가 십자가에서 그의 영혼으로 당하시고 또 그전에도 당하신, 그의 말로 할 수 없는 고뇌와 고통과 공포로 말미암아 나를 지옥의 고뇌와 고통에서 구속하실 것이란 것을 확신하도록 하기 위함입니다.

Antwort.

Dass ich in meinen höchsten Anfechtungen versichert sei, mein Herrn Christus habe mich durch seine unaussprechliche Angst, Schmerzen und Schrecken, die Er auch an seiner Seele am Kreuz und zuvor erlitten, von der höllischen Angst und Pein erlöset.

해설

- '지옥에 내려가시고'는 후기 로마형에 추가된 것

1. 사도신경에 나타나 있는 '지옥에 내려가시고'는 후기 로마형에 추가한 것이다.

초기 사도신경과 초기 루피누스형 (sec, Rufinum, Forma Romana)과 4세기 후반의 사도신경의 공식 곧 예루살렘의 퀴릴로스의 사도신경 주석 본문에 '지옥에 내려가시고'는 없고 단지 '장사되시고' (sepultus)로만 되어 있다. '지옥에 내려가시고'는 그 후에 덧붙여진 것이다.

- 개혁신학은 '지옥에 내려가시고'를 인정하지 않음

2. 개혁신학에서는 칼빈의 가르침을 따라 '지옥에 내려가시고'를 인정하지 않는다.

그리스도의 영혼이 속죄제물이 되었지만 버림받은 자들이 있는 처소에 내려갔다는 것은 인정할 수 없다.

그러면 그리스도께서 십자가에서 당한 극심한 고통과 땅에 묻힘을 '지옥에 내려가시고'로 이해하였다.

3. '지옥에 내려가시고'를 왜 사도신경 본문에 그대로 놓아두었느냐 하는 질문에 대해서 답을 하고 있다.

4. 지옥은 버림받은 영혼들이 가는 마지막 자리이다.

지옥에서 받는 고뇌와 고통과 공포는 말로 표현할 수 없다. 지옥은 출구가 없고, 미래 소망이 없는 곳이다. 끊임없이 같은 고통을 늘 당하며 살아야 한다.

- 그리스도의 지옥 강하는 십자가상의 극심한 고통과 땅에 묻힘을 말함

5. 이런 지옥에 그리스도께서 내려가셨다고 나타낸 것은 그가 십자가에서와 그 후에 당한 극심한 고통과 고뇌와 공포를 당하심으로 내가 당할 고뇌와 고통과 공포에서 나를 구속해 내셨다는 것을 말한다.

- 불신자는 하나님 반역을 계속하였으므로 지옥의 고통과 공포를 벗어날 수 없다

6. 믿지 않는 사람은 처음에 하나님을 반역하였고 그 후 끊임없이 하나님을 반역하는 행동과 죄를 짓는 일을 하였으니 지옥에서 당하는 무서운 고통과 고뇌와 공포를 벗어날 길이 없다.

- 내가 당할 고통과 공포를 다 해결하셨음을 밝히기 위해 '지옥에 내려가시고'를 붙였음

7. 그리스도께서 내가 당할 고통과 고뇌와 공포를 다 당하심으로 참혹한 비참함에서 나를 구속해 내셨다는 것을 확신시키기 위해 '지옥에 내려가시고'를 덧붙였다고 밝히고 있다.

그리스도께서 십자가에서, 또 그전에 말로 할 수 없는 고통과 고뇌와 공포를 다 겪으셨으니 주 예수를 믿는 나에게는 그런 것이 없어졌음을 밝히는 것이다.

45. 그리스도의 부활은 의와 새 생명에 동참과 우리 부활의 보증이 됨

물음 45.

그리스도의 부활은 우리에게 어떤 유익을 줍니까?

Frage 45.

Was nützet uns die Auferstehung Christi?

답.

첫째로 그리스도는 자기의 부활로 죽음을 정복하셔서 그의 죽음으로 말미암아 획득하신 의에 우리로 동참하게 하십니다. 둘째로 우리도 이제 그의 능력으로 말미암아 새로운 생명으로 일으켜졌습니다. 셋째로 그리스도의 부활은 우리의 복된 부활의 확실한 보증이 됩니다.

Antwort.

Erstlich hat Er durch seine Auferstehung den Tod überwinden, dass Er uns der Gerechtigkeit, die Er uns durch seinen Tod erworben hat, könnte theilhaftig machen. Zum andern werden auch wir jetzt durch seine Kraft erwecket zu einem neuen Leben. Zum dritten ist uns die Auferstehung Christi ein gewisses Pfand unserer seligen Auferstehung.

해설

- **그리스도의 구속사역은 죄와 죽음에서 완전히 나를 구원함**

1. 그리스도의 구속사역이 그의 십자가에서 피 흘리고 죽으심으로 다 이루었다고 하는 신학적 이해에 더하여 부활이 내 구원에 어떤 은혜를 입히느냐고 묻는 것이다.

우리는 그리스도께서 피 흘리심으로 내 죗값을 다 지불하고 죽으심으로 죗값의 요구대로 나 대신 죽으셨으니 내가 죄와 죽음에서 완전히 구원함을 받은 것이다.

그러나 그리스도는 죽음으로만 모든 구원사역을 다 이루신 것이 아니고 부활로 구원사역을 완성하셨다.

- **그의 부활은 그의 죽음이 대신 속죄의 죽음이었음을 확정함**

2. 그리스도는 자기의 부활로 자기의 죽음이 정당한 구원사역이었음을 확증하셨다.

그리스도는 그의 부활로 십자가에서 우리의 죄를 위해 피 흘려 죽으신 것이 정당한 구원사역이었음을 확증하셨다. 그리스도의 죽음은 대속적인 죽음이있다. 그러나 그가 부활하시 않았으면, 그의 죽음은 죗값대로 죽은 것이라고 하는 것을 확증하는 것이 된다. 자기의 죄가 아니고 다른 사람들의 죄 때문에 죽었어도 죽음으로 모든 것이 끝났으면 그의 죽음은 죗값대로 죽은 정당한 죽음이라고 하는 것을 확증하는 것밖에 아무것도 아니다.

- 부활로 그리스도는 자기의 죽음으로 인류의 죗값을 지불하셨음을 증명

그리스도는 부활하심으로 그의 죽음으로 인류의 죗값을 지불하셨다는 것을 증명하였다. 우리를 위해 죽으신 고마운 분이라는 수준이 아니고, 부활함으로 그의 죽음이 우리 죄 때문에 죗값을 지불하는 대속적인 죽음이라는 것을 확증한 것이다.

- 그리스도는 그의 죽음과 부활로 우리 죄를 속량하여 의를 획득함

3. 그리스도는 죽고 부활하심으로 우리의 죄를 완전히 속량하여 우리로 영원히 하나님 앞에서 살 생존권, 곧 의를 획득하셨다.

그리스도께서 우리 죄 때문에 우리 대신 죽으셔서 죗값을 갚으심으로 죗값대로 죽어야 할 우리의 짐을 풀어버리셨다. 이제 우리는 더 이상 죗값 때문에 죽는 것이 아니라 영원히 살게 되었다.

- 그리스도의 부활은 죗값을 지불하여 의를 이루어 영원히 살게 하였음을 증명

그리스도께서 그의 죽음으로 우리의 생존권을 확보하셨기 때문이다. 죗값을 지불하여 죄를 무효화하여 우리로 죄짓지 않은 사람과 같이 만드심으로 하나님 앞에서 영원히 살 수 있게 하는 의를 선사하셨다. 우리에게 의를 선사하여 영원히 살게 하시는 일을 하셨

다는 증표가 바로 그가 죽은 자들 가운데서 살아나신 것이다.

그가 죽은 자들 가운데서 살아나심은 그리스도가 대속적 죽음으로 우리를 영원히 살게 하셨다는 것을 확증하는 것이다.

- 우리의 영생을 위해 그리스도는 부활의 새 생명을 우리에게 주심

4. 그리스도께서 죽은 자들 가운데서 살아나심으로 우리를 영원히 살게 하기 위해서 그의 부활의 새 생명을 우리에게 주셨다.

우리가 가지고 태어난 육체적 생명으로는 영원히 살 수가 없다. 육체적 생명은 죄로 죽을 몸의 생명이다.

그런데 그리스도께서 죽은 자들 가운데서 다시 사심으로 그의 부활의 새 생명을 우리에게 주셔서 우리로 영원히 살 수 있게 하셨다. 우리는 주 예수를 믿음으로 죄용서를 받음과 함께 그의 부활의 새 생명을 받아서 그와 함께 영원히 살게 되었다. 부활의 생명으로만이 영생할 수 있기 때문이다.

- 그리스도는 그의 부활로 성령을 우리의 영생의 보증으로 주심

5. 그리스도의 부활이 우리의 영광의 부활의 보증이 된 것은 성령으로 우리의 부활을 보증하시기 때문이다.

그리스도가 성령으로 부활의 새 생명을 우리에게 주셨다. 성령의 내주로 영생을 우리에게 보증하신다. 하나님이 그리스도의 몸을 죽은 자들 가운데서 성령으로 살리셨는데 그 성령을 우리 안에 거하

게 하심으로 우리의 부활을 보증하셨다.

- 그리스도의 부활은 우리의 부활을 보증

6. 그리스도께서 우리로 영광의 부활에 이르게 하기 위해서 부활하셨다.

그리스도는 우리의 대속자로 죽으심으로 우리의 죗값을 다 갚으셨다. 우리로 영원히 살 수 있게 하기 위해서 부활하셨다. 우리 부활의 보증이 그의 영의 내주이다.

46. 부활 후 그리스도는 하늘로 가셔서 재림까지 그곳에 계심

물음 46.

그가 하늘로 올라가셨다는 것을 당신은 어떻게 이해하십니까?

Frage 46.

Wie verstehst du (diess), dass Er ist gen Himmel gefahren?

답.

그리스도께서 그의 제자들이 보는 앞에서 하늘로 오르셨다는 것과 그가 다시 오셔서 산 자들과 죽은 자들을 심판하실 때까지 그곳에 계심이 우리에게 너무도 좋은 것입니다.

Antwort.

Dass Christus vor den Augen seiner Jünger ist von der Erde aufgehoben gen Himmel, und uns zu gut daselbst ist, bis dass Er wiederkommt zu richten die Lebendigen und die Todten.

해설

- 그리스도의 하늘로 가 계심은 우리의 처소 예비와 우리의 처소가 하나님의 보좌 앞임을 밝힘이다

1. 그리스도께서 부활 후에 하늘로 가셔서 그곳에 계심은 우리가

갈 곳을 예비하심이고, 하나님의 보좌 앞이 우리가 영원히 살 자리임을 알리심이다.

- 그리스도의 하늘로 가심은 속죄사역의 완성

2. 그리스도의 하늘로 가심은 속죄사역의 완성이다 (히 9:24).
이 요리문답 본문에는 그리스도의 승천이 속죄사역의 완성임을 지시하는 아무런 제시가 없다.
그리스도께서 속죄사역을 마치시고 하나님의 얼굴 앞에 나타나셔서 그의 속죄사역을 아버지께 보고하심으로 속죄를 완성하셨다.

- 승천은 그리스도의 찢기신 몸을 아버지의 얼굴 앞에 보여 속죄사역을 완성함임

구속사역을 이루신 그의 몸을 아버지의 얼굴 앞에 보이심이 속죄사역의 완성이다. 속죄를 위해서 피 흘리고 십자가에 찢기신 그의 몸을 아버지께서 보시고 그의 제사를 만족하셔서 기쁘게 받으셨다. 그러므로 속죄사역이 완성되었다.

- 500명의 증인 앞에서 하늘로 가심으로 그의 부활과 승천을 확증

3. 그리스도께서 하늘로 가실 때 500명의 증인들 앞에서 하늘로 가셨다.

주 예수는 부활하신 후에 40일을 세상에 계시며 자기의 부활을 확증해 주셨다. 그리스도는 확증받은 사람들 앞에서 하늘로 가심으로 부활하신 이와 승천하신 분이 동일한 분이심을 증명하고 공포하셨다.

500명이 증인들로 (고전 15:6) 그리스도의 부활과 하늘로 가심을 증거하고 선포하였다. 그러므로 어길 수 없는 사실이었다.

- 그리스도의 하늘로 가심은 다시 오실 것을 확약함임

4. 그리스도께서 하늘로 가심으로 다시 오실 것을 확증하셨다.

그리스도는 구속사역을 완성하신 후에 성령을 보내셔서 그의 구원을 많은 백성들에게 적용하셨다. 그 적용이 완료되면 그가 다시 오셔서 그의 구원을 완성하실 것이다.

- 그리스도가 재림하시면 구원을 완성하고 악을 완전히 소제함

주 예수께서 다시 오셔서 구원을 완성하시고 영원한 세계를 도입하실 것이다.

구원의 완성에 모든 사람들을 심판하셔서 악을 완전히 소제하시는 것이 속한다. 구원의 완성과 심판을 위해서 그리스도께서 다시 오실 것이다.

- 그리스도께서 가서 계신 보좌 앞이 우리의 본향

5. 그리스도께서 몸으로 하나님의 보좌 앞에 가서 계시므로 그의 보좌 앞을 우리의 고향으로 만드셨다.

이것은 우리에게 참 위로가 된다. 우리가 죽으면 그리스도께서 앞서 가신 그 길로 하나님의 보좌 앞으로 갈 것이다. 그러므로 두려움과 떨림으로 어디로 갈지를 몰라서 놀라고 절망하는 것이 아니라 평안히 하나님 앞으로 갈 것이다.

- 우리 영혼이 보좌 앞에서 부활 때까지 하나님을 찬양

성령이 우리를 그리스도의 손 못 자국을 통해서 하나님께로 인도하실 것이기 때문이다. 우리의 영혼이 거기서 부활할 때까지 살며 하나님을 찬양할 것이다.

- 심판의 표준은 주 예수를 믿었느냐, 안 믿었느냐뿐

6. 산 자와 죽은 자들을 심판하러 오신다는 것은 아담의 모든 후손들을 다 심판하여 예수 믿음과 믿지 않음에 따라서 영원한 생명과 영원한 형벌을 정하실 것임을 말한다.

- 그리스도는 인자가 되심으로 심판의 권세를 받음

7. 그리스도께서 사람의 아들이 되셔서 인류를 구원하셨으므로 모든 사람들을 심판할 권세를 아버지로부터 위임받으셨다.

그리스도가 모든 사람들을 심판하는 권세를 가지셨고 또 위임받

으셨으므로 그의 심판을 피할 사람은 아무도 없다. 그리스도만이 유일한 심판자이시다.

　그리스도의 심판으로 인류역사가 끝이 나고 영원한 세상이 이어진다.

47. 그리스도가 세상 끝까지 우리와 함께하심

물음 47.

그러면 그리스도께서 우리에게 약속하신 대로 세상 끝까지 우리와 함께 계시지 않는가요?

Frage 47.

Ist denn Christus nicht bei uns bis an's Ende der Welt, wie Er uns verheissen hat?

답.

그리스도는 참된 사람이고 참된 하나님이십니다: 그의 인간 본성으로는 그는 지금 땅 위에 계시지 않습니다. 그러나 신성과 엄위와 은혜와 영을 따라서는 그는 결코 우리에게서 떠나 계시지 않습니다.

Antwort.

Christus ist wahrer Mensch und wahrer Gott: nach seiner menschlichen Natur ist Er jetzt nicht auf Erden, aber nach seiner Gottheit, Majestät, Gnade und Geist weicht Er nimmer von uns.

해설

1. 승천하시기 전에 "세상 끝 날까지 항상 너희와 함께하리라"고 약속하셨는데 (마 28:20), 하늘로 가시면 우리와 함께 계신다는 약속

은 어떻게 되느냐고 묻고 있다.

- 그리스도는 인성으로는 하늘에, 하나님으로서는 항상 우리와 함께하심

2. 이 물음에 대한 답으로 그리스도께서 인간 본성으로는 하늘로 가셔서 하늘에 계시지만 하나님으로서는 우리와 항상 함께하신다고 강조한다.

- 그리스도는 성육신하셨어도 인격으로는 하나님이시다

3. 그리스도는 본래 하나님이신데 성육신하셔서 인간 본성을 입고 사람이 되셨다. 그리스도는 본래 하나님이시다. 그는 창조주이시고, 창조 중보자이시며, 삼위일체의 제2위격이시다.

그런데 범죄하여 영원히 죽게 된 인류를 구원하시기 위해서 성육신하시어 사람이 되셨다.

그러나 그의 인격은 하나님으로서 인격이므로 하나님으로 계신다. 참 하나님이 사람의 본성을 입으심으로, 곧 몸과 영혼을 취하여 참 사람이 되셨다. 사람이 되셨어도 인격으로는 하나님이시므로 참 하나님이시다. 그는 참 하나님이시며, 참 사람이시다.

- 하나님이 성육신하셨으므로 인성과 신성을 가지셨다

하나님이 성육신하여 인간 본성을 취하셨으니 하나님 본성과 인

간 본성을 함께 가지셨다. 그러나 인격은 하나님의 인격으로서 하나이고 동일하여 참 하나님으로 계신다.

칼케돈 공회의 (concilium Chalcedonese, 451)는 한 인격이 두 본성을 가지셨다고 공식화하였다.

- **하늘로 가신 그리스도는 인성으로는 우리와 함께하실 수 없다**

4. 하늘로 가신 그리스도는 인성으로는 우리와 함께 땅 위에 계실 수 없다.

그리스도는 하늘로 가실 때 신인인격으로 하늘로 가셨다. 그러므로 인성으로는 하늘에 계신다. 인성은 유한하므로 편재할 수 없다. 그러므로 그리스도는 인성으로는 지금 하늘에 계시고 땅에 계시지 않는다.

- **그리스도는 참 하나님이시므로 편재하신다**

5. 그리스도는 또 참 하나님이시므로 편재하셔서 계시지 않는 곳이 없다.

그리스도는 하나님으로서는 하늘에 계시고 땅 위에도 계시고 온 우주에 편재하신다. 그러므로 하늘로 가신 그리스도께서 신성으로는 우리와 함께 계시되 항상 함께 계신다.

- **그리스도는 영과 은혜로 우리와 함께 계신다**

6. 그리스도는 그의 약속대로 (마 28:20) 그의 신성과 엄위와 은혜와 영으로는 우리를 떠나 계시는 것이 아니다.

신실하신 하나님은 그의 약속대로 우리를 감싸고 붙들고 계신다. 그리하여 믿음에서 떨어지지 않게 하신다.

그리스도는 그의 약속대로 은혜로 늘 우리와 함께 계시고 우리를 북돋우고 힘주신다. 그리하여 그의 은혜에서 떨어지거나 절망하지 않게 하신다.

그리스도는 영을 보내시어 성령의 위격 안에서 우리와 함께 계신다. 그리스도의 인격과 성령의 인격은 서로 분리되지 않으므로 성령의 인격 안에서 그리스도는 우리와 늘 함께 계신다.

- 그리스도의 엄위는 그의 영광의 엄위를 말한다

7. 그리스도의 하나님으로서의 엄위는 영광의 엄위를 말한다.

그리스도는 하나님으로서 영광과 권세와 능력과 은혜를 가지신다. 그 영광은 창조주의 영광이므로 엄위로 나타난다. 곧 창조주의 권세로 우리와 함께 계심을 말한다. 구속주로서는 그의 자비와 은혜로 우리와 함께 계시지만, 창조주로서는 권세와 영광으로 우리와 함께 계시므로 우리는 모든 대적들에게서 안전하다.

48. 그리스도는 신성으로 편재하시고 인성으로는 아니다

물음 48.

이 방식으로 그리스도의 두 본성이 서로 분리되어 있지 않다면, 신성이 계시는 곳이면 어디든지 인성도 그곳에 계셔야 하지 않는가요?

Frage 48.

Werden aber auf diese Weise die zwei Naturen in Christo nicht von einander getrennt, so die Menschheit nicht überall ist, da die Gottheit ist?

답.

결코 아닙니다: 왜냐하면 신성은 인지할 수 없게 모든 곳에 임재하시므로, 그가 취하신 인성 밖에 계시면서도 동일한 인성 안에도 계시고 또 인성과 인격적으로 연합하여 계시는 것이 마땅합니다.

Antwort.

Mit nichten: denn weil die Gottheit unbegreiflich und allenthalben gegenwärtig ist, so muss folgen, dass sie wohl ausserhalb ihrer angenommenen Menschheit, und dennoch nichts desto weniger auch in derselben ist, und persönlich mit ihr vereiniget bleibt.

해설

- 그리스도는 신성에 있어서 하나님으로서 편재하신다

1. 그리스도가 신성으로 우리와 함께 계시면 신성과 인성이 분리되는 것이 아니냐는 물음에 그렇지 않다고 답한다.

- 그리스도의 편재

2. 그리스도는 신성에 있어서 하나님이시므로 편재하신다.
어디든지 계시지 않는 곳이 없다. 하늘에도 계시고 땅 위에도 계신다. 그리고 우리 각 사람과 함께하신다.

- 편재는 한 곳에 계시면서 동시에 모든 곳에 계심을 말한다

편재는 하나님이 한 곳에 계시면서 동시에 모든 곳에 계심을 말한다. 편재는 하나님만의 존재방식이다. 어떤 피조물도 편재하지 못한다.

- 그리스도는 신성으로 편재하셔도 인성과 분리되지 않으신다

3. 그리스도가 신성으로 어디든지 계시지 않는 곳이 없고, 우리 각 사람과 함께 계셔도 그가 취하신 인성과 떨어져 계시는 것이 결코 아니다.
하나님으로서는 그가 취하신 인성의 한계 안에 제한되시는 것이

아니다. 온 우주를 품으시고 그 안에 계시며 그 밖에도 계신다.
그러나 그가 취하신 인성과 분리되는 것이 결코 아니다.

- **그리스도는 하나님이셔서 영의 방식으로 계시므로 우리가 감지할 수 없다**

4. 하나님의 임재는 깨달을 수 없는 방식으로 계시는 것이다.
하나님은 영으로 계시므로 몸으로 함께하시는 것과 같은 방식으로 우리와 함께하시는 것이 아니다. 하나님은 영으로 계시고 권세로 함께 계시므로 몸으로 계시는 방식이 결코 아니다.
그러나 하나님의 신성이 어디든지 계신다고 하여 그가 취하신 몸과 떨어져 따로 계시고 따로 역사하시는 것이 아니다.
신성과 인성의 연합은 영원하고 분리 불가하므로 언제나 성육신의 연합을 유지하신다.
그러면서도 신성으로는 인성의 한계를 넘어가시며 편재하신다.

- **그리스도는 하나님으로서 피조물의 한계 안에 갇히시지 않는다**

5. 하나님은 무한하신 영적 존재이시므로 피조물의 한계선에 제약되지 않으신다.
하나님은 성육신으로 몸 안에도 계시지만 몸 밖에도 계신다. 이 가르침은 종교개혁 때 루터교회로부터 extra-Calvinisticum이라고 정죄되었다. 루터교회의 주장은 성육신하셨으니 신성이 인성 안에 계심만이 타당하다고 강조하였다. 그러나 이 가르침은 칼빈에게서 처음 비롯된 것이 아니고 고대교회 때부터 가르쳐졌다.

아다나시오스는 그의 초기 작품인 "로고스의 성육신에 관하여"에서 하나님이 성육신하여 사람이 되셨으므로 몸 안에만 있고 우주에서 떠나 있었던 것이 아니라고 하였다 (de incarnatione Verbi, 17).

그 후 동방교부인 닛사의 그레고리오스 (Gregorios of Nyssa)도 제창하기를, 무한하신 하나님이 육체의 한계 안에 담길 수 없다고 하였다 (Oratio catechisis, 10). 그 후 칼빈이 이 가르침을 받아들임으로 개혁신학의 자산이 되었다.

따라서 울시누스 (Ursinus)가 요리문답을 작성하면서 이 가르침을 정당한 성경적 가르침으로 인정하여 여기에 넣었다.

- 그리스도는 영원히 인격적 연합을 유지하신다

6. 인성과 신성은 연합한 이후에 어떤 경우에도 분리되지 않고 영원히 그 인격적 연합을 유지하신다.

그리스도는 성육신하실 때 한 인성을 취하셔서 자기의 인격에 연합시키셨다. 두 본성이 한 인격에 연합하되 혼합 없이, 변화 없이, 분열 없이, 분리 없이 함께 계신다고 칼케돈 공회의가 공식화하였다. 그러므로 신성이 인성과 분리하여 성육신 이전 상태대로 계시는 것이 아니다. 신성이 신성대로 일하면서도 인성과 연합의 상태를 유지하는 것은 설명하기 어려운 신비이다.

그러나 인성은 하나님의 인격에 연합하여 영원히 계신다. 이것을 크레이다누스 (S. K. Greijdanus)가 그의 학위논문 "사람 되심과 낮아지심" (Menschwording En Vernedering, 1903)에서 잘 지적하였다.

49. 그리스도가 하늘에 오르시어 우리의 대언자가 되시고 우리의 육신을 안전하게 지키시고 또 우리를 자신에게로 올리시며 주님만을 바라게 하신다

물음 49.

그리스도께서 하늘에 오르심이 우리에게 어떤 유익을 줍니까?

Frage 49.

Was nützet uns die Himmelfahrt Christi?

답.

첫째로, 그리스도께서 하늘에서 자기 아버지의 얼굴 앞에서 우리의 대언자가 되신 것입니다. 둘째로, 우리의 육신이 하늘에서 안전한 보장을 가지는 것입니다. 또 그가 머리로서 우리를 그의 지체들로 자기 자신에게로 올리실 것입니다. 셋째로, 그가 우리에게 자기의 영을 담보로 보내심으로 그로써 우리는 그리스도께서 하나님의 우편에 앉아 계시는 곳, 곧 위에 있는 것을 구하고 땅에 있는 것을 구하지 않게 되는 것입니다.

Antwort.

Erstlich, dass Er im Himmel vor dem Angesicht seines Vaters unser Fürsprecher ist. Zum andern, dass wir unser Fleisch im Himmel zu einem sichern Pfand haben, dass Er, als das Haupt, uns, seine Glieder, auch zu sich werde hinauf nehmen. Zum dritten, dass Er uns seinen Geist zum Gegenpfand herab sendet, durch welches Kraft wir suchen, was droben ist, da Christus ist, sitzend zur Rechten Gottes, und nicht das auf Erden ist.

해설

- **그리스도는 아버지 앞에서 우리 구원의 보증 노릇을 하신다**

1. 이 요리문답은 그리스도께서 하늘에 오르심이 하나님 아버지의 얼굴 앞에서 우리의 보증이라고 선언한다.

우리가 구원 얻을 수 있는 유일한 근거는 하나님의 아들 그리스도께서 우리를 위해 피 흘리신 것이다.

- **하나님은 그리스도의 구속사역을 만족하사 우리 죄를 다 용서하신다**

이 구원사역을 보고하기 위해서 그리스도는 하늘에 오르시고 아버지의 얼굴 앞에 나타나셨다 (히 9:24). 하나님 아버지는 그리스도의 구속사역을 만족하시고 기뻐하셨다. 아버지는 속죄제물이었던 그의 몸을 받으시고 백성들의 죄를 다 사하셨다. 곧 하나님 얼굴 앞에서 우리의 죄가 다 용서되었다. 따라서 하나님은 믿는 자들에게서 더 이상 죗값을 물으실 수 없게 되었다.

- **우리를 대변하시어 우리의 죄 용서를 구하신다**

우리가 잘못하고 범죄할 때도 그리스도께서 아버지의 얼굴 앞에서 우리의 사정을 아뢰고 용서하시기를 구하신다. 그러므로 그리스도는 하나님 아버지의 얼굴 앞에서 우리의 대언자이시고 대변자이시다.

- 그리스도의 도고 때문에 하나님이 죄대로 우리를 벌하시지 않으심

그리스도께서 우리의 죄를 용서하시기를 구하시기 때문에 하나님도 죗값대로 우리를 벌하실 수 없게 되었다. 이것이 그리스도께서 하나님 아버지 앞에서 우리의 대언자의 직임을 행하시는 것이다.

- 그리스도의 하늘에 오르심은 우리가 하나님 앞으로 갈 길을 열었고 그 앞에서 사는 것을 보증

2. 그리스도는 하늘에 오르실 때 몸으로 아버지 얼굴 앞에 나타나시고 그 몸으로 하나님 앞에 계신다.

이것은 우리의 육신이 하나님 앞으로 갈 길을 연 것이고, 우리의 육신이 하나님 얼굴 앞에서 사는 것을 보증하는 것이다. 그리스도의 육신이 우리의 육신으로서 하나님 얼굴 앞에 살므로 우리도 우리의 육신으로 아버지 얼굴 앞에서 사는 것을 보증하는 것이다.

- 그리스도가 하나님 앞에 계심은 우리의 몸을 하늘로 올리실 것을 담보

3. 그리스도께서 자기의 육신으로 하나님 아버지의 얼굴 앞에 계시는 것은 우리의 몸을 하늘로 올리실 것을 담보하시는 것이다.

이것은 우리가 앞으로 하나님 얼굴 앞으로 올려져 거기서 살 것을 보증하고 담보하는 것이다. 그리스도가 우리의 육신과 동일한 육신으로 아버지 앞에 사시므로 그곳을 우리의 몸이 살 고향으로 확정하신 것이다.

- 그리스도의 육신은 우리의 거처를 담보함

우리를 하나님 앞으로 이끄시기 위해서 그리스도는 그의 육신으로 우리의 거처를 담보하시는 것이다.

- 우리가 하나님 앞으로 갈 담보는 성령이시다

4. 그리스도 자신이 하나님의 얼굴 앞을 우리의 영원한 처소로 정하셨는데, 우리가 하나님 얼굴 앞으로 갈 보장 혹은 담보로 성령을 우리에게 보내셨다.

그리스도께서 육신으로 아버지의 얼굴 앞에 계시므로 그곳을 우리의 처소로 확정하셨다. 그러나 우리가 죽으면 아버지의 얼굴 앞으로 간다는 보증이 확실하지 않다. 그래서 그리스도는 성령을 우리 각자에게 보내시어 우리도 하나님의 얼굴 앞으로 갈 것을 담보하셨다.

- 성령은 우리의 부활과 하늘로 가는 것을 보증

성령은 우리의 부활과 하늘로 갈 것에 대한 보증 혹은 담보로 우리에게 오셨다. 그러므로 성령이 우리에게 계시는 한 우리가 죽은 후에 부활에 이를 것을 담보하시는 것이다 (엡 1:13-14; 4:30). 성령이 우리 각자에게 오신 것은 이와 같이 확실한 우리의 구원의 보장 혹은 담보이다.

- **성령은 우리로 하늘의 그리스도를 바라보게 함**

5. 우리는 구원받은 후에도 육신으로 살고 땅에 살므로 땅의 삶에 필요한 것에 우리의 모든 시선과 정신을 집중하게 되어 있다. 이것을 막고 그리스도께서 계신 곳을 바라보도록 하려고 성령이 그의 능력으로 역사하신다.

통상 하나님의 아들과 딸들인 것을 잊어버리고 완전히 육신에 속한 사람으로 산다. 이것을 막고 하늘의 신령한 복을 바라고 살도록 성령은 늘 우리를 감화하시고 설득하신다. 성령의 감화와 설득이 없다면 완전히 세상 것만을 바라고 살 것이다. 성령은 우리의 구원의 보장으로서만 오신 것이 아니라 우리 삶의 추진자로 오셨다.

곧 그리스도인으로 살도록 우리를 감화하시고 능력을 주신다. 그러므로 우리는 늘 성령의 능력을 힘입어야 한다.

50. 하나님은 교회의 머리이신 그리스도로 말미암아 만물을 다스리심

물음 50.

왜 그리스도가 하나님의 우편에 앉아 계신다는 것을 덧붙였습니까?

Frage 50.

Warum wird hinzugesetzt, dass Er sitze zur Rechten Gottes?

답.

그리스도는 하늘로 올라가셨기 때문에, 거기서 자신을 교회의 머리로서 보이시게 되었습니다. 아버지는 그 머리로 말미암아 만물을 다스리십니다.

Antwort.

Weil Christus darum gen Himmel gefahren ist, dass Er sich daselbst erzeige als das Haupt seiner christlichen Kirche, durch welches der Vater alles regieret.

해설

- 아버지의 얼굴 앞으로 가심은 구속사역의 완성이요, 통치의 시작

1. 그리스도가 하늘로 가신 것은 구속사역의 완성이요, 통치를

시작하심이다.

그리스도가 하늘로 가심은 아버지 얼굴 앞으로 가신 것이다. 아버지의 얼굴 앞으로 가심은 자기의 속죄사역을 보고하여 하나님의 만족을 얻으심을 뜻한다. 곧 하나님 얼굴 앞에서 그리스도의 속죄제사가 완성되어 우리의 모든 죄가 다 사함을 받았다.

- 그리스도는 천지의 대권을 받아 교회와 만물을 다스리심

속죄사역이 완성되었으므로 그리스도는 아버지로부터 천지의 대권을 받아서 교회와 만물을 다스리기 시작하셨다. 본래 하나님의 위격으로서 아니고 신인위격으로서 천지의 대권을 행사하심을 말한다.

- 다스림의 표: 성령을 보내심

그리스도께서 천지의 대권을 받으시어 만물을 다스리심의 표가 구속사역에 근거하여 아버지로부터 성령을 세상에 보내신 것이다.

- 그리스도는 성령으로 교회를 조성하심

2. 그리스도가 하늘로 가셔서 성령을 보내심이 교회를 다스림의 시작이고, 교회를 통하여 만물을 다스림의 시작이다.

그리스도는 자기의 구속사역에 근거하여 성령을 아버지께 청구하여 세상에 보내심으로 교회를 조성하셨다. 성령이 오셔서 그리스

도의 구속사역을 사람들에게 적용하심으로 사람들로 주 예수를 믿어 하나님의 자녀가 되게 하셨다. 그리고 그들을 모아서 그리스도의 교회를 구성하셨다.

- **성령은 그리스도의 구속사역의 적용으로 사람을 새롭게 하시고 그에게 연합시키심**

그리스도는 성령을 보내시어 사람들로 주 예수를 믿어 새사람이 되게 하신다. 그리고 그 믿는 사람들을 자기에게 연합시키신다. 사람들을 그리스도에게 연합시킨 것이 교회가 되었다. 그리스도가 머리가 되시어 모든 믿는 사람들을 자기의 지체들로 자기에게 연합시키신다. 이렇게 믿는 사람들이 그리스도를 머리로 하고 지체들로 서로 연합한 것이 교회이다.

- **성령은 연합의 띠 노릇을 하신다**

성령은 모든 믿는 사람들로 그리스도에게 연합하게 하시고, 연합의 띠 노릇을 하신다. 그리하여 흩어지지 않고 한 교회로 남게 하신다.

- **그리스도에 연합된 사람들은 그리스도의 은혜와 생명으로 삶**

성령은 그리스도에게 연합하여 한 교회가 된 사람들을 머리이신 그리스도의 구속의 은혜와 그의 생명으로 살게 하신다. 이로써 모든 믿는 사람들로 그리스도인으로서 살게 하신다.

- 성령은 교회와 믿는 사람 안에 거주하심

그리스도께서 성령으로 교회를 구성하시고 교회 안에 거주하신다. 이 거주가 바로 성령의 내주 (內住)이다. 성령은 교회 안에 거주하신다. 그리고 성령은 믿는 사람들 각자 안에도 거하신다.

내주의 시간부터 성령은 믿는 사람들로 옛사람을 버리고 새사람으로 살도록 역사하신다. 이것이 그리스도께서 교회를 다스리시는 것이다.

그리스도께서 하늘에 오르시므로 교회에 성령을 보내어 그로 교회를 조성하고 다스리신다. 이것이 그리스도께서 교회의 머리가 되신 것을 나타내는 것이다.

- 교회는 그리스도의 충만이다

3. 교회는 그리스도의 충만이다.
바울은 에베소에서 교회를 그리스도의 충만으로 제시하였다 (엡 1:23). 그것은 교회에서 그리스도의 다스림이 가장 완전하게 이루어지기 때문이다.

- 그리스도가 만물을 다스려 교회의 존속을 보장하시다

또한 그리스도는 교회를 다스리시면서 만물을 다스리신다. 교회를 위하여 만물을 다스리신다. 그리하여 교회가 굳게 서고 넘어지지 않게 하시고 무너지지도 않게 하신다. 따라서 만물이 교회를 위해서 존재하므로 그 존재목적을 다한다.

- **그리스도가 천지대권으로 다스림이 하나님의 다스림이다**

4. 그리스도가 하늘로 가셔서 천지의 대권으로 다스리시는 것이 하나님 아버지가 다스리심이다.

그리스도는 교회를 다스리시고 하나님 아버지는 만물을 다스리시는 것이 아니다. 그리스도는 교회의 머리로서 교회를 다스리시고, 또 교회로부터 만물을 다스리신다.

이렇게 그리스도께서 그의 구속사역에 근거하여 교회를 다스리시고 만물을 다스리시는 것이 하나님이 만물을 다스리시는 것이다.

51. 교회의 머리이신 그리스도의 영광의 역사를 말함

물음 51.

우리의 머리이신 그리스도의 영광이 우리에게 어떤 유익을 줍니까?

Frage 51.

Was nützet uns diese Herrlichkeit unsers Hauptes Christi?

답.

첫째로, 그리스도가 그의 성령으로 우리, 곧 그의 지체들 안에서 하늘의 은사들을 부으십니다. 둘째로, 그는 우리를 자기의 힘으로 모든 대적들에 거슬러서 지키고 보존하십니다.

Antwort.

Erstlich, dass Er durch seinen heiligen Geist in uns, seine Glieder, die himmlischen Gaben ausgeutzt; darnach, dass Er uns mit seiner Gewalt wider alle Feinde schützet und erhält.

해설

- 그리스도의 영광은 부활 승천과 성령 파송으로 교회와 세상을 다스리심이다

1. 여기서 그리스도가 받으신 영광은 부활하여 하늘에 오르시고 보좌 우편에 앉으사 성령을 보내시어 교회와 세상을 다스리시는 것을 말한다.

그리스도는 사람이 되어 오셔서 십자가에서 고난 받아 피 흘려 죽으셨다. 이 구속사역으로 온 세상을 구원하셨다. 말할 수 없는 비참한 상태에서 세상 구속을 이루셨다.

- **구속사역 후 그리스도는 하나님으로의 본자리로 돌아가셨다**

하나님의 아들로서 세상 구원을 이루셨으므로 본래 하나님의 자리로 돌아가셨다. 그러나 인성을 입으신 면에서는 부활하여 하늘로 가심이 영광이다.

그리스도께서 하늘로 가심은 속죄제사의 완성이고, 천지의 주재로서 세상을 다스리심을 말한다. 천지를 다스림에 있어서 교회를 세우고 인도하며 지키기 위해서 성령을 보내셨다.

- **하늘로 가신 후 속죄제사에 근거해서 성령을 보내심**

2. 그리스도께서 영광을 얻으심, 곧 하늘로 가심은 속죄제사의 완성이므로 그 속죄제사에 근거하여 성령을 보내셨다.

그리스도께서 하늘에 오르심이 없었으면 결코 성령을 보내실 수 없었을 것이다. 하늘에 오르심으로 성령을 보내셨으니 그리스도께서 영광을 보심이 우리에게 다시없는 유익이다.

- 성령이 복음을 전파하심으로 우리는 창조주 하나님, 구속주 하나님을 알고 섬기게 되었다

왜냐하면 성령이 오셔서 복음을 전파하심으로 우리가 창조주 하나님을 알게 되었을 뿐만 아니라 구속주 하나님을 알고 믿게 되었다. 우리는 도저히 바랄 수도 없는 형편이었는데 성령의 역사로 그리스도의 구속을 받아 영생에 이르고 하나님의 자녀들이 되었다.

- 그리스도의 피로 반역자들을 백성으로 돌이킴으로 하나님을 찬양하고 경배; 이것이 그리스도의 다스림이다

성령이 그리스도의 피로 반역자들을 돌이켜 백성의 자리에 세우심으로 하나님을 찬양하고 경배하는 일이 이루어졌다. 이것이 그리스도의 다스림이다. 성령의 역사 아니면 도저히 생각하거나 바랄 수도 없는 일이다.

3. 또 성령으로 은혜와 많은 은사들을 우리에게 부어주셨다.

우리에게 주신 성령의 은사들은 그리스도께서 성령으로 우리에게 주신 선물들이다.

- 우리가 받은 큰 은혜는 그리스도의 구속으로 죄와 죽음에서 해방되고 성령의 내주를 받음

우리가 받은 가장 큰 은혜는 바로 예수 그리스도를 알고 믿게 된 것이다. 예수 그리스도가 하나님의 아들이신데 사람이 되셔서 십자

가에서 피 흘리심으로 우리를 죄와 죽음에서 구원하셨음을 아는 것이다. 성령이 이 진리를 알고 믿게 하셨다.

또한 그리스도의 생명과 성령의 내주를 받았다. 그리하여 교회는 그리스도의 생명으로 살고, 성령의 안위와 능력으로 살게 되었다.

- 은사들은 그리스도께서 성령을 통해 우리에게 주심

신약에서 말하는 많은 은사들을 그리스도께서 성령을 통하여 우리에게 주셨다. 이 은사들에는 고린도서에 나오는 많은 은사들, 곧 사도직과 선지직, 전도자의 직임, 또 사랑과 서로 돕는 일과 예언과 방언과 병을 낫게 함 등등이 속한다.

그러나 그리스도께서 주신 가장 큰 선물은 성령을 보내사 우리로 주 예수를 믿어 구속된 백성이 되게 하신 것이다.

- 그리스도는 그의 피로 교회를 세우시고 세상을 다스리신다

4. 그리스도는 자기의 흘리신 피로 교회를 세우셨다. 그리고 교회를 통하여 세상을 다스리신다.

에베소서에는 교회를 그리스도의 충만으로 제시한다 (엡 1:23). 교회에서 그리스도의 다스림이 잘 구현되기 때문이다. 교회로부터, 또 교회를 위해서 세상을 다스리신다.

- 그리스도의 다스림은 복음 선포로 구현된다

그리스도께서 세상을 다스리심은 복음 선포로 구현되었다. 복음 선포로 사람들로 주를 믿게 할 뿐만 아니라 악을 억제하여 인류사회 영역에서도 왕이 되시기 때문이다. 복음 선포로 사회가 불의와 악이 무엇인지를 알게 된다. 고치지는 못해도 그런 악을 행하면 안 된다는 것을 깨닫게 되기 때문이다.

- **그리스도가 교회를 다스리시므로 지옥의 권세가 교회를 이기지 못한다**

그리스도께서 교회를 다스리고 지키시므로 교회가 많은 환난과 핍박을 받아도 없어지지 않고 굳게 선다. 곧 지옥의 권세가 그리스도의 교회를 이기지 못한다. 교회가 주 예수를 굳게 믿는 한 결코 지옥의 권세가 교회를 이기지 못한다.

그리스도께서 교회와 교회의 지체들을 지키시기 위해 그의 모든 힘과 권세를 활용하시기 때문이다.

- **그리스도는 모든 권세로 교회를 지키신다**

5. 그리스도는 모든 권세로 자기의 교회를 지키신다.

그리스도께서 피 흘려 백성을 구원하여 교회를 세우셨고 세상의 악과 핍박으로 교회가 무너지지 않게 지키고 인도하신다. 그리스도의 피로 구속받은 백성은 사탄의 권세에서 놓여나 그리스도의 나라로 옮겨졌다. 그러므로 사탄이 가만히 있지 않고 온갖 꾀와 폭력으로 교회를 없애려고 한다. 그뿐만 아니라 그리스도의 백성을 다시 자기의 손아귀에 넣으려고 한다. 이것이 이루어지지 않게 그리스도 께서 그의 피의 권세와 창조주로서의 권세로 교회를 지키고 인도하신다. 그리하여 모든 환난에서도 교회는 무너지지 않는다. 주를 믿는 믿음을 끝까지 지키는 한 그러하다.

- 환난과 핍박에도 그리스도가 교회를 다스리시므로 교회는 무너지지 않는다

그러나 그리스도의 다스림 때문에 아무런 환난이나 핍박을 받지 않고 평안하고 무사하게 된다는 말이 아니다. 환난과 핍박에도 불구하고 교회가 굳게 서고 무너지지 않는다는 말이다.

- 교회가 배도하면 교회는 무너진다

그러나 교회가 배도의 길을 가면 교회는 무너진다. 교회의 배도는 그리스도가 하나님의 아들이 아니고 또 구속사역을 이루었다는 것을 부정하는 것이다. 그러면 더 이상 그리스도의 교회가 아니게 되므로 교회가 무너진다.

- 믿음을 굳게 지키면 교회는 존속한다

교회의 존속은 믿음을 굳게 지키는 것이 결정적이고, 핍박과 환난은 그리 큰 역할을 하는 것이 아니다.

52. 그리스도가 하나님의 심판을 받으심으로 나를 죄와 저주에서 구출하시고 영광으로 인도하시고 원수들은 정죄하심

물음 52.

죽은 자와 산 자를 심판하기 위해 그리스도께서 다시 오시는 것이 당신을 어떻게 위로합니까?

Frage 52.

Wes tröstet dich die Wiederkunft Christi, zu richten die Lebendigen und die Todten?

답.

나는 모든 슬픔과 핍박에서도 머리를 곧게 세우고 나를 위하여 자신을 하나님의 심판에 내어놓으심으로 내게서 모든 저주를 제거하신 심판주를 하늘로부터 기다립니다. 또 그리스도가 그와 나의 모든 원수들을 영원한 정죄로 던지실 것입니다. 그러나 나를 모든 택하신 자들과 함께 하늘의 기쁨과 영광으로 이끄실 것입니다.

Antwort.

Dass ich in aller Trübsal und Verfolgung mit aufgerichtetem Haupt eben des Richters, der sich zuvor dem Gerichte Gottes für mich dargestellt und alle Vermaledeiung von mir hinweggenommen hat, aus dem Himmel gewärtig bin, dass Er alle seine und meine Feinde in die ewige Verdamniss werfe, mich aber, sammt allen Auserwählten, zu sich in die himmlische Freude und Herrlichkeit nehme.

해설

- **주 예수의 다시 오심이 확실한 위로를 준다**

1. 하늘 보좌에 앉으사 교회와 온 세상을 다스리시는 주 예수 그리스도께서 다시 오실 것을 가장 확실한 위로로 제시한다.

하늘에 오르시어 그리스도는 천지의 대권을 행사하신다. 이 대권으로 교회를 가장 확실하게 지키신다.

- **그리스도가 심판주로 오셔도 재림 때 나는 받을 심판이 없다**

2. 그리스도께서 대속적인 죽음을 당하실 때 내가 받을 모든 심판을 다 당하신 것이므로 주께서 재림하셔도 내가 받을 심판이 없다는 것을 강조한다.

이 문항의 시작에서부터 그가 재림하시면 믿는 나는 심판받을 일이 없다는 것을 전제하고 시작한다. 재림 때 그리스도는 심판주로 오신다. 그리스도께서 심판주로 오시기 때문에 그리스도인들이 심판받을까봐 걱정과 평안이 없는데, 그런 일은 없다는 것을 강조하고 있다.

- **재림 때 그리스도는 그의 백성을 영생과 영광으로 인도하신다**

3. 그리스도는 다시 오셔서 자기의 백성을 영생과 영광으로 인도하신다.

교회를 지키고 세상을 다스리시는 그것만으로 그리스도께서 자기의 일을 다하시는 것이 아니다.

다시 오셔서 자기의 피로 구속한 백성들을 영원한 생명과 영광으로 들이심으로 그의 사역을 완성하신다.

주 예수를 믿는 것 때문에 지금은 핍박과 환난을 당하지만 그리스도께서 다시 오셔서 구원을 완성하실 것을 바라보면 위로와 힘을 얻게 된다.

더구나 그리스도의 다시 오심이 그의 구속사역만큼 확실하고 분명하므로 그리스도의 재림이 큰 위로가 된다.

- **그리스도는 그의 구속사역으로 내가 당할 심판과 저주를 제거하셨다**

4. 심판주로 오시기 전에 그리스도는 그의 구속사역으로 내가 범죄함으로 당할 심판과 저주들을 내게서 제거하셨다.

심판주로 오실 그리스도는 구속주이시다. 구속주는 나를 죄와 죽음에서만 구원해 내신 것이 아니다. 내가 마땅히 받을 심판과 저주를 담당하시므로 나를 하나님의 공의의 법으로 다시는 심판받지 않게 하셨다. 그리고 범죄한 내가 당할 모든 저주들을 제거하셨다. 주 예수를 믿는 나는 심판과 저주를 받지 않게 되었다.

- **심판주는 나를 심판받지 않게 하기 위해서 오신다**

5. 심판주는 나를 심판하러 오시는 것이 아니라 심판받지 않게 하기 위해서 오신다.

심판주가 다시 오시면 모든 사람을 심판하여 영생과 영벌을 받게 하기 위해서 오신다.

그러나 주 예수를 믿는 나는 심판받지 않게 하기 위해서 오신다. 왜냐하면 그가 나를 위해서 하나님의 심판에 자신을 내어맡기셔서 모든 심판을 다 담당하셨기 때문이다.

- 그리스도는 내 죄 때문에 심판을 받으사 저주와 죽음을 제거하셨다

6. 나를 위해 내 죄 때문에 심판을 받으신 그리스도는 내게서 모든 저주와 죽음을 제거하셨다.

그리스도께서 내 죄 때문에 저주받아 죽으심으로 나는 더 이상 저주받을 것이 없어졌다. 내가 받을 저주를 그리스도가 대신 받으셨으니 나는 저주받을 죄목이 없어졌다.

- 저주를 제거하셨으므로 나에게서 죄의 저주를 찾으실 수 없다

그러므로 심판주는 나에게 죗값대로 저주를 찾으러 오시는 것이 아니다. 저주를 이미 제해버리셨으므로 내게서 죄로 인한 저주를 찾으실 수 없다.

- 사탄과 그 무리들은 내 원수이기 때문에 그리스도의 원수이다

7. 나를 범죄하도록 한 사탄과 타락한 영들은 내 영원한 원수일 뿐만 아니라 그 원수를 제거하기 위해서 그리스도께서 오셨으니 사탄과 악한 영들이 다 그리스도의 원수이다.

- 그리스도가 사람이 되고 십자가에 피 흘리신 것은 죄의 장본인인 사탄과 악령들을 제거하시기 위해서임

그리스도가 사람이 되고 십자가에 피 흘리신 것은 죄의 장본인인 사탄과 악령들을 제거하시기 위해서였다. 그러므로 이 악령들이 다 그리스도의 원수들이다.

그뿐만 아니라 나를 죄짓게 하여 영원한 죽음과 멸망으로 몰아넣었으니 그들이 내 원수이다.

그리스도의 구속사역이 없었으면 나는 이들 악령들 때문에 영원한 죽음과 멸망 외에는 다른 아무런 길이 없었을 것이다.

- 그리스도는 심판주로서 악령들을 소제하실 것임

8. 그리스도는 심판주로 다시 오셔서 모든 악령들을 소제하실 것이다. 그리하여 다시는 죄로 인한 정죄와 멸망이 없게 하실 것이다.

- 그리스도는 구원의 완성을 위해서 오시고, 범죄의 장본인들을 제거하기 위해서 다시 오심

그리스도는 구원받은 자들을 영생과 영광으로 인도하는 것만을

위해서 다시 오시는 것이 아니다. 그뿐만 아니라 모든 범죄의 원인자들을 완전히 제거하여 지옥으로 넘기기 위해서 오신다.

악령들이 지옥에 갇히면 다시는 새 인류를 유혹하여 범죄함으로 하나님에게서 떠나게 하는 일을 할 수 없게 된다. 그러므로 새 하늘과 새 땅은 죄가 전혀 없는, 의가 거하는 곳이다.

- 악령들이 소제되면 구원받은 백성은 영원히 하나님을 찬양하며 살 것임

9. 악령들이 소제되면 나와 모든 택하신 백성들은 영원한 기쁨과 영광에서 영원히 하나님을 찬양하며 살 것이다.

하나님의 창조경륜은 하나님이 자기의 백성을 가지시고 그들 가운데 거하시며 찬양과 경배를 받으시는 것이다 (계 21:3). 그리스도의 구속으로 이 창조경륜이 완전히 성취되어 구원받은 백성들이 하나님을 모시고 산다. 하나님을 모시고 살며 찬양과 경배를 끊임없이 계속한다. 하나님을 찬양하고 경배하는 것이 사람의 존재목적이므로 그 안에서 무한한 기쁨과 영광을 누리게 된다.

III-6. 성령 하나님에 관하여: 물음 53-64
von Gott dem Heiligen Geiste

> **53.** 성령은 영원한 하나님으로서 참된 믿음으로 그리스도의 은혜에 동참하게 하시고 나를 위로하시며 나와 함께하심을 믿는다

물음 53.

당신은 성령에 대해서 무엇을 믿습니까?

Frage 53.

Was glaubest du vom Heiligen Geiste?

답.

첫째로, 성령은 아버지와 아들과 함께 똑같이 영원한 하나님이심을 믿습니다. 둘째로, 그는 참된 믿음으로 말미암아 나를 그리스도와 그의 모든 선한 은혜들에 동참하도록 하시기 위해서 내게 주어졌습니다. 그리고 그는 나를 위로하시고 영원까지 나와 함께 계실 것임을 믿습니다.

Antwort.

Erstlich, dass Er gleich ewiger Gott mit dem Vater und dem Sohne ist. Zum andern, dass Er auch mir gegeben ist, mich durch einen wahren Glauben Christi und aller seiner Wohltaten theilhaftig macht, mich tröstet und bei mir bleiben wird bis in Ewigkeit.

> **해설**

1. 사도신경의 3조 곧 성령조는 성령만 아니라 공교회와 성도의 교제와 죄를 용서해 주시는 것과 몸의 부활과 영생을 다 포함하고 있다.

- **성령은 아버지와 아들과 동일한 실체이시므로 영원한 하나님이시다**

2. 성령이 아버지와 아들과 같이 영원한 하나님이심을 믿는다는 것을 고백한다.

성령은 아버지와 아들처럼 동일 실체를 가지신 하나님이심을 강조한다. 성령이 아버지와 아들과 함께 동일 실체임을 강조한 첫 교부는 아다나시오스이다. 아다나시오스는 성령은 아들과 동일 실체이므로 하나님과도 동일 실체라고 하여 삼위일체이심을 강조하였다. 동일 실체이므로 성령은 아들과 하나이고 하나님과도 하나라고 하였다 (Epistula ad Serapionem I, 27). 이렇게 그는 성령이 다른 위격과 동일 실체라고 가르쳤다. 아레오스파와 마케도니오스파가 성령을 피조물, 곧 천사라고 했기 때문에 정통파에 의해서 강한 반박을 받게 되었다.

- **바실레오스는 한 공동 신격을 제시하였다**

4세기 갑바도기아 교부들 중 대표 신학자인 바실레오스는 한 공동 신격을 가르쳤다. 그래서 각 위격이 하나님이라고 고백하였다. 그리하여 하나님 아버지, 아들 하나님, 성령 하나님을 믿는다고 하였다 (ep. 8,2). 바실레오스는 아무런 주저 없이 하나님을 성령에 적용하였다. 그러나 그다음 자리에서 성령을 다시 부를 때는 하나님(theos)보다 신적 존재의 뜻인 theion을 사용하였다. 그러나 확실한 것은 성령도 하나님이어서 하나님 호칭을 성령에 그대로 적용한 것이다.

- 두 그레고리오스도 한 동일 실체를 강조하였다

나지안주스의 그레고리오스 (Gregorios of Nazianzus)와 닛사의 그레고리오스 (Gregorios of Nyssa)도 동일하게 성령의 동일 실체를 강조하였다.

- 콘스탄티노폴리스 신경은 성령이 아버지에게서 나오셨고 아버지와 아들과 함께 동일한 경배와 영광을 받으신다고 하여 성령이 하나님이심을 세웠다

콘스탄티노폴리스 신경은 "성령을 믿는데 주시요, 살리시는 자이시요, 아버지에게서 나오셨고, 아버지와 아들과 함께 동일한 경배와 영광을 받으신다" (Et in Spiritum Sanctum, Dominum et vivificantem, qui ex Patre procedit, qui cum Patre et Filio simul adoratur et conglorificatur)라고 신앙 고백하여 성령이 완전한 삼위일체이심을 고백하였다.

- 성령도 동일한 실체를 가지시므로 영원한 하나님이시고 삼위일체이시다

그리스도교의 근본신앙은 삼위일체 교리이다. 성령도 동일한 실체를 가지시므로 영원한 하나님이시다. 아버지, 아들, 성령이 한 하나님이시다.

성령이 영원한 하나님이 아니시면 피조물일 뿐이다. 이런 주장은 아레오스파와 마케도니오스파에 의해서 주창되었는데 콘스탄티노폴리스 공회의에 의해서 영원한 이단으로 단정되었다.

- 성령은 믿는 자를 그리스도에 연합시키시는 하나님이시다

3. 성령은 믿는 사람들을 그리스도와 연합시키시는 하나님이시다.

성령은 우리를 그리스도에게 연합시키는 일을 하신다. 성령은 먼저 우리 마음에 믿음을 일으켜서 그리스도를 믿어 믿음고백하게 하고 그리스도에게 연합시키신다.

- 성령은 아버지와 아들의 연합의 띠

아우구스티누스는 성령을 삼위일체 내에서 아버지와 아들을 연합하는 사랑의 띠라고 하였다. 이것을 받아서 20세기 로마교회의 성령신학자라고 할 헤리베르트 뮐렌(Heribert Mühlen)은 말하기를, 성령은 아버지와 아들을 묶어서 우리라고 말하게 하는 이라고 하여

성령을 '하나님 안의 우리' (Wir im Gott)라고 이름하였다.

삼위일체 내에서도 연합의 띠로 역사하시는 성령께서 우리에게 오셔서 우리를 그리스도와 연합시키는 일을 하신다.

- 우리와 그리스도의 연합은 그를 믿음으로 됨

우리가 그리스도와 연합하게 된 것은 그를 믿는 믿음으로 되었다. 이렇게 우리 마음에 믿음을 일으키시고 그 믿음에 바탕하여 우리를 그리스도께 연합시키는 일을 성령이 하신다.

- 성령이 우리를 그리스도에게 연합시키심으로 그리스도의 은혜와 생명에 동참하게 하심

4. 성령이 우리를 그리스도에게 연합시키심으로 그리스도에게서 오는 모든 은혜와 생명에 동참하게 하신다.

성령은 우리를 그리스도께로 인도하여 그를 믿어 믿음고백하게 하시고 그리스도에게 연합하게 하신다. 성령이 우리를 그리스도에게 연합하게 하심으로 그리스도의 모든 구원은혜와 생명에 동참하게 하신다.

- 칼빈: 그리스도와의 연합이 모든 구원은혜가 오는 통로라고 하였다

칼빈은 그리스도와의 연합이 모든 구원은혜가 오는 통로라고 하

였다. 칼빈의 이러한 가르침에 근거해서 지금 53문답이 이루어지고 있다.

- **우리의 구원은 그리스도와의 연합으로 이루어진다**

5. 우리의 구원은 그리스도와의 연합으로 이루어진다. 그러므로 성령은 우리를 그리스도와 연합시켜 영원한 구원을 얻도록 하기 위해서 우리에게 오셨다.

- **성령은 우리를 그리스도에 연합시켜 구원에 동참하게 하심**

구원은혜의 통로가 그리스도와의 연합이고 이 연합을 성령이 이루시므로 성령이 우리와 그리스도의 연합을 이루신다. 이 연합을 통하여 그리스도의 구원에 동참한다.

그러므로 성령이 우리에게 오신 것은 우리 구원의 보증이고 보장이다. 우리가 부활하여야 영생을 얻어 하나님의 자녀들이 된다. 이 부활의 보증으로 성령이 우리에게 오셨다 (엡 1:14; 4:30).

- **성령은 우리를 위로하시는 보혜사이시다**

6. 성령은 위로자로 오셨다.

성령은 우리를 그리스도에게 연합시켜 모든 구원은혜에 동참하게 하실 뿐만 아니라 우리를 위로하시는 위로자 곧 보혜사이시다.

- 삶의 어려움에서 우리를 위로하고 일으켜 세우심

그리스도인이 주 예수를 믿음으로 구원의 기쁨과 감사로 살지만 사는 동안 많은 어려움과 시련을 당한다. 그럴 때 성령께서 우리를 어려운 상황에서 낙심하고 뒤로 물러가지 않도록 우리를 위로하고 힘을 돋우어주신다. 그리하여 어려워 꺾이고 굽힐 때에도 다시 힘을 내어 일어나게 하신다. 이 일을 성령은 우리의 삶의 마지막 날까지 하신다.

- 성령은 우리의 인도자이시고 선생이며 힘을 돋우시는 보혜사이시다

성령은 우리의 인도자이시고 가르치는 선생이며 위로하여 힘을 돋우시는 하나님, 곧 보혜사이시다.

- 성령은 우리를 떠나지 않으시고 영원히 함께하신다

7. 한 번 오신 성령은 우리를 떠나시는 법이 없고 우리가 죽을 때에도 우리와 함께 계시고 영원까지 함께 계신다.

성령 파송자는 성령을 우리에게 보내시어 영원히 우리와 함께하게 하겠다고 약속하셨다 (요 14:16).

- 성령은 우리와 함께 계시고 떠나셨다 다시 오시는 것이 아니다

성령을 파송하시는 이가 성령을 보내어 "영원히 너희와 함께 있게 하리라"고 약속하셨으니 그 약속은 변할 수 없다. 성령이 오셨다가 떠나가시고 그 후에 다시 오시는 그런 일은 없다. 한 번 오신 성령은 영원히 우리와 함께 계시고 우리를 떠나시는 일이 결코 없다.

- 성령은 우리의 구원의 보증이시다

성령은 우리의 구원의 보증으로 오셨다 (엡 4:30). 그러므로 성령은 우리가 구원 얻을 때까지, 곧 부활할 때까지 함께 계신다. 부활하여 하나님의 영광에 이른 후라도 성령은 우리를 떠나시는 것이 아니다.

- 성령은 우리 기업의 보증이시다

성령은 우리 기업의 보증이 되신다 (엡 1:14). 우리가 얻을 기업은 영생이다. 이 영생을 보증하시므로 성령은 우리가 부활하여 영생할 때까지 함께 계시고, 또 하나님의 생명으로 사는 모든 날 동안 우리와 함께 계신다. 곧 죽을 때도 우리를 떠나시지 않고, 부활하여 영생하게 되었을 때에도 우리의 영생을 영구히 보증하시는 보증으로 우리와 함께 계신다.

우리가 주 예수를 믿는다고 믿음고백할 때 오신 성령은 영원히 우리와 함께 하신다.

- 성령은 우리의 고난에도 우리와 함께하신다

성령은 모든 고난에도 우리와 함께하신다. 함께 계시며 힘을 주시고 위로하셔서 주 예수를 믿는 믿음을 포기하지 않게 하신다. 그러므로 그리스도의 구원만이 복음이다.

54. 그리스도는 세상 시작부터 영과 말씀으로 자기의 백성을 모으시어 교회를 세우셨는데 나는 교회의 산 지체이다

물음 54.

당신은 거룩하고 보편적인 교회에 대하여 무엇을 믿습니까?

Frage 54.

Was glaubest du von der heiligen allgemeinen Christlichen Kirche?

답.

하나님의 아들이 모든 인류종족 가운데서 세상 시작부터 마지막까지 자기를 위하여 자기의 영과 말씀으로 택한 하나의 공동체를 영생으로 인도하시고 참된 믿음의 하나 됨에서 그들을 지키시고 붙드신다는 것을 믿으며, 또한 나는 교회의 산 지체이고 영원히 지체로 남을 것임을 믿습니다.

Antwort.

Dass der Sohn Gottes aus dem ganzen menschlichen Geschlechte sich eine auserwählte Gemeine zum ewigen Leben, durch seinen Geist und Wort, in Einigkeit des wahren Glaubens, von Anbeginn der Welt bis an's Ende versammle, schütze und erhalte; und dass ich derselben ein lebendiges Glied bin, und ewig bleiben werde.

> **해설**

- 교회는 믿음의 대상이 아니고 교회에 대해서 믿는 것을 말한다

1. 성령조를 제시한 후에 교회에 대하여 제시한다.

3조에서 성령조를 제시한 후 교회 조항으로 옮아간다. 교회는 믿음의 대상이 아니므로 교회를 믿는다고 하지 않고 교회에 대해서 무엇을 믿느냐고 묻는다. 사도신경에 믿음의 대상을 표시하는 in을 넣지 않고 그냥 믿는다는 공식으로 표기하였다.

(Credo) sanctam Ecclesiam catholicam으로 신앙을 표기하였다.

- 교회는 그리스도의 한 교회; 그가 교회의 머리이고 설립자이시므로

2. 교회는 하나의 그리스도의 교회임을 밝히고 있다.

그리스도가 교회의 설립자로서 교회의 머리 되시므로 한 교회이다. 많은 교파의 교회가 존재하고 지역별로 많은 지교회들이 있어도 그리스도의 교회로서는 하나이다. 그리스도가 교회의 설립자이고 머리이시므로 교회는 그리스도의 생명과 은혜로 산다. 그러므로 교회는 한 교회이다.

- 주 예수를 하나님의 아들로, 구주로 고백하는 교회는 다 한 교회이다

주 예수를 하나님의 아들로, 구주로 고백하는 교회는 다 그리스도의 한 교회이다. 주 예수를 구주로 믿음고백한 교회는 한 교회로만 있다. 세상 시작부터 마지막 날까지 교회는 한 교회이다. 하나의 그리스도의 교회이다.

로마교회의 주장처럼 교황 아래 모든 교회가 속하기 때문에 하나의 교회가 되는 것이 아니다. 그리스도를 하나님의 아들로, 구주로 고백하지 않으면 교황의 다스림 아래 있어도 그리스도의 교회가 아니다.

- 교회는 그리스도의 피로 씻어졌으므로 거룩하다

3. 교회는 그리스도의 피로 씻어졌으므로 거룩한 교회이다.

교회는 죄인들로 구성되었다. 죄인이기 때문에 그리스도의 피로 씻어져서 교회를 이루었다. 온갖 죄와 악이 가득하였는데 하나님께서 그런 사람들을 그리스도의 피로 씻으셔서 깨끗하게 하셨다.

- 그리스도의 피로 씻어진 교회를 성령이 죄의 습관에서 벗기신다

사람들이 그리스도의 피로 씻어져서 교회가 된 후에 성령이 죄의 습관들을 벗기신다. 그러므로 교회는 거룩한 교회이다.

성령은 믿는 사람들 가운데 역사하는 죄의 욕망들을 억제하고 제거하신다. 그러므로 교회는 거룩하다.

- 교회는 주 예수를 하나님의 아들로, 구주로 고백하기 때문에

보편교회이다

4. 교회는 공교회이므로 보편교회이다.

교회는 역사의 시작부터 마지막 날까지 존속하여 세계 모든 족속들에게 흩어져 있다. 그러나 어떤 교회이든지 주 예수를 구주로, 하나님의 아들로 고백하므로 보편교회이다. 혼자 한 교회로 존재하는 교회는 없다. 다 우주적인 머리이신 그리스도에게 속하므로 교회가 되었으니 공교회에 속한다.

로마교회는 교황이 교회의 머리이기 때문에 유일한 가톨릭교회라고 주장한다. 또 교회의 시작부터 세상의 모든 지역에 다 흩어져서 존재하지만 교황의 지도를 받으므로 공교회라고 주장한다.

- 그리스도가 교회의 머리이므로 보편교회이다

로마교회의 주장은 전적으로 성경과 배치된다. 그리스도만이 교회의 머리이시고, 교회의 생명이시다. 그러므로 보편적인 교회의 머리이신 그리스도에게 붙어 있으므로 공교회 곧 보편교회이다.

- 그리스도는 피 흘리시어 만국백성을 교회로 삼으신다

5. 하나님의 아들 그리스도는 모든 인류종족 중에서 백성들을 뽑아서 자기의 교회로 삼으셨다.

하나님은 모든 인류종족들을 다시 돌이켜 자기의 백성 삼으시기 위해서 그리스도로 피 흘리어 인류의 죗값을 지불하게 하셨다. 그러므로 그리스도의 교회는 세상에 있는 종족들 가운데서 믿는 사람들로 구성된다.

- 사람들이 스스로 교회가 되는 것이 아니고 그리스도께서 사람들을 뽑아 자기의 피로 깨끗하게 하셔서 교회로 삼으신다

사람들이 스스로 그리스도를 믿고 교회를 구성하는 것이 결코 아니다. 그리스도께서 사람들을 종족들 가운데서 뽑아서 그들로 믿음고백을 하게 하시고 그들의 죄를 다 자기의 피로 씻으셔서 깨끗하게 하심, 곧 거룩하게 만드셔서 교회를 구성하셨다. 사람들이 주를 믿으면 그리스도께서 자기의 지체들로 연합시키시므로 교회가 되었다.

- 주 예수를 믿어 구원 얻도록 택하신 백성들로 교회 되게 하심

그리스도께서 모든 인류종족들 가운데서 사람들을 뽑으셔서 자기의 교회로 삼으셨다. 아담의 후손들로서 흩어진 모든 백성들은 다 그리스도의 교회에 속하도록 부름 받고 택함을 받는다. 택함 혹은 예정은 주 예수를 믿어 구원받도록 택하심을 말한다. 무조건적으로 선택되어 주 예수를 믿음과 상관없이 주권적 역사로 구원받는 것이 아니다.

- 종족이나 사회적 차별 없이 한 교회로 만드심

교회는 종족의 차별이 없고 민족의 차별이 없으며, 지역적인 차별이 성립하지 않으며, 계급에 의한 차별이 있을 수 없다. 모든 종족들을 모아 한 교회로 삼으시므로 교회는 사회적인 구분을 넘어서서 한 교회로 살아야 하고, 한 교회가 되도록 노력해야 한다.

- **배도가 보편적인 현상이 되었을 때에도 교회는 존속한다**

6. 교회는 역사의 시작부터 마지막 날까지 땅 위에 존속한다.
지금은 마지막 때가 되었으므로 배도가 보편적이 되었다. 배도는 교회가 그리스도를 하나님의 아들로 믿지 않고 그의 구속사역을 부정하는 것이다. 이 배도가 보편적이 되어서 그리스도의 교회가 존속하지 않는 것과 같은 상황에서도 그리스도의 교회는 땅 위에 남아 있다. 그리하여 주님 다시 오실 때 찬양과 경배로 그를 맞아들이게 될 것이다.

- **휴거되어 교회가 땅 위에 없다는 세대론적 주장은 전적으로 거짓된 견해이다**

핍박이 심하여 교회가 거의 없어지는 것과 같은 상황에서도 교회는 살아남아서 하나님과 그리스도를 찬양하고 예배한다.
주님이 오실 때 온 교회가 휴거되어 공중으로 올라가서 7년을 공중에서 주님과 함께 있을 것이란 세대론자들의 주장은 전혀 성경적인 근거를 갖지 못한다. 더구나 환난을 당하지 않고 휴거되어 공중에서 주님과 7년을 함께 살다가 땅 위로 주님이 나타나신다는 것도 전혀 성경적인 근거가 없다.

- **그리스도의 교회는 역사 마지막까지 존속한다**

주 하나님을 찬양하고 섬기는 교회는 아담과 하와 때부터 시작하였다. 온 세상이 완전히 하나님을 떠날 때 하나님은 아브라함을 부르셨다. 그리고 그와 그의 자손들을 자기의 백성으로 삼으셨다.
그리스도의 교회는 그리스도의 강생과 피 흘리심으로 생겨났다. 그의 피로 씻음 받은 백성들이 그리스도에게 연합되어 그리스도의 교회를 이루었다.

- **복음 선포와 성령의 역사로 교회를 모으신다**

7. 교회를 불러 모으실 때 복음 선포와 성령의 역사로 교회를 모으신다.
하나님은 복음 선포로 자기의 백성을 모으신다. 복음은 예수 그리스도가 본래 하나님이신데 범죄한 사람들을 죄와 죽음에서 구출하기 위해서 사람이 되시고 피 흘리셨으니 이 예수 그리스도를 믿으면 죄용서 받고 영생을 얻는다는 선포이다.
이 복음의 내용 선포 없이는 어떤 사람도 주 예수께로 나아올 수도 없고, 주 예수를 믿을 수도 없다. 또 그를 믿는다는 믿음고백도 할 수가 없다.

- **성령이 복음에 대한 적개심과 증오심을 내려놓게 하셔서 복음**

을 받아들이게 하고 변화시켜 교회로 만드신다

그리스도는 복음 선포로 자기의 교회를 모으신다. 복음이 선포되어도 성령의 역사가 없이는 복음을 받아들일 수 없다. 복음 선포에 사람들은 자연적으로 반감과 적개심을 일으킨다. 사람들은 복음이 창조주이시요 언약주이신 하나님으로부터 온 것임을 본능적으로 안다. 언약을 파기한 조상의 후손들은 다 적개심과 증오심으로 복음을 대한다.

성령이 역사하셔서 사람들의 마음에서 적개심과 반감과 증오심을 내려놓게 하셔야 한다. 그때만이 사람들이 예수 그리스도의 복음을 받아들인다.

성령은 복음을 처음 들은 사람들의 마음에서 적개심과 증오심을 내려놓게 하고 그들을 새로 나게 하신다. 이것이 거듭남 혹은 중생이다. 이렇게 사람들을 변화시켜 새사람으로 만들어 주 예수 그리스도를 하나님의 아들로 믿고 그의 사역을 자기를 위해서 이루신 것으로 받아들이게 된다.

- 교회 설립에 복음 선포가 필수적이다

따라서 교회를 이루려면 반드시 복음의 내용을 확실하고 분명하게 제시해야 한다. 그러면 성령은 사람들로 주 예수 그리스도를 믿도록 역사하신다.

- 그리스도는 자기의 피로 사신 교회를 사랑하사 늘 지키신다

8. 그리스도는 교회를 지키신다.

그리스도는 피 흘리심으로 교회를 사셨다. 피로 사신 교회이므로 얼마나 귀하고 아름다운 사람들인가? 그래서 그리스도는 교회를 위해서 온 세상을 다스리신다. 따라서 어떤 세력이라도 교회를 박멸하지 못한다.

- 환난과 시험을 당해도 교회는 주 예수를 믿는 믿음을 지킨다

이 말은 교회가 환난과 시험을 당하지 않는다는 말이 아니다. 교회는 환난과 시험을 당한다. 그러나 그리스도는 교회로 시련을 이겨내게 하시고, 믿음에서 떨어지지 않게 하신다. 교회는 언제든지 시험과 환난을 당하나 믿음을 끝까지 지켜 영광의 구원에 이른다.

- 환난 전 교회의 휴거는 성경적인 근거가 없다

환난 전에 교회가 휴거된다고 하는 세대론의 주장은 전혀 성경적 근거가 없다. 7년 환난이란 주장도 성경적인 근거가 없다. 이 주장은 세대론자들의 사변에서 나온 것이다.

- 교회는 하나님의 아들을 믿고 그의 구속사역을 믿는 믿음에서 하나이다

9. 교회는 예수 그리스도를 하나님의 아들로 믿고 그가 십자가에서 피 흘려 구속사역을 이루셨음을 믿는다. 이것이 참 믿음이므로

이 믿음에서만 교회가 하나 된다.

　예수 그리스도가 하나님의 성육신이심을 믿는 믿음에 있어서 교회가 하나 된다. 그렇지 않고 이 진리를 부정하고 배척하면 이단이 되고, 자유주의가 된다. 참 믿음에서 이탈한 교회는 참 믿음을 갖는 교회와 하나가 될 수 없다.

- **이 믿음에서 떠난 교회에는 구원이 없다**

　지금 세계교회협의회 (WCC)는 참 믿음을 떠난 많은 교회들을 받아들였다. 그리고 교회협의회는 무슨 종교든지 다 좋고 구원이 있다고 주장한다. 예수 그리스도가 하나님의 성육신이라고 하는 것은 신화라고 주장한다. 이렇게 세계교회협의회가 배도를 완료하였다.

- **로마교회도 삼위일체 교리, 성육신의 교리, 그리스도의 구속사역을 다 부정하여 배도를 완료하였다**

　로마교회도 신학을 현대화하였다. 예수 그리스도는 하나님의 성육신이 아니라 마리아와 요셉에게서 나온 한 인간으로 정립하였다. 삼위일체 교리도 완전히 버렸다. 또 예수 그리스도의 구속사역도 부질없는 것으로 확인하였다. 20세기에 로마교회는 전체로 배도를 완료하였다. 로마교회는 더 이상 그리스도교가 아니다.

　예수 그리스도가 십자가에서 피 흘려 백성들을 죄와 죽음에서 구원하였다는 것을 믿는 믿음이 참 믿음이다. 이 믿음을 가진 교회는 주 안에서 완전히 하나이다.

- 슐라이어마허 이래 근세신학은 전통적인 믿음을 다 부정하여 배도를 완료하였다

19세기 슐라이어마허부터 현대신학은 예수 그리스도의 구속사역을 전적으로 부정한다. 죄와 창조와 속죄사역도 완전히 부정한다. 슐라이어마허 이래 주요 개신교회의 교파들이 완전히 배도의 길로 들어섰다.

- 20세기 대신학자들도 하나님의 아들, 구속사역 등을 다 부정하였다

20세기 3대 신학자인 칼 발트, 루돌프 불트만, 폴 틸리히는 그리스도가 하나님의 아들이심과 그의 속죄사역을 다 부정하였다. 그래서 소수의 교회만이 정통신앙을 붙잡는 교회가 되었다.

- 참 믿음을 붙잡는 교회만이 부활과 영생에 이른다

10. 참 믿음을 붙드는 교회만이 영생에 이른다.
영생은 부활로 시작한다. 부활과 영생에 이르게 하기 위해서 그리스도께서 교회를 모으셨다. 예수 그리스도를 하나님의 아들로 믿고 그의 구속사역을 믿는 교회만이 영생에 이른다.

- 그리스도는 교회를 지켜 부활과 영생에 이르게 하신다

11. 그리스도는 교회를 지켜 참 믿음으로 영생에 이르게 하신다.

믿음의 삶의 마지막 지점은 부활과 영생이다. 처음 반역죄로 인하여 모든 사람이 영원히 죽게 되었다. 그런데 그리스도께서 피 흘리심으로 믿는 자들로 영생에 이르도록 하셨다. 이렇게 그리스도는 교회를 지키시고 붙드신다.

- 참 믿음을 가진 교회는 그리스도와 연합되어 있으므로 참 교회이다

12. 참 믿음을 가진 사람은 참된 교회에 속한다.

그리스도와 연합된 자들은 그리스도의 생명에 연합되었으므로 그 생명에서 탈락할 수 없다. 그리스도에게 연합된 사람은 참 교회에 항속적으로 속하므로 영생에 이르는 것이 보장된다. 참 믿음을 고백하고 그 믿음대로 사는 사람은 그 믿음에서 떨어져서 죽음과 영원한 형벌에 떨어지지 않다.

- 그리스도와의 연합은 영원세계에서도 계속된다

13. 교회는 영원세계에서도 그리스도와 연합되어 있다. 그러므로 영원세계에서도 그리스도의 교회로 존속한다.

마지막 심판이 이루어지면 더 이상 교회의 형태가 아니고 새 인류 공동체가 된다고 생각하지만 새 인류는 그 머리이신 그리스도에 연합되어 있으므로 영원히 교회로 남아 있다.

55. 성도들의 교제의 핵심 사항

물음 55.

성도들의 사귐을 당신은 어떻게 이해하십니까?

Frage 55.

Was verstehest du unter der Gemeinschaft der Heiligen?

답.

첫째로, 모든 믿는 사람들과 각 사람이 지체들로서 주 그리스도와 사귀고 또 그의 모든 보화와 은사들을 같이 나눕니다. 둘째로, 믿는 자마다 자기의 은사들을 다른 지체들의 유익과 행복을 위하여 기꺼이 또 기쁨으로 사용할 것에 전심해야 할 것을 알아야 합니다.

Antwort.

Erstlich, dass alle und jede Gläubigen als Glieder an dem Herrn Christo und allen seinen Schätzen und Gaben Gemeinschaft haben. Zum andern, dass ein jeder seine Gaben zu Nutz und Heil der andern Glieder willig und mit Freuden anzulegen sich schuldig wissen soll.

해설

- 성도들의 사귐은 그리스도의 은사에 동참하고 그 은사들을 다른 성도들과 나누어 누림

1. 성도들의 사귐이 어떤 것이냐고 묻는다.
성도들의 교제는 서로 만나 손을 맞잡고 인사하는 수준이 아님을 밝히기 위해서 성도들의 사귐이 무엇이냐고 묻는다.

2. 성도들의 사귐을 둘로 나누어 답한다.
성도들이 갖는 보화와 은사들을 함께 나누고 또 다른 지체들의 행복을 위해서 기꺼이 자기의 은사들을 사용하는 것으로 요약하였다.

- 성도들이 그리스도에게 연합하므로 서로 지체들이 된다

3. 모든 성도들은 그리스도에게 붙은 지체들이다.
교회는 그리스도와의 연합으로 이루어진다. 믿는 사람들이 성령에 의해서 혹은 칼빈의 표현대로 그리스도 자신이 성령으로 믿는 사람들을 자기에게 연합시키심으로 교회가 된다.
믿는 사람들이 그리스도에게 연합하므로 서로가 지체들이 된다. 믿는 사람들은 모두 머리이신 그리스도에게 연합하여 교회가 되고 서로 간에 지체들이 된다.

- 성도들은 서로 지체가 되어 은사들을 서로 나눈다

4. 한 몸의 지체들이므로 서로가 서로에게 지체가 된다. 지체는 몸에 속한 모든 것을 함께 나눈다.

사람의 몸도 지체들로 구성되어 있다. 그리고 그 지체들은 다 한 몸의 지체로서 서로 모든 것을 함께 나누고 누린다.

그러면 지체됨이 동일하여 각 지체가 가진 은사들을 몸 전체와 함께 나누어야 한다.

- 교회의 지체들은 개별 은사와 보화를 갖는다

5. 교회의 각 지체들은 자기만의 은사와 보화를 갖는다.

그리스도인들이 주 예수를 믿어 그리스도의 교회가 되면 각각 은사들을 받아 가진다. 같은 은사들도 있지만 서로 다른 은사들과 보화를 받아 가졌으므로 함께 나누고 즐겨야 한 몸이 되고 한 몸으로 움직인다.

그러므로 교회에 속한 지체들이 서로 받아 가진 은사들을 서로 나누고 즐겨야 한다. 어떤 사람에게 남이 받지 않은 은사를 주신 것은 그 은사들을 서로 나누어서 건강하게 자라도록 하기 위해서이다. 그러므로 받은 은사는 자기만의 것이 아니고 모든 지체와 함께 누리고 즐길 자산이다.

- 교회의 지체들에게 주신 은사들은 서로 나누어 갖기 위해서 주어졌다

교회의 지체들이 받은 은사들과 보화는 자기 자신만의 것이 아

니고 모든 지체들이 함께 누릴 은사들이다. 그러므로 함께 나누어야 한다.

- **믿는 사람들은 받은 은사를 다른 지체들의 유익과 행복을 위해서 써야 한다**

6. 믿는 사람들은 모두 각각 받은 은사를 다른 지체들의 유익과 행복을 위해서 기꺼이 사용해야 할 것임을 명심해야 한다.

내가 받은 은사를 다른 지체들의 유익과 영적 진보를 위해서 사용해야 한다.

- **은사들은 교회 전체의 유익과 안녕을 위해서 쓰여야 한다**

은사들은 자랑하라고 주어진 것이 아니고, 교회 전체의 유익과 안녕을 위해서 쓰도록 주어졌다. 곧 교회를 세우기 위해서 사용되어야 한다는 것을 명심해야 한다.

56. 죄들을 사해 주시는 것의 내용: 내 죄를 기억하지 않으심, 그리스도의 의를 선사하시고 결코 심판에 이르지 않게 하심

물음 56.

당신은 죄를 사해 주시는 것에 관해 무엇을 믿습니까?

Frage 56.

Was glaubest du von der Vergebung der Sünden?

답.

그리스도의 속량 때문에 하나님이 나의 모든 죄들과 내가 평생 싸워야 할 죄된 본성을 결코 기억하지 않으시고, 오히려 나에게 그리스도의 의를 은혜로 선사하시는 것과 나는 결코 심판에 이르지 않을 것을 믿습니다.

Antwort.

Dass Gott um der Genugthuung Christi willen aller meiner Sünden, auch der sündlichen Art, mit der ich mein Leben lang zu streiten habe, nimmermehr gedenken will, sondern mir die Gerechtigkeit Christi aus Gnaden schenket, dass ich in's Gericht nimmermehr soll kommen.

해설

- 죄용서의 뜻을 묻는다

1. 사도신경에 나타난 죄들을 용서해 주시는 것이 무엇을 뜻하고, 어떤 내용들을 담고 있는지를 묻는다.

죄를 용서해 주시는 것이 단지 지은 죄만을 용서해 주시는 것인지, 아니면 그것보다 더한 것을 담고 있는지를 묻고 있다.

- 내 죄의 용서는 그리스도의 속죄사역에 의해서 이루어졌다

2. 내가 지은 죄들을 용서해 주심이 그리스도의 속죄사역에 의해서 이루어졌음을 강조한다.

하나님의 법은 죄가 범해진 본성에서 죗값을 갚는 것이다. 이 일을 아무도 할 수 없기 때문에 하나님이 사람이 되어 사람의 자리에 오셔서, 사람을 대신하여 십자가에서 피 흘리심으로 죗값을 갚으셨다. 이것이 하나님의 의이다.

- 믿는 사람들의 죄용서는 피 흘리시어 죗값을 갚으심으로

그리스도께서 죗값을 갚으셨으므로 믿는 모든 자들의 죄를 용서하셨다. 오직 그리스도의 속량에 의해서만 하나님이 사람의 모든 죄를 용서해 주신다. 그러므로 그리스도의 속죄사역이 없었으면 죄용서는 불가능하다. 하나님이 이와 같은 방식으로 죄용서의 길을 내신 것이 은혜이다.

- 그리스도의 의는 율법을 지켜 얻은 의의 전가가 아니고, 피 흘리심으로 죄를 용서해 주시는 것

3. 여기 본문에 있는 그리스도의 의는 그가 피 흘리심으로 죄를 용서해 주시는 것이고, 이것과 달리 율법을 지켜 얻는 의를 전가하는 것은 불가하고 그런 것은 성립하지 않는다.

- 죄용서 받았어도 죄의 본성이 늘 역사한다

4. 죄용서를 받았어도 옛사람, 곧 옛 본성 혹은 죄의 본성이 나를 이끌어 죄짓게 한다. 그러므로 죄짓지 않기 위해서 죄의 본성과 늘 싸워야 한다.

그리스도인들은 주 예수를 믿음으로 죄용서를 받고 새사람이 된다. 새사람은 죄짓는 것을 삶의 법으로 삼지 않고, 그리스도를 믿는 믿음의 법을 따라서 사는 삶의 방식이다. 이렇게 그리스도인은 죄를 용서받고 새사람이 된다.

그러나 그리스도인에게 남아 있는 옛사람이 죄의 욕망을 늘 드러내며 죄짓는 것을 좋은 것이라고 꾄다.

옛사람은 죄짓는 것을 삶의 법으로 삼고 사는 방식을 말한다. 옛사람은 죄짓도록 하며 죄의 욕망을 늘 드러내므로 죄된 본성이라고 한다.

- 죄의 본성대로 살면 죄짓는다

죄된 본성을 따라서 살면 죄짓는 길에 반드시 들어선다. 그러므로 그리스도인들은 늘 죄의 본성 혹은 옛사람과 싸워야 한다. 그 싸움의 과정도 죄를 구성한다. 죄는 의지의 동의로 이루어지지만 죄와의 싸움에서 죄에 대한 욕망이 마음에 일어나 마음을 더럽게 한다. 그러므로 그것도 죄를 이룬다.

- **죄의 욕망을 이기는 것은 주 예수의 피가 나를 모든 죄에서 깨끗하게 한다고 선언함으로**

그리스도인이 죄의 본성과 싸우는 일은 죽을 때까지 이어진다. 죄와 싸우는 일은 그리스도의 피의 공효를 힘입어 죄의 욕망을 이기는 것이다. 주 예수의 피가 나를 모든 죄에서 깨끗하게 한다고 선언함으로 죄의 욕망이 소산되게 하여 옛사람을 이긴다. 그의 피의 공효로 옛사람의 욕망을 이기는 것은 내 힘으로 하는 힘든 작업이 아니다. 그것은 전적으로 은혜의 일이다.

- **죄의 욕망이 들어와 그것과 싸울 때 하나님은 욕망과의 싸움을 기억하지 않으신다**

5. 하나님은 그리스도인이 옛사람 곧 죄의 본성과 싸우는 일을 그리스도의 구속사역 때문에 죄로 기억하지 않으신다.

옛사람을 따라서 살면 다시 죄짓는 일을 피할 수 없다. 그러므로 그리스도인들은 죄짓는 일을 하지 않도록 죄의 욕망과 육신의 욕망과 싸워야 한다. 이 싸움의 길에서 죄의 욕망을 좋아하므로 죄를 이루게 된다.

옛사람과 싸우는 일을 하나님이 죄로 기억하시면 죄밖에 남는 것이 아무것도 없다. 그러나 그리스도의 속죄사역이 모든 죄뿐만 아니라 죄를 짓게 하는 옛사람도 처치해 버렸다. 하나님은 그리스도인이 죄와 싸우는 그 과정을 죄로 기억하지 않으신다. 실제 죄를 짓지 않았으므로 그 싸움을 죄로 인정하지 않으신다.

- 그리스도의 피로 죗값이 갚아졌으므로 우리의 죄와 옛사람을 기억하지 않으신다

6. 그리스도의 속죄사역으로 죗값이 갚아졌으므로 하나님은 우리의 용서받은 죄들과 그 죄의 바탕이었던 옛사람을 기억하지 않으신다.

아담의 모든 후손들은 죄 가운데 났다. 죄로 나서 죄의 삶을 살다가 그리스도의 복음으로 구원받은 새사람이 되었다. 성령의 역사로 새사람이 되었지만 옛사람이 다 없어진 것은 아니다. 그리스도의 피로 죄가 다 용서되고 죄과가 제거되어 의인이 되었다. 그러나 죄인으로 살던 옛사람의 죄짓는 체계가 작용한다.

- 사람은 옛사람의 욕망 때문에 그 욕망을 즐기기를 좋아한다

죄의 욕망 때문에 그리스도인은 늘 괴로운 삶을 산다. 육체적 욕구와 욕망으로 몰려오는 파도를 거스르기가 어렵다. 육체적 욕망으로 다가오는 충동을 정당한 요구로 받기가 쉬워진다. 그래서 갈등하고, 마침내 육적 쾌락을 즐기기를 좋아하게 된다.

말씀의 권면을 받으면 그런 것도 죄인 것을 안다. 그래서 그리스도인들은 죄의 욕망과 의로 살려는 원함 간에 두 다리를 걸치는 삶

III. 하이델베르크 요리문답 해설 · 339

을 살게 된다.

- **복음 선포에서 그리스도인들은 죄의 유혹을 벗어난다**

복음의 바른 선포를 받는 그리스도인들은 그런 죄의 유혹과 욕망에서 벗어나 의의 길로 가려고 한다. 만나만 먹고 사는 삶이 재미가 없었듯이 의의 길로 사는 것이 즐겁지는 않다.

그래도 그리스도인은 죄로 단번에 떨어지는 것이 아니다. 늘 양심의 갈등을 겪으며 선택을 되풀이한다.

그러나 죄의 욕망이 일 때 그리스도의 피의 공효를 적용하면 죄의 욕망이 흩어진다. 죄의 욕망도 그의 피 앞에 전적으로 무력하다.

이런 모든 과정들이 죄로 인정되고 기억된다면 구원에 이르기에 합당한 자들이 매우 적을 것이다.

그러므로 하나님은 죄지음의 뿌리가 된 옛사람의 활동을 죄로 정죄하시는 것이 아니다. 죄의 갈등들도 다 그리스도의 피로 씻어지고 용서받아야 한다.

- **하나님은 우리 옛사람을 그리스도의 십자가에 못 박으셨다**

하나님은 바울이 로마서에서 말한 대로 우리의 옛사람을 십자가에 못 박으셨다. 그리하여 우리로 죄에 대해서 죽게 만드셨다. 죄의 욕망이 일 때마다 내 옛사람이 그리스도의 십자가로 죽었음을 선언함으로 죄의 욕망을 이긴다.

- 죄의 욕망에 의지가 동의하면 죄짓는다

　죄를 짓는 것은 육의 욕망에 의지가 동의할 때 일어난다. 의지의 동의로 양심의 가책을 이겨내고 육의 욕망을 이루도록 범죄를 결정하면 피할 수 없이 범죄하게 된다. 그 경우에 그리스도인은 죄의식에 사로잡히고 심한 타격을 입는다. 이 경우가 범죄를 결행하는 단계이다.
　새사람이 옛사람과 싸우는 것은 죄를 결정한 단계가 아니다. 그러므로 그런 투쟁의 과정들을 하나님은 죄로 기억하려고 하지 않으신다.

- 그리스도의 의, 곧 죄용서를 받아 나는 의인이 되었다

　7. 하나님이 나에게 그리스도의 의를 선물하셨으므로 나는 의인이 되었다.
　죄의 유혹과 욕망과 그 뿌리가 없어져서 의인이 아니라 그리스도의 의를 덧입었기 때문에 의인이 되었다.
　내가 의인 된 것은 순전히 그리스도의 의, 곧 죄용서를 덧입어서이다. 그것은 오직 주 예수 그리스도의 피 흘리심을 내 죄의 용서로 받음으로 이루어졌다.

- 내가 갚을 수 없는 죗값을 그리스도의 피로 갚으셨다

나는 도저히 의를 이룰 수 없기 때문에 하나님께서 그리스도의 피로 내 죄를 지우심으로 나를 의롭게 만드셨다. 그리스도의 피로 내 죄가 씻어짐으로 내가 의롭게 되었다. 곧 생존권을 받아 영원히 살게 되었다.

- 죄를 용서받았으므로 영생을 누리게 되었다

그리스도의 피가 죄를 지워서 죄 없게 만들므로 나의 범죄들이 나를 영원한 죽음으로 넘길 수 없게 되었다.

하나님이 내 죄를 그리스도의 피로 지워서 나를 죄 없는 사람으로 만드셨다. 나는 순전히 은혜로 의인이 되었다.

내가 힘써서 율법을 지키고 죄를 제거하였기 때문에 의인이 된 것이 아니다. 그런 일은 아무도 할 수가 없다. 그러므로 하나님이 그리스도의 피를 마련하시고 그 피로 내 죄를 지우고 씻어서 의롭게 만드셨다.

선행을 행해서 구원받는다고 하는 주장은 율법을 지켜야 의를 얻어 구원 얻는다고 하는 주장과 같다. 선행으로 구원에 이른다고 주장하는 자들은 죄용서를 경험하지 못해서 그런다.

- 그리스도의 피로 내가 의인 되었다

그리스도의 피가 나를 의인으로 만들었다. 단지 나는 그리스도의 피 흘리심을 믿음으로 받아들인 것뿐이다. 그리스도의 피 흘리심과 그 피를 내게 바르는 일을 다 하나님이 하셨다. 그러므로 그것은 순전히 은혜이다.

- 그리스도의 피로 죄를 용서받았으므로 나는 영생을 받는다

순전히 그리스도의 피로 내가 의롭게 되었으므로 내가 거룩함이 덜 되었어도 나는 영생을 받는다. 내가 영생에 이르는 것은 성화의 정도 문제와는 아무런 상관이 없다.

- 그리스도의 피로써 의롭게 되었으므로 심판받을 거리가 없어졌다

8. 하나님이 그리스도의 피로 나를 의인으로 만드셨으니 나는 심판받을 아무런 거리가 없다.

하나님은 심판주이시다. 그리스도의 피를 믿었느냐, 안 믿었느냐로 모든 사람들의 의인 됨과 죄인 됨을 판정하신다. 죄인으로 판정되면 심판을 받아 영원한 형벌을 받는다.

하나님이 그리스도의 피로 내 죄를 깨끗하게 하시고 나를 의인으로 판정하셨다. 하나님은 내게서 죄를 찾으실 수 없게 되었다. 그러므로 하나님은 나를 정죄하여 심판하실 수 없게 되었다.

그리스도의 피로 내 죄를 용서받아 의인이 된 나는 결코 심판과 영원한 정죄와 형벌을 받을 수 없게 되었다. 하나님이 모든 사람들을 심판하셔서 영원한 벌을 주시는 판정을 하실 때 내 머리와 몸은 그리스도의 피로 덮여 있기 때문이다.

- 그리스도의 피가 내 죄를 덮고 있으므로 하나님은 내 죄를 찾지 않으신다

9. 하나님은 내 죄를 용서하심으로 나의 죄들을 기억하시지 않는다. 또 죄의 본성의 역사로 일어난 갈등도 죄로 기억하지 않으신다. 대신 내게 그리스도의 의를 주셔서 의인이 되었으므로 나는 결코 심판에 이르지 않을 것을 믿는다.

내가 죄가 없어서 내게서 죄를 못 찾는 것이 아니고, 그리스도의 피가 나를 덮고 있으므로 내게서 죄를 찾지 않으신다.

57. 몸의 부활이 주는 위로

물음 57.

몸의 부활이 당신에게 어떤 위로를 줍니까?

Frage 57.

Wes tröstet dich die Auferstehung des Fleisches?

답.

나의 삶을 마친 후에 내 영혼이 곧바로 머리이신 그리스도께로 인도될 뿐만 아니라 내 육신도 그리스도의 권능으로 일으켜져서 다시 내 영혼과 합하게 되고 그리스도의 영광스런 몸과 같게 될 것입니다.

Antwort.

Dass nicht allein meine Seele nach diesem Leben alsbald zu Christo, ihrem Haupt, genommen wird, sondern auch, dass diess mein Fleisch, durch die Kraft Christi auferwecket, wieder mit meiner Seele vereiniget, und dem herrlichen Leibe Christi gleichförmig werden soll.

해설

- 몸이 부활하여 동일한 인격으로 살게 됨

1. 몸의 부활이 어떻게 내게 위로가 되는지를 묻고 있다.
2. 모든 그리스도인들은 몸의 부활의 소망으로 산다.

바울이 몸의 부활을 열망한 것처럼 (빌 3:10-12) 다른 그리스도인들도 몸이 부활하여 전과 같이 동일한 인격으로 살기를 바라고 있다. 몸이 부활하면 몸 안에 살던 영혼과 합치므로 동일한 인격을 회복한다.

우리는 몸이 부활하여 다시 동일한 인격과 몸으로 살게 된다. 몸과 영혼이 합쳐야 바른 사람이고 사람으로 사는 것이다.

- **신자들은 그리스도와 연합되었으므로 죽으면 영혼이 그리스도께로 곧바로 감**

3. 그리스도인들은 주 예수를 믿을 때 그 영혼이 그리스도와 연합되었으므로 머리이신 그리스도께로 곧바로 간다.

- **현세 동안 영혼은 천국이나 지옥에 있고 산 자의 세계로 오지 못함**

4. 죽으면 영혼이 정한 기한까지 땅 위에서 돌아다닌다는 생각은 한국 사람들의 토착적인 생각이다.

그래서 장로회 36회 총회에서는 "영혼이 귀신이 되어 떠돌아다닌다고 생각하지 말 것이요"라고 정하였다.

사람이 죽으면 그의 영혼이 마지막 도착할 곳에 이르러 부활할 때까지 머문다. 그동안에 천국과 지옥에서 나와서 땅 위에나 사람들 사이에 돌아다니는 것이 결코 아니다. 영혼이 천국과 지옥으로 가면 산 자의 세계로 넘나들 수 없다.

- 그리스도인의 영혼은 그리스도께로 가서 부활의 날을 기다림

5. 우리가 죽으면 우리의 영혼이 곧바로 그리스도께로 가서 그 앞에서 평화와 기쁨을 누린다. 그러면서 부활의 날을 기다린다.

그리스도께서 부활하시므로 그 몸을 가지신 신인인격으로 하나님 보좌 앞으로 가셨다. 이로써 그곳을 우리의 본향으로 삼으셨다.

- 다시 오실 때 주 예수는 내 몸과 영혼을 합하여 동일 인격이 되게 하심

6. 주 예수는 다시 오실 때 내 몸을 영혼과 합하게 하신다.

주 그리스도께서 다시 오실 때 믿는 자들을 우선적으로 부활시키시고 몸과 영혼을 합쳐서 동일한 인격이 되게 하신다.

이 일은 그리스도께서 창조주와 구속주의 신분으로서 그 권능으로 이루신다. 부활 시 몸과 영혼이 합치는 것이 가장 확실한 미래 사건이다.

몸과 영혼이 다시 합치게 되므로 동일한 몸이 되고 동일한 인격이 된다. 그리스도께서 그의 권세로 그렇게 하신다.

- 내 몸이 부활하면 그리스도의 영광스런 몸과 같이 됨

7. 내 몸이 부활함으로 변화되고 영화되어 그리스도의 영광스런 몸과 같이 되므로 영생할 수 있게 된다.

지금 몸은 천하고 병들고 늙고 마침내 죽어 흙으로 돌아가지만, 부활하면 그 몸은 그리스도의 영광스런 몸과 같이 변화되므로 영생하여 영원히 창조주요 구속주이신 하나님을 찬양하고 경배한다.

- 하나님을 영원히 찬양하도록 부활함

8. 그리스도인들이 부활하는 근본목적은 영원히 하나님을 찬양하고 경배하기 위해서이다.

사람이 부활하여 영원히 하나님을 찬양하고 경배한다. 이 부활로 사람이 자기의 본연의 자리로 돌아가게 된다. 하나님 찬양과 경배가 본래 사람의 본분이다.

58. 영생하여 영원히 하나님을 찬양함

물음 58.

영생에 관한 조항이 어떻게 당신을 위로합니까?

Frage 58.

Wes tröstet dich der Artikel vom ewigen Leben?

답.

이제 내가 영원한 기쁨의 시작을 내 심장에서 느낀 것처럼 나는 이 삶 후에 완전한 기쁨을 소유할 것입니다. 그 축복은 어떤 눈도 보지 못하였고 어떤 귀도 듣지 못하였으며 어떤 사람의 심장에 들어오지도 못하였으나 그 안에서 영원히 하나님을 찬양할 것입니다.

Antwort.

Dass, nachdem ich jetzt den Anfang der ewigen Freude in meinem Herzen empfinde, ich nach diesem Leben vollkommene Seligkeit besitzen werde, die kein Auge gesehen, kein Ohr gehöret, und im keines Menschen Herz gekommen ist, Gott ewiglich darin zu preisen.

해설

- 주 예수를 믿는 사람들은 현생에서부터 영원한 기쁨을 누리기

시작

1. 예수 그리스도를 믿어 구원 얻은 사람들은 지금 이 삶에서도 영원한 기쁨을 누리기 시작하였다.

그리스도를 믿음으로 그의 피로 죄용서 받아 하나님의 자녀가 되었으니 기쁘기 그지없게 되었다. 믿음고백을 할 때부터 그리스도께서 내 안에 사시기 때문이다.

또 용서받은 백성들 안에 성령이 내주하시므로 구원의 기쁨이 넘쳐난다.

- 영원한 삶에서 누릴 기쁨을 여기서도 누림

2. 이 기쁨은 영원한 삶에서 누릴 기쁨이었는데 지금 맛보고 있다.

그리스도인들은 죄용서 받고 그리스도의 생명으로 채워지므로 생명의 기쁨을 누리며 산다. 이 기쁨은 본래 하나님을 모시고 사는 영원한 생명에서 누릴 것이었다. 그런데 지금 여기 땅 위에 살면서도 영생의 맛을 보면서 산다.

- 죄용서 받고 하나님과 화해하였으므로 새로운 기쁨을 누림

죄가 완전히 제거되어 하나님과 화해하여 살므로 성령의 역사로 세상 사람들이 도저히 알지 못하는 새로운 기쁨을 누린다. 그것은 순전히 생명의 희열이다. 세상 사람들처럼 돈이 많아서 누리는 기쁨이 아니다. 하늘의 생명이 가득하므로 오는 기쁨이다.

- 하나님 앞에서 영생의 완전한 기쁨을 누림

3. 땅 위의 삶이 끝나고 하나님 앞으로 가면 그때부터 영생의 완전한 기쁨을 누린다.

지금은 죄의 파도도 있고 세상을 살면서 근심 걱정도 있어서 어두운 그림자가 드리우지만 하나님 앞으로 가면 그런 것이 다 없어지고 하나님의 얼굴을 뵈므로 넘치는 기쁨이 솟아난다.

- 영생에서 기쁨 중 영원히 하나님을 찬양함

4. 영생에 이를 때 완전한 기쁨 가운데 하나님을 영원히 찬양하며 산다.

하나님 앞에서 살면 하나님의 생명이 우리의 심장을 가득 채운다. 그 생명의 역사로 하나님을 찬양함이 절로 넘쳐난다. 그리고 끊임없이 하나님을 찬양하고 경배한다.

하나님이 나를 창조하시고 죄와 죽음에서 그리스도의 피로 구원하셔서 영생에 이르게 하신 것을 생각하면 감사와 찬송과 경배가 늘 넘쳐난다.

일시적으로 하나님을 찬양하는 것이 아니라 영원히 창조주 하나님, 구속주 하나님을 찬양한다. 나만 찬양하는 것이 아니라 구원받은 많은 백성들이 그 찬양과 경배에 동참한다. 하나님의 생명의 역사로 찬양이 그침이 없다. 넘치게 찬양하며 하나님을 경배한다.

- 그리스도인이 누리는 기쁨은 세상 사람이 전혀 느낄 수도 없음

5. 이런 축복은 세상 사람들이 알아보거나 느낄 수 없는 기쁨이다. 그리스도인의 마음에서 일어나는 기쁨을 세상 사람들이 알아볼 수도 없다. 기쁨을 누릴 수가 없으니 들을 수도 없다. 그런 기쁨은 소리쳐 깔깔대는 것이 아니다.

- 영원히 기쁨 가운데 살며 하나님 찬양

6. 영혼과 몸이 합쳐서 영원히 살 때 이 기쁨은 날마다 하나님 찬송으로 이어진다.
예수 그리스도의 부활의 생명으로 가득 차므로 넘치는 기쁨은 찬양을 계속함에 다함이 없다.

- 새 인류의 찬송을 하나님이 기뻐하심

하나님 앞은 찬송소리로 가득하여 하나님이 늘 웃으실 것이다. 하나님이 인류를 처음 창조하신 후 사람이 범죄함으로 영원히 죽게 되었는데 하나님 자신이 구원하셨으니 그 찬송과 기쁨은 헤아릴 수 없는 깊이와 높이로 이루어진다.

59. 하나님 앞에서 의인이고 영생의 상속자

물음 59.

이 모든 것을 믿도록 무엇이 당신을 돕습니까?

Frage 59.

Was hilft es dir aber nun, wenn du diess Alles glaubest?

답.

나는 그리스도 안에서 하나님 앞에서 의롭다는 것과 영생의 상속자라는 것입니다.

Antwort.

Dass ich in Christo vor Gott gerecht, und ein Erbe des ewigen Lebens bin.

해설

- 그리스도께서 내 죗값을 갚아 죽음과 저주에서 해방하셨음

1. 그리스도 안에서 의롭다는 것은 그리스도 때문에 의롭게 되었음을 말한다.

나는 나면서부터 죄인이다. 죽음의 차꼬가 발과 손과 온몸을 조이고 있다. 놓여나는 길이 전혀 없다. 얼마간 살다가 죽음으로 던져

져서 영원한 형벌을 맞는다.

내가 이 죽음의 족쇄에서 벗어나는 길은 전혀 없다. 더구나 살면서 죽음의 짐을 더 크게 한다. 살면서 행한 모든 것이 죄이기 때문에 죽음의 형벌이 더 가혹하게 된다. 탈출구가 없는 감옥에 갇혀 있다. 탈출하기 위해서 땅을 팔 수도 없다. 탈출하기 위해 벽을 무너뜨릴 수도 없다. 한 번 들어가면 죽음 외에는 다른 길이 없다.

그런데 그리스도께서 내 죗값을 갚으시고 나를 죽음과 저주에서 해방하셨다. 이 목적으로 하나님이 사람이 되시고 십자가에 피 흘리셨다. 그 피로 나를 죄와 죽음에서 해방하셨다.

나는 이제 더 이상 죄인이 아니다. 죽어야 할 죄인이 아니라 의인이 되었다. 이것이 그리스도 안에서 내가 의롭다는 말씀의 뜻이다.

- 내 죗값을 그리스도의 피에서 받으시므로 나는 의인 되어 영생

2. 내가 하나님 앞에서 의롭다는 것은 그리스도가 내 죄의 빚을 청산하심으로 내가 의로워져서 하나님 앞에서 영생할 수 있게 되었음을 말한다.

하나님이 내 죗값을 그리스도의 피에서 받으셨다. 더 이상 하나님은 내게서 죗값을 물으실 수 없게 되었다. 나는 의인이 되어 하나님 앞에서 영원히 살 수 있게 되었다.

- 그리스도의 의, 곧 죄용서를 전가 받아 영생

3. 의인이 되면 영생을 받는다.

죗값은 죽음이었다. 그것은 육체적 죽음만이 아니라 영원한 죽음을 뜻한다.

그런데 그리스도께서 그의 피로 내 죗값을 다 갚으심으로 나는 의인이 되어 영원한 생명을 선사받았다. 나는 의를 전가 받음으로 하나님 앞에서 영원히 살게 되었다.

하나님은 의인에게 영생을 약속하셨다 (요 3:16).

60. 나는 죄뿐이지만 그리스도의 배상과 의와 거룩으로 의인 됨

물음 60.

어떻게 당신은 하나님 앞에 의롭습니까?

Frage 60.

Wie bist du gerecht vor Gott?

답.

오직 예수 그리스도를 믿는 참 믿음으로 말미암아서만 의롭게 됩니다. 즉 나는 하나님의 모든 계명들을 심하게 범하였고 또 그 계명들 중 하나도 지키지 못하였다고 고소하고, 또 나는 아직도 모든 악으로 기울어져 있다고 양심이 나를 고소합니다. 비록 나의 공로는 하나도 없지만, 하나님은 순전한 은혜로 나에게 그리스도의 완전한 배상과 의와 거룩을 선사하시고 또 내게 돌리셔서 마치 내가 하나의 죄도 범하지 않은 것처럼, 또 그리스도께서 나를 위해 시행하신 것을 내가 스스로 다 성취한 것처럼 여기십니다. 내가 단지 믿는 심장으로 그런 호의를 받아들이기만 하면 그렇게 하십니다.

Antwort.

Allein durch wahren Glauben in Jesum Christum: also, dass, ob mich schon mein Gewissen anklagt, dass ich wider alle Gebote Gottes schwerlich gesündiget, und derselben keines je gehalten habe, auch noch immerdar zu allem Bösen geneigt bin, doch Gott ohne all mein Verdienst aus lauter Gnaden, mir die vollkommene Genugthung, Gerechtigkeit und Heiligkeit Christi schenket und zurechnet, als hätte ich nie eine Sünde begangen noch gehabt, und selbst allen den Gehorsam vollbracht, den Christus für mich hat geleistet, wenn ich allein solche Wohltat mit gläubigen Herzen annehme.

해설

- **나는 그리스도를 믿음으로만 의롭게 되어 영생하게 됨**

1. 나는 오직 예수 그리스도를 믿음으로만 의롭게 되었다.

나는 죄를 해결할 수도 없고 의를 행할 수도 없으며 계명을 지킬 능력이 전혀 없다. 그러므로 오직 예수 그리스도를 믿는 믿음으로만 의롭게 되었다.

나는 죄인으로서 전적으로 부패하고 무능하여 죄짓는 일에만 능하다. 그러나 선을 행하고 의를 행하는 일에는 전적으로 무능하다. 나는 내 행함으로 아무런 공로를 세울 수가 없다.

그러므로 오직 주 예수 그리스도를 믿는 믿음으로만 의롭다고 선언 받아 의인이 되고 영생을 얻게 되었다.

내가 죄와 악으로 기울어져 있다고 내 양심이 나를 고소할 때 주 예수의 피가 내 죄를 다 씻는다고 선언함으로 모든 고발이 사라진다.

- 나는 늘 고소를 받지만 주 예수의 피가 내 죄를 깨끗하게 했다고 선언하면 고발이 사라짐

2. 양심은 나를 늘 고소한다.

하나님의 법을 지키지 못할 뿐만 아니라 모든 계명을 범하였다고 양심은 나를 고소한다. 또 나는 늘 모든 악으로 기울어져 있다고 고발한다. 양심의 고발 때문에 죄인은 마음 깊은 속에서 평안을 알지 못한다.

이렇게 범죄한 죄인은 평안을 알지 못하고 하나님의 진노 아래서 불안하고 죄로 죽음에 이르는 것만을 걱정하고 염려한다.

그러나 양심의 고발에 주 예수의 피가 나를 모든 죄에서 깨끗하게 씻었다고 선언하면 고발이 다 사라진다.

- 죄인은 하나님의 계명을 지키려고 하면 오히려 범함만 더해짐

죄인은 하나님의 계명을 지킬 수 없다. 하나님의 계명을 지키려고 하면 그 계명을 범하도록 마음이 역사한다. 그리고 계명을 범하는 것을 기뻐하고 즐거워하고 그로써 만족한다.

하나님의 계명을 지키려고 하면 죄의 욕망이 늘 역사하기 때문이다. 계명을 지키려고 하면 계명을 범하고 큰 죄를 짓는다. 그러면 양심이 고소하므로 사람은 평안을 알지 못한다.

계명을 범하는 것이 죄인의 습성이다. 한 계명을 범하면 그것으로 끝나는 것이 아니라 죄성이 역사해서 다른 계명도 범하도록 만든다.

- 사람의 심장이 악의 생산 공장

그러므로 양심이 범죄자라고 늘 고소한다. 죄인은 마음의 평안을 알지 못한다. 이것은 이방인이나 유대인이나 동일하다.

범죄한 인간 본성은 악으로 기울어져 있다. 언제든지 악을 생각하고 악을 키운다. 그리하여 악한 꾀를 내어 악한 일만 하게 된다. 사람의 심장이 악을 생산하는 공장이다. 아니, 악을 끊임없이 뿜어내는 샘이다.

마음은 악을 생각하고 행하기를 원하여 남을 해롭게 하고 망하게 하는 일을 즐기며 산다.

- 양심은 범법자를 늘 고발

이때에도 양심은 범죄자를 향해 늘 고소한다. 따라서 마음의 평안을 알지 못한다. 악한 마음을 품는 것만도 죄이다. 죽음에 이름이 합당하다.

- 인간의 범죄 욕망에도 불구하고 하나님은 창조경륜을 이루심

3. 하나님은 죄뿐인 나에게 그리스도의 의를 덧입혀 죄 없도록 하셨다.

하나님은 공의의 하나님이시다. 죗값은 반드시 갚아야 하고, 죄인은 그 죗값대로 죽어야 한다. 결국 모든 인류가 다 죽어 없어지게 된다. 그러면 하나님은 그의 창조경륜을 이룰 수 없게 된다.

하나님은 자기의 창조경륜을 이루기로 하셨다. 그것은 반역한 백성을 다시 돌이키심으로 된다. 반역한 백성을 다시 돌이켜 자기의 백성으로 삼으시려면 백성의 죗값을 갚고 죄를 용서하시는 것이다.

- **사람이 갚아야 할 죗값을 그리스도가 대신 갚으심**

하나님의 공의의 법에 의하면 죗값은 죄를 범한 사람이 갚아야 한다. 그러나 범죄자들은 다 파산선고를 받은 사람들이어서 자기의 죗값을 갚을 길이 없다. 죗값을 갚아야 죄를 용서받고 다시 살게 된다. 죄를 용서받아 다시 살게 되는 것이 하나님의 의이다.

하나님은 창조경륜을 이루시기 위해서 죗값을 하나님 자신이 갚기로 하셨다. 죗값을 갚으시기 위해 죄를 범한 본성을 입기로 하셨다. 그리하여 사람의 자리에 오셨다.

- **그리스도가 내 죄를 전가 받아 대신 죗값을 갚아 나를 의인으로 만드심**

4. 죄를 전가 받아 대신 갚으셨다.

그리스도는 전가 받은 죗값을 지고 십자가에서 피 흘려 죗값을 대신 갚으셨다.

하나님은 이 구원사역을 믿음으로 받는 자들을 다 자기의 백성으로 삼으셨다. 그리하여 믿음으로 그리스도의 구속사역을 받아들이는 자들에게 그리스도의 의를 덧입히셨다.

그리스도의 의를 덧입히시니 나는 죄가 없어졌다. 죄가 다 사해졌으니 더 이상 나는 죄인이 아니다. 그리스도 예수를 믿는 자들을 의롭다고 하셨다.

- **죄인들은 주 예수를 믿기만 함으로 의롭게 됨**

믿는 자들이 전에는 다 죄인이었다. 전적으로 부패하고 무능하였다. 그러므로 율법을 지킬 수도 없고 어떤 선도 행할 수 없었다. 의를 이루어 구원에 이르는 것은 전적으로 불가능한 일이었다.

그러므로 믿는 자들을 그들의 믿음 때문에 의롭다고 하셨다. 단지 그리스도를 자기의 구주로 믿기만 하는 자들을 의롭다고 하셔서 영생에 이르게 하셨다.

구원에 이르는 오직 하나의 길은 주 예수 그리스도를 믿는 믿음뿐이다.

- **그리스도께서 내 죗값을 대신 갚으심으로 나는 형벌 면제받음**

5. 죗값을 갚으면 죄에 대한 형벌이 면제된다.

그리스도께서 십자가에서 피 흘리심으로 내 죗값을 다 갚으셨다. 그리스도의 죗값 치르심을 내가 치름으로 인정하셔서 내게서 죗값을 갚아야 할 책임을 다 면제하셨다.

그리스도께서 나를 대신하여 갚으신 것이 내가 갚은 것이 되었다. 그러므로 나는 빚을 다 갚았다. 더 이상 빚을 갚아야 할 책임이 완전히 면제되었다.

- **그리스도를 믿기만 함으로 의롭다고 선언 받음**

6. 죗값을 지불할 책임이 완전히 없어지므로 나는 의롭다고 선언 받았다.

나는 의롭게 되기 위해서 한 일이 아무것도 없다. 단지 주 예수 그리스도를 믿는 것뿐이다. 이 믿음 때문에 나는 의롭다고 선언 받았다.

그리스도께서 행하신 모든 일이 내 것이 되어 나는 완전히 의롭다는 선언을 받았다. 죄만 짓고 살았는데 그리스도를 믿는 믿음 하나 때문에 나는 완전히 의롭다 함을 받았다.

- **죄와 악한 생각에서 깨끗하게 되었음**

7. 전에는 죄와 악한 생각뿐이어서 더럽고 악하였는데 의롭다 함을 받으므로 나는 깨끗하게 되었다.

주 예수를 믿어 의롭다 함을 받기 전에는 나는 죄뿐이었다. 또 악한 생각으로 가득하였다. 언제나 악을 계획하고 생산하였다. 언제나 음탕하고 더러웠다.

- **주 예수를 믿음으로 죄와 악과 더러움에서 깨끗해졌다**

주 예수를 믿음으로 그의 피로 모든 죄가 다 씻어졌다. 의롭다 함을 받은 날부터 죄와 악과 더러움에서 깨끗해졌다. 성령이 역사하셔서 그리스도의 생명을 내게 부으심으로 그의 생명이 역사하여 나로 하여금 죄와 악을 버리고 거룩을 바라게 하셨다. 나를 그리스도의 피로 깨끗하게 하심으로 나는 깨끗해졌다. 곧 거룩해졌다.

- 그리스도의 거룩으로 옷 입었으므로 나를 깨끗하고 거룩하게 보심

그리스도의 거룩으로 옷 입었다. 하나님은 나의 죄 있는 모습을 보시는 것이 아니라 그리스도의 깨끗함과 거룩함으로 나를 보신다. 죄 덩어리가 하나님 앞에 깨끗해져서 거룩하게 되었다.

8. 내가 주 예수를 믿을 때 하나님은 내게 의와 거룩 곧 깨끗함을 선물로 주셨다.

- 의와 거룩을 선물 받음

나는 아무리 노력하여도 도달할 수 없는 의와 거룩을 그냥 선물로 주셨다. 나를 그리스도로 옷 입히시므로 나를 의롭고 거룩하다고 보신다.

하나님은 단지 믿음고백밖에 한 것이 없는 나를 그리스도의 의와 거룩으로 옷 입히셨다. 그러므로 내가 나타난 것이 아니라 그리스도의 의와 거룩만 나타난다.

- 그리스도의 의와 거룩으로 보좌 앞에 담대히 나아감

그리하여 나는 하나님의 보좌 앞에 담대히 나아간다. 두렵고 떨

리는 죄인으로 나아가는 것이 아니라 하나님의 자녀로 나아간다. 그리스도의 피를 의지함으로 당당하게 나아간다.

- 믿기만 하였는데 그리스도의 순종을 내가 한 것으로 여기심

9. 하나님이 성령으로 역사하셔서 나로 하여금 그리스도를 믿게 하셨는데, 단지 그 믿음 때문에 그리스도의 모든 순종을 내가 한 것으로 여기신다.

그러므로 하나님은 나를 죄인으로 보시는 것이 아니라 의인으로 보시고 그리스도의 얼굴과 사역을 보시므로 나를 의롭다고 보신다.

영 죽을 죄인이 영생에 이르고 하나님의 아들과 딸이 되었다. 순전히 하나님의 은혜이다.

61. 내 믿음의 가치 때문이 아니고 그리스도의 갚아주심과 의와 거룩이 내 의임

물음 61.

왜 당신은 오직 믿음으로만 의롭게 된다고 말합니까?

Frage 61.

Warum sagst du, dass du allein durch den Glauben gerecht seiest?

답.

나는 내 믿음의 가치 때문에 하나님을 기쁘게 하는 것이 아니고 오히려 그리스도의 갚아주심과 의와 거룩이 하나님 앞에서 내 의이기 때문입니다. 나는 의를 믿음 외에 다른 것으로는 받을 수가 없고 또 내 것으로 삼을 수도 없기 때문입니다.

Antwort.

Nicht dass ich von wegen der Würdigkeit meines Glaubens Gott gefalle, sondern darum, dass allein die Genugthung, Gerechtigkeit, und Heiligkeit Christi meine Gerechtigkeit vor Gott ist, und ich dieselbe nicht anders, denn allein durch den Glauben annehmen, und mir zueignen kann.

해설

1. 물음 60에서 이미 우리가 하나님 앞에 의롭게 되는 것은 '오직 믿음으로'라고 말하였다.

- **단지 믿음으로 의를 전가 받아 의롭게 되었음**

2. 물음 61에서 다시 왜 믿음으로만 의롭게 되느냐고 묻는다.
우리가 하나님 앞에서 의롭게 되는 것은 전적으로 믿음으로만 된다. 그것은 우리가 의로워져서 의롭다는 선언을 받는 것이 아니고 다른 의를 전가 받아 법적으로 의롭다고 선언 받기 때문이다.

- **믿음의 가치 때문에 의롭게 되는 것이 아니고 믿음도 선물**

3. 우리 믿음의 가치 때문에 우리가 의롭게 되는 것이 아니다.
믿음으로 의롭게 된다고 말할 때 통상 우리의 믿음의 가치 때문에 의롭게 되는 줄로 착각하기가 쉽다. 다시 말하면, 우리가 믿음을 갖기 때문에 그 믿음이 공로가 되어 의롭게 되는 것으로 생각한다. 그러나 그것이 결코 아니다.

우리가 믿음을 갖는 것은 성령이 우리 마음에 믿음을 일으키시기 때문이다. 또 성령이 우리로 믿음고백을 하게 하시기 때문에 우리가 주 예수를 믿고 그 믿음으로 의롭다는 선언을 받는다.

- **내가 믿음을 일으켰으면 그 믿음은 해가 된다**

4. 내가 믿음을 일으켰고 내 노력으로 믿음을 획득하였으면 그 믿음은 아무것도 아니다. 오히려 해가 되는 믿음이다.

내가 내 노력으로 믿음을 얻었으면 그것은 내 노력과 공로로 믿음을 얻었기 때문에 내가 공을 세운 것이어서 아무 가치도 없다. 그런 믿음은 멸망에 이르게 하는 것일 뿐이다. 이것은 마치 내가 율법을 잘 지켜서 내 공로로 의를 얻는 것과 같다.

- 의는 우리의 노력 사항이 아니고 그리스도의 의를 전가 받음임

우리가 받은 의는 우리의 노력으로 생겨난 것이 전혀 아니다. 우리가 믿음으로 받은 의는 그리스도의 의를 전가 받은 것이다. 그러므로 의는 하나님의 선물이다.

- 그리스도가 그의 피로 죗값을 갚으시어 우리의 죄를 용서

5. 그리스도가 피 흘려 우리의 죗값을 치르시고 우리의 죄를 다 용서하셨기 때문에 그의 구원사역을 우리의 의로 여기시고 우리에게 전가하신 것이다. 이것이 그리스도께서 갚아주심이다.

곧 우리의 죗값을 그리스도께서 자기의 피로 갚으셨다. 나는 그것을 믿는다. 믿음은 그리스도의 구속사역을 그냥 감사함으로 받음을 뜻한다.

- 칭의 받음으로 죄에서 방면됨

6. 내가 의인으로 선언 받는 것은 죄에서 방면됨을 말한다.

죄에서 방면되므로 하나님이 나를 무죄한 자로 판정하셨다. 그리스도의 의의 전가를 받는 것이 믿음이다. 믿는 것도 성령께서 선물로 주셨으니 믿음을 자랑으로 여기거나 공로로 여길 것이 전혀 아니다.

- 그리스도께서 그의 피로 내 죄를 씻으심이 거룩하게 됨임

7. 거룩은 그리스도가 내 죄를 그의 피로 씻어서 깨끗하게 하심이다.

그리스도께서 내 죄를 그의 피로 깨끗하게 하셨으니 나는 죄가 없는 자가 되었다. 죄에 대한 형벌은 없고 영생을 받는다.

- 주 예수를 믿음만이 내 죄를 해결 받음

8. 믿음으로 아니고는 내 죄를 해결할 길이 없다.

믿음이 아니면 죽음을 뜻한다. 믿음만이 살 길이다. 믿음만이 의의 길이다. 믿음만이 구원의 길이다.

62. 우리의 최선의 선행도 불완전하고 죄로 덮여 있음

물음 62.

왜 우리의 선행들이 하나님 앞에 의가 될 수 없으며 혹 그 일부라도 될 수 없습니까?

Frage 62.

Warum können aber unsre guten Werke nicht die Gerechtigkeit vor Gott oder ein Stück derselben sein?

답.

의가 하나님의 심판 앞에 성립할 수 있으려면 율법과 완전히 일치해야 하기 때문에 그렇습니다. 그러나 우리의 삶에서 행한 최선의 선행이라도 모두 불완전하고 죄로 더럽혀져 있기 때문입니다.

Antwort.

Darum, weil die Gerechtigkeit, so vor Gottes Gericht bestehen soll, durchaus vollkommen und dem Gesetz ganz gleichförmig sein muss, aber auch unsere besten Werke in diesem Leben alle unvollkommen und mit Sünden befleckt sind.

해설

- 그리스도의 의만이 우리를 구원함

1. 우리의 선행은 결코 하나님 앞에 의를 이룰 수 없음을 밝히기 위해서 62문답이 설정되었다.

그리스도가 이룩하신 의 이외에 사람의 선행은 결코 우리를 구원하는 의가 될 수 없음을 밝히기 위해서 이 문답을 설정하였다.

- **우리의 의가 될 수 있는 선행은 전적으로 불가함**

2. 우리의 선행이 의가 되어 하나님 앞에 설 수 있게 되려면 전적으로 완전해야 한다.

우리의 선행이 하나님 앞에 의가 될 수 있으려면 하나님의 심판 앞에 설 수 있어야 한다는 것을 강조한다.

하나님 앞에 설 수 있는 의는 완전해서 전혀 흠이 없어야 한다. 그러나 사람은 믿은 후에도 죄로 오염되어 있어서 완전한 의가 될 수 있는 선행을 할 수가 없다.

- **하나님의 법과 완전 일치한 선행을 할 수 있는 사람은 없음**

3. 하나님의 율법에 전적으로 일치해서 선행을 할 수 있는 사람은 아무도 없다.

의를 행할 수 있는 사람은 아무도 없다. 율법에 전적으로 일치해서 의를 행하는 것은 불가능하다. 아무리 율법에 일치해서 행한다고 할 경우에도 외적으로는 그렇게 보이는 경우가 있을 수 있다. 그러나 율법을 행하는 사람의 내면은 외식적이고 형식적이며 문자에만 맞추는 방식으로 행한다.

율법이 금한 대로는 사람을 죽이지 않았지만 속으로는 미워한다. 미워하면 이미 그것은 살인한 것이다. 율법의 글자대로는 간음을 행하지 않았지만 속으로는 음란한 마음이 가득하다. 상거래에서도 이윤을 극대화하기 위해서 온갖 수단과 방법을 동원하지만 법적 소추는 받지 않는다.

- **우리의 선행은 죄로 덮여 있어서 죄를 구성**

4. 우리의 선행은 죄로 덮여 있으므로 하나님 앞에서 전혀 의가 되지 못할 뿐만 아니라 의의 한 부분도 되지 못한다.

사람의 선행은 다 죄로 덮여 있으므로 선행이 바로 죄를 구성한다. 그리스도의 피로 씻어지지 않은 선행들은 다 멸망으로 이르게 할 뿐이다. 죗값은 죽음이므로 죄 중에 행한 선행도 죗값을 치러야 한다.

63. 선행에 대한 상급은 은혜일 뿐

물음 63.

우리의 선행이 아무런 공로가 되지 못해도 하나님은 현재의 삶이나 미래 삶에서 상 주실까요?

Frage 63.

Verdienen aber unsere guten Werke nichts, so sie doch Gott in diesem und dem zukünftigen Leben will belohnen?

답.

이 상 주시는 것은 공로에서 나오지 않고 은혜에서 나옵니다.

Antwort.

Diese Belohnung geschieht nicht aus Verdienst, sondern aus Gnaden.

해설

- 그리스도인의 선행에 상을 주시는 것은 선행의 가치 때문이 아님

1. 하나님은 우리 그리스도인들의 선행에 대해서 상 주신다. 그리스도인들의 선행이 죄로 덮여 있어서 결코 의를 이룰 수 없

다. 그러나 하나님은 그리스도인들의 선행에 상을 주신다. 선행들이 그 자체로 가치가 있고 값이 나가서 상을 주시는 것이 아니다. 그 선행들은 전적으로 하나님의 은혜로 이루어졌다.

- 선행은 구원은혜로 이루어졌으므로 은혜로 상 주심

하나님은 선행들에 대해서 은혜로 상을 주신다. 선행 자체에 가치가 있는 것이 아니라 하나님의 구원은혜로 행해졌기 때문에 상을 주신다.

- 선행은 상 받을 공로가 전혀 없다

2. 선행이 상을 받을 만한 가치가 있는 것이 아니다.
선행은 죄성을 지닌 그리스도인들이 행하였기 때문에 죄로 덮여 있다. 그러므로 아무런 공로를 이룰 수가 없다.

- 선행은 전적으로 은혜로 이루어졌다

3. 선한 행실은 전적으로 은혜로 이루어졌다.
그러므로 은혜 때문에 신한 행실들에 상을 주신다.

64. 선행에 상을 주시는 것은 선행자를 방종하게 할 수 없다

물음 64.

이 가르침은 사람들을 조심성 없게 만들고 방종하게 만들지 않겠습니까?

Frage 64.

Macht diese Lehre nicht sorglose und verruchte Leute?

답.

아닙니다: 참된 믿음으로 그리스도에게 접붙여진 사람들이 감사의 열매를 드리지 않는다는 것은 불가능하기 때문입니다.

Antwort.

Nein: denn es unmöglich ist, dass die, so Christo durch wahren Glauben sind eingpflanzet, nicht Frucht der Dankbarkeit sollen bringen.

해설

- 공로가 되지 못하는 선행에 상을 주신다면 사람을 방종하게 만들지 않을까 하는 질문임

1. 공로가 되지 못하는 선한 행실들을 보상하신다면 그것은 사람

들을 아무렇게나 행동하도록 하지 않겠느냐고 질문하고 있다.

하나님이 선행을 갚으시는 것이 전적으로 은혜에서 나온다면 사람들이 부주의하고 방종한 삶을 살게 될 것이 아니냐고 질문하고 있다.

2. 전혀 그럴 수 없다고 답한다.

- **그리스도에게 접붙여진 사람들은 구원은혜에 대한 감사의 표로 선행을 함**

3. 믿음으로 그리스도에게 접붙여진 사람들은 언제나 구원은혜에 감사해서 감사의 표를 행한다.

그것은 믿는 사람들이 그리스도의 지체들이 되었으므로 늘 감사하며 살고 감사의 열매로 남을 돕는 선한 행실을 한다.

그리스도인들이 하는 선행은 구원은혜에 감사하여 나온 행동들이다. 구원받은 자들은 늘 남을 돕는 일을 해야 한다.

- **선행에 공로 성격이 없어도 그리스도인은 선행을 함**

4. 선행이 공로의 성격을 갖지 않기 때문에 그리스도인들이 선행을 하지 않는다는 것은 불가능한 일이다.

그리스도인들은 늘 선행을 하여 그리스도의 은혜로 구원받은 자들임을 나타내야 한다. 남을 돕는 것도 받은 은혜로 할 뿐이다.

III-7. 거룩한 예전에 관하여: 물음 65-68
Von den heiligen Sacramenten

65. 구원에 동참하게 하는 믿음은 성령이 일으키심

물음 65.

믿음만이 우리를 그리스도와 그의 은택에 동참하게 만들면, 어디에서 그런 믿음이 옵니까?

Frage 65.

Dieweil denn allein der Glaube uns Christi und aller seiner Wohlthaten theilhaftig macht, woher kommt solcher Glaube?

답.

성령이 우리의 심장에 거룩한 복음의 선포로 말미암아 믿음을 일으키시고, 거룩한 예전들을 사용함으로 말미암아 믿음을 강하게 합니다.

Antwort.

Der Heilige Geist wirket denselben in unsern Herzen durch die Predigt des heiligen Evangeliums, und bestätigt ihn durch den Brauch der heiligen Sacramente.

해설

- **복음 선포와 성례전으로 성령이 믿음을 일으키고 강화하심**

1. 복음 선포와 성례전으로 성령이 믿음을 일으키고 믿음을 강화하시는 것을 강조하고 있다.

- **복음 선포로 성령이 심장에 믿음을 일으키심**

2. 성령이 복음 선포로 사람들의 심장에 믿음을 일으키신다.
복음이 선포되면 성령이 역사하신다. 성령은 전도하러 오셨으므로 복음 선포에 반드시 역사하신다.

- **복음에 대한 미움과 적개심을 내려놓게 하셔서 믿게 하심**

먼저는 성령이 사람들의 마음에 일어나는 복음에 대한 미움과 적개심을 내려놓게 하신다. 성령이 지성을 밝혀서 복음의 내용을 깨닫게 하시고, 심장으로 복음의 내용대로 믿게 하신다. 그리고 의지를 새롭게 하셔서 믿음의 결단을 하게 하신다.

- **성령이 복음 선포에 역사하셔서 죽은 사람을 살리심**

성령이 복음 선포에 역사하시어 죄와 허물로 완전히 죽은 사람을 새사람이 되게 하신다 (엡 2:1).

- 사람으로 믿음고백을 하게 하심

다음 단계로 성령은 사람으로 하여금 믿음고백을 하게 하신다. "하나님 아버지, 내가 참으로 죽을 죄인인데, 주 예수 그리스도를 내 구주로, 주님으로 믿습니다"라고 고백한다. 성령이 시키시므로 복음 선포를 받은 사람이 이렇게 믿음고백을 한다.

- 믿음고백과 동시에 회개하게 하심

이 믿음고백에는 회개가 동반한다. "나는 죽어 마땅한 죄인인데 하나님이 나를 살리시려고 아들을 보내사 십자가에서 내 죄를 대신 지고 죽어 피 흘리심으로 내 죄를 없이하셨으니 내가 죄를 회개하고 주 예수를 믿습니다. 나를 그리스도의 피로 용서하시옵소서"라고 기도한다.

성령은 복음 선포 받은 사람으로 하여금 믿음고백과 회개를 하게 하셔서 믿는 자로 만드신다.

- 성령은 복음 선포에 역사하셔서 믿음고백을 하게 하심

3. 믿음은 복음 선포로 일어난다.

성령은 복음 선포에 역사하시어 복음 선포의 내용대로 사람들로 믿음고백을 하게 하신다.

믿음은 반드시 복음 선포에서 일어난다. 복음 선포의 내용은 예수 그리스도가 하나님의 아들이신데 성육신하여 사람이 되시고 내

죗값을 갚으시기 위해서 십자가에서 피 흘리셨고 부활하셨다는 진리이다. 그러므로 주 예수를 믿으면 죄용서 받고 영생을 얻는다고 선포하면 믿음이 반드시 일어난다. 성령이 역사하시기 때문이다.

- 믿음고백 후 세례 받아 믿음을 확고하게 함

4. 믿음고백 후의 믿음은 세례로 굳게 된다.
세례는 교회 앞에서 하는 믿음고백이다. 믿는 사람이 세례 받는다는 것은 교회 앞에 공적으로 믿음고백을 하는 것이다.
그리고 세례로 하나님의 언약백성으로 회복되는 것을 뜻한다. 또 그리스도의 몸인 교회에 가입하는 예식이 세례이다.

- 세례로 언약백성으로 회복되어 교회에 가입

이 세례식에서 공적으로 처음 믿는 사람이 주 예수 그리스도에 대한 믿음고백을 함으로 그의 믿음을 확실하게 세상에 알리는 것이다. 그러므로 세례로 믿음이 굳게 되고 확실하게 된다.

- 성찬예식은 구원진리의 내용을 전 인격에 각인시킴

5. 성찬예식은 들었던 복음을 눈으로 직접 보면서 감촉하기 때문에 진리의 내용을 확실하게 전 인격에 각인시킨다.
아우구스티누스는 성찬을 '보는 복음'이라고 규정하였다. 귀로 들었던 복음의 내용을 가장 생생하게 체험하는 것이 성찬예식이다.

눈으로, 그리고 입과 신체 내부 기관으로 주의 죽으심과 살을 찢으심, 피 흘리심을 직접 경험한다. 그리하여 주께서 피 흘리심으로 나를 죄와 죽음에서 구원하셨음을 확실히 믿게 된다.

떡을 먹음으로 주의 찢기신 살을 직접 먹고 그 감동을 온몸으로 느낀다. 포도주를 마심으로 나를 위해서 흘리신 피를 마시게 되어 주의 죽으심과 구원하심을 가장 확실하게 온몸과 영혼에 인각시킨다.

- **성찬은 믿음을 반석 위에 올리는 기능을 행사**

그러므로 주의 구원사역을 잘 제시하면서 성찬을 집행하면 이것처럼 믿음을 굳게 하는 일이 없다. 성찬은 믿음을 반석 위에 올려놓는 기능을 행사한다.

- **믿음고백으로 주 예수를 믿는 믿음으로 산다**

6. 믿음은 복음 선포로 일어나고, 성찬은 믿음을 더욱 굳게 한다.
성령이 복음 선포에 역사하심으로 믿음이 일어난다. 죄인이 자기가 죄인임을 인정하고 고백한다. 그리고 주 예수를 주와 구주로 믿는다고 고백한다.

믿음고백으로 주 예수를 믿는 자가 된다. 믿음고백 후부터는 주 예수를 믿는 믿음으로 산다. 그러면 구주의 복음에 대해서 더 알기를 바라고 사모한다.

성찬은 믿는 자들에게 그리스도의 복음의 내용을 몸의 감각기관에 인각시키는 것이다. 성찬의 떡을 받는 것은 나를 위해서 찢기신 몸을 직접 받아먹는 것과 같다. 그러므로 믿음이 더욱 확실해지고 굳게 된다.

- **믿음으로 포도주를 마시면 주의 구원사역을 몸으로 체험하는 것이어서 은혜의 감격 속에 살게 된다**

마찬가지로 믿음으로 포도주를 주의 피로 받아 마시면 주 그리스도의 구원사역의 내용을 친히 몸으로 체험하고 확인하게 된다. 믿음이 그리스도의 피 흘리심에 굳건히 서므로 믿음이 확실하고 굳게 된다. 그리하여 구원은혜의 감격 속에서 살게 된다.

66. 성례전은 죄용서와 영생 주심을 확증하는 인장 노릇을 함

물음 66.

예전들은 무엇 무엇입니까?

Frage 66.

Was sind die Sacramente?

답.

성례전들은 가시적인 거룩한 상징물이고 인장입니다. 하나님이 그것을 사용하셔서 우리로 복음의 약속을 더 잘 이해하게 하시고 인치는 것으로 세우셨습니다. 곧 십자가에서 성취된 그리스도의 유일한 제사로 말미암아 우리에게 죄용서와 영생을 은혜로 주시는 것입니다.

Antwort.

Es sind sichtbare heilige Wahrzeichen und Siegel, von Gott dazu eingesetzt, dass er uns durch den Brauch derselben die Verheissung des Evangeliums desto besser zu verstehen gebe und versiegele: nämlich, dass er uns von wegen des einigen Opfers Christi, am Kreuz vollbracht, Vergebung der Sünden und ewiges Leben aus Gnaden schenke.

해설

- **성례전은 그리스도의 구원을 나타내는 상징물**

1. 성례전은 눈에 보이는 거룩한 상징물이고 도장이다.

성례전 자체가 구원하는 능력을 가진 것이 아니다. 오직 그리스도의 흘리신 피와 찢기신 살이 우리를 구원한다. 성례전, 특히 성찬예식은 그리스도의 구원을 나타내는 상징물이다. 그리고 우리의 구원을 확실하게 하는 도장을 찍는 것이다.

- **성례전은 죄용서와 영생을 확실하게 이해하게 함**

2. 성례전을 사용함으로 복음의 약속, 곧 죄용서와 영생을 확실히 이해하게 한다.

성찬의 떡과 포도주를 먹고 마심으로 주 예수 그리스도께서 나를 죄와 죽음에서 구원하여 영생에 이르게 하시려고 피 흘리고 살을 찢으셨음을 확신한다.

그의 피 흘리심과 살을 찢으심이 내 죗값을 갚으심이고 내 죄를 용서하시기 위해서 이루어졌음을 확실하게 믿고 확신하게 한다. 그것은 우리 믿음에 인을 치는 것이다.

- **그리스도께서 피 흘려 내 죗값을 갚고 내 죄를 용서하셨으니 죽음이 아니라 영생을 얻는 것임**

그리스도께서 피 흘려 죗값을 갚고 내 죄를 용서하셨으니 더 이상 죗값대로 죽는 것이 아니라 영생을 얻는 것임을 확실하게 이해하게 된다. 성례전은 이처럼 우리 믿음에 대한 인침이다.

- 성례전은 우리의 죄용서와 영생 주심을 인치는 것임

3. 성례전은 그리스도께서 피 흘리심으로 우리의 모든 죄를 용서하시고 영생을 주셨다는 것을 인치는 것이다.

우리는 이 진리를 믿음으로 구원에 이르렀다. 그러나 우리 육신은 약하여 그 약속을 확실하게 믿지 못하고 더러는 의심하게 된다. 그런데 떡과 포도주를 내 구원을 위해 흘리신 피와 찢긴 살로 받으면 그것처럼 확실한 구원을 보증하는 것이 없다. 확실하게 인치는 것이다. 우리의 믿음을 가장 확실하게 인치는 것이 성례전에 동참하는 것이다.

- 그리스도의 구속사역은 전적으로 하나님의 은혜이다

4. 그리스도께서 십자가에서 피 흘리고 살을 찢음이 우리의 죄용서와 영생을 주시기 위해서 이루어졌다. 이것은 전적으로 하나님의 은혜이다.

나는 죄용서를 받기 위해서 아무것도 할 것이 없고, 할 수도 없다. 그러므로 하나님이 이 일을 친히 이루시고 믿음을 주셔서 이것을 받도록 하셨으니 전적으로 은혜이다.

우리의 구원은 전적으로 하나님이 이루시고 우리에게 선물로 거저 주셨다. 그러므로 전적으로 은혜이다.

- **복음과 성례는 그리스도의 제사를 구원의 유일한 근거로 제시**

5. 이렇게 성례전은 그리스도의 구속사역과 우리의 구원 얻음을 확실하게 해주는 인침이다.

67. 말씀과 예전들은 그리스도의 십자가상의 죽음이 우리의 구원의 유일한 근거임을 지시하기 위해서 세워졌음

물음 67.

그러면 두 가지, 곧 말씀과 예전이 십자가상의 그리스도의 제사에 대한 믿음을 우리의 구원의 유일한 근거로 제시합니까?

Frage 67.

Sind denn beide, das Wort und die Sacramente, dahin gerichtet, dass sie unsern Glauben auf das Opfer Jesu Christi am Kreuz, als auf den einigen Grund unserer Seligkeit, weisen?

답.

예, 물론입니다. 왜냐하면 복음서에서 성령이 우리의 구원이 십자가상에서 일어난 그리스도의 유일한 제사에 성립함을 가르치고 또 성례전으로 말미암아 확실하게 하시기 때문입니다.

Antwort.

Ja freilich: denn der Heilige Geist lehrt im Evangelio, und bestätigt durch die heiligen Sacramente, dass unsere ganze Seligkeit stehe in dem einigen Opfer Christi, für uns am Kreuz geschehen.

해설

- 개혁자들은 로마교회의 성례전 견해, 곧 세례가 구원을 전달

해 주고 성찬이 죄용서를 가져온다는 주장을 전적으로 배척

1. 개혁자들은 세례와 성찬이 그 자체로 구원하는 기능을 행사한다고 하는 로마교회의 가르침에 대항하여 싸웠다. 성례는 십자가상의 그리스도의 제사만을 지시하도록 세워졌다는 것을 가르쳤다. 이 가르침의 정당성을 세우기 위해서 이 문항이 설정되었다.

종교개혁 당시 로마교회는 세례가 구원을 전달해 주는 것으로, 또 성찬이 죄를 용서하고 영생에 이르게 한다고 가르쳤다.

이런 것이 결코 성경의 진리가 아님을 분명히 하기 위해서 이 문답 항을 설정하였다.

- **성례전은 죄용서와 구원의 기능이 전혀 없고 속죄제사를 가리키는 지시물일 뿐**

2. 성례전은 죄용서와 구원의 기능이 전혀 없다.

세례와 성찬은 죄를 용서하고 영생을 보장하는 것이 전혀 아니다. 그런 것들은 단지 그리스도의 속죄제사를 가리키는 지시물일 뿐이다. 오직 그리스도의 십자가상의 유일한 제사만이 죄를 용서하고 영생을 준다. 이것이 다른 이름으로는 구원 얻을 수 없다는 말씀의 뜻이다 (행 4:12).

- **성례전은 그리스도의 속죄제사만이 죄용서와 구원을 주는 것임을 확실하게 하기 위해 세워짐**

3. 성례전은 오직 그리스도의 십자가상의 속죄제사만이 죄용서와 구원을 주는 것임을 확실하게 하기 위해서 세워졌다.

성례전은, 집행하기만 하면, 죄용서와 구원을 매개하는 것이 결코 아니다. 그리스도의 속죄제사만이 죄용서와 구원을 준다.

성례전은 오직 그리스도의 구속사역만이 구원을 주는 것임을 지시하기 위해서 세워졌다. 성례전은 그리스도의 구속사역을 지시하는 기능만 갖는다.

- 성례전은 그리스도의 구속사역만이 죄용서와 구원을 주는 것임을 인친다

4. 성경은 그리스도의 구속사역만이 죄용서와 구원을 주는 것임을 밝히 가르친다. 성령은 성례전으로 그것을 인치는 것뿐이다.

성경은 처음부터 끝까지 그리스도의 속죄제사만이 죄용서와 구원을 준다는 것을 강조한다. 성령은 성례전으로 이 진리를 확실하게 하는 도장을 찍을 뿐이다.

68. 성례는 세례와 성찬뿐이다

물음 68.

그리스도는 신약에서 몇 가지 성례전들을 세우셨습니까?

Frage 68.

Wie viel Sacramente hat Christus im Neuen Testament eingesetzt?

답.

두 가지입니다. 거룩한 세례와 거룩한 만찬입니다.

Antwort.

Zwei: die heilige Taufe und das heilige Abendmahl.

해설

- 로마교회의 성례: 세례, 성찬, 견신, 참회, 사제서품, 종유, 결혼

1. 로마교회의 7성례를 반대해서 성경적인 성례가 몇 가지인지를 묻는다.

로마교회는 세례, 성찬, 견신, 참회, 사제서품, 종유 (혹은 병자 기름부음), 결혼 등 7성례를 세웠다. 창조질서에 속한 것 (결혼)도 성례에 넣었다. 영국교회는 가르치기를 성례는 세례와 성찬뿐이고 나머지 5

성례는 부차적이라고 하였다.

- 신약의 성례: 세례와 성만찬

2. 신약의 성례는 세례와 성만찬 두 가지뿐이다.
이 두 성례는 주 예수께서 명하셔서 세우신 것이다.

- 세례: 공적 믿음고백, 언약예식, 교회 가입예식

세례는 주 예수를 믿는다는 공적인 믿음고백이다. 세례는 언약백성으로 들어가는 언약예식이며, 주의 교회의 가입예식이다.
성만찬은 우리의 구원을 위해서 주께서 죽으셨고 피 흘리셨음을 기념하고 날인하는 예식이다. 귀로 들은 복음을 눈으로 보고 우리의 감각기관들로 확인하는 예식이다.
이 두 성례는 주께서 우리의 구원을 위해 피 흘리심으로 세우신 예식이다.

III-8. 거룩한 세례에 관하여: 물음 69-74
Von der heiligen Taufe

> **69.** 세례는 그리스도께서 그의 피로 내 죄를 씻으셨다는 것을 확신시킴

물음 69.

당신은 거룩한 세례에서 그리스도의 십자가상의 유일한 제사가 유익이 된다는 것을 어떻게 기억하고 확신하게 됩니까?

Frage 69.

Wie wirst du in der heiligen Taufe erinnert und versichert, dass das einige Opfer Christi am Kreuz dir zu gut komme?

답.

그리스도께서 이 세례를 세우시고, 내가 물로 몸의 더러움을 씻어내는 것처럼, 그리스도가 내 영혼의 깨끗하지 못한 것 곧 나의 모든 죄를 그의 피와 영으로 깨끗하게 씻으셨다는 것을 약속해 주셨습니다.

Antwort.

Also, dass Christus diess äusserliche Wasserbad eingesetzt, und dabei verheissen hat, dass ich so gewiss mit seinem Blut und Geist von der Unreinigkeit meiner Seele, das ist, allen meinen Sünden gewaschen sei, so gewiss ich äusserlich mit dem Wasser, welches die Unsauberkeit des Leibes pflegt hinzunehmen, gewaschen bin.

해설

- 세례는 그리스도의 희생제사가 내 죄를 씻었음을 확인시켜 주는 것이다

1. 그리스도의 십자가상의 유일한 희생제사와 세례가 어떻게 연관되는지를 묻는다.
그리스도의 희생제사가 내 모든 죄를 확실하게 씻었음을 확인시켜 주는 것이 세례라고 공언한다.

- 세례는 그리스도의 희생제사로 내 죄가 씻어졌음을 고백하는 예식

2. 세례가 그냥 죄를 씻음 받았다는 표라는 정도가 아니다.
세례는 그리스도의 십자가상의 유일한 희생제사로 내 죄가 다 씻어졌음을 믿고 고백하는 예식이다.

- 죄는 물로 씻는 것이 아니고 그리스도의 피로만 씻는다

죄는 물로 씻어지는 것이 아니다. 죄는 그리스도의 흘리신 피로만 씻어진다.

세례 때 사용하는 물은 그리스도의 피로 죄가 씻어졌음을 지시하는 지시물일 뿐이다. 몸의 더러운 것을 씻어낼 때 물로 씻는 것을 표현하여 물로 세례를 받게 한 것이다. 그리스도의 피로 죄를 씻는 것을 나타내기 위해서 피를 사용할 수 없으므로 몸을 씻는 물을 사용하여 죄가 그리스도의 피로 씻어졌음을 확인하는 것이다.

- 세례의 물은 그리스도의 피가 내 죄를 씻었음을 표시하는 지시물

3. 세례 때 사용하는 물은 그리스도의 흘리신 피로 내 죄가 다 씻어졌음을 나타내는 지시물이다.

세례는 물을 머리에 부음으로 그리스도의 피로 내 죄가 확실하게 씻어졌음을 확증 받는 표이다.

- 세례 시의 물은 그리스도의 피로 내 죄가 다 씻어졌음을 확증하는 상징일 뿐이다

4. 그리스도의 피로 내 모든 죄가 씻어졌다는 것을 물로 확증한다. 그렇게 믿게 하는 것은 그리스도의 피의 공효이고 성령의 역사 때문이다.

세례 때 사용하는 물은 단지 상징일 뿐이다. 물로 세례 받을 때 그리스도의 피로 내 죄가 씻어졌음을 성령께서 믿게 하시기 때문에 믿고 확신한다.

- 성령이 죄를 회개하게 하고 그리스도의 피를 믿게 하신다

5. 성령이 죄를 회개하게 하고 그리스도의 피를 믿게 하신다.

성령이 그리스도의 피가 내 죄를 다 씻었다는 것을 믿게 하신다. 또 성령이 우리 마음을 감화하여 회개하게 하신다. 물이 확신시키는 것이 아니고 성령이 확신시키신다.

70. 그리스도의 피와 성령으로 씻어진다는 것은 그의 피로 죄가 용서되고 그 후 성령으로 새롭게 됨을 뜻한다

물음 70.

그리스도의 피와 그의 영으로 씻어진다는 것은 무엇을 뜻합니까?

Frage 70.

Was heisst mit dem Blut und Geist Christi gewaschen sein?

답.

그것은 그리스도의 피 때문에 은혜로 하나님으로부터 죄를 용서받았음을 뜻합니다. 그 피는 그리스도가 십자가상의 희생제사에서 흘리신 것입니다. 그 후에 또한 성령으로 새롭게 됨을 뜻합니다. 또 우리가 죄에 대해서 죽고 경건하고 흠 없는 삶을 계속하면 그만큼 더 그리스도의 거룩한 지체가 되는 것을 말합니다.

Antwort.

Es heisst Vergebung der Sünden von Gott aus Gnaden haben, um des Blutes Christi willen, welches er in seinem Opfer am Kreuz für uns vergossen hat; darnach auch durch den Heiligen Geist erneuert, und zu einem Glied Christi geheiliget sein, dass wir je länger je mehr der Sünde absterben, und in einem gottseligen, unsträflichen Leben wandeln.

> **해설**

- 다음은 울시누스의 제시를 해설한 것이다

1. 그리스도의 피로만 죄를 씻음 받는데 그의 영으로도 죄를 씻음 받는다고 하였기 때문에 그의 영으로도 씻음 받는 것이 무엇인지를 다시 묻는다.
2. 씻음 받는다는 것은 피로 죄를 용서받는 것으로 설명한다.
하나님이 사람의 죄를 용서하실 때 그리스도의 피 때문에 죄를 용서하신다.
3. 그리스도는 우리의 모든 죄를 지고 십자가에서 피 흘리심으로 우리의 모든 죄를 다 용서하신다.
그의 피만이 우리의 모든 죄를 다 씻고 용서하는 유일한 재료이다. 그리고 모든 죄용서의 근본이다. 그리스도께서 피를 흘리시지 않았다면 아무도 죄용서를 받을 수 없다.
4. 그리스도의 피로 죄를 용서받은 사람은 성령의 역사로 새사람이 된다.
사람이 그리스도의 피로 죄를 용서받으면 의인이 된다. 죄 없다고 무죄선언을 받았기 때문이다.
무죄하다고 선언을 받았어도 사람은 죄짓는 일을 쉽게 중단할 수 없다. 죄짓는 일을 그만두려고 해도 죄짓지 않고 살 수 있는 존재는 없다.
5. 성령이 역사하셔서 죄용서 받은 그리스도인들로 하여금 새사람이 되게 하신다.

새사람으로 지으신 것은 죄짓는 것을 삶의 법으로 살던 방식에서 벗어나 주 예수를 믿는 믿음으로 사는 것을 말한다. 죄지을 마음까지 없어진 것이 아니지만 성령이 역사하시므로 새사람은 죄짓는 것을 두려워하고 담대할 수 없다. 그래서 죄짓는 것을 피하고 거룩한 백성으로 산다. 새사람이 되었기 때문에 성령의 역사로 죄짓는 것이 부당한 것임을 알고 죄짓는 것을 피한다.

성령이 독자적으로 사람을 새롭게 하시는 것으로 제시한 울시누스가 복음의 역사를 잘못 이해한 것이다.

6. 그리스도인은 믿을 때 그리스도의 지체가 되었으므로 그의 생명으로 살게 되어 거룩한 백성이 되었다.

그리스도는 믿는 사람들을 자기의 몸의 지체로 삼으신다. 그들은 그의 지체로서 그리스도의 부활의 생명으로 사는 거룩한 백성이다.

7. 그리스도인들이 성령의 인도를 따라 살면 죄에 연연하지 않고 죄를 멀리하는 사람들이 된다.

그리스도인들의 삶은 죄를 버리고 죄에 대해서 죽고 거룩한 생명으로 살고 성령의 인도를 따라 살므로 죄에 대해서 점점 더 죽는 자들이다.

그리하여 경건하고 의롭게 살아 흠 없는 삶을 살게 되어 죄짓는 일을 피하고 책망 받을 일이 없게 된다. 죄에 몰두하는 것을 멀리하고, 주 앞에 설 때 책망 받을 것이 없는 자로 살게 된다.

8. 그리스도인의 삶은 날이 갈수록 죄된 것을 멀리하고 혐오하는 삶을 살게 된다.

이것이 그리스도의 생명의 역사로 나타나는 바른 삶의 방식이다.

- 성경적 바른 이해

1. 그리스도의 피로 죄가 씻어지고 그다음에는 성령이 독자적으로 사람을 깨끗하게 한다는 가르침은 바른 이해가 아니다.

2. 그리스도의 피가 모든 죄를 씻고, 그다음 성령이 독자적으로, 곧 자기의 능력과 권세로 사람을 새롭게 하시는 것이 아니다.

3. 성령은 그리스도의 피의 공효를 적용하여 사람을 새롭게 하신다. 이것이 성경적인 바른 가르침이다.

4. 성령은 그리스도의 피와 십자가의 권세로 죄의 욕망을 해결하시지, 독자적으로 죄를 용서하고 사람을 새롭게 하시는 것이 아니다.

5. 성령이 믿는 사람을 새롭게 한다고 하여도 성령이 독자적으로 그렇게 하시는 것이 아니고, 그리스도의 피의 공효를 적용하여 사람을 새롭게 하신다. 그리스도의 피의 공효를 적용하여 죄의 욕망을 버리게 하는 것이 성령이 사람을 새롭게 하시는 것이다.

6. 경건하고 의롭게 사는 것도 그리스도의 구속사역의 공효를 적용함으로만 가능한 일이다.

7. 이 문답에서 성령이 독자적으로 사람을 거룩하게 한다고 하는 것은 바른 가르침이 아니다. 성령이 그리스도의 피의 공효를 적용하여 사람들을 거룩하게 하신다고 하는 것이 성경적인 바른 가르침이다.

71. 세례 설립 시에 그리스도가 피와 영으로 깨끗하게 하신다고 가르침

물음 71.

어디에서 그리스도께서 우리를 그의 피와 영으로 확실하게 씻으셨다고 약속하셨습니까?

Frage 71.

Wo hat Christus verheissen, dass wir so gewiss mit seinem Blut und Geist, als mit dem Taufwasser, gewaschen sind?

답.

세례 설립에서입니다. 그러므로 세례 설립은 이렇습니다. 가서 모든 백성을 가르쳐 아버지와 아들과 성령의 이름으로 세례를 주라. 믿고 세례를 받는 자는 구원을 얻을 것이요; 그러나 믿지 않는 자는 정죄 받을 것이라고 하셨습니다. 이 약속은 반복될 수 있습니다. 왜냐하면 성경이 세례를 거듭남의 씻음이고, 죄를 씻음이라고 이름하기 때문입니다.

Antwort.

In der Einsetzung der Taufe, welche also lautet: Gehet hin, und lehret alle Völker, und taufet sie im Namen des Vaters, und des Sohnes, und des Heiligen Geistes: wer da glaubet und getauft wird, der wird selig werden; wer aber nicht glaubet, der wird verdammt werden. Diese Verheissung wird auch wiederholt, da die Schrift die Taufe das

Bad der Wiedergeburt und Abwaschung der Sünden nennet.

해설

1. 우리의 죄가 확실하게 씻어졌다는 약속을 그리스도께서 어디서 하셨는지를 묻는다.

- 세례에서 우리의 죄가 그리스도의 피로써 씻어짐을 약속

2. 우리의 죄가 그리스도의 피로써 확실하게 씻어졌다는 것을 확인하는 것이 세례라고 강조한다.

사람의 죄가 씻어지는 것은 오직 그리스도의 피로만 된다. 우리의 죄용서와 죄 제거를 위해 그리스도께서 피 흘리셨기 때문이다. 그리스도의 피가 아니고는 어떤 죄도 용서받을 수 없고, 오직 그리스도의 피로만 죄가 지워진다.

- 그리스도의 피로 죄가 용서되었음을 세례로 확인함

그리스도의 피로 우리의 죄가 용서되었음을 확인하는 것이 물로 죄 씻어짐을 확인하는 세례이다.

세례 자체가 결코 죄를 씻는 것이 아니다. 세례는 그리스도의 피로 죄가 씻어졌다는 것을 확인하는 것뿐이다.

- 그리스도의 피로 죄가 씻어진다는 것을 성령이 깨닫게 하심

3. 그리스도의 피로 죄가 씻어진다는 것을 깨닫게 하시는 이는 성령이시다.

우리의 죄는 하도 죄질이 악해서 용서받을 길이 없다. 아무도 우리의 죗값을 갚을 수가 없다. 그 결국은 영원한 멸망이고 죽음이다.

하나님이 우리의 죗값을 대신 갚으시기 위해서 사람이 되시고 십자가에서 피 흘리심으로 우리의 죗값을 다 갚으셨다.

- 그리스도의 피 흘리심을 믿으면 죄용서를 받는다

그러므로 우리가 그리스도의 피 흘리심을 믿으면 죄용서를 받고 영생을 얻는다. 범죄한 조상의 자손들은 이 진리를 깨달을 수가 없다. 구원의 복음을 들으면 사람들은 그것이 전혀 부당하고 불가한 일이라고 판정한다.

- 복음의 내용을 이해하고 받아들이게 하는 일을 성령이 하심

복음의 선포를 들어도 사람들은 복음의 내용을 이해하고 받아들일 마음을 전혀 가질 수 없다. 그냥 받아들이지만 않는 것이 아니라 그것을 반대하고 배척한다. 그냥 배척하고 거부하는 것이 아니라 폭력을 다해서 거스르고 힘으로 없애려고 한다. 죄성이 그 본성을 다 드러내므로 그렇게 반응한다. 이렇게 전적으로 굳어 있고 적대감만 드러내는 사람들을 변화시켜 복음을 이해하게 만들고 믿게 하시는 이는 성령이시다.

- 성령이 사람의 마음과 의지를 변화시켜 복음을 받아들이게 하심

성령께서 복음 선포 시에 그 내용을 깨닫고 받아들이게 사람의 마음과 의지를 변화시키신다. 그리하여 성령은 사람들로 그리스도의 피로 죄가 씻어진다는 복음의 내용을 기쁨으로 받아들이게 하신다.

- 성령이 죄를 씻는 것이 아니고 그리스도의 피를 바르는 일을 하심

4. 물음 71의 물음처럼 성령이 사람의 죄를 씻으시는 것이 아니다. 죄를 씻는 길은 오직 주 예수 그리스도의 피 흘리심을 믿음으로만 된다. 이렇게 그리스도의 피를 믿어 죄 씻음 받게 하는 일을 하시는 것이 성령의 사역이다.

성령이 자기의 능력으로 죄를 씻으시는 것이 전혀 아니다. 성령은 그리스도의 피를 바르는 일을 하신다. 죄를 씻는 것은 오직 그리스도의 피로 이루어지고 성령은 그 피를 적용하는 일을 하신다. 성령이 죄를 씻는다고 하는 것은 그리스도의 구속사역을 깎아내리는 것이다.

- 사도와 전도자들은 구속사역을 전파하여 세례 받게 함

5. 사도들과 그 후 전도자들은 가서 그리스도의 구속사역을 전파하여 그들로 세례를 받게 한다.

사도들과 전도자들은 언제나 어디서나 예수 그리스도의 구속사역을 전파하였다. 이 전파에 성령이 역사하시므로 복음을 듣는 사람들이 회개하고 주 예수를 믿었다. 그리고 예수 그리스도의 이름으로 세례 받았다.

- **주 예수 이름으로 세례 받는 것은 주 예수 믿음을 고백하는 것임**

사람들이 주 예수의 이름으로 세례 받았다는 것은 그들이 주 예수를 믿는다는 것을 고백한 것이다. 또 주 예수를 믿음으로 세례 받았다는 것은 그들의 죄가 그리스도의 피로 씻어졌다는 것을 확증하는 것이다.

- **복음 선포로만 사람들로 죄용서와 영생에 이르게 함**

6. 사람들로 주 예수를 믿어 죄용서 받고 영생에 이르게 하려면 그리스도의 복음을 선포해야 한다.

그리스도의 복음 선포에 성령이 역사하시므로 사람들이 주 예수를 믿어 죄용서 받고 영생을 얻는다. 곧 하나님의 백성이 된다. 이 길 외에는 구원에 이르는 다른 길이 없다.

죄용서를 받아 하나님의 백성이 되면 하나님을 섬기고 영생에 이른다. 이것이 하나님 나라를 세우는 길이다.

그러므로 그리스도께서 구속사역을 마치고 하늘로 가시기 전에 온 백성에게 복음을 선포하라고 명하셨다.

- 삼위 이름으로 세례 주라는 것은 구원이 하나님의 일임을 밝히는 것임

7. 세례 줄 때 아버지와 아들과 성령의 이름으로 세례를 주라는 것은 구원이 전적으로 하나님의 일이란 것을 밝히는 것이다.

처음 교회는 그리스도의 이름으로 세례를 주었다. 그리스도 자신이 구원을 이루셨으므로 그리스도의 이름으로 세례를 주었다.

그러나 그리스도 자신이 아버지와 아들과 성령의 이름으로 세례를 주라고 명하셨다. 381년 콘스탄티노폴리스 공회의 이후에는 삼위 하나님의 이름으로 세례 주는 것이 보편화되었다.

- 하나님만이 사람을 구원하심

그것은 구원사역이 전적으로 하나님의 일임을 확증하는 것이다.

하나님만이 사람의 구원을 이루셨다. 사람이나 어떤 피조물도 사람의 구원을 이룰 수 없다. 오직 하나님만이 사람을 구원하신다.

- 삼위의 이름으로 세례 주는 것은 아버지의 구원 작정, 아들의 구속사역, 성령이 구원을 적용하심을 지시

8. 삼위의 이름으로 세례를 주는 것은 아버지가 구원을 작정하시고, 아들이 구원사역을 이루시며, 성령이 아들의 구원사역을 사람들에게 적용하시기 때문이다.

세 위격이 온전한 하나님이시므로 구원사역의 성취에 한 위격도

빠질 수 없다.

- 믿는 자가 구원받음; 믿음고백으로 세례 받음

9. 믿고 세례 받는 자가 구원 얻는다.

주 예수를 믿는 자가 구원에 이름이 마땅하다. 그러나 세례 받는 것은 믿는 자가 자기의 믿음고백을 공적으로 밝히는 것이다. 따라서 세례 받는 것은 자기의 구원을 확증하는 표이다.

- 믿지 않는 자는 정죄 받아 영원한 죽음

10. 믿지 않는 자가 정죄 받는 것은 불변의 진리이다.

본래 모든 사람은 범죄함으로 영원한 죽음으로 판정되었다.

그러나 하나님은 사랑이 크시므로 정죄 받아 영원히 죽을 자들을 다시 한 번 용서할 기회를 주기로 하셨다.

- 주 예수를 믿으라고 한 것은 살 기회를 마지막으로 주심임

그것은 주 예수를 믿으면 정죄되지 않고 죄용서 받아 영생을 얻게 하나님이 정하셨기 때문이다 (요 3:16).

영원히 죽게 된 자들에게 주 예수를 믿기만 하면 죽지 않고 영생에 이르도록 작정하셨다. 이 작정을 따라 주 예수 그리스도가 하나님으로서 사람이 되시어 세상 죄과를 다 담당하셨다. 그러므로 주 예수를 믿기만 하면 아무 죄도 묻지 않으시고 무조건 죄를 용서하

시고 영생을 주기로 하셨다.

- 믿지 않는 것은 하나님의 인격을 무시하는 것임

이런 하나님의 호의와 사랑을 거부하는 것은 하나님의 인격을 전적으로 무시하는 것이다. 그러므로 정죄되어 영원한 멸망에 이르는 길 외에는 아무것도 없다.

- 믿으면 죄용서 받아 영생에 이른다는 약속이 복음이다

11. 이 약속은 믿는 자가 죄용서 받아 영생에 이른다는 약속이다. 구원받아 영생을 얻는 길은 하나님이 이룩하신 구원을 믿는 것뿐이다. 이것이 신구약의 중심주제이다. 그러므로 성경이 이 약속을 반복한다.

- 주 예수를 믿으면 죄용서를 받는 것이므로 세례가 거듭남의 씻음임

12. 세례가 거듭남의 씻음이라는 것은 주 예수를 믿으면 죄를 용서받는 것이므로 세례가 거듭남의 씻음으로 표시된다.

성령은 주 예수를 믿는 자들을 거듭나게 하신다. 그리하여 죄인이 아니라 의인이 되게 하신다.

거듭남은 죄인이 의인으로 다시 나는 것을 말한다. 본성으로는 다 죄인으로 났지만 주 예수를 믿으면 변화되어 새사람이 된다.

- 주 예수를 믿으면 죄용서 받아 새사람이 되는 것

새사람이 되는 것은 죄용서 받아 의인이 되는 것을 말한다. 죄를 많이 지은 죄인이지만 주 예수를 믿음으로 죄를 다 용서받았기 때문이다.

이렇게 주 예수를 믿어 새사람이 되었다는 표가 세례 받음이므로 세례가 중생의 씻음이다.

- 세례가 죄 씻음이라는 것은 피로 죄가 씻어졌음을 확증하는 것임

13. 세례가 죄 씻음이라는 것은 죄가 씻어졌다는 것을 확증한다는 뜻이다.

사람의 죄가 씻어지는 것은 오직 그리스도의 피로써만 이루어진다. 그러나 세례를 죄 씻음이라고 하는 것은 죄가 세례로 씻어진다는 뜻이 아니다. 세례는 그리스도의 피로 죄가 씻어졌다는 것을 확증하는 예식일 뿐이다. 사람의 모든 죄는 오직 그리스도의 피로만 씻어지고, 세례는 죄 씻어졌음을 확인하는 것뿐이다.

72. 죄는 그의 피로만 씻어지고 세례는 죄 씻음의 확증

물음 72.

그러면 외적으로 물로 씻음이 죄들을 씻음 자체인가요?

Frage 72.

Ist denn das aeusserliche Wasserbad die Abwaschung der Sünden selbst?

답.

아닙니다. 오직 예수 그리스도의 피와 성령이 우리를 모든 죄에서 씻으십니다.

Antwort.

Nein; denn allein das Blut Jesu Christi, und der Heilige Geist reiniget uns von allen Sünden.

해설

1. 세례가 죄를 씻음의 표라고 물음 71에서 밝혔으므로 세례 때 사용하는 물이 죄를 씻어내는 증표라고 이해할 것을 염려하여 물음 72를 설정하였다.

- 죄는 그리스도의 피로만 씻어지고 성령은 그 피를 적용하심

2. 죄는 오직 예수 그리스도의 피와 성령만이 씻는다고 강조한다.

이 답은 바른 해답이 전혀 아니다. 그리스도의 피가 죄를 씻고, 성령은 그리스도의 피를 믿어 죄용서를 받는다는 것을 알게 하신다. 성령이 죄를 씻으시는 것이 아니다.

- 실제 죄용서는 그리스도의 피로만

3. 실제로 죄가 용서되고 씻어지는 것은 예수 그리스도의 피로만 된다.

세상 죄를 씻는 유일한 재료가 그리스도의 피이다 (마 26:28; 롬 5:9; 엡 1:7; 히 9:14, 22; 13:12, 20; 벧전 1:2, 19; 요일 1:7; 계 1:5; 5:9; 7:14). 그리스도의 피로 죄 씻음과 용서를 받는다.

- 세례는 그리스도의 피로 죄가 씻어졌음을 확증하는 예식

세례는 그리스도의 피로 죄가 씻어지고 용서되었다는 것을 확증하는 예식이다. 그리스도의 피로만 죄가 씻어지고, 세례는 죄 씻음을 확증하는 것일 뿐이다. 그래도 세례가 중요한 이유는 공적 믿음 고백이고, 공적으로 죄 씻음을 확인하는 것이기 때문이다.

- 성령이 죄를 씻는 것이 아니고 그리스도의 피를 사람에게 발라 죄용서 받게 하심

4. 성령이 죄를 씻는다는 것은 성령이 실제로 사람의 죄를 씻는

것이 아니고 그리스도의 피를 사람들에게 바르는 것을 말한다. 성령이 그리스도의 피를 바른다는 것은 그를 믿어 죄용서 받게 감화하시는 것을 말한다. 그리스도의 피를 발라 죄가 씻어지도록 하기 때문에 성령이 죄를 씻는다고 말한 것이다.

73. 세례를 죄 씻음과 거듭남의 씻음이라고 한 이유를 밝힘

물음 73.

그러면 왜 성령이 세례를 거듭남의 씻음과 죄들을 씻어냄이라고 부릅니까?

Frage 73.

Warum nennet denn der Heilige Geist die Taufe das Bad der Wiedergeburt und die Abwaschung der Sünden?

답.

하나님은 큰 원인 없이는 이렇게 말씀하지 않습니다: 곧 몸의 더러움을 물로 씻듯이 우리의 죄들도 그리스도의 피와 영으로 제거된다는 것을 가르칠 뿐만 아니라, 오히려 하나님이 우리를 이 신적 보증과 상징물로 말미암아 우리가 우리의 죄에서 영적으로 씻어지되 물질적인 물로 우리가 씻기는 것처럼 참되이 씻어졌다는 것을 우리에게 확실하게 해주시는 것입니다.

Antwort.

Gott redet also nicht ohne grosse Ursache: nämlich, nicht allein, dass Er uns damit will lehren, dass, gleichwie die Unsauberkeit des Leibes durch Wasser, also unsere Sünden durch's Blut und Geist Christi hinweg genommen werden; sondern vielmehr, dass Er uns durch diess göttliche Pfand und Wahrzeichen will versichern, dass wir so wahrhaftig von unsern Sünden geistlich gewaschen sind, als wir mit dem leiblichen Wasser gewaschen werden.

해설

1. 세례를 거듭남의 씻음과 죄들을 씻어냄이라고 부르는 이유를 묻는다.

- 왜 세례가 죄 씻음과 거듭남의 씻음이라고 하는지를 밝힘

2. 세례로 죄가 씻어지는 것이 아니고 그리스도의 피로만 죄가 씻어지는데, 세례를 죄 씻어냄과 거듭남의 씻음이라고 말하는 것에 대한 의문을 해소하기 위해서 이 문항이 만들어졌다.

성경도 중생의 씻음이라고 말하고 있다 (딛 3:5). 그러나 성경은 전체적으로 죄를 씻음은 오직 그리스도의 피로만 이루어진다고 가르친다.

3. 몸을 씻을 때는 물로 씻는다. 죄는 그리스도의 피로만 씻는다.

물로 몸에 붙은 때와 더러움을 씻어낸다. 죄를 물로 씻는다고 표현한 것은 그리스도의 피가 죄를 씻음을 세례식이 확인해 주기 때문이다.

세례로 씻는다고 말하는 것은 그리스도의 피로 죄가 씻어지는 것을 세례식이 확인해 주기 때문이다.

- 세례는 그리스도의 피가 죄를 씻음을 확증해 준다

물은 몸의 더러움을 씻을 수 있으나 사람의 죄는 결코 씻을 수 없다. 사람의 죄는 오직 그리스도의 피로만 씻어진다.

그러나 물이 몸의 더러움을 씻듯이 그리스도의 피가 죄를 씻는다는 것을 확실하게 하기 위해서 세례가 죄를 씻음의 표요 보증이라고 표현하고 있다.

4. 세례 받는 것은 그리스도의 피로 죄가 완전히 씻어졌다는 것을 확증해 주는 것이다.

세례는 주 예수를 믿어 죄용서 받은 사람들이 받는 예식이다. 그러므로 세례는 그리스도의 피로 죄가 완전히 씻어졌다는 것을 확증하는 공포이다.

- 죄용서는 믿음고백 시에

주 예수를 믿는다는 믿음고백 시에 확실하게 그리스도의 피로 죄를 용서받았다. 세례식은 그리스도의 피로 죄가 용서되었다는 것을 공적으로 인정하고 보증하는 예식이다. 세례 받음으로 수세자는 죄용서를 받았다는 것을 확신하고, 세례자가 이것을 공포한다.

74. 어린이들도 세례 받아 교회에 가담해서 불신자의 자녀와 구분되어야 함

물음 74.

어린아이들에게도 세례를 주어야 하는지요?

Frage 74.

Soll man auch die jungen Kinder taufen?

답.

예: 왜냐하면 그들뿐 아니라 성인들도 하나님의 언약과 그의 공동체에 속할 뿐만 아니라 그들에게 그리스도의 피로 죄에서 구속과 믿음을 일으키는 성령을 구약백성들에게 주시기로 약속하셨기 때문입니다. 그러므로 그들도 언약의 표시인 세례로 말미암아 그리스도의 교회에 가입하고, 또 구약에서 할례로 구분되었던 것처럼 불신자의 자녀들과 구분되어야 하기 때문입니다. 할례의 자리에 신약에서는 세례가 세워졌습니다.

Antwort.

Ja: denn dieweil sie sowohl als die Alten in den Bund Gottes und seine Gemeine gehören, und ihnen in dem Blut Christi die Erlösung von Sünden und der Heilige Geist, welcher den Glauben wirket, nicht weniger denn den Alten zugesagt wird; so sollen sie auch durch die Taufe, als des Bundes Zeichen, der christlichen Kirche eingeleibt und von der Ungläubigen Kindern unterschieden werden, wie im alten Testament durch die Beschneidung geschehen ist, an welcher Statt im neuen Testament die Taufe ist eingesetzt.

해설

- **어린아이들은 다 자란 사람처럼 믿음고백을 할 수 없는데도 세례를?**

1. 어린아이들이 세례를 받아야 하는 당위성을 묻고 있다.

세례는 믿음고백을 하는 일이므로 성인들이 믿음고백과 함께 세례 받는다.

그런데 어린아이들은 자기의 믿음으로 믿음고백을 할 수 있는 상황이 아니다. 그런데도 어린아이들이 세례를 받아야 할 당위성이 무엇인지를 묻고 있다.

- **어린아이들도 세례 받아 하나님과의 언약에 가입**

2. 어린아이들도 세례로써 하나님과 맺은 언약에 가입한다.

어린아이들도 그 부모들과 마찬가지로 하나님의 언약과 그의 백성에 속하므로 그리스도의 피로 죄에서의 구속과 성령이 약속되었기 때문이다.

부모들과 맺은 언약은 자녀들에게도 타당하다는 언약의 법에 따라 어린아이들에게도 그리스도의 피로 구속이 약속되어 있다. 어린아이들도 세례로 하나님의 언약백성이 된다.

- **주 예수를 믿으면 하나님의 언약백성으로 회복된다**

3. 주 예수를 믿으면 하나님의 언약으로 회복된다.

부모들은 주 예수를 믿어 그의 피로 죄가 다 씻어지고 용서되어서 하나님의 언약백성으로 회복되었다.

부모가 주 예수를 믿어 하나님의 언약백성으로 회복되었다는 약속은 어린아이들에게도 동일하게 타당하다.

- **유아들의 경우도 믿음고백을 할 때만 성령의 내주가 타당**

4. 유아들에게 성령이 약속되었다는 진술은 조금 고려해 볼 문제로 여겨진다.

유아들은 믿음고백을 하지 못하는 수준이어서 믿음고백도 하지 않았다. 그러나 그들이 믿음고백을 할 경우에는 성령의 약속이 타당하다고 해야 한다.

부모의 믿음에 의해서 유아들이 세례 받는데 그런 세례로도 성령이 어린아이들에게 약속되었으므로 내주하신다고 말할 수 있는가? 바른 세례 형식은 믿음고백하는 사람들만 세례 받는 것이다.

- **믿음고백을 해야 성령의 임재와 내주가 타당**

5. 유아들은 부모의 대신 믿음고백으로 세례를 받았는데, 대신

믿음고백에 성령의 약속이 타당하다는 것은 유아들이 세례 받을 때 성령을 받았다는 것을 뜻한다. 그러나 대신 믿음고백으로 약속이 이루어져 성령이 그들에게 내주하신다는 것이 타당한 신학이라고 할 수 있는가? 그들이 성년이 되어 바른 믿음고백을 할 때 성령이 임하신다고 말해야 한다.

- **어린아이가 믿음고백 없이도 죄용서받는 것은 타당하지 않음**

6. 유아들이 믿음고백이 없어도 그리스도의 피로 죄용서를 받는다는 것은 대신 믿음고백으로 죄용서를 받는다는 것과 같은 것이 된다. 이것은 좀 심각하게 고려해 볼 문제이다.

- **복음 선포에 성령이 역사하셔서 믿음을 일으키신다**

7. 복음 선포에 성령이 역사하셔서 사람들 마음에 믿음을 일으키신다.
복음이 선포되면 성령이 믿음을 조성하셔서 사람들로 믿음고백을 하게 하신다. 사람이 믿음고백을 할 때 그 사람에게 믿음이 성립한다. 믿음고백을 하지 않은 유아들에게도 이것이 타당한가?

- **세례는 하나님과 맺은 언약으로 돌아감의 표**

8. 세례는 하나님과 맺은 언약으로 돌아감의 표이다.
세례 받아 믿음고백을 할 때 믿음고백자는 처음 체결된 언약으로 돌아감을 확인하는 것이다.

- **유아세례가 중생 때문인가, 아니면 언약관계 때문인가?**

9. 유아세례가 중생 때문이냐, 언약관계 때문이냐는 논쟁은 네덜란드 개혁교회가 분열되는 계기를 마련하였다.

요리문답 74번 때문에 네덜란드 개혁교회가 분열되는 결과를 가져왔다. 아브라함 카위퍼는 중생을 전제하고 유아들에게 세례를 준다고 하였다.

이에 반해 클라스 스킬더 (Klaas Schilder)는 중생을 전제하고 세례를 줄 수 없고 언약관계에 근거해서 세례를 준다고 하였다.

유아가 중생했는지 여부는 알 수 없고 단지 부모와 맺은 언약은 자녀에게도 타당하다는 언약관계로 세례를 줄 수 있다고 하였다.

이 논쟁을 보면 중생을 전제하고 세례를 주는 것이나 언약관계에 근거해서 세례를 주는 것이나 다 문제를 해결하지 못한다. 세례 주는 것은 믿음고백에 근거한다.

- **유아세례 실시가 정당한가?**

유아세례가 고대교회로부터 시작되었기 때문에 그 시행의 정당성을 두고 논쟁이 일어난 것이다.

- **유아도 그리스도의 피로만 죄용서를 받는다**

10. 세례의 중요한 표징은 그리스도의 피로 죄가 용서되었다는 것을 확인하는 것이다.

유아들도 그 죄를 그리스도의 피로만 용서받고 씻음을 받는다.

- **유아도 세례로 교회에 가입**

11. 세례의 표징 때문에 유아들도 언약의 표인 세례로 말미암아 그리스도의 교회에 가입한다.

유아들이 세례를 받으므로 세례 받은 자로 교회에 등록된다. 이 후부터는 부모와 교회 교육을 통해서 믿음의 법을 잘 가르침 받아야 한다.

세례가 교회에 가입하는 표이므로 유아들도 자기의 의식적인 믿음고백으로는 아니지만 세례를 받았으므로 교회에 가입한다. 교회에 세례교인으로서 등록된다.

교회에서 믿음교육을 잘 받고 자라서 자기의 힘으로 믿음고백을 할 단계에 이르면 믿음고백을 하고 정식 세례교인으로서 교회에 등록된다.

교회에 등록되면 교회의 성도들과 교제하게 되어 더욱 믿음이 자라나고 굳게 된다.

III-9. 그리스도의 성만찬에 관하여: 물음 75-85
Vom Heiligen Abendmahl Jesu Christi

75. 성만찬으로 그리스도의 속죄제사와 그 은혜에 동참

물음 75.

당신이 십자가상의 그리스도의 단 한 번의 제사와 그의 모든 은택에 동참하게 된 것을 어떻게 성만찬에서 기억하고 확신합니까?

Frage 75.

Wie wirst du im Heiligen Abendmahl erinnert und versichert, dass du an dem einigen Opfer Christi am Kreuz und allen seinen Guetern Gemeinschaft habest?

답.

그리스도께서 나와 모든 믿는 자들에게 하나의 찢어진 빵을 먹게 하시고 같은 잔으로부터 마시라고 명하시어 자기를 기념하게 하셨으며 이에 약속하셨습니다. 첫째로 자기의 몸을 그렇게 확실하게 십자가에서 나를 위해 바치시고 깨뜨리셨으며 그의 피를 나를 위해 흘리심으로 나로 하여금 눈으로 확실하게 보게 하셨으며, 주의 빵을 찢어 나에게 나누어주시며 나로 잔을 마시게 하셨으며 둘째로는 그 자신이 그의 십자가에 못 박힌 몸과 흘리신 피로 내 영혼으로 하여금 영원한 생명을 맛보고 마시게 하셨습니다. 내가 말씀의 봉사자의 손으로부터 받아서 주의 빵과 잔

을 육신적으로 즐기게 하셨는데, 이것은 그리스도의 몸과 피의 확실한 표로서 내게 주신 것입니다.

> **Antwort.**

Also, dass Christus mir und allen Gläubigen von diesen gebrochenen Brot zu essen, und von diesem Kelch zu trinken befohlen hat, zu seinem Gedächtnis, und dabei verheissen: Erstlich, dass sein Leib so gewiss für mich am Kreuz geopfert und gebrochen, und sein Blut für mich vergossen sei, so gewiss ich mit Augen sehe, dass das Brot des Herrn mir gebrochen, und der Kelch mir mitgetheilet wird; und zum andern, dass Er selbst meine Seele mit seinem gekreuzigten Leib und vergossenen Blut so gewiss zum ewigen Leben speise und traenke, als ich aus der Hand des Dieners empfange und leiblich geniesse das Brot und den Kelch des Herrn, welche mir als gewisse Wahrzeichen des Leibes und Bluts Christi gegeben werden.

> **해설**

- **성만찬 동참은 그리스도의 희생제사와 그 은혜에 동참**

1. 성만찬에 동참하는 것은 그냥 떡과 포도주를 먹고 마시는 것이 아니라 그리스도의 희생제사와 모든 구원은혜에 동참하는 것이라는 것을 강조하고 있다. 그렇게 기억하고 확신하게 하는 법이 있느냐고 묻는 것이다.

- 성찬 참여는 희생제사를 회상하고 구원을 확신하게 함

2. 성찬에 참여는 그냥 떡과 포도주를 마시는 수준이 아니고 그리스도의 희생제사를 회상하고 그로써 오는 구원을 확신하는 것이다. 이렇게 확신하도록 하는 조치가 무엇인지를 묻고 있다.

- 떡과 포도주를 먹고 마실 때 우리 죄용서를 위한 그리스도의 살과 피를 기억한다

3. 그리스도께서 나와 모든 믿는 사람들로 하여금 이 쪼개진 빵을 먹고 이 잔에서 마셔 그를 기념하도록 명하시고 약속하셨다.
그리스도께서 쪼갠 빵을 주의 살로 먹고, 주의 잔에서 마시는 것을 주의 피를 마시는 것으로 기억하도록 명하셨다.
주께서 이렇게 명령하셨으므로 주의 성찬상에서 먹고 마실 때 주의 살과 피를 먹고 마시는 것으로 기억한다.

- 빵과 잔을 먹고 마시는 것은 죄용서를 위해 찢기고 흘리신 피를 기억하는 것이다

우리가 빵과 잔을 먹고 마실 때 주께서 우리의 죄용서를 위해서 그 몸을 찢으셨고 그의 피를 흘리셨음을 기억한다.
곧 우리의 온전한 구속을 위해서 그리스도께서 피 흘리시고 몸을 찢으셨음을 기억한다.

- 주의 성찬상에서 주의 몸이 깨어지고 피가 흘렀음을 눈으로 확인한다

4. 주의 성찬상에서 주의 몸이 나를 위해 깨어졌으며 그 피가 흘려졌음을 내 눈으로 확실하게 본다.

성찬상에 올린 빵과 포도주를 받고 그것을 보는 것이 아니라 그의 몸이 나를 위해서 찢겼고 그 피가 나를 위해서 흘려졌음을 확실하게 보는 것이다.

말씀 선포로 그리스도의 구원사역을 들었지만 눈으로 직접 보면 가장 확실하게 주의 구속사역을 인정하고 확신하게 된다.

- 떡과 포도주를 먹고 마심은 그리스도가 우리 영혼을 먹이심을 뜻한다

5. 성찬의 빵과 포도주를 먹고 마시는 것은 우리가 우리 손으로 직접 먹고 마시는 것이 아니라, 그리스도 자신이 우리 영혼을 직접 먹이고 마시게 하시는 것을 뜻한다.

우리가 손으로 떡을 받아 먹고 잔을 받아 마시지만 그것은 그리스도께서 우리에게 마시게 하시는 것이다. 그러므로 그리스도께서 우리 영혼을 먹이고 마시게 하신다고 하였다.

- 주의 떡과 잔을 받아 마심으로 그의 희생을 기억하여 영생에 이르게 된다

6. 이렇게 주의 떡과 잔을 받아 마심으로 우리로 영생에 이르게 하셨다.

그리스도께서 우리의 죄용서와 영생을 위해서 피 흘리시고 몸을 찢으셨으므로 그의 피와 살을 마시고 먹는 사람을 영생에 이르게 하셨다 (요 6:51, 53-54).

성찬상에서 빵과 포도주를 받아 먹고 마시는 것은 주께서 내 죄의 용서와 영생을 위해서 피 흘리시고 몸을 찢으셨음을 믿는 것이다. 이 믿음으로 영생에 이르므로 믿음으로 빵과 포도주를 받아 먹고 마시는 것은 영생으로 나아가는 믿음의 걸음이다.

7. 우리는 성찬예식에서 말씀 봉사자의 손으로부터 주의 떡과 포도주를 받아 먹고 마신다.

- 떡과 잔은 주의 몸과 피의 확실한 표시이다

8. 우리가 성찬상에서 받는 빵과 잔은 주의 몸과 피의 확실한 상징물, 곧 확실한 표시로 받는다. 믿음으로 성찬을 받을 때 성찬 요소가 주의 몸과 피와 일치되는 것으로 인정하고 받는다.

- 성찬상에서 복음 선포로 성례전이 산 성례전이 된다

9. 성찬상에서 말씀의 선포로만 성례전이 산 성례전이 된다.

그리스도의 구속사역을 선포함 없이 성례전만 행해서는 죽은 성례가 된다. 만지는 복음을 맛볼 때 듣는 복음의 선포가 반드시 앞서 가야 한다. 그때만이 성례전이 산 복음이 된다. 그렇지 않으면 성찬에 참여하는 사람들로 병들게 하여 믿음의 성장이 전혀 이루어지지 않는다.

- **성례전의 목적은 그리스도와의 연합을 굳게 함**

10. 성례전의 목적은 그리스도와 우리를 굳게 연합하는 것이다.

그리스도께서 피 흘리시고 살을 찢으셔서 죄와 죽음에서 구원하셨음을 선포하면, 성령께서 역사하시어 그리스도를 믿는 우리의 믿음을 강화하여 그리스도와의 연합을 더욱 깊고 굳게 한다.

이런 굳건한 믿음고백 시에 그리스도는 우리의 입에서 찬양과 영광을 받으신다. 곧 그리스도는 우리 위해 당하신 모든 고난을 기뻐하신다.

> **76.** 떡과 포도주를 먹고 마심은 그의 죽음과 고난으로 죄용서와 영생을 얻음과 성령으로 그리스도와 연합함과 그의 통치를 받는 것을 뜻함

물음 76.

그리스도의 십자가에 못 박힌 몸을 먹는 것과 그의 흘리신 피를 마시는 것은 무엇을 뜻합니까?

Frage 76.

Was heisst den gekreuzigten Leib Christi essen und sein vergossenes Blut trinken?

답.

그것은 믿는 마음으로 그리스도의 모든 고난과 죽으심을 받고 그로써 죄용서와 영생을 얻는 것을 뜻할 뿐만 아니라 그 외에도 우리 안에 거주하시는 성령으로 말미암아 그리스도와 곧 그의 거룩한 몸과 점점 더 연합되어, 그는 비록 하늘에 계시고 우리는 땅 위에 있지만, 그럼에도 불구하고 우리는 그의 살 중의 살이요 뼈 중의 뼈이므로 (우리 몸의 지체들이 한 영혼에 의한 것처럼) 한 영으로 영원히 살고 통치를 받는 것을 뜻합니다.

Antwort.

Es heisst nicht allein mit gläubigem Herzen das ganze Leiden und Sterben Christi annehmen, und dadurch Vergebung der Sünden und ewiges Leben bekommen, sondern auch daneben durch den Heiligen Geist, der zugleich in Christo und in uns wohnet, also mit seinem gebenedeiten Leibe je mehr und mehr vereiniget werden, dasz wir, obgleich Er im Himmel, und wir auf Erden sind, dennoch Fleisch von seinem Fleisch und Bein von seinen Beinen sind, und von Einem Geiste (wie die Glieder unsers Leibes von Einer Seele) ewig leben und regieret werden.

해설

- **떡은 그의 찢기신 몸을 뜻하고, 떡을 먹는 것은 그의 살을 먹는 것을 뜻한다**

1. 그리스도의 십자가에 못 박힌 몸을 먹는 것과 그의 흘리신 피를 마시는 것이 무엇을 뜻하는지를 묻고 있다.

빵을 찢는 것은 그의 찢기신 몸을 뜻하고, 빵을 먹는 것은 그의 찢기신 살을 먹는 것을 뜻한다.

- **포도주를 마시는 것은 그의 흘리신 피를 마시는 것을 뜻한다**

2. 포도주를 나누어 마시는 것은 그의 흘리신 피를 마시는 것을 뜻한다.

그의 흘리신 피 없이는 결코 우리가 죄용서를 받지 못하고 영생을 얻지 못한다. 그러므로 성찬상에서 그의 피를 자주 마시며 그의 피 흘려 죽으심을 기념하고 묵상해야 한다.

- 떡과 포도주를 먹고 마시는 것은 내 구원을 위해 그리스도가 죽고 피 흘리셨음을 기념하는 것

3. 믿음으로 그의 찢기신 살을 먹고 흘리신 피를 마시는 것은 우리의 구원을 위해서 그가 죽고 피 흘리셨음을 받아들이는 것을 뜻한다.

피 흘리심과 죽으심을 받는 것은 그리스도가 십자가에 달려서 당한 모든 고난과 죽으심의 참혹함을 받아들이는 것을 말한다.

그리스도께서 채찍과 태장으로 맞음, 십자가상에서 그가 피 흘림으로 당한 처절한 고통, 살이 찢어지고 뼈가 으스러짐으로 당한 상상을 초월한 고통, 심장이 터질 것처럼 뛰고 폐가 터질 듯 부풀어 오름, 그리고 모든 사람들이 십자가에 둘러서서 퍼붓는 모욕과 저주와 인격적인 모독을 다 당하신 고통이 죽으심과 고난 받으심에 포함된다.

십자가 처형은 단번에 죽게 하는 것이 아니고, 숨을 쉴 수 있는 동안은 모진 고통을 다 당하도록 장치가 되어 있다. 노예 죄수들은 이 험한 고통 중에 몸을 뒤틀고, 울부짖고, 욕하고, 소리치고, 저주한다. 이런 모든 고통을 그리스도는 조용히 감당하셨다.

- 떡과 포도주를 먹고 마시는 것은 그리스도의 처참한 고난을 기념하는 것

4. 떡과 포도주를 먹고 마시며 그리스도의 고난을 기념하는 것은 그가 얼마나 처참한 고통과 죽으심으로 우리의 죗값을 갚으셨는지를 기념하는 것이다.

- 떡을 먹음은 몸으로 당한 그의 처참한 고난을 기념하는 것

5. 떡을 먹음은 그리스도가 그의 몸으로 얼마나 처절한 고통을 당하셨는지를 헤아리고 묵상하는 것이다.

- 포도주를 마심은 그리스도가 피 흘리심으로 당한 고통과 고난을 헤아리는 것

6. 포도주를 마심은 그리스도가 마지막 피 방울을 다 흘리고 죽기까지 얼마나 처절한 고통과 고뇌를 당하셨는지를 헤아리는 것을 포함한다.

7. 그리스도께서 그의 살을 찢고 피를 흘리신 것은 죄용서와 영생을 내게 주시기 위해서였다.

그러므로 성찬상에 참석할 때마다 주께서 내 죄를 용서하심과 영생을 주심을 기리고 묵상한다.

- 성찬은 그리스도와의 연합을 강화

8. 성찬은 나를 죄와 죽음에서 구원하신 그리스도와의 연합을 더욱 강하게 하는 것이다.

9. 우리가 먹고 마시는 떡과 포도주를 통하여 성령이 우리와 그리스도의 연합을 강하게 하신다.

- 믿음으로 성찬의 요소를 받으므로 그리스도의 지체로 살아 그와 한 몸이 됨

10. 우리가 믿음으로 성찬의 요소를 받으므로 우리는 그리스도의 지체로 자라나서 그와 한 몸이 되고 한 영이 된다.

- 성령이 그리스도와 우리 안에 내주하심으로 그리스도와 연합하게 하심

11. 성령이 우리와 그리스도를 연합시키실 수 있는 것은 그가 그리스도와 우리 안에 거주하시기 때문이다.

성령으로 이루어진 그리스도와 우리의 연합은 신령한 연합이고, 신비한 연합이며, 인격적인 연합이다. 그러나 우리의 몸이 그리스도의 신적 본성과 연합하는 것은 아니다.

- 그리스도와의 연합으로 그의 구원에 감사하고 위로와 힘으로 살게 됨

12. 그리스도와 연합이 이루어지면 그의 풍성한 은혜와 생명과 힘으로 살게 된다.

그리스도와 긴밀한 연합 관계에서 살게 되면 늘 그의 구원에 감

사하고 감격하며, 풍성한 위로와 힘으로 살게 된다.

- 그리스도와의 연합은 영원히 지속됨

13. 지금 땅에서 시작된 그리스도와의 연합은 영원히 지속되어 하나님 앞에서 넘치는 힘으로 찬송과 경배를 계속하게 할 것이다.

- 그리스도와 연합하므로 구원에서 탈락은 불가

14. 그리스도와 연합되었으므로 그의 구원은혜에서 탈락은 불가하다. 그와의 연합이 우리의 영원한 생명의 보장이다.

77. 그리스도가 그의 몸과 피로 믿는 자를 먹이고 마시게 하시는 것을 성찬 설립에서 확실하게 밝히심

물음 77.

믿는 자들이 쪼개진 빵을 먹고 잔을 마실 때 그리스도가 그것들을 확실하게 그의 몸과 피로 먹이고 마시게 하시는 것이라고 어디에서 약속하셨습니까?

Frage 77.

Wo hat Christus verheissen, dass Er die Gläubigen so gewiss mit seinem Leib und Blut speise und tränke, als sie von diesem gebrochenen Brot essen, und von diesem Kelch trinken?

답.

성만찬을 설립하실 때입니다. 그 설립은 이러합니다. 우리 주 예수께서 팔리시던 밤에 빵을 가지고 감사하시며 떼어 말씀하시기를 받아먹으라, 이것은 내 몸이니 너희를 위하여 찢은 것이라; 이것을 행하여 나를 기념하라. 저녁 후에 같은 방식으로 잔을 가지고 말씀하시기를 이 잔은 내 피로 세운 새 언약이라; 너희가 잔을 마실 때마다 이것을 행하여 나를 기념하라. 그러므로 여러분이 이 빵을 먹을 때마다 주의 죽으심을 그가 오실 때까지 전파하는 것입니다. 이 약속은 사도 바울에 의해 반복되었습니다. 그가 이르기를 우리가 감사하는 감사의 잔은 그리스도의 피에 동참이 아닙니까? 우리가 떼는 빵은 그의 몸에 동참이 아닙니까? 빵이 하나인 것같이 우리도 많으나 한 몸이어서 우리 모두는 한 빵에 동참하지 않습니까?

(Antwort.)

In der Einsetzung des heiligen Abendmahls, welche also lautet: Unser Herr Jesus, in der Nacht, da Er verrathen ward, nahm Er das Brot, dankete, und brach's, und sprach: Nehmet, esset, das ist mein Leib, der für euch gebrochen wird; solches thut zu meinem Gedächtnis. Desselben gleichen auch den Kelch, nach dem Abendmahl, und sprach: Dieser Kelch ist das Neue Testament in meinem Blut; solches thut, so oft ihr's trinket, zu meinem Gedächtniss. Denn so oft ihr von diesem Brot esset, sollt ihr des Herrn Tod verkündigen, bis dass Er kommt. Und diese Verheissung wird auch wiederholt durch St. Paulum, da er spricht: Der Kelch der Danksagung, damit wir danksagen, ist er nicht die Gemeinschaft des Bluts Christi? Das Brot, das wir brechen, ist das nicht die Gemeinschaft des Leibes Christi? Denn Ein Brot ist's, so sind wir viele Ein Leib, dieweil wir alle Eines Brots theilighaftig sind?

해설

1. 믿는 사람들이 주 예수의 성찬에 참여하여 찢어진 빵과 포도주를 먹고 마시는 것이 그리스도의 찢긴 살과 흘린 피로 산다는 것임을 확실하게 밝히신 곳이 어디냐고 묻는다.

- 믿는 사람들은 그리스도의 찢기신 살과 피로 사는 것임을 성찬 설립 시에 밝히셨다

2. 믿는 사람들이 그리스도의 찢긴 살과 흘린 피로 살게 되는 것을 확실하게 밝힌 곳이 성찬 설립에서였음을 강조하고 있다 (마 26:26-30; 막 14:22-26; 눅 22:15-20; 고전 11:23-25).

3. 주 예수는 자신의 죽음을 앞에 놓고 만찬을 행하시며 "이것을 행하여 나를 기념하라"고 명하셨다 (고전 11:24-25).

- 찢으신 몸은 죄를 속량하는 속전을 지불하심임

4. 떡을 떼시며 "이것은 너희를 위하여 찢은 내 몸"이라고 말씀하셨다.

주 예수는 그의 몸을 찢어 세상 죄를 속량하는 속전으로 지불하기로 하셨다. 따라서 십자가에 달려 피 흘리시고 몸을 찢기 전에 성만찬을 세워 이 진리를 설명하셨다. 떡을 떼어 제자들에게 주시며 "받아 먹어라, 이것은 내 몸이니라"고 하셨다 (마 26:26; 막 14:22; 눅 22:19). 그리고 "이것을 행하여 나를 기념하라"고 명하심으로 그가 자기 몸을 찢으셔서 세상을 구원하는 구속사역을 하실 것임을 명시하셨다.

그리스도께서 그의 몸이 찢겨 속죄제사의 제물이 되지 않고서는 결코 죄용서가 없음을 강조하신 것이다.

- 포도주 잔은 그리스도가 피 흘려 죄를 속량했음을 표시

5. 포도주 잔을 따라 제자들에게 주시며 "이것은 죄 사함을 얻게 하려고 많은 사람을 위하여 흘리는 바 나의 피 곧 언약의 피"라고 하셨다 (마 26:28; 막 14:24; 눅 22:20).

하나님은 사람의 피 흘림을 죄 속함의 법으로 정하셨다 (레 17:11). 그리고 이 진리를 확실하게 하기 위해서 시내산에서 언약을 체결하실 때 짐승의 피로 맺으셨다 (출 24:6-8). 그리고 그 피를 언약의 피라고 선언하셨다 (출 24:8). 그리스도의 피로만 세상 모든 죄가 속량되게 정해졌기 때문이다.

- 구약에서 짐승의 피로 맺은 언약은 그리스도의 피로 죄가 완전히 속량되는 것을 알리기 위해서임

6. 구약에서 피로 언약을 체결함은 그리스도의 피로만 세상 죄가 온전히 속량되는 것을 알리시기 위해서였다.

이렇게 피로 죄가 속해짐을 정하신 것은 어린양 예수 그리스도의 속죄제사로 세상 죄를 완전히 속량하실 것을 미리 알리시기 위해서였다.

짐승의 피로 언약을 맺은 것은 그리스도의 피로만 세상 죄가 속량된다는 것을 미리 알리시고 확실하게 알리시기 위해서였다. 짐승의 피로 맺은 언약은 새 언약의 예표였다.

7. 짐승의 피로 드린 속죄제사는 그리스도의 피로만 세상 죄가 속량되는 것의 예표였다 (히 10:1-12).

- 떡과 포도주를 먹고 마심은 죄용서를 위해서 흘린 피를 기념

• 함임

8. 주의 성만찬상에서 떡과 포도주를 먹고 마시게 하신 것은 우리의 죄용서를 위해서 찢기고 흘리신 주의 살과 피를 기념하기 위함이었다.

9. 떡과 포도주를 먹고 마시는 것은 주의 찢기신 살과 피로만 죄가 용서되어 영생하게 됨을 기념하도록 하기 위해서이다.

• 주님 다시 오실 때까지 성만찬을 집행하는 이유는 주 예수의 속죄제사로만 죄용서와 영생을 받는 것을 알리는 것임

10. 주님 다시 오실 때까지 성만찬을 집행해야 하는 이유는 온 세상이 죄용서 받아 영생에 이르는 길이 오직 주 예수의 속죄제사를 믿음으로만 되는 것을 세상으로 알게 하기 위해서이다.

11. 그러므로 땅 위에 교회가 남아 있는 한 성만찬을 늘 집행해야 한다.

• 성만찬에 동참은 그리스도의 구속으로 한 형제자매가 된 것을 알림임

12. 모든 그리스도인들이 주의 성만찬상에서 주의 살과 피에 동참하는 것은 그리스도의 구속으로 다 한 형제자매들임을 확인하는 것이다.

13. 믿는 자들은 그리스도의 구속을 기념하는 같은 피와 살에 동

참한다.

　이 피로 맺어진 형제자매 됨은 육신적 피로 이루어진 형제자매의 관계보다 더 깊고 강하다. 그러므로 성찬상에서 그리스도의 피로 이루어진 형제자매의 관계를 강조하고 강화해야 한다.

78. 떡과 포도주는 사용상 그리스도의 몸과 피가 되는 상징물임

물음 78.

떡과 포도주가 실제적인 그리스도의 몸과 피가 됩니까?

Frage 78.

Wird denn aus Brot und Wein der wesentliche Leib und Blut Christi?

답.

아닙니다: 그렇지 않고 세례에서 물은 죄 씻음의 신적인 상징물과 보증일 뿐으로 그리스도의 피로 바뀌지 않고, 죄 자체를 씻어내는 것이 아닌 것과 같이, 성만찬에서 거룩한 떡은 비록 성례전의 본성과 사용을 따라 그의 몸이라고 불리기는 하지만, 그리스도 자신의 몸이 되는 것이 아닙니다.

Antwort.

Nein: sondern wie das Wasser in der Taufe nicht in das Blut Christi verwandelt, oder die Abwaschung der Sünden selbst wird, deren es allein ein göttlich Wahrzeichen und Versicherung ist: also wird das heilige Brot im Abendmahl nicht der Leib Christi selbst, wiewohl es, nach Art und Brauch der Sacramente, der Leib Christi genennet wird.

> 해설

- 화체설은 불가함을 알리고 있다

1. 떡과 포도주가 성만찬 집행에서 그리스도의 몸과 피로 바뀐다고 하는 화체설 (化體說)을 논박하려고 하고 있다.

로마교회는 화체설 주장으로 화체설을 반대하는 개신교회를 심하게 핍박하고 심지어 살해하였다. 이런 미신을 갖고 있으면 안 된다는 것을 강조하고 있다.

- 세례 때 쓰는 물은 죄는 피로만 씻어지는 것임을 알림임

2. 사람의 죄는 그리스도의 피로만 씻어진다.

혹 세례 때 사용하는 물이 그리스도의 피로 바뀌는 것으로 생각하기 쉽고 그런 경향을 갖고 있다.

3. 물로 때가 씻어지기 때문에 그리스도의 피로 죄가 씻어지는 것을 물로 표시하였다.

- 성만찬에서 떡은 성례전적으로 사용됨

4. 마찬가지로 성만찬에서 떡은 성례전적으로 사용된다.

떡은 믿음으로 받으면 그리스도의 몸과 일치된다. 또 떡은 그 자신을 넘어서서 실제 그리스도의 몸을 지시한다. 그러므로 떡을 성례전적으로 그리스도의 몸이라고 지목할 뿐이다.

- 성만찬에서 떡이 실제 그리스도의 몸으로 변하는 것이 아님

5. 성만찬에서 떡은 결코 그리스도의 실제 몸으로 변화되는 것이 아니다.

성만찬에서 사제의 성례전 집행의 말씀으로 떡이 결코 그리스도의 살 혹은 몸으로 변화되는 것이 아니다.

79. 떡과 포도주는 일시적인 영양소이고, 그리스도의 몸과 피는 영생에 이르게 하는 양식임을 말함

물음 79.

그러면 왜 그리스도께서 떡을 자기의 몸이라고 하고, 잔을 자기의 피라고 부르고, 또는 자기의 피로 세운 새 언약이라고 하고, 사도 바울도 예수 그리스도의 몸과 피에 동참이라고 하였습니까?

Frage 79.

Warum nennet denn Christus das Brot seinen Leib, und Kelch sein Blut, oder das Neue Testament in seinem Blute, und St. Paulus die Gemeinschaft des Leibes und Blutes Jesu Christi?

답.

그리스도는 큰 동기 없이 말씀하시지 않습니다. 빵과 포도주는 일시적으로 생명을 유지하지만, 그의 십자가에 못 박힌 몸과 흘린 피는 우리 영혼의 참된 양식과 음료여서 영생에 이르게 한다는 것을 우리에게 가르치기를 원하십니다. 그뿐만 아니라 그를 기념하여 우리가 이 거룩한 상징물을 입으로 받으면, 그는 이런 가시적인 표호와 징표로 성령의 역사에 의해 우리가 그의 참된 몸과 피에 참여한다는 것을 확실하게 해주실 것입니다. 그리고 우리가 친히 모든 것을 당한 것처럼, 그의 수난과 순종이 확실하게 우리 자신의 것이 된다는 것을 가르쳐주십니다.

Antwort.

Christus redet also nicht ohne große Ursache: nämlich, daß Er uns nicht allein damit will lehren, daß, gleich wie Brot und Wein das zeitliche Leben erhalten, also sei auch sein gekreuzigter Leib und vergossen Blut die wahre Speise und Trank unserer Seelen zum ewigen Leben, sondern vielmehr, daß Er uns durch dieß sichtbare Zeichen und Pfand will versichern, daß wir so wahrhaftig seines wahren Leibes und Blutes durch Wirkung des Heiligen Geistes theilhaftig werden, als wir diese heiligen Wahrzeichen mit dem leiblichen Mund zu seinem Gedächtniß empfangen, und daß all sein Leiden und Gehorsam so gewiß unser eigen sei, als hätten wir selbst in unserer eigenen Person alles gelitten und genug gethan.

해설

- 떡과 포도주는 그리스도의 몸과 피를 상징함을 알리기 위해서

1. 떡과 포도주는 그리스도의 찢긴 몸과 흘리신 피를 상징하는데 왜 떡과 포도주를 그의 몸과 피라고 하는지를 밝히고 있다.
2. 떡과 포도주가 그의 피로 세운 새 언약이고 그리스도의 몸과 피에 동참이라고 한 이유를 설명하려고 한다.

- 성찬은 떡과 포도주로 세워 그리스도의 몸과 피를 기념하게

하는 성례전임

3. 성찬은 떡과 포도주로 세워 그리스도의 찢기신 몸과 흘리신 피를 기념하도록 하였으므로 성례전적임을 말하고 있다.

4. 빵과 포도주는 몸을 지탱하도록 해주는 양식이다.

우리는 매일 삶을 위해서 빵이나 밥을 먹어야 한다. 이 양식으로 힘을 얻어 날마다의 삶을 살 수 있다. 그러나 이런 양식은 먹고 몇 시간만 지탱할 수 있다.

- 그리스도의 찢기신 몸과 피는 우리 영혼의 참 양식

5. 그리스도의 찢긴 몸과 흘리신 피는 우리 영혼의 참 양식이어서 영생에 이르게 한다.

영혼의 양식은 그리스도의 찢긴 몸과 흘리신 피이다. 그의 살과 피를 먹음, 곧 그리스도가 죄와 죽음에서 나를 구원하기 위해서 피 흘려 죗값을 갚으셨다는 것을 믿음으로 영생한다.

- 우리의 구원은 그리스도의 살을 찢고 피 흘리심에 성립

6. 우리의 구원은 전적으로 그리스도의 살을 찢고 피를 흘리심에만 성립한다.

우리가 죄와 죽음에서 놓여나 영생하는 길은 오직 그리스도의 대신 속죄사역을 믿는 것뿐이다.

- 우리가 그리스도의 살과 피를 직접 먹을 수 없으므로 떡과 포도주로 그의 살과 피를 먹고 마시는 것을 표시함

7. 그리스도의 살과 피를 직접 먹을 수 없으므로 우리가 매일의 삶을 위해서 먹고 마시는 빵과 포도주로 그의 살과 피를 먹는 것을 표시하고 기념한다.

- 떡과 포도주는 그 자체로 떡과 포도주이지만 성찬상에서 믿음으로 받으면 주의 살과 피를 지시하고 일치됨

8. 떡과 포도주는 성례전적이다.

떡과 포도주는 그 자체로는 떡과 포도주이다. 그러나 성찬상에서 믿음으로 받으면 떡과 포도주는 주의 살과 피를 지시하고 상징하며 일면 일치된다. 그러므로 성례전은 믿음으로만 받는다. 곧 그리스도를 믿는 자들은 그의 구속사역으로 죄가 용서되고 영생에 이르게 되었다고 믿어 시행하는 것이다.

- 떡과 포도주를 먹고 마심으로 그의 몸과 피에 동참

9. 떡과 포도주를 먹고 마심으로 그리스도의 몸과 피에 동참하는 것은 성령의 역사로 된다.

떡과 포도주에 동참함으로 우리의 구원을 위해서 찢기신 주의 몸과 흘리신 피에 동참하는 것은 성령의 역사로 된다. 주의 찢기신 살과 흘리신 피로 우리의 구원이 확실하게 이루어졌음을 믿고 기념

한다.

- 성찬상에서 주가 나를 위해 대신 고난 받으셨다고 믿으면 그 고난을 내가 직접 당한 것과 같은 효과를 낸다

10. 성찬상에서 주가 나를 위해서 수난 받으셨다고 믿으면 그 고난이 나를 위한 것이므로 내가 당한 것과 같은 효과를 낸다.

주께서 의인으로서 우리 모두를 대신해서 죽으셨으므로 (벧전 3:18; 고후 5:21; 딤전 2:6; 딛 2:14) 우리 모두가 죽은 것이다. 따라서 우리를 구원하기 위해서 그리스도가 당한 모든 고난이 우리의 것이 된다. 우리가 수난 받고 죗값을 갚지 않았지만 그리스도께서 우리 대신에 하셨으므로 그의 수난 받음이 우리의 것이 된다.

80. 주의 만찬과 교황주의자들의 미사의 차이

물음 80.

주의 만찬과 교황주의자들의 미사 사이에는 어떤 차이가 있습니까?

Frage 80.

Was ist für ein Unterschied zwischen dem Abendmahl des Herrn und der päpstlichen Messe?

답.

성만찬이 우리에게 증거하는 것은 우리는 예수 그리스도의 단 한 번의 제사로 말미암아 모든 죄를 완전히 용서받았다는 것입니다. 이것을 그가 십자가에서 단번에 성취하셨다는 것입니다; (또 우리가 성령으로 말미암아 그리스도에게 연합되었는데 그는 지금 그의 몸으로는 하늘 아버지의 보좌 앞에 계시며 거기서 경배 받으십니다). 그러나 미사는 가르치기를 산 자와 죽은 자가 그리스도의 수난으로 말미암아 죄용서를 받는 것이 아니라고 합니다. 미사하는 사제들이 그리스도를 매일 제물로 바치지 않는다면 죄용서가 없다는 것입니다; (그리고 그리스도가 몸으로 빵과 포도주 안에 있어야 하고 또 그 때문에 그 안에서 경배 받아야 한다는 것입니다). 따라서 미사는 근본에 있어서 예수 그리스도의 유일한 희생과 수난을 부인하는 것 외에 다른 것이 아닙니다. (미사는 저주 받을 우상숭배입니다).

> **Antwort.**

Das Abendmahl bezeuget uns, daß wir vollkommene Vergebung aller unserer Sünden haben durch das einige Opfer Jesu Christi, so Er selbst einmal am Kreuz vollbracht hat; (und daß wir durch den Heiligen Geist Christo werden eingeleibet, der jeßt mit seinem wahren Leib im Himmel zur Rechten des Vaters ist, und daselbst will angebetet werden). Die Messe aber lehret, daß die Lebendigen und Todten nicht durch das Leiden Christi Vergebung der Sünden haben, es sei denn, daß Christus noch täglich für sie von den Meßpriestern geopfert werde; (und daß Christus leiblich unter der Gestalt Brots und Weins sei, und derhalben darin soll angebetet werden). Und ist also die Messe im Grunde nichts anders, denn eine Verläugnung des einigen Opfers und Leidens Jesu Christi (und eine vermaledeite Abgötterei).

> **해설**

- 성만찬의 요점: 그리스도의 단 한 번의 속죄제사로 우리의 죄가 완전히 용서됨; 미사: 그리스도가 매번 바쳐져야 죄가 용서된다는 것

1. 성만찬의 중요한 점은 그리스도의 단 한 번의 속죄제사로 우리의 모든 죄가 완전히 용서되었다는 것을 가르치는 것이다.

성만찬의 요점은 그리스도의 단 한 번의 제사로 우리의 모든 죄

가 단번에 용서되었다는 것이다. 미사는 매번 사제들에 의해 미사 받는 사람들을 위해서 그리스도가 바쳐져야 죄를 용서받는다는 점이다. 이것은 그리스도의 단 한 번의 속죄제사를 부정하는 것이다.

- 반복적인 그리스도의 수난을 대표한다는 미사는 구약의 제사와 같이 효험이 없는 것임

2. 그리스도는 단 한 번의 속죄제사로 모든 죄를 완전히 속량하셨지, 미사에서 반복적으로 수난 받으심으로 죄를 용서하는 것이 아니다.

구약 제사는 짐승의 살과 피로 반복적으로 제사하였는데 아무런 효험이 없었다 (히 10:1-4). 그리스도께서 십자가상에서 모든 죄를 다 속량하셨다 (히 9:11-15). 그런 완전한 속죄제사 후에 사제들이 그리스도를 반복적으로 바쳐 드림으로 죄를 용서받게 한다는 미사가 말이 나 되는가 하는 문답이다.

- 속죄사역 후 그리스도는 하늘에 계시고 미사 때마다 오시는 것 아님

3. 속죄사역 후에 그리스도는 그 몸으로 하늘로 가서 경배 받으시지, 미사 때마다 몸으로 빵과 포도주에 오시는 것이 아니라는 것을 강조한다.

이 강조는 화체설을 반대할 뿐만 아니라 공재설도 반대하고 있음을 밝힌 것이다.

그리스도는 부활 후 하늘에 오르시어 몸으로 거기 계시며 하나님과 구속주로서 경배 받으신다. 천사들과 모든 성도들의 경배와 찬양을 받고 계신다 (계 1:5-7; 5:6-13; 7:10; 12:10; 19:11-16).

- 그리스도의 몸은 부활한 몸이지만 편재할 수 없으므로 성찬에 오실 수 없다

그리스도는 부활한 몸으로 계시지만 몸은 피조물이므로 편재할 수 없다. 그러므로 하늘에 계신 그리스도는 몸으로 성찬에 오실 수 없다는 진리를 강조하고 있다.

- 미사에서 빵과 포도주가 주의 신적인 몸이 되었으므로 하나님으로 경배해야 한다고 주장하였다

4. 미사에서 빵과 포도주는 주의 신적인 몸이 되었으므로 하나님이 된 것이다. 그러므로 변화된 빵과 포도주를 하나님으로 경배해야 한다는 것이다.

미사에 사용된 빵과 포도주는 그리스도의 살과 피가 되었으므로 하나님이 되었다고 하여 중세교회는 그것을 경배하였다.

- 떡과 포도주가 주의 신적 몸이 되었으므로 경배해야 한다는 것은 우상숭배이다

5. 그리스도의 몸과 피로 변한 빵과 포도주는 하나님이 되었으므

로 경배하라고 강요했으니 이것은 명백한 우상숭배이다.

- **우상숭배는 저주받아야 한다**

6. 우상숭배는 마땅히 저주를 받아야 할 일이다. 그러므로 저주받을 우상숭배라고 단정하고 있다.

미사로 죄가 용서받는다고 하는 주장은 그리스도의 유일한 희생으로 죄용서받는 것을 부정하는 것이다.

7. 미사로 죄를 용서받는다고 하는 주장은 그리스도의 유일한 희생과 수난에 의해 죄를 용서받는 진리를 부정하는 것이다.

이러한 주장은 종교개혁교회에서는 더 이상 용납할 수 없는 일이다.

8. 문답 80은 원래 하이델베르크 요리문답에 없었는데, 선제후 프레데릭 III (Elector Frederick III)의 명령으로 삽입되었다.

이 문항이 지금은 아무 시비 없이 인정되고 있다.

81. 성찬상에 나아갈 자격자들을 규정함

물음 81.

누가 주의 성만찬상에 나아갈 수 있습니까?

Frage 81.

Welche sollen zum Tische des Herrn kommen?

답.

자기의 죄 때문에 자신을 싫어하나 그래도 이 죄가 용서될 줄 믿고 또 다른 연약함이 그리스도의 수난과 죽음으로 덮일 줄로 믿는 사람들은 더욱더 그들의 믿음을 굳게 하기를 열망하고 또 그들의 삶을 개선하기를 갈망합니다. 그러나 회개하려고 하지 않는 자들과 외식자들은 자기 스스로 심판을 먹고 마십니다.

Antwort.

Die sich selbst um ihrer Sünden willen mißfallen, und doch vertrauen, daß dieselbigen ihnen verziehen, und die übrige Schwachheit mit dem Leiden und Sterben Christi bedeckt sei, begehren auch je mehr und mehr ihren Glauben zu stärken, und ihr Leben zu bessern. Die Unbußfertigen aber und Heuchler essen und trinken sich selbst das Gericht.

해설

- 성화작업은 그리스도의 구속을 나타내는 말씀을 적용하여 죄의 욕망을 흩어지게 하는 것이다

1. 거룩하게 되기를 열심히 바라는 성도들은 자신의 성화가 느림을 깨닫고 자신의 무능과 무력을 절감한다.

성화는 사람이 자기의 노력과 절제와 힘씀으로 되는 것이 아니다. 그리스도의 구속사역을 표현하는 말씀들을 인용하여 선언함으로 된다. 그런 말씀의 선언으로 죄의 욕망이 사라지게 되어 죄지을 생각을 버리게 된다. 이것이 거룩하게 되는 것이다.

- 자기의 힘과 기도로 성화작업을 하려고 하면 낙심하고 좌절하게 된다

그러나 그리스도인들이 자기의 힘으로 노력하고 기도를 많이 해서 해결할 줄로 알고 그렇게 진행하면 자기의 무능을 절감하고 낙심하며, 마침내 자신을 미워하거나 자신을 싫어하게 된다.

- 자기 힘으로 성화작업을 하려고 하는 사람들도 그리스도의 피로 죄용서 받음을 확신한다

2. 이런 그리스도인들도 다 자기들의 죄가 그리스도의 피로 용서됨을 확신한다.

그리스도인들은 그리스도의 피에 호소해서 죄용서를 구하면 허물과 실수와 죄를 용서받는다. 죄용서를 받는 유일한 길은 그리스도의 피에 호소해서 죄를 고백하고 죄용서를 구함으로 된다. 모든 죄가 용서되는 길은 그리스도의 피에 호소해서만이다. 이미 지은 죄뿐만 아니라 그리스도인으로 살면서 지은 모든 죄도 용서받을 수 있는 것은 오직 그리스도의 피에 호소해서 죄용서를 구하는 것이다.

- 그리스도의 수난과 죽으심이 우리의 허물과 범죄와 연약함을 덮는다

3. 그리스도의 수난과 죽으심이 허물과 범죄와 연약함을 덮는다. 이 진리를 믿어야 한다.

그리스도인들은 연약하여 실수하고 범죄할 경우가 많다. 이럴 경우에도 오직 주 예수 그리스도의 수난 받으심과 죽으심에 호소해서 연약함을 고쳐주시기를 구해야 한다.

- 그리스도의 구원사역을 드러내는 말씀을 선언하고 적용하여 옛사람의 욕망을 이긴다

4. 믿음을 더욱 굳게 하기를 열망하고 삶을 고치도록 해야 한다.

이런 방식과 자세가 틀린 것은 아니지만 종교개혁 당시에는 그리스도의 구원사역을 표현하는 말씀을 선언하고 적용함으로 옛사람의 욕망, 곧 죄지으려는 욕망을 해결할 줄 몰랐기 때문에 생겨난 것이다.

- 믿음을 굳게 하고 삶을 고치는 길은 그리스도의 죽음과 피 흘리심의 복음을 적용함으로 된다

믿음을 굳게 하고 삶을 고치는 길은 그리스도의 십자가의 죽음과 피 흘림을 나타내는 말씀을 적용함으로 된다.

- 복음 선포를 받으면 죄지을 생각을 버리고 거룩으로 나아간다

더 확실하고 효력을 내는 방식은 설교강단에서 풍성한 복음의 내용을 선포하는 것이다. 복음 선포로 사람들이 죄지을 생각을 버리고 거룩으로 나아간다. 이 길 외에는 바른 성화의 법이 없다.

- 회개하지 않고 외식하는 자들은 심판받아 멸망에 이른다

5. 회개하지 않으려는 자들과 외식자들은 결국 심판에 이르고, 다른 길이 없으므로 그들의 삶은 자기들의 심판을 먹고 마시는 것과 같다.

끝까지 회개하지 않는 사람들과 외식으로 믿는 자들은 결코 주 예수를 진심으로 믿는 것이 아니므로 심판받아 멸망에 이른다. 따라서 그들의 삶은 심판으로 나아가는 것뿐이다. 그래서 자기들의 심판을 먹고 마시며 산다고 말한다. 하는 모든 일이 결국 심판받아 멸망하는 것뿐이기 때문이다.

82. 외식자들과 교회 내 불신자들은 성찬 참여를 금해야 함

물음 82.

믿음고백과 삶에도 불구하고 자신을 불신자와 불경건한 자로 나타내는 자들도 이 성찬에 허용되어야 하는지요?

Frage 82.

Sollen aber zu diesem Abendmahl auch zugelassen werden, die sich mit ihrem Bekenntniss und Leben als Ungläubige und Gottlose erzeigen?

답.

아닙니다. 왜냐하면 그것은 하나님의 언약을 비방하는 것이고 신자 공동체 위에 하나님의 진노를 불러일으키기 때문입니다. 그러기 때문에 그리스도의 교회는 열쇠의 직분을 가진 자로서 그리스도와 사도들의 명령에 따라 그런 자들의 삶이 고쳐질 때까지 그런 사람들을 물리치고 배제해야만 합니다.

Antwort.

Nein: denn es wird also der Bund Gottes geschmähet, und sein Zorn über die ganze Gemeine gereizet. Derhalben die christliche Kirche schuldig ist, nach der Ordnung Christi und seiner Apostel, solche bis zur Besserung ihres Lebens durch das Amt der Schlüssel auszuschließen.

해설

- **교회 안에 있는 불신자들은 성만찬에 참여하게 하면 안 된다**

1. 교회에 속해 있으면서도 실제 믿음고백을 바르게 하지 않고 불신자로 사는 사람들도 성만찬상에 참여하게 허용해야 하는가를 묻고 있다.

성만찬상에 참여할 수 있는 참 신자와 불신자를 분별해야 할 것을 강조하고 있다. 불신자와 외식자를 분별해 내지 않고 성만찬상에 참여시키면 그리스도의 피를 더럽히는 것이 된다.

- **불신자들과 외식자들을 성만찬상에 참여하지 못하게 하는 것은 성찬의 거룩을 지키기 위한 것이다**

2. 칼빈이 권징제도를 세우고 외식자들과 불신자들이 성찬에 참여하는 것을 반대해서 투쟁한 것도 성찬의 거룩을 지키기 위해서였다.

- **교회의 거룩은 권징 시행으로 지킨다**

칼빈은 교회 역사상 처음으로 권징을 교회에 세웠다. 그것은 교리와 윤리적인 면에서 부당한 사람들을 교정하고 바르게 세워서 바른 교회를 세우기 위해서 한 노력이었다. 교회의 거룩은 성찬의 거룩을 지킴으로 되는 것으로 확신하였다. 성찬의 거룩을 지키기 위해서 칼빈은 많은 투쟁을 하였다. 불신자와 외식자들이 성찬에 참여하는 것을 결사하고 반대하였다.

칼빈의 신학과 투쟁을 여기 물음 82에서 강하게 제시하고 있다.

- **불신자들과 외식자들이 성찬에 참여하는 것은 성찬의 근본 뜻을 무시하는 것이다**

3. 불신자들과 외식자들이 성찬에 참여하는 것은 하나님의 백성 되기로 한 언약과는 아무런 상관없이 참여하는 것이므로 성찬의 근본 뜻을 무시하는 것이어서 장난질하는 것이다.

- **성만찬상에는 회개하고 믿음고백을 한 사람들만 참여할 수 있다**

성만찬상에는 믿음고백을 통하여 죄용서 받아 거룩해진 자들이 참여해야 한다. 사람들이 세례 받는 것은 주 예수를 믿는다는 믿음고백을 확실하게 하는 것임과 동시에 주와 언약을 맺어 언약백성으로 돌아가는 것을 말한다.

그러면 성만찬상에는 주 예수를 믿어 언약백성이 된 사람들만 참여할 수 있다. 믿지 않는 사람들, 외식자들이 참여하는 것은 성찬의 거룩을 파괴하는 것이다. 그들은 그리스도께서 백성들을 죄와 죽음에서 구원하기 위해서 피 흘리셨다는 것을 전혀 인정하지 않고 믿음고백도 하지 않으면서 성찬에 참여하는 것이므로 성찬의 거룩한 뜻을 무시하는 것이다. 이런 일은 허용하면 안 된다.

- 불신자와 외식자의 성찬 참여는 전적으로 반대해야 한다

4. 불신자와 외식자의 성찬 참여를 전적으로 반대해야 한다.
주의 성찬에는 믿는 자로서 믿음고백을 한 자만 참여해야 한다. 그런 사람들은 그리스도의 구원사역을 믿고 감사와 감격으로 성만찬상에 나아간다. 또 주의 피로 죄가 확실히 씻어졌음을 확인하고 그리스도와의 연합을 강화하게 된다.

- 불신자의 성찬 참여는 그리스도의 피를 더럽힘

불신자들은 그런 것을 전혀 믿지 않으면서 성만찬상에 참여하므로 성찬의 근본 뜻을 전적으로 무시하는 것이다. 이것은 그리스도의 피를 더럽히는 것이다. 따라서 이런 자들은 성만찬상에 참여하면 결코 안 된다.

- 교회의 거룩은 성찬의 거룩이다

5. 그리스도는 그의 거룩한 피로 언약을 세워 백성을 회복하셨다. 불신자들은 그런 것은 전혀 인정하지 않으므로 하나님의 언약을 부정하고 훼방하는 것이다. 이런 일은 허용할 수 없는 일이다. 교회가 지킬 거룩은 바로 성찬의 거룩이다.

- 불신자들의 성찬 참여는 구원경륜을 부정하는 일임

6. 불신자들을 성찬에 참여시키는 것은 하나님의 구원경륜을 부정하는 일이다. 이것은 하나님의 진노를 불러오는 일이다.

7. 불신자들과 외식자들을 성찬에 참여하지 못하게 하고, 복음을 선포하고 권면하여 그들로 믿도록 해야 한다. 이것이 천국열쇠를 행사하는 사역이다.

- 교회 안에 있는 불신자는 믿음고백을 할 때까지 성만찬상 참여를 보류

8. 교회에 있는 불신자와 외식자는 확실한 믿음고백을 할 때까지 성만찬상에 참여하지 못하게 해야 한다.

83. 열쇠의 직임은 복음의 선포와 회개훈련

물음 83.
열쇠의 직임은 무엇입니까?

Frage 83.
Was ist das Amt der Schlüssel?

답.
열쇠의 직임은 거룩한 복음의 선포와 그리스도인의 회개훈련입니다. 이것으로 말미암아 믿는 자들에게는 하늘나라가 열리고, 믿지 않는 자들에게는 닫히는 것입니다.

Antwort.
Die Predigt des heiligen Evangeliums, und die christliche Bußzucht, durch welche beide Stücke das Himmelreich den Gläubigen aufgeschlossen und den Ungläubigen zugeschlossen?

해설

- 천국열쇠를 가진 것은 교회가 자체 권세로 천국행을 결정한다는 것이 아님

1. 교회가 가진 천국열쇠의 직임이 무엇인지를 묻고 있다.

2. 천국열쇠를 가진 것은 교회가 자체 권세로 천국 갈 사람과 가지 못할 사람을 구별하고 실제로 천국에 들어가도록 허용하는 것이 아니라는 것을 밝히려고 이 문답을 설정하였다.

- 교회가 가진 천국열쇠는 복음 선포이다

3. 교회가 갖는 하늘나라 열쇠는 복음 선포임을 명시한다.
복음 선포로 사람들이 주 예수를 믿어 회개하여 하늘나라에 들어가는 것이 교회가 하늘나라 열쇠를 행사하는 것이다.

- 천국에 들어가는 것은 복음 선포를 듣고 주 예수를 믿는 것뿐이다

4. 하늘나라에 들어가느냐 못 들어가느냐는 전적으로 복음 선포를 듣고 주 예수를 믿는 것뿐이다.
천국은 공로나 자격으로 가는 것이 아니고 주 예수 그리스도를 믿는 믿음으로 들어간다. 주 예수를 믿어 죄용서받는 길은 그의 복음 선포를 듣고 믿는 것으로만 된다.

- 복음 선포가 하늘나라 열쇠를 행사하는 것이다

그러므로 교회는 주 예수 그리스도의 복음을 늘 선포하고 가르쳐야 한다. 교회가 복음을 선포하는 것은 하늘나라의 열쇠의 권세를 행사하는 것이다. 복음 외에 다른 것을 전파하는 것은 교회의 존

재목적을 포기하는 것이다.

5. 이 문답의 특이한 점은 그리스도인이 회개훈련으로 천국에 들어간다고 하는 것이다.

이 문제를 85문답에서 다시 다루고 있다.

84. 복음 선포를 듣고 회개하고 믿으면 죄용서를 받아 하늘 나라에 들어감

물음 84.

거룩한 복음의 선포로 말미암아 어떻게 하늘나라가 열리고 닫힙니까?

Frage 84.

Wie wird das Himmelreich durch die Predigt des heiligen Evangeliums auf- und zugeschlossen?

답.

이와 같이 그리스도의 명령에 따라 모든 믿는 자들 각 사람에게 복음이 선포되고 공적으로 증거되었으므로, 또 그들이 복음의 약속을 참된 믿음으로 받기만 하면 그리스도의 공로 때문에 그들의 죄가 하나님으로부터 참으로 용서받습니다. 반면 믿지 않는 자들과 외식하는 자들에게는, 그들이 돌이키지 않는 한, 하나님의 진노와 영원한 정죄가 임하여 있습니다. 복음의 증거에 따라 하나님은 현재의 삶과 장래의 삶에서 이 두 종류의 사람들을 심판하실 것입니다.

Antwort.

Also, daß nach dem Befehl Christi allen und jeden Gläubigen verkündigt und öffentlich bezeuget wird, daß ihnen, so oft sie die Verheißung des Evangeliums mit wahren Glauben annehmen, wahrhaftig alle ihre Sünden von Gott, um des Verdienstes Christi willen, vergeben sind, und hinwiederum allen Ungläubigen und Heuchlern, daß der Zorn Gottes und die ewige Verdamniß auf ihnen liegt, so lange sie sich nicht bekehren. Nach welchem Zeugniß des Evangelii Gott beide in diesem und dem zukünftigen Leben urtheilen will.

해설

- 복음 선포가 하늘나라에 들어가느냐 못 들어가느냐를 결정

1. 복음 선포가 하늘나라에 들어가고 못 들어가는 것을 결정하는 것임을 밝히고 있다.

사람이 구원 얻어 하나님의 나라에 들어가느냐 못 들어가느냐는 주 예수를 믿음으로 결정된다. 주 예수를 믿는 것은 전적으로 복음 선포로 이루어진다.

- 복음 선포가 없으면 믿음도 없고 구원 얻음도 없다

복음 선포가 없으면 주 예수를 믿는 믿음도 없고 구원 얻음도 없다. 그러므로 하늘나라에 들어가느냐 못 들어가느냐는 전적으로 복음 선포에 달렸다.

- 복음 선포가 사람들을 하늘나라에 들어가게 한다

2. 복음 선포가 사람들로 구원 얻어 하나님의 나라에 들어가게 하였다.

사람들이 복음 선포를 듣고 성령의 역사로 주 예수를 믿어 죄용서 받아 영생을 얻었다. 이것이 하늘나라에 들어가는 것이다.

- 복음 선포는 주 예수의 명령

3. 사람들에게 복음이 선포된 것은 주 예수 그리스도의 명령으로 이루어졌다 (마 28:18-20).

주 예수는 구원사역을 완수하고 승천하실 때 복음 선포를 명하시고 성령을 보내실 것을 약속하셨다 (눅 24:49; 요 14:16, 26; 15:26; 16:7; 행 1:8; 2:33).

- 복음 선포 받은 사람들이 주 예수를 믿으면 죄용서 받음

4. 복음 선포를 받은 사람들이 주 예수를 믿기만 하면 죄용서를 받아 하늘나라에 들어가게 된다.

복음 선포에 성령이 역사하시므로 사람들이 주 예수를 믿고 믿음으로 죄용서를 받는다.

- 죄용서는 오직 주 예수를 믿는 믿음으로만

죄용서는 오직 주 예수를 믿는 믿음으로만 받는다. 이 믿음에 근거해서 하나님 아버지께서 모든 죄를 다 용서하신다.

- 불신자는 주 예수를 믿지 않기 때문에 진노를 입는다

5. 불신자와 외식자는 주 예수를 믿지 않기 때문에 하나님의 진노를 입는다.
첫 반역죄에도 불구하고 하나님의 아들의 속죄사역을 믿기만 하면 모든 죄를 용서하기로 하셨다. 이것마저도 거부했으니 멸망밖에 다른 길이 없다.

- 불신자들은 영원한 형벌을 받음

6. 그러므로 하나님은 불신자들과 외식자들을 심판하사 영원한 형벌을 받게 하실 것이다.

- 하나님의 마지막 사랑을 거부한 자들은 멸망뿐이다

7. 믿지 않는 자가 받을 벌과 저주는 요 3:18에 밝혀져 있다.
하나님이 이렇게 반역한 죄인들을 구원하시기 위해 아들 하나님이 성육신하여 사람 몸을 입으시고 십자가에서 피 흘리심으로 죗값을 다 갚으셨다. 이 예수 그리스도를 믿기만 하면 모든 죄를 다 용서하기로 하셨다. 그런데 하나님의 이 사랑을 거부하였으니 다시는 용서받을 수 없게 되었다.

85. 하늘나라가 회개훈련으로 열리고 닫힘

물음 85.

어떻게 하늘나라가 그리스도인의 회개훈련으로 열리고 닫힙니까?

Frage 85.

Wie wird das Himmelreich auf- und zugeschlossen durch christliche Busszucht?

답.

이와 같이 어떤 사람들이 그리스도인이란 이름을 가지고서 비그리스도교적 교리와 행실을 할 때, 그들이 몇 번 형제로서 권면을 받은 후에도 그들의 오류와 훼방을 그만두지 않으면 교회와 교회의 직분자들에게 알리고 권면을 해도 돌이키지 않으면, 그리스도의 명령대로 교회에서 거룩한 성례전에 참여하는 것을 금하고, 또한 그리스도의 나라에서 하나님 자신에 의해 쫓겨나게 된다. 그러나 그들이 진실로 고치기로 약속하면 그리스도와 교회의 지체로 다시 받아들인다.

Antwort.

Also, daß nach dem Befehl Christi diejenigen, so unter dem christlichen Namen unchristliche Lehre oder Wandel führen, nachdem sie etlichemal brüderlich vermahnet sind, und von ihren Irrtümern oder Lastern nicht abstehen, der Kirche, oder denen, so von der Kirche dazu verordnet sind, angezeiget, und so sie sich an derselben Vermahnung auch nicht kehren, von ihnen durch Verbietung der heiligen Sacramente aus der christliche Gemeine, und von Gott selbst aus dem Reiche Christi werden ausgeschlossen; und wiederum als Glieder Christi und der Kirche angenommen, wenn sie wahre Besserung verheißen und erzeige.

해설

- 회개훈련은 바른 교리에서 떠난 자들을 설교와 권면으로 바른 교리로 돌이키고 행실을 고치도록 하여 하늘나라에 들어가게 함임

1. 회개훈련은 그리스도인이라고 하면서도 바른 교리에서 떠나고 그리스도인으로서 행하지 않고 살았을지라도, 설교와 권면을 통해서 바른 교리로 돌아오고 행실을 고치면 하늘나라에 들어감을 말한다.

- 바로 믿지 않는 자들을 권면하고 권징도 행사하여 고침

교회에는 온전히 믿는 사람들만 있는 것이 아니다. 교회에 속해 있으면서도 성경적인 바른 가르침을 받지 않고 잘못된 다른 교리를 갖고 있고 또 그리스도인으로서 행동하지 않으면 먼저 그들을 돌이키도록 성찬 참여를 금한다.

- 권징해도 고치지 않으면 출교한다

그리고 권면하고 설득하여 그릇된 가르침을 버리고 행실도 고치도록 한다. 이런 권면을 여러 번 해도 변화가 없고 고치려고 하지 않으면 교회 밖으로 내어보낸다.

- 출교된 자도 회개하고 돌이키면 다시 받아들임

2. 권징을 행하여 교회 밖으로 내어보낸 자들이 회개하고 돌이켜 잘못된 것을 고치겠다고 하면 그들을 다시 교회로 받아들인다.

- 권징을 통해 사람들을 고치고 변화시키면 그들이 하늘나라에 들어간다

3. 이런 권징을 통하여 사람들을 고치고 변화시켜 참된 그리스도인으로 만들면 그들도 하늘나라에 들어간다.
이런 과정으로 고치고 변화시켜 참된 그리스도인을 만드는 것이 회개훈련이다.

III-10. 제3부 감사함에 관하여: 물음 86-115
Der Dritte Theil
von der Dankbarkeit

> **86.** 선행을 하는 것은 구원받았으므로 하나님께 감사하고 믿음의 열매로 믿음을 확증하고 이웃을 그리스도께 인도하기 위해서

물음 86.

우리는 아무 공로 없이 우리의 비참함에서 그리스도로 말미암아 은혜로 구속받았는데, 왜 우리는 선한 일들을 해야 합니까?

Frage 86.

Dieweil wir denn aus unserm Elend, ohne all unser Verdienst, aus Gnaden durch Christum erlöset sind, warum sollen wir gute Werke thun?

답.

그리스도께서 우리를 그의 피로 사신 후에 또한 우리를 그의 성령으로 자기의 형상으로 새롭게 하셨으므로, 우리는 우리의 온 삶으로 그의 은혜의 역사 때문에 하나님께 감사해야 하며, 하나님은 우리로 말미암아 찬송을 받으셔야 하기 때문입니다. 그리고 또한 우리 자신에 있어서 믿음의 열매로 믿음을 확증해야 하고, 또 우리의 경건한 행실로 우리의 이

웃을 그리스도께로 인도할 수 있어야 하기 때문입니다.

> **Antwort.**

Darum, daß Christus, nachdem Er uns mit seinem Blut erkauft hat, uns auch durch seinem Heiligen Geist erneuert zu seinem Ebenbild, daß wir mit unserm ganzen Leben uns dankbar gegen Gott für seine Wohltat erzeigen, und Er durch uns gepriesen werde. Darnach auch, daß wir bei uns selbst unsers Glaubens aus seinen Früchten gewiß seien, und mit unserm gottseligen Wandel unsern Nächsten auch Christo gewinnen.

해설

- **우리가 구원받은 것은 순전히 은혜이다**

1. 우리는 순전히 은혜로 구원 얻었다.
공로나 선한 행실은 우리의 구원 얻음에 전적으로 무관하다. 그런데 왜 믿는 자들이 선행을 해야 하는지를 묻고 있다.

- **선한 행실은 그리스도인의 구원 얻음에 아무 상관없다**

2. 선한 행실은 그리스도인의 구원 얻음에 아무 상관이 없다. 다 은혜로 구원 얻었기 때문이다.

- **선한 행실은 믿음 후에 생겨난다**

그리스도인의 선한 행실은 믿음 후에 생겨나기 때문이다. 선한 행실은 믿음의 결과로 나온 것이다. 믿음으로 곧 은혜로 구원 얻었으니 행함은 구원과는 무관하고 믿음의 결과로 선행이 나왔다.

- 자유의지로 회개하고 믿어서 구원 얻는다고 가르치는 것은 알미니우스의 주장이다

3. 왜 그리스도인들이 선행을 행해야 하는지에 대한 질문은 자유의지로 회개하고 믿어서 구원 얻는다고 가르치는 알미니우스(Jacobus Arminius)의 주장을 논박하기 위해서이다.

- 선행을 더해서 완전한 믿음이 되고 구원 얻는 것이 아니다

선행을 더해서 완전한 믿음이 되어 구원 얻는 것이 아니고 전적으로 구원은 은혜로 이루어진다. 그러나 믿는 자는 믿은 후에 그리스도의 생명의 역사로 선행을 하게 되어 있다.

- 믿음고백 후 선행은 구원의 결과로 이루어지고, 자격을 얻기 위해서 하는 행위가 전혀 아니다

믿음고백 후에 은혜로 선행을 하는 것은 구원의 결과로 이루어지는 것이고, 구원 얻기 위해서 자격을 마련하는 행위가 전혀 아니다. 자유의지로 선행을 하는 것은 죄인의 상태와 신분으로 선행을 하는 것이므로 그것은 죄로 물들어 있어서 하나님께서 받으실 수가

없다.

- 선행은 구원받은 백성이 하는 은혜에 대한 감사의 표이다

그리스도의 피로 구속받은 백성이 선행을 할 때만 하나님이 기뻐 받으신다. 그런 선행은 주의 구원은혜의 역사를 증거하는 것이므로 하나님의 은혜에 대한 감사의 표가 된다.

- 그리스도인의 선행은 구원은혜에 대한 증거이고 감사 찬송하는 것이다

4. 그리스도인들이 선한 행실을 하는 것은 그리스도의 구원은혜를 증거하는 것이고, 하나님의 은혜의 역사를 감사하고 찬송하는 것이며, 믿음의 열매로서 선행은 우리의 믿음을 더욱 확실하게 해주며, 선한 행실로 사람들을 그리스도께 인도하는 일을 할 뿐이다.

- 그리스도인들은 아무 공로 없이 그리스도의 구속사역으로 구원받았다

5. 그리스도인들은 그리스도의 구속사역으로 아무 공로 없이 구원 얻었다.

- 선한 행실은 믿음고백 후의 일이므로 구원 얻는 것과는 무관

그리스도인들이 선한 행실을 하는 것은 믿음고백 후의 일이다. 그러므로 구원 얻는 것과 선행은 전적으로 무관하다. 믿음으로 구원 얻었으니 선행은 아무런 공로가 될 수 없다.

- 구원 후에라도 선행은 스스로 하는 것이 아니고 은혜의 역사이다

사람이 선행을 하는 것은 믿은 후라도 은혜 아니면 안 된다. 그러므로 믿기 전에 은혜 없이 스스로 선행을 행하여 구원을 얻는다는 것은 불가능하다.

- 선행은 구원하심에 대한 감사의 표일 뿐

6. 그리스도인의 선행은 구원하심에 대한 감사의 표일 뿐이다.
도저히 구원 얻을 수 없는 죄인이 하나님의 은혜로 거저 구원받았으므로 선행은 은혜와 구원에 감사해서 하는 표일 뿐이다. 그런 선행도 전적으로 은혜로만 가능하다. 은혜의 역사 없이는 믿는 사람에게서도 악과 불의만 나온다.

87. 회개하지도 감사하지도 않는 자들은 하나님께로 돌아갈 수 없다

물음 87.

감사도 하지 않고 회개하려고도 하지 않는 행실을 하면서 하나님께로 돌아가지 않는 자들은 구원받을 수 없는지요?

Frage 87.

Können denn die nicht selig werden, die sich von ihrem undankbaren, unbußfertigen Wandel zu Gott nicht bekehren?

답.

결코 돌아갈 수 없습니다. 왜냐하면 성경이 말한 대로 깨끗하지 못한 사람, 우상숭배자, 간음하는 자, 도적, 탐심이 가득한 자, 술주정뱅이, 신성모독자(神性 冒瀆者), 강도와 그런 자들은 하나님의 나라를 상속 받을 수가 없기 때문입니다.

Antwort.

Keineswegs; denn, wie die Schrift sagt: Kein Unkeuscher, Abgöttischer, Ehebrecher, Dieb, Geiziger, Trunkenbold, Lästerer, Räuber und dergleichen, wird das Reich Gottes erben.

해설

- 그리스도의 구속사역으로 구원받지 못한 사람들은 하나님께로 돌아갈 수 없다

1. 그리스도의 은혜, 곧 그의 구속사역으로 구원받지 못한 사람들은 그들의 감사하지 않고 회개하지 않는 행실에서 결코 하나님께로 돌아갈 수 없다고 단언한다.

- 그리스도의 은혜를 입어 주 예수를 믿는 자만이 하나님께로 돌아갈 수 있다

2. 곧 그리스도의 은혜를 입은 사람들만이 주 예수를 믿음으로 하나님께로 돌아갈 수 있음을 말한다.

- 죄짓는 것을 본업으로 알고 사는 사람은 그리스도의 피로 깨끗해지기 전에는 하나님께로 돌아갈 수 없다

3. 죄를 짓고 살며 죄의 욕망과 죄지을 생각으로 가득해 있는 사람은 그리스도의 피로 깨끗해지지 않으면 하나님께로 돌아갈 수가 없다.

불신자는 그 본래 상태대로는 결코 하나님께로 돌아갈 수 없다. 그들이 하나님께로 돌아가려면 복음 선포를 받아 성령의 역사로 변화되어야 한다. 죄짓는 것을 삶의 법으로 삼고 사는 사람들은 결코

자기의 힘으로는 하나님께로 돌아갈 수가 없다.

- **깨끗하지 못한 사람은 정욕과 음란한 생각이 가득한 사람**

4. 깨끗하지 못한 사람은 정욕과 음란한 생각으로 가득한 사람을 말하고, 속여서 이득을 얻으려는 마음을 가진 자들을 말한다.

- **우상숭배자들은 피조물을 하나님처럼 섬기는 자들이다**

5. 아담의 범죄 이후 하나님의 은혜를 입지 못한 사람들은 모두 우상숭배자들이다.
우상숭배자들은 창조주 하나님이 아닌 피조물들과 무형적인 것들을 하나님처럼 섬기는 자들을 말한다.

- **간음한 자들은 결혼관계 밖에서 성관계를 하는 자들이다**

6. 간음한 자들은 결혼관계를 떠나서 남녀 간에 성관계를 하는 사람들을 말한다.
복음서에서는 다른 여인을 보고 음욕을 품어도 간음한 것이라고 단정하였다. 다른 여인과 육체관계를 갖는 것은 그 시작이 음욕에 있기 때문이다.

- **도둑은 수고하지 않고 다른 사람의 재화를 자기 것으로 삼는 사람이다**

7. 도적은 남의 재화 (財貨)를 훔쳐가거나 교묘한 형태로 자기 것으로 삼는 모든 행위를 뜻한다.

수고하지 않고 모든 재화를 소유하는 방식은 다 도적질이다. 돈을 빌리고 갚지 않는 것도 도적질이다. 돈은 수고의 대가 (代價)이기 때문이다.

도적은 남의 수고를 완전히 지우고 수고함 없이 남의 재화를 훔쳐간 것이며, 사기이고 강탈이다. 이런 자는 노동의 법을 허는 것이어서 사회생활을 불가능하게 하는 자이다. 이런 자는 자기 자신과 이웃을 속이는 것이므로 주께로 돌아갈 수 없는 자임이 확실하다.

- 탐심이 가득한 사람은 수단 방법을 가리지 않고 재화의 소유에 자기의 모든 것을 거는 사람을 말한다

8. 탐심이 가득한 자는 자기 것은 매우 아끼면서 남의 것을 자기 것으로 삼으려는 생각이 가득한 자이다.

탐심의 사람들은 재물과 욕망의 대상을 많이 소유하려고 힘쓴다. 이런 사람들은 자기가 소유하기를 바라는 대상에 모든 것을 집중한다. 소유하기 바란 것이 최고선이어서 하나님처럼 섬긴다. 곧 우상숭배자가 된다. 창조주 하나님 외의 존재가 최고선이고 최상의 목표이므로 그것을 위해서 모든 것을 바치는 경지가 된다. 따라서 탐심의 목표는 그 탐욕의 대상이므로 그 대상이 하나님이 된다.

- 술주정뱅이는 술에 지배되어 자기 판단과 결정을 하지 못하고 욕망대로 사는 사람이다

9. 술주정뱅이는 술에 완전히 지배되어 살므로 자기의 힘과 판단력으로 사는 것이 아니다.

완전히 술의 노예가 되어 살므로 자기의 지각과 판단력을 상실한다. 그리고 욕망의 발동에 의해 행동하므로 윤리와 도덕이 없어진다. 겉모양은 사람이어도 사고와 감정의 정상적인 작용이 불가능하다. 따라서 이런 사람은 인격이 파괴되어 사람으로서 인격적인 결정과 행동을 할 수 없게 된다. 이런 사람의 의식영역에 하나님을 섬기는 것은 들어오지 않는다. 그러므로 이런 자들은 하나님께로 돌아갈 수가 없다. 복음 선포가 이루어져서 성령이 역사함으로 술 취함에서 벗어날 경우에만 주께로 돌아갈 수 있다.

- 신성 모독자는 하나님의 성육신과 구속사역을 전적으로 불필요한 것으로 말하고 그렇게 사는 사람이다

10. 신성 모독자는 하나님과 그리스도를 욕하고 비방하는 사람이다.

하나님과 그리스도를 욕하고 헐뜯는 자는 심히 교만하고 방자하여 모든 잘못된 것을 하나님에게 돌리는 자이다. 그리하여 하나님이 잘못 만들었으므로 하나님이 필요 없다고 하는 자이다. 그리고 그리스도의 구속사역이 필요 없다고 하는 자이다. 그리하여 하나님의 성육신과 구속사역은 필요 없고 쓸데없는 것이라고 한다. 또 그리스도가 하나님이심도 전적으로 부정한다.

- 강도는 남의 재산을 폭력으로 빼앗아 가는 사람이다

11. 강도는 남의 재산과 돈을 강제적인 힘과 폭력으로 빼앗는 자이다.

도적은 그냥 남의 재산을 몰래 가져가는 자이다. 강도는 강제적인 힘과 폭력으로 남의 재산을 빼앗아가는 자이다. 자기 재산을 지키려고 힘쓰는 경우 그 사람의 생명을 해하고 죽이며 재산을 탈취해 가는 것이 강도짓이다.

강도는 사유재산과 신성한 노동을 전적으로 부정하는 자이다. 이것은 사유재산제와 노동에 의해서 이루어진 사회생활을 무너뜨리는 자이다. 일하지 않고 다른 사람의 재화를 빼앗아가는 것은 큰 죄악이다. 일하지 않고 남의 재산을 빼앗아가는 것은 인간사회가 설 수 없게 하는 것이다. 더구나 하나님이 노동을 생활의 방식으로 정하셨는데 강도질하는 사람은 그 법을 헐어내리는 것이다.

또 교묘한 금융 프로그램으로 열심히 일하여 모은 돈을 빼앗아가는 것도 강탈이라고 해야 한다. 그것은 강도보다 더 무서운 대량 착취이고 강탈이다.

또 자기들의 주머니를 채우기 위해 백성들에게 과도한 세금을 매겨 재산을 가져가는 것도 강도질에 속한다. 또 통화팽창을 일으켜 세금을 많이 거두어가는 것도 강탈에 속한다. 백성들의 생존을 불가능하게 하는 것이기 때문이다.

- 목적범들도 주 예수를 믿은 후에는 그전의 행습을 다 고쳐야 한다

12. 이상과 같은 일을 상습적으로 하는 사람은 죄인이고, 하나님

의 생존법칙을 무너뜨리는 자들이므로 하나님 나라에 들어갈 수 없다. 이들은 의식적으로 범죄하는 목적범이므로 구원에 이를 수 없다. 이전에 그렇게 살았어도 주 예수를 믿은 후부터는 그런 것들을 다 중단하고 고쳐야 할 것이다.

88. 회개는 옛사람을 죽임과 새사람을 살림으로 성립한다

물음 88.
몇 가지 사항에서 사람의 참된 회개 혹은 돌이킴이 성립합니까?

Frage 88.
In wie viel Stücken stehet die wahrhaftige Buße oder Bekehrung des Menschen?

답.
두 항으로 성립합니다. 곧 옛사람을 죽임과 새사람을 살림에 성립합니다.

Antwort.
In zwei Stücken: in Absterbung des alten, und Auferstehung des neuen Menschen.

해설

1. 이 문답부터 칭의 받은 후에 일어나는 성화 문제를 다룬다.
2. 사람의 참된 회개 혹은 돌이킴을 옛사람을 죽임과 새사람을 살림의 두 항목으로 요약하였다.
3. 참된 회개를, 죄를 뉘우치고 고백하여 주 예수 그리스도의 피로 용서받음으로 제시하지 않고 있다. 오히려 성화과정을 회개로 정의하고 있다. 이것은 바른 제시가 아니다.

4. 회개를 성화에 넣어서 제시한 것은 칼빈의 가르침, 곧 성화 전체 과정을 중생에 넣은 것을 그대로 따르고 있는 것이다.

- 옛사람을 죽임은 성화과정의 일부이므로 회개에 넣는 것은 바른 설정이 아니다

5. 옛사람을 죽이는 것을 회개로 말한 것은 잘못된 설정이다.
옛사람을 죽이는 것은 성화과정에서 일어나는 일이다. 처음 믿음 고백을 할 때부터 옛사람을 죽이는 일이 일어나는 것이 아니다. 옛사람을 죽이는 일은 믿음고백 후에 일어나는 성령의 중요한 작업이다.

- 옛사람을 죽임과 새사람을 살림이 회개에서 같이 일어난다고 하는 주장은 정당한 것이 아니다

6. 옛사람을 죽임과 새사람을 살림이 같이 일어난다고 하는 가르침은 칼빈의 가르침을 그대로 따르고 있다.
옛사람을 죽이고 새사람을 살림이 회개에서 일어난다고 하는 주장은, 회개하고 회개의 열매를 맺음으로 믿음이 시작한다는 알미니안 웨슬리의 구원서정의 시작점이 되었다.

- 옛사람을 죽이는 것과 새사람을 살리는 것이 회개에서 일어난다고 하는 주장은 회개의 열매를 맺고 믿을 수 있다는 주장에 이르게 된다

알미니안파와 웨슬리는 회개를 철저히 하고 회개에 합당한 열매를 맺음으로 믿음이 시작한다고 주장한다. 선행 (先行)하는 은혜와 협력하여 회개하고 회개에 합당한 열매를 맺는 것은 자연인이 자기의 힘으로 하는 것이므로 바른 믿음이라고 할 수 없다.

어떻게 믿기 전에 성령의 역사 없이 사람이 혼자의 힘으로 참된 회개를 하여 옛사람을 죽이고 새사람을 살리는 일을 할 수 있는가?

- 옛사람을 죽임과 새사람을 살림이 동시에 일어난다고 하는 가르침은 인간적인 힘으로 하는 것이 아니고 그리스도의 피의 공효를 의지하고 활용함으로만 할 수 있다

7. 옛사람을 죽임과 새사람을 살림은 둘이 동시에 일어나므로 곧 옛사람을 죽임으로 새사람이 살아나고 새사람을 살림으로 옛사람을 죽인다는 것은 성경적인 가르침이 아니다.

이것은 인간적인 힘으로 하는 것이므로 결코 이룩할 수 없다. 오직 그리스도의 피의 공효에 의해서만 옛사람을 죽이고 새사람을 살릴 수 있다.

- 옛사람을 죽이는 것은 그리스도의 피의 권세로 죄의 욕망을 이기는 것을 말한다

8. 옛사람을 죽이는 것, 곧 죄의 욕망, 육의 욕망을 죽일 수 있는 것은 내 노력으로 하는 것이 아니고 구속을 위해서 흘린 그리스도의 피를 적용함으로만 가능하다.

곧 "그 아들 예수의 피가 우리를 모든 죄에서 깨끗하게 하실 것이요"(요일 1:7)라는 말씀을 적용함으로 옛사람의 욕망을 이길 수 있다.

- **주 예수의 피가 나를 모든 죄에서 깨끗하게 한다고 선언함으로 죄의 욕망을 흩어지게 한다**

육의 욕망이 일 때 주 예수의 피가 나를 모든 죄에서 깨끗하게 할 것이라고 선언하면 죄의 욕망이 소산되므로 옛사람을 이길 수 있다. 그리스도의 피에 호소함으로 죄의 욕망을 이긴다. 죄의 욕망을 이기는 것이 옛사람을 죽이는 길이다. 그 외에 다른 어떤 방식으로도 죄의 욕망을 이길 수 없다.

이렇게 그리스도의 피에 호소해서 죄의 욕망을 죽이는 것이 새사람을 살리는 길이다. 그 외에는 어떤 힘이나 권세로도 옛사람을 죽일 수 없다.

- **종교개혁자들은 그리스도의 피에 호소해서 옛사람을 죽이는 법을 아직 알지 못했다**

종교개혁자들은 그리스도의 피에 호소해서 옛사람을 죽이는 법을 아직 알지 못하였다. 과거의 죄는 그리스도의 피로 용서받고 씻음 받았다는 것은 알았다. 그다음에는 애통하고 애쓰고 고행함으로 죄의 욕망을 해결할 줄로 생각한 것이다.

89. 옛사람을 죽임에 대해서 해설함

물음 89.

옛사람을 죽임이 무엇입니까?

Frage 89.

Was ist die Absterbung des alten Menschen?

답.

죄를 진심으로 슬퍼하고 죄를 점점 더 미워하고 거기서 도망가는 것입니다.

Antwort.

Sich die Sünde von Herzen lassen leid sein, und dieselbe je länger je mehr hassen und fliehen.

해설

- 죄의 욕망이 일 때 슬퍼할 수 있지만 그 법으로는 죄의 욕망을 이길 수 없다

1. 지은 죄와 죄의 욕망이 강하게 일 때 죄를 슬퍼할 수 있으면 매우 좋은 일이어서 죄지을 생각을 하지 않게 되고 죄를 미워할 수 있다.

지은 죄를 슬퍼하는 것은 할 수 있다. 그런 죄를 회개하면서 슬퍼하고 다시는 그런 죄를 짓지 않기로 다짐할 수 있다. 그리고 그런 자리에 가지 않도록 조심하고 그런 죄를 짓도록 유도하는 자리에 가지 않고 멀리 갈 수 있다. 이렇게 해서 죄의 욕망을 해결할 수 있으면 얼마나 좋겠는가?

그러나 심장에서 죄의 욕망이 강하게 일 때 그것을 어떻게 해결할 것인가?

- 죄를 슬퍼함으로 죄짓는 것을 그치는 것이 아니다

2. 진심으로 죄를 슬퍼한다는 것은 다시는 그런 죄를 범하지 않기 위해서는 좋은 일이지만 문제는 거기서 끝나지 않는다.

- 한 번 죄지으면 죄의 역학구조가 심장에 각인되어 계속 죄를 짓게 하고 죄짓는 것을 바라게 한다

3. 한번 지은 죄는 심장에 죄의 역학구조를 각인시켜 다시 그 죄를 좋아하고 바라서 거기로 끌리게 한다.

심장에서 죄의 욕망이 일 때 그것은 육체의 욕구로 일어난다. 그럴 때 슬퍼하고 도망가기보다는 오히려 거기로 끌려간다. 이것은 해결하기 어렵다.

- 죄의 욕망에 빠져들지 않는 법은 주 예수의 피가 나를 모든 죄에서 깨끗하게 한다고 선언하는 것이다

- 죄에 빠져들지 않는 법은 그리스도의 피가 나를 모든 죄에서 깨끗하게 한다고 선언하는 것이고, 그 피를 심장에 적용하는 것이다

4. 죄를 슬퍼하면서 다시는 그 죄에 빠져들지 않게 하는 길은 그리스도의 피를 가져다 적용하는 것이다.

그의 피를 가슴에 바르는 동작과 함께 주 예수의 피가 나를 모든 죄에서 깨끗하게 한다고 선언함으로 심장에서 일어나는 죄악을 이길 수 있다.

- 고행이나 금식, 또 수도원으로 도피함으로 죄를 이길 수 없다

5. 고행이나 금식이나 수도원으로 도피해서 죄를 이기려고 하는 것은 결코 성공할 수 없다.

그것은 인간의 자연적 힘으로 죄의 욕망을 이기려고 하는 것이기 때문이다. 이런 방식으로는 옛사람을 죽이거나 이길 수 없고 다 실패하게 되어 있다.

- 옛사람을 죽이는 유일한 비법: 죄의 욕망을 주 예수의 피의 권세로 흩어지게 하는 것이 옛사람을 죽이는 것이다

6. 옛사람을 죽이는 법은 죄의 욕망을 그리스도의 피의 권세로 흩어지게 하는 것이다.

옛사람은 우리의 힘으로 결코 죽일 수 없다. 옛사람은 죄의 욕망

이다. 이 죄의 욕망을 죽이는 것이 옛사람을 죽이는 것이다.

옛사람 곧 죄의 욕망을 그리스도의 피의 공효로 흩어지게 하는 것이다. 죄의 욕망이 일 때 주 예수의 피가 나를 모든 죄에서 깨끗하게 한다고 (요일 1:7) 선언하면 죄의 욕망이 흩어진다. 이것만이 죄의 욕망이 흩어지게 하는 유일한 비법이다. 사람의 자기 본래의 힘으로는 아무래도 옛사람을 해결할 길이 없다. 금식하고 금욕해도 되지 않는다.

주 예수의 피가 나를 모든 죄에서 깨끗하게 한다고 선언하여 죄의 욕망을 흩어지게 하는 것이 옛사람을 죽이는 법이다. 이것이 옛사람을 해결하는 유일한 법이다.

90. 새사람을 살리는 것을 설명함

물음 90.

새사람을 살리는 것은 무엇입니까?

Frage 90.

Was ist die Auferstehung des neuen Menschen?

답.

그리스도로 말미암아 하나님 안에서 마음껏 기뻐함과 하나님의 뜻을 따라 모든 선한 일들 안에서 살기를 즐거워하고 좋아하는 것입니다.

Antwort.

Herzliche Freude in Gott durch Christum, und Lust und Liebe haben, nach dem Willen Gottes in allen guten Werken zu leben.

해설

- 새사람을 살리는 것과 회개를 중생에 넣은 것은 칼빈의 신학 도식을 따른 것이다

1. 새사람을 살리는 것을 회개에 넣은 것은 칼빈의 신학도식에 해당한다.

칼빈은 회개와 새사람을 살리는 것과 성화를 중생에 넣었다. 이

도식을 따라 전개하고 있다.

- 믿음고백을 할 때 새사람을 창조하심

성경의 도식에 의하면, 회개로 새사람을 살리는 것이 아니다. 믿음고백을 할 때 새사람으로 창조된다. 새사람은 믿음고백을 통해서 힘을 더 얻고 강해진다. 새사람으로 계속 살지 못하고 옛사람의 욕망이 자주 일어나기 때문에 그리스도의 피의 권세로 옛사람을 죽인다. 그러면 새사람으로 산다.

- 새사람을 일으키는 것은 옛사람의 욕망을 그리스도의 피로 흩어버리는 것이 새사람으로 살아나는 것이다

2. 새사람을 일으킴은 옛사람의 욕망을 그리스도의 피로 죽임으로 새사람으로 사는 것으로 이해해야 바른 신학이다.

- 믿음고백을 하면 죄 씻음 받아 구원의 기쁨이 솟아난다

3. 그리스도로 말미암아 하나님 안에서 진심으로 기뻐하는 것은 주 예수를 믿는다는 믿음고백을 함으로 오는 기쁨이다.

주 예수를 믿는다는 믿음고백을 하면 그의 피로 죄 씻음 받았으므로 구원의 기쁨이 가슴에서 솟아나온다.

- 믿음고백으로 믿음을 가진 후 새로운 회개가 있는 것이 아니다

4. 구원의 기쁨이 진실한 회개의 결과로 온다고 보는 것은 잘못 전개되고 있는 것이다.

믿음고백 후에 진실된 회개라는 새로운 단계가 전개되는 것이 아니다. 처음 믿을 때 믿음고백과 함께 내가 죄인인 것을 회개하고 죄 용서를 구하여 그리스도의 피로 죄를 완전히 씻음을 받았다. 완전한 회개와 죄 씻음을 위해 진심으로 회개하는 새로운 단계가 있는 것이 아니다.

- 새사람을 일으키는 것은 믿음고백으로 오는 구원의 기쁨과 감사를 표하는 것이다

5. 이 항목에서 새사람을 일으킴이 무엇이냐고 묻는 물음은 믿음고백으로 오는 구원의 기쁨과 감사를 표현하는 것으로 이해해야 한다.

- 믿음고백으로 의롭다 함을 받았으니 선행하기를 좋아한다

6. 믿음고백으로 의롭다 함을 받았으니 선행을 행하기를 좋아하고 기뻐한다.

그리스도인들이 큰 은혜로 구원받았으니 어려운 사람들을 돕고 보살피는 일을 해야 한다. 그뿐만 아니라 산업을 일으켜 많은 사람들의 삶을 보장하는 일도 해야 한다.

91. 선한 일들은 하나님의 법에 따라 하나님께 영광이 되는 선행을 말한다

물음 91.

선한 일들은 어떤 것입니까?

Frage 91.

Welches sind aber gute Werke?

답.

오직 참된 믿음에서 나오되 하나님의 법에 따라 하나님께 영광이 되는 선행들이고, 우리들의 의견이나 인간적인 규약에 근거된 것이 아닙니다.

Antwort.

Allein die aus wahren Glauben nach dem Gesetz Gottes ihm zu Ehren geschehen, und nicht die auf unser Gutdünken oder Menschen Satzung gegründet sind.

해설

- 믿는 자가 변화된 심장으로 하는 선행

1. 여기서 말하는 선행은 보통 사람들이 행하는 선한 행위들이 아니고 믿는 사람들이 변화된 심장으로 행하는 선행을 말한다.

- 참된 선행은 그리스도의 심장으로 변화된 사람들이 하는 선행

2. 참된 믿음에서 나온 선행이 하나님을 기쁘시게 하는 선행이다. 참된 믿음에서 나온 선행은 그리스도인으로 변화되어 그리스도의 심장으로 행하는 선행이다.

참된 믿음에서 나온 선행은 이기적인 동기나 자기과시를 위한 외식된 선행이 아니다. 진실한 선행은 그리스도의 심장으로 변화된 사람이 행한 선행을 말한다.

- 하나님께 영광이 되는 선행은 하나님의 은혜에 감사해서 하는 선행이다

3. 하나님의 법에 따라 하나님께 영광이 되는 선행은 하나님의 은혜를 인정하여 그 은혜에 감사해서 하는 선행을 말한다.

하나님께 영광이 되는 선행은 자기 힘으로 하는 것이 아니라 전적으로 하나님의 은혜의 역사임을 알고 인정해서 하는 선행이다.

4. 자기의 선행이 은혜의 역사임을 인정하는 것은 하나님께 영광이 된다.

- 하나님께 영광이 되는 선행은 합당히 하나님께 영광과 찬송이 되게 하는 선행이다

5. 하나님의 법에 따라 하나님께 영광이 되는 선행은 하나님이 하나님으로서 합당히 인정받고 찬송 받으실 만하게 하는 선행을 말한다.

92. 십계명을 해설함

물음 92.

주의 율법은 무엇입니까?

Frage 92.

Wie lautet das Gesetz des Herrn?

답.

하나님이 이 모든 말씀을 하시니라:

제1계명

나는 주 너의 하나님이라, 나는 너를 애굽 종 되었던 집에서 인도하여 내었노라. 너는 내 앞에 다른 신들을 있게 말라.

Antwort.

Gott redet alle diese Worte:

Das Erste Gebot

Ich bin der Herr, dein Gott, der Ich dich aus Aegyptenland, aus Diensthause, geführet habe. Du sollst keine anderen Götter vor mir haben.

해설

- 십계명은 그리스도인의 생활규범

제1계명 창조주 하나님만 섬기라는 계명 해설

1. 이제 하이델베르크 요리문답 저자는 그리스도인의 생활규범으로 십계명을 말하고 있다.

- 다른 신을 섬기면 안 되는 이유를 밝힌다

2. 첫째 계명의 핵심은 여호와만을 하나님으로 섬기고 다른 신들을 섬기면 결코 안 된다고 강조한다.

3. 다른 신들을 여호와 하나님 앞에 두면 안 되는 이유는 여호와가 이스라엘의 하나님이시기 때문이다.

- 여호와는 이스라엘을 구출하셨으므로 그들의 하나님이시다

4. 여호와가 이스라엘의 하나님이신 이유는 이스라엘을 애굽, 종 되었던 집에서 구출해 내셨기 때문이다.

이스라엘을 애굽, 종 되었던 집에서 구출해 내신 것만으로도 여호와는 이스라엘의 하나님이 되신다. 여호와가 이스라엘의 구주이시기 때문이다.

- 구출 후 이스라엘과 언약을 맺어 자기의 백성으로 삼으셨기 때문에 그들의 하나님 되신다

5. 더 중요한 점은 하나님이 이스라엘을 애굽에서 구출하시고서

이스라엘과 언약을 맺어 자기의 백성으로 삼으셨기 때문이다.

언약은 사람을 하나님의 백성으로 삼는 약정인데, 하나님은 이스라엘과 언약을 맺어 그들을 자기의 백성으로 삼으셨다. 언약백성인 이스라엘은 여호와 하나님만 섬겨야 한다. 다른 신을 섬기는 것은 구주 하나님을 반역하는 것이고 언약을 파기하는 반역행위이기 때문이다.

- 이스라엘은 여호와의 백성이 되었으므로 여호와 하나님만 섬겨야

6. 이스라엘은 여호와의 백성이 되었으므로 섬길 하나님은 오직 여호와뿐이시다.

여호와는 이스라엘을 애굽에서 구출하시고 그들과 언약을 맺어 자기의 백성으로 삼으셨다. 이스라엘은 여호와만을 하나님으로 섬기고 다른 신을 섬기면 결코 안 되게 작정되었다.

- 이스라엘과 언약을 맺으신 목적은 그 백성을 통해서 구주가 오사 세상 모든 백성을 구원하실 것이기 때문

이스라엘을 하나님의 백성으로 삼아 여호와만 섬기게 하신 것은 그 백성을 통하여 구주가 오사 세상을 구원하여 하나님의 백성 삼기로 정하셨기 때문이다. 이스라엘을 애굽에서 구출하시면서 하나님은 이스라엘을 통하여 세계 모든 민족들을 구원하는 것을 목표하셨다.

III. 하이델베르크 요리문답 해설

> 제2계명

너는 너를 위하여 새긴 우상을 만들지 말며, 위로 하늘에 있는 것이나 아래로 땅 위에 있는 것이나 땅 아래 물속에 있는 것의 아무 형상이든지 만들지 말며, 그것들에게 절하지 말며, 그것들을 섬기지 말라. 나 여호와 너의 하나님은 강하고 질투하는 하나님이니, 나를 미워하는 아비들의 악행을 그 자녀들에게 갚되 삼 대와 사 대까지 이르게 하거니와, 나를 사랑하여 나의 계명들을 지키는 자들에게는 수천 대까지 자비를 베풀리라.

> das andere Gebot

Du sollst dir kein Bildniß, noch irgend ein Gleichniß machen, weder deß, das oben im Himmel, noch deß, das unten auf Erden, oder deß, das im Wasser unter der Erde ist; du sollst sie nicht anbeten, noch ihnen dienen. Denn Ich, der Herr, dein Gott, bin ein starker, eifriger Gott, der die Missethat der Väter heimsucht an den Kindern bis in's dritte und vierte Glied, derer, die Mich hassen, und thue Barmherzigkeit an vielen Tausenden, die Mich lieben und Meine Gebote halten.

> 해설

제2계명 우상숭배 금지 계명을 해설

- 이방인들의 죄는 우상을 섬긴 죄이다

1. 모든 이방인들의 죄는 창조주 하나님을 버리고 우상들을 만들어서 그것들을 하나님으로 섬기는 것이었다.

이스라엘은 하나님의 전능한 손으로 구원받았고 언약을 맺어 하나님의 백성이 되었으므로 여호와 하나님 외에 다른 신들을 섬기면 안 된다. 이방인들은 우상들을 신들로 만들어 섬겼기 때문이다.

- 우상을 섬기는 것은 귀신을 섬기는 반역행위이다

2. 우상을 만들어 섬기는 것은 창조주 대신 귀신들을 섬기는 행위이므로 창조주 하나님에 대한 반역행위이다.

모든 이방종족들은 하나님을 반역하는 행위를 계속해 오고 있다. 창조주 대신 귀신들과 잡신들을 섬기고 있기 때문이다. 이렇게 창조주 대신 귀신들과 잡신을 섬기는 것은 창조경륜에 어긋나고, 언약체결에 정면 배치된다. 반역 후라도 창조주 대신 귀신들과 잡신을 섬기는 것은 하나님을 반역하는 행동이다.

- 이스라엘은 언약백성이 되었으니 이방신들을 섬기면 안 된다

하나님의 백성이 된 이스라엘은 결코 이방신들을 섬기면 안 된다. 그들의 구주요 언약주이신 여호와만 섬겨야 한다. 이것은 그리스도인들이 참 하나님 여호와만을 섬기도록 한 것의 예표이다. 돈이나 성적인 쾌감이나 명예를 하나님보다 더 섬기면 그것도 우상숭배이다.

- **가나안 백성들은 다 우상을 섬겼다**

3. 가나안에 사는 이방종족들은 다 귀신들을 우상으로 새겨서 섬겼다. 이스라엘이 가나안에 들어가면 이 범죄에 빠지기 쉬우므로 우상 섬김을 강하게 금하고 있다.

범죄 이후 첫 반역자들의 후손들은 대부분 우상을 새겨서 신들로 섬겼다. 이 범죄에서 벗어난 종족들은 없다.

- **이스라엘도 이방풍습을 쉽게 배울 것이기 때문에 엄히 금하심**

이스라엘은 하나님의 택한 백성이고 언약백성이지만 이방인들이 하는 종교적 풍습을 쉽사리 배울 것이다. 모든 이방족속들은 자기들의 신을 보고서 섬기는데 이스라엘만 말씀에 의해서 하나님을 섬기므로 쉽게 그들에게 동화될 것이다.

- **하나님의 질투는 다른 신을 섬기는 것을 용납하실 수 없다는 것임**

4. 하나님이 질투하신다는 것은 창조주 하나님만 섬겨야 할 백성들이 다른 신들을 섬기는 것을 용납하실 수 없다는 표시이다.

창조주는 창조주 하나님만 섬기도록 사람을 지으시고 언약을 맺으셨다. 비록 반역하여 창조주를 섬기지 않기로 정하였지만 언약백성은 여호와만을 섬기도록 구원되었으니 창조주 하나님만 섬겨야 한다. 그런데도 다른 신들을 섬기면 그것은 용납할 수 없는 일이다.

그런 우상숭배와 귀신 섬기는 일을 창조주는 너그럽게 보실 수가 없다. 자기의 영광을 탈취해 가는 것이고, 그의 인격을 무시하는 일이기 때문이다.

- 이스라엘이 다른 신들을 섬기는 것은 언약에 배치되는 일

5. 이스라엘이 다른 신들을 섬긴다는 것은 언약에 전적으로 배치되므로 용납할 수 없는 일이다.

- 피조물을 섬기면 결코 안 된다

6. 피조물 중에서는 어떤 것이든지 우상으로 만들면 안 된다. 만들면 섬기게 되기 때문이다.
하나님을 버린 상실된 마음은 어떤 형태의 신이든지 모시려고 한다. 그래서 참 하나님을 버리고 거짓된 신들을 만들어서 그것을 섬긴다.

- 우상숭배는 창조주 대신 대용 신을 섬기는 일이므로 멸망에 이르는 길이다

7. 하나님은 인류의 멸망을 원치 않으시므로 우상을 섬기지 말라고 금하신다.
모든 이방종교는 나타난 신들을 섬긴다. 곧 사물형태로 신들을 만들어 섬긴다. 신이 없다는 불교까지 부처상을 만들어 신으로 섬

기고 있다.

　이런 종교현상은 인류가 반역하여 창조주 하나님을 섬기지 않기로 하고서 대용 신 (代用 神)을 찾다가 만들어낸 허망한 일이다. 우상을 섬기는 것은 우상숭배자들을 다 멸망으로 이끌 뿐이다. 하나님은 인류의 멸망을 원치 않으시므로 우상을 섬기지 말라고 금하시는 것이다.

- 범죄한 백성의 죄를 3, 4대까지만 적용하신다는 것은 그리스도 오실 때까지만 타당하다

　8. 범죄한 백성의 죄과를 3, 4대까지만 물리는 것은 그리스도 오시기까지만 타당하다. 그 이후는 영원한 멸망으로 정해져 있다.
　그리스도가 오셔서 범죄한 백성을 죄와 죽음에서 구원하시면 마지막 구원이 된다. 그리스도를 믿는 믿음이 마지막 구원의 길이다. 이 믿음의 길을 거부한 자들은 하나님을 두 번 반역한 자들이므로 용서받을 수 없다.
　그리스도 오시기 전에는 3대, 4대까지만 죄의 벌을 받게 하므로 그의 오실 때는 영원한 생명의 약속을 받을 수 있게 하셨다.

- 하나님 섬기는 자는 수천 대까지 복을 받는다는 것은 그리스도의 구속에 참여하여 영원한 구원을 누림을 말한다

　9. '나를 사랑하고 내 계명을 지키는 자의 후손에게는 자비를 수천 대까지 미치게 한다'는 것은 여호와 하나님을 믿고 살므로 그리

스도의 구속에 참여하게 한다는 약속이다.

자비가 수천 대까지 미친다는 것은 구원 얻음이 영원하다는 것을 뜻한다. 하나님이 세상을 구원하실 것을 작정하실 때 하나님 자신이 구원사역을 친히 하시기로 정하셨다. 그러므로 하나님을 사랑하는 자는 그의 구원사역을 받아들이는 자를 말한다. 하나님의 구원사역을 받아들이는 자만이 영원한 생명을 받기 때문이다.

- **하나님의 궁극적 계명은 그리스도를 믿어 구원 얻으라는 계명이다**

10. 하나님의 궁극적인 계명은 하나님의 성육신이신 그리스도를 믿어 구원 얻는 것이다.

구약의 모든 계명은 그리스도의 구원사역을 믿어 구원 얻으라는 것이다. 이 구원은 영원한 구원이므로 수천 대까지 이르는 생명을 말한다.

> **제3계명**
>
> 너는 네 하나님 여호와의 이름을 함부로 부르지 말라. 여호와는 자기 이름을 함부로 부르는 자를 죄 없다고 하지 않으실 것이기 때문이다.
>
> **Das dritte Gebot**
>
> Du sollst den Namen des Herrn, deines Gottes, nicht mißbrauchen, denn der Herr wird den nicht ungestraft lassen, der seinen Namen mißbraucht.

해설

제3계명 하나님 이름을 함부로 부르는 것을 금하는 계명 해설

1. 여호와의 이름을 함부로 쓰거나 부르는 자를 죄 없다고 하지 않으신다.

- 여호와의 이름은 하나님의 인격을 표시하므로 함부로 부르면 안 된다

2. 여호와의 이름은 거룩하고 영광스런 이름으로, 하나님의 인격을 표시하므로 함부로 부르거나 쓰는 것은 하나님의 인격의 엄위를 훼손하는 일이다.

여호와의 이름을 부당하게 부르거나 사용하면 결코 안 된다. 그것은 하나님의 인격의 엄위를 훼손하는 일이므로 벌을 받는 것이 마땅하다.

- 여호와의 이름은 여호와의 인격과 일치된다; 이름을 함부로 부르는 것은 여호와의 인격을 무시하는 것임

3. 이름은 그냥 기호가 아니라 실재여서 여호와의 이름은 그의 인격과 일치한다.

하나님의 이름을 함부로 부르는 것은 그의 인격을 무시하고 업신여기는 것이다. 그러므로 하나님의 이름을 함부로 부르거나 자기의

이익이나 어떤 목적으로 하나님의 이름을 거는 것은 용납할 수 없는 일이다.

- **하나님의 이름을 함부로 부르는 자는 형벌을 받음이 마땅하다**

4. 하나님의 이름을 함부로 부르는 자들은 형벌을 받아야 마땅하다. 그들은 하나님을 능욕한 자들이기 때문이다.

> **제4계명**
>
> 안식일을 기억하여 그날을 거룩하게 하라. 엿새 동안 너는 일하고 네 모든 일을 하라. 그러나 제7일은 여호와 네 하나님의 안식일인즉 너나 네 아들이나 딸이나 네 종이나 네 여종이나 가축이나 네 문 안에 있는 외국인이라도 아무 일도 하지 말라. 이는 여호와가 6일 동안에 하늘과 땅과 바다와 그 안에 있는 모든 것을 만드시고 제7일에 쉬셨음이니라. 그러므로 여호와가 안식일을 복되게 하고 거룩하게 하셨느니라.

> **das vierte Gebot**
>
> Gedenke des Sabbatstages, daß du ihn heiligest. Sechs Tage sollst du arbeiten, und alle deine Werke thun: aber am siebenten Tage ist der Sabbath des Herrn, deines Gottes; da sollst du keine Arbeit thun, noch dein Sohn, noch deine Tochter, noch dein Knecht, noch deine Magd, noch dein Vieh, noch der Fremdling, der in deinen Thoren ist; denn in sechs Tagen hat der Herr Himmel und Erde gemacht, und das Meer, und alles, was darinnen ist, und ruhete am siebenten Tage: darum segnete der Herr den Sabbathtag, und heiligte ihn.

해설

제4계명 안식일 준수 계명을 해설함

- **일주일 중 하루를 정하여 여호와를 섬기게 하였다**

1. 일주일 중에 제7일은 여호와의 날로 정해 여호와만 섬기게 하셨다.

하나님이 사람을 창조하신 목적이 여호와 하나님 창조주만을 섬기게 하신 것이다.

그러나 인류가 창조주만을 하나님으로 섬기지 않기로 반역하였다. 그래도 하나님은 반역한 인류를 구원하여 여호와 하나님만을 섬기게 정하셨다. 반역한 자들이 구원받았지만 종일 하나님만을 찬양하고 경배하며 살 수 없게 되었다. 그래서 하루를 정하여 하나님을 찬양하고 경배하게 하셨다. 그것이 안식일이다.

- **6일 동안 열심히 일하고 7일에 여호와를 찬양하고 경배하게 하셨다**

2. 안식일에 창조주 하나님만 찬양하고 경배해야 할 당위로 창조주가 만물을 엿새 동안에 창조하시고 제7일에 쉬시고 경배받기로 하셨음에 두었다.

창조주의 사역의 방식대로 엿새 동안에 필요한 모든 일을 하고 제7일에는 쉬면서 창조주 하나님을 찬양하고 경배해야 한다.

- 안식일에는 창조주만을 찬양하고 경배해야

3. 안식일에는 아무 일도 하지 않으면서 창조주만을 생각하고 사랑하여 찬양과 경배를 바쳐 드려야 한다.

- 안식일에는 온 가족과 나그네도 일하면 안 되고 하나님만 찬양하고 경배해야 한다

4. 안식일에는 한 가정의 남자만 일하지 않는 것이 아니라 모든 가족도 일하면 안 되고, 손님도 가축도 일하면 안 되고, 온전히 하나님 생각과 찬양과 경배하는 일만 해야 한다.

- 안식일에 일하면 온전히 하나님을 찬양하고 경배할 수 없다

5. 안식일에 가족 중 누구든 일하면 거기에 정신과 시간과 주의가 쏠려 온전히 하나님만 경배하고 찬양할 수 없다.
여호와를 섬기는 것은 한 개인의 일만이 아니라 온 가족과 온 사회와 전체 인류의 일로 정해졌기 때문이다.

- 안식일을 거룩하게 했다는 것은 창조주 하나님을 경배하는 날로 정했다는 뜻이다

6. 제7일 안식일을 거룩하게 했다는 것은 창조주 하나님을 경배하고 찬양하는 날로 정하셨다는 것을 뜻한다.

인류가 타락한 이후에는 온종일 창조주 하나님을 경배하고 찬양할 수 없기 때문에 한 날을 정하셨다. 그날이 안식일이다. 이날에는 창조주 하나님만 찬양하고 경배하도록 정해졌다. 이것이 안식일을 거룩하게 하셨다는 말씀의 뜻이다.

- **온전한 하나님 찬양과 경배는 영원한 안식에서 계속된다**

7. 온전한 하나님 찬양과 경배는 영원한 안식에서 진행될 것이다. 그때는 구속받은 새 인류가 창조주요 구속주이신 하나님만을 온전히 찬양하고 경배하게 될 것이다. 이때는 모든 날들이 안식일이므로 창조주요 구속주이신 하나님을 찬양하고 경배한다. 하루만 하나님을 찬양하는 것이 아니라 끊임없이 찬양하고 경배한다.

제5계명

너는 네 아버지와 어머니를 공경하라. 그리하면 여호와 네 하나님이 네게 주시는 땅에서 오래 살리라.

Das Fünfte Gebot

Du sollst deinen Vater und deine Mutter ehren, auf daß du lange lebest im Lande, das dir der Herr, dein Gott, giebt.

해설

제5계명 부모 공경 계명을 해설함

- 하나님 섬김 다음은 부모를 공경하는 것이다

1. 하나님을 잘 섬기는 백성은 자기를 낳아서 길러준 아버지와 어머니를 공경해야 한다.

사람의 제일가는 본분은 창조주 하나님을 섬기는 것이다. 그다음 본분은 그의 아버지와 어머니를 공경하는 것이다. 아버지와 어머니가 생명의 시작점이다. 그리고 출생 후 양육과 교육과 안녕을 책임지고 길러 한 사람으로 서게 하였다. 그러므로 부모 없이는 사람의 출생과 생존이 불가능하다. 이런 부모를 공경하는 것은 사람의 마땅한 도리이다. 평생 내려놓을 수 없는 책임사항이다.

- 부모를 공경하는 것은 부모의 말씀에 순종하는 것이다

2. 부모를 공경하는 것은 부모의 말씀에 순종하는 것이다.

부모는 자녀를 생산하였을 뿐 아니라 길러 사람이 되게 하였다. 부모의 교육은 자녀로 사람 되게 하는 데 있다. 그러므로 부모의 말씀을 잘 듣고 따라야 한다.

- 부모 공경을 잘하면 사회에 질서와 법도가 선다

3. 아들과 딸들이 아버지와 어머니를 존경해야 사회에 질서가 서고 법도가 성립한다.

부모를 존경하는 것은 합당한 예의와 존경으로 부모를 섬기는 것이다. 그리고 부모들이 늙어 생존력이 없어질 경우 부모의 안녕과 생

존을 보장해야 한다. 부모를 섬기는 것은 인간 본성이 명하는 일이다. 창조주가 이 법도를 사람의 마음 판에 새겨놓으셨기 때문이다.

그리고 부모를 대할 때 폭력이나 폭력적인 언사를 사용하면 안된다. 하나님 섬김과 배치되지 않는 한, 아버지와 어머니의 말씀에 순종해야 한다. 이 경우 아버지의 말씀은 신적 권위를 갖는다.

- **마땅한 부모 공경에 장수의 복을 허락하셨다**

4. 부모를 공경하는 것이 마땅함에도 불구하고 부모 공경을 하면 땅에서 오래 살 복을 약속하셨다.

부모를 존경하고 잘 섬기면 마음이 평안하고 기쁘게 되어 오래 살게 되어 있다. 이런 정상적인 삶의 방식에 오래 사는 복을 약속하셨다. 부모를 잘 섬기는 경우 땅에서 오래 살도록 창조주 하나님이 약속하셨다. 아버지 어머니를 존경하는 것이 하나님이 인간세상을 다스리시는 법도이기 때문이다.

제6계명

너는 살인하지 말라

Das Sechste Gebot

Du sollst nicht tödten

해설

제6계명 살인 금지 계명을 해설함

- **인격체인 사람을 죽이는 것은 가장 큰 죄악이다**

1. 사람을 죽이는 것은 사람이 하면 안 되는 가장 큰 죄악이다.

하나님은 사람을 하나님의 형상인 인격체로 지으셨다. 그리고 인격체로 지으셨기 때문에 사람에게 하나님의 영광의 광채와 반사를 두셨다. 따라서 피조세계에서 사람은 인격으로서 최고 존재라고 할 수 있다.

사람을 죽이는 것은 인격체를 다른 하급 동물과 같은 피조물로 여기는 것이다. 인격체를 말살하는 것은 용납할 수 없는 죄악이다. 인격체를 죽이는 것처럼 처참하고 참혹한 죄악은 없다.

- **사람은 인격체로서 하나님의 형상이므로 사람 죽이는 일은 안 된다**

2. 하나님의 형상으로 지음 받은 사람을 함부로 죽이면 안 된다.

사람은 하나님을 찬양하고 경배하는 제사장으로 세워졌는데 사람이 죽임 받으면 안 된다. 더구나 인격은 수단으로 사용되면 안 된다. 그렇게 하면 인격인 사람을 야생동물이나 물건과 같은 존재로 여기는 것이다.

- **범죄한 인간도 인격체이므로 죽이면 안 된다**

3. 범죄 후에도 사람은 인격체로 남아 있으므로 죽이면 안 된다.

범죄한 후에도 사람은 인격체이다. 비록 많이 부서지고 찌그러졌어도 사람이 인격임에는 변함이 없다. 인격에는 하나님의 인격이 반사되어 있으므로 죽이면 안 된다.

- **부당한 죄악을 지은 사람은 국가가 죽일 수 있다**

큰 죄악을 저질러 국가사회의 존립에 부당한 사람은 국가권력이 질서유지 차원에서 죽일 수 있다. 이때도 정당한 근거가 충분할 때만 국가권력이 사람을 죽일 수 있다. 그러나 권력을 가진 자가 자기 권력유지에 방해가 된다고 하여 사람을 죽이면 반드시 피 값을 받게 되어 있다.

제7계명

간음하지 말라

Das Siebente Gebot

Du sollst nicht ehebrechen

해설

제7계명 간음 금지 계명을 해설함

- **간음은 사회제도의 근간을 부정하는 죄악이다**

1. 간음은 하나님이 세우신 사회제도의 근간을 부정하는 죄악이다.

창조주는 사람을 남자와 여자로 창조하셔서 둘을 결합하여 한 가정, 한 인격공동체가 되게 하셨다. 결혼이 사회제도의 근간이고 모든 사람의 출생의 근본이다. 그런데 간음을 행하는 것은 정당한 출생의 법과 사회유지의 법을 허는 것이다.

- **간음은 사회를 불의와 불법과 악으로 채우는 시작점**

2. 간음은 사회를 불의와 악과 불법으로 채우는 첫 시작점이다.
하나님은 결혼제도 안에서 정당한 관계로 남녀관계가 이루어지고 정당한 인격체들이 나오게 하셨다.
그런데 간음을 행하는 것은 하나님이 세우신 결혼제도를 헐 뿐만 아니라 남녀 간의 관계를 죄악으로 만드는 것이다. 이것은 다른 쪽의 인격을 무시하고 무너뜨리는 것이므로 악감과 적대감을 일으켜서 사회를 온갖 죄악으로 가득하게 하는 지름길이다.

- **깨끗한 사람 출생을 위해서 한 사람에게 한 영혼만을 지으셨다**

3. 정직하고 깨끗한 사람들을 받으시기 위해 각 사람에게 한 영혼만 지으셨다.

- **결혼으로 남자와 여자는 한 몸이 됨**

4. 결혼하면 남자와 여자가 한 몸이 되므로 결혼관계를 떠나서 다른 상대자와 육체관계를 갖는 것은 결혼관계를 깨는 중대한 범죄

이다.

- **간음은 결혼해소의 근거**

5. 간음은 결혼서약을 깨뜨린 범죄여서 결혼이 해소되는 정당한 근거가 된다.

결혼한 당사자 한 사람이 간음을 행하는 것은 상대방의 인격을 무시하는 것이다. 결혼 상대를 정당한 인격으로 대하지 않고 하나의 물체와 같은 것으로 취급하므로 다른 상대자를 만나 육체관계를 행하는 것이다.

- **간음은 결혼서약을 어긴 것이므로 죽음에 해당한다**

이런 범행은 결혼서약을 어기고 정조를 허물어 내렸으므로 죽음에 해당한다. 다른 쪽의 인격을 완전히 무시하고 자기의 욕망을 따라 행동한 것이므로 인격적인 결혼관계가 깨어지는 정당성을 제공하는 것이다.

- **결혼서약을 끝까지 지켜야**

6. 바른 사회가 되고 바른 인격체들을 생산하려면 결혼한 두 당사자가 결혼서약을 굳게 지키고 마지막까지 결혼관계에 남아야 한다.

제8계명

도적질하지 말라

Das Achte Gebot

Du sollst nicht stehlen

해설

제8계명 도적질 금지 계명을 해설

- **도적질은 노동의 법을 헐어내리는 것임**

1. 도적질하는 것은 노동을 인류사회의 생존과 유지의 법으로 세우신 창조주의 법을 허는 것이다.

각 사람은 자기의 손으로 일하여 자기의 삶을 유지하도록 창조주가 정하셨다. 이 노동의 법에 순종하지 않고 다른 방식으로 자기의 생존을 유지하려고 하는 것은 생존의 법을 허는 것이다. 그것이 바로 도적질하는 것이다.

- **돈은 수고의 대가이므로 노동하여 정당한 수입으로 살아야**

2. 돈은 수고 곧 노동의 대가이다.

돈은 수고의 대가이므로 노동을 해서 번 돈만이 정당한 돈이고 깨끗한 돈이다. 이 정당한 노동의 대가로 받은 돈으로 사는 것만이 정당한 삶이다. 자기가 수고하지 않은 돈을 자기 것으로 삼는 것은 도적질이다.

- 도적질은 남의 수고로 번 돈을 가져가는 불법행위이므로 생존의 법을 허는 것임

3. 도적질은 자기는 일하지 않고 남이 일하여 벌어 놓은 돈과 재물을 자기 것으로 삼는 행위이므로 하나님이 인류세계를 다스리시는 법을 허무는 행위이다.

- 도적질은 인류사회를 무법세계로 만드는 행위

4. 도적질은 인류사회를 무법세계로 만드는 첫 번째 행위이다.
사람이 각자 자기의 삶을 위해서 열심히 일하고 사는 것이 사회에 질서가 세워지고 법이 세워지는 길이다.
일하지 않으면 살 길이 없으므로 남이 수고해서 모은 재산을 도적질하는 것이다. 이것은 인류세계의 기본질서를 허무는 것이다. 이런 것이 용납되면 일하지 않고 남의 것을 도둑질하여 살려고 할 것이다. 이런 상황에서는 국가사회의 법질서가 다 무너지고, 도덕과 질서가 무너진다.

- 하나님의 백성은 열심히 일하여 자기의 삶을 살아야

5. 그러므로 하나님의 백성 된 사람들은 열심히 일하여 자기와 가정의 삶이 정상적으로 진행되게 해야 한다. 일하기 싫으면 먹지도

말아야 하는 것이 인륜세계의 법질서이다.

> **제9계명**
> 너는 네 이웃에게 거슬러서 거짓 증거하지 말라
> **Das Neunte Gebot**
> Du sollst kein falsch Zeugniß reden wider deinen Nächsten

해설

제9계명 거짓 증거 금지 계명 해설

- **거짓 증거는 악행이다**

1. 이웃에 대해서 거짓 증거하는 것은 정직한 사람을 죄인으로 만드는 악행이다.

- **거짓 증거는 살인죄에 해당한다**

2. 거짓 증거는 무죄한 사람을 죽게 하는 사기이다.
거짓 증거는 사람을 죽이기 위해서 행하는 사기극이다.

- **거짓 증거는 무죄한 사람을 죽게 하는 목적범이다**

3. 거짓 증거는 무죄한 사람을 죽게 하는 의도적인 범죄이다.

거짓 증거는 어떤 무죄한 사람을 범죄자로 몰아 죽게 한다. 이것은 의도적인 범죄이다. 이것은 양심의 법에 어긋나게 행해지는 범죄이다. 어떤 사람을 죽이기 원하여 상당한 수의 사람들이 모의해서 짜고 거짓 증거로 범죄자로 몰면, 죽는 것 외에 다른 길이 없다.

- **그리스도인은 결코 거짓 증거, 거짓말을 하면 안 된다**

4. 이웃에 대해 거짓 증거하는 것은 잘 아는 사람을 범죄자로 몰아 죽게 하고 또 사회적으로 매장하는 행위이므로 결코 거짓 증거하면 안 된다.

제10계명

너는 네 이웃의 집을 탐내지 말라; 너는 네 이웃의 아내나 그의 남종이나 여종이나 또 소나 나귀나 네 이웃이 가진 모든 것을 탐내지 말라.

Das Zehnte Gebot

Laß dich nicht gelüsten deines Nächsten Hauses; laß dich nicht gelüsten deines Nächsten Weibes, noch seines Knecht, noch seiner Magd, noch seines Ochsens, noch seines Esels, noch alles, was dein Nächster hat.

해설

제10계명 탐심 금지 계명 해설

- **탐심은 남의 것을 자기 것으로 삼으려는 그릇된 욕심이다**

1. 탐내지 말라고 명령한 것은 자기의 소유로 정당한 삶을 살아야지 남의 것을 욕심내서 가지려고 하면 안 된다는 말씀이다.

사람은 자기의 합당한 소유로 살아야 하고, 자기가 가지지 않은 것을 이웃이 가졌다고 그것을 탐내면 안 되는 것을 말하고 있다.

- **이웃의 아내를 탐하는 것은 결혼관계를 깨서 온갖 불행이 오는 시작점이다**

2. 이웃의 아내를 탐내지 말라고 하는 계명은 이웃의 아내를 가지려고 하거나 자기 정욕의 대상으로 삼으면 안 된다는 것을 명령하는 것이다.

이웃의 아내는 자주 보기 때문에 그 아내를 탐해서 자기의 것으로 삼거나 자기 정욕의 대상으로 삼기를 바란다. 그러면 내 이웃의 정상적인 결혼관계가 깨어지게 된다. 온갖 비극과 불행이 연이어 일어난다. 이웃의 아내를 탐해서 일을 저지르면 두 남자 사이에 싸움이 일어나서 한쪽이 죽거나 심한 상처를 입게 된다.

이런 비극으로 가정이 깨어지면 자녀들이 입는 상처와 굴욕감은 말로 할 수 없이 커지게 되어 그들이 커서도 정상적인 사람으로 활동할 수가 없게 된다.

- **자기 아내와 잘 사는 것이 바른 법임을 밝힘**

3. 이웃의 아내나 다른 여자를 탐하지 않고 자기 아내로만 만족하여 사는 길이 행복한 길이고 재앙이 일어나지 않는 길이다.

사람이 행복하고 사회에 질서가 세워지려면 부부간의 결혼서약대로 사는 것이 결정적이다. 이웃의 아내를 갖고 싶은 욕망이 일 때 그 욕망이 그릇되었다고 소리치고, 자기 아내만을 사랑하고 자기 아내와 잘 지내는 것이 참으로 중요하다.

남편과 아내 사이에 논쟁과 불평이 있을 때 시간을 두고 서로를 살피고 상대방이 내게 하는 말을 잘 들어 자기의 모자란 점을 고치도록 노력해야 한다.

- **부부는 결혼서약을 끝까지 잘 지켜야**

그리하여 결혼서약대로 끝까지 잘 살도록 노력해야 한다. 일시적으로 사랑이 식었어도 다시 사랑을 일으키고 북돋우어야 한다.

이혼하거나 혼외정사가 일어나 가정이 파괴될 때 자녀들이 입을 정신적, 육체적, 영적 상처와 피해를 깊이 생각할 수 있어야 한다.

그래서 창조주가 내신 가정의 법도들 잘 지켜 평온한 가정과 사회를 세워야 한다.

4. 이웃이 가진 착한 남종, 여종과 소와 나귀를 탐내지 말고 자기의 것으로 만족해야 한다.

- **이웃이 가진 좋은 것은 열심히 일하여 벌 것이고, 그냥 욕심을 내면 안 된다**

5. 더 좋은 것 갖기를 바랄 때는 열심히 노력하여 돈을 모아 사도록 할 것이고, 이웃의 것을 자기 것으로 삼으려고 하면 안 된다.

탐심에서 도적질이 나오므로 탐심을 억제해야 한다. 남의 좋은 것을 가지고 싶어 하는 마음을 가질 때 그것은 도적질임을 명심하도록 해야 한다.

내 손으로 수고하여 얻은 것이 아닌 것을 가지려고 하는 마음이 도적질하는 마음임을 늘 기억해야 한다.

93. 십계명을 두 판으로 나누는 것을 해설함

물음 93.

이 계명들은 어떻게 나뉘는지요?

Frage 93.

Wie werden diese Gebote getheilet?

답.

두 판으로 나뉩니다. 그중 첫 번째 판은 네 계명으로 우리가 하나님에 대해 어떻게 지켜야 할 것인지를 가르칩니다. 다른 판은 여섯 계명으로 우리가 우리의 이웃에 대해서 무엇을 해야 할지를 가르칩니다.

Antwort.

In zwei Tafeln: deren die erste in vier Geboten lehret, wie wir uns gegen Gott sollen halten; die anderen in sechs Geboten, was wir unserm Nächsten schuldig sind.

해설

- **십계명은 하나님 섬김과 이웃에 대한 의무로 나뉜다**

1. 십계명은 하나님에 대한 계명과 이웃에 대한 계명으로 나뉜다.
2. 첫 네 계명은 하나님에 대해서 무엇을 어떻게 해야 할지를 가

르친다.

3. 두 번째 판은 여섯 계명으로 되어 있는데, 같이 사는 사람들 곧 이웃에 대해서 어떻게 해야 할 것을 가르친다.

4. 두 계명 그룹이 하나님 사랑과 이웃 사랑임을 밝히려고 하고 있다.

94. 제1계명에서 하나님의 요구사항을 말함

물음 94.

제1계명에서 하나님은 무엇을 요구하십니까?

Frage 94.

Was fordert der Herr im ersten Gebot?

답.

나는 내 영혼의 구원을 잃을까 해서, 모든 우상숭배, 마술과 미신적인 축복과 성인들이나 다른 피조물들을 부르는 것을 피하고 멀리해야 하며, 유일하신 참 하나님을 인정하고 그만을 신뢰하며, 모든 겸손과 참음으로 모든 선한 것을 그에게서 기대하며 또 그를 온 마음으로 사랑하고 두려워하며 높여야 합니다; 그러므로 가장 작은 것에서 그의 뜻에 거슬러 행하기보다 오히려 모든 피조물을 포기해야 합니다.

Antwort.

Daß ich, bei Verlierung meiner Seelen Heil und Seligkeit, alle Abgötterei, Zauberei, abergläubische Segen, Anrufung der Heiligen oder anderer Creaturen, meiden und fliehen soll, und den einigen wahren Gott recht erkennen, ihm allein vertrauen, in aller Demuth und Geduld, von ihm allein alles Gute gewarten, und ihn von ganzen Herzen lieben, fürchten, und ehren; also, daß ich ehe alle Creaturen übergebe, denn in dem Geringsten wider seinen Willen thue.

> 해설

제1계명은 창조주 하나님만 섬길 것을 요구함

- **창조주만 섬기고 우상을 섬기면 안 된다**

1. 우상숭배는 참 하나님 대신 피조물을 하나님으로 섬기는 죄악이다.

모든 피조물은 창조주 하나님이 창조하셨다. 그러므로 창조주만을 하나님으로 섬겨야 한다. 그런데도 피조물을 하나님으로 섬기는 것은 창조주에 대한 반역행위이다.

- **우상숭배는 첫 반역죄의 연속이다**

2. 우상숭배는 첫 인류의 반역행위의 연속이다.

첫 인류가 범죄한 것은 창조주를 하나님으로 섬기지 않기로 정한 반역행위이다. 이 반역행위를 이어받아 그의 후손들이 피조물을 하나님으로 섬기는 우상숭배를 계속하고 있다.

- **우상숭배는 창조주 하나님의 영광과 찬송과 경배를 빼앗는 것이다**

3. 우상숭배는 창조주 하나님의 영광을 빼앗는 것이다.

창조주는 만물로부터 경배와 섬김을 받으시기 위해서 만물을 창조하셨다. 그러므로 모든 영광과 경배와 찬양은 창조주 하나님께만 타당하다.

- 피조물을 섬기는 것은 하나님의 영광과 찬양과 경배를 피조물에게로 넘기는 것이다

그런데 피조물을 신으로 섬기는 것은 창조주가 받으실 영광과 경배와 찬양을 가로채는 것이다. 하나님의 영광을 피조물에게 넘기는 가증한 행위이다. 우상숭배는 창조주에게만 합당한 경배와 찬양과 영광을 피조물에게로 넘기는 행위이다. 창조주 하나님이 진노하실 수밖에 없다.

- 우상숭배는 하나님 아닌 것을 하나님으로 섬기는 것이다

4. 우상숭배는 피조물, 곧 영적 존재와 사람과 물건과 돈과 쾌락 등을 하나님으로, 또 하나님처럼 섬기는 것이다.
창조주 하나님 외에 다른 것을 최고의 가치로 삼고 추구하면 그것이 우상숭배이다.

제1계명은 유일하신 참 하나님만 섬길 것을 요구

5. 참 신자는 유일하신 참 하나님만 섬겨야지 다른 것을 섬기면 안 되는 것을 제1계명은 강조하고 있다.
제1계명이 요구하는 것은 모든 우상과 미신을 버리고 참 하나님

만 섬기고 경배해야 할 것을 말하고 있다.

- 참 하나님을 섬기지 않으면 구원을 잃음

6. 참 하나님을 섬기지도 경배하지도 않고 다른 것들을 섬기면 내 영혼의 구원을 잃게 되기 때문이다.
주 예수만 온 마음으로 믿고 섬기지 않고 다른 것을 섬기면 구원에서 탈락된다.

- 주 예수만 믿어야 하고 다른 존재들을 섬기고 의지하면 안 된다

7. 주 예수만을 전심으로 믿는 일에 우상숭배, 마술, 미신적인 축복과 성인들이나 다른 피조물들, 가령 천사들이나 조상의 혼이나 이런 것들을 부르면 안 된다.
주 예수만이 유일한 구주이신데 다른 것을 부르고 의지하는 것은 그리스도가 유일한 구주이심을 부정하는 것이다. 또 그의 인격과 구원사역을 무시하는 것이다.
곧 주 예수가 유일한 구주가 아니라 다른 많은 구주들 중에서 하나일 뿐이라는 데 도달한다.

- 마술은 사기 행동이다

8. 마술은 빠른 손놀림이나 여러 가지 속임수로 불가사의한 꾀를

보이는 사기행동이다.

　사람의 손놀림이나 속임수로 불가사의한 일을 보인다는 것은 창조주 하나님이 아니어도 신령한 세계에 도달할 수 있다고 하는 것이므로 하나님만 섬기는 것을 부정하게 하는 것이다.

- **마술은 귀신과 접촉하게 함**

　마술은 결국 귀신들과 접촉하게 만든다. 그것은 창조주 하나님만을 섬길 필요가 없다는 마음을 갖게 한다.

- **마술은 귀신의 얼의 영향으로 참 실재를 못 보게 함**

　9. 마술은 귀신의 얼의 영향으로 가상적 실재를 참 실재로 보게 하는 사기극이다.

　손놀림을 열심히 해서 사람의 눈을 속이는 마술은 배워서 하는 기술이다. 그러나 사람의 마음을 끌어당겨서 바른 진리와 믿음에서 떠나게 하는 것은 사술이다. 그런 마술은 귀신의 힘을 입어서 속이는 것이므로 대단한 마력을 가져 사람의 마음을 혹하게 만든다. 그래서 허상과 실재를 구분하지 못하게 하여 진리와 바른 믿음에서 떠나게 한다. 그러므로 이런 마술은 결코 받아들이면 안 된다.

　이런 마술로 귀신의 얼이 사람 마음을 사로잡으면 바른 신앙을 버리고 귀신의 속임을 실재로 여기고 거기로 넘어간다.

- **종교인이 빌면 세상적 복이 온다는 것은 미신적 축복이다**

10. 미신적 축복은 종교인들이 복을 빌면 세상적인 복이 내린다고 하는 헛된 주장이다.

창조주는 노동을 인류의 생존의 법으로 세우셨다. 그러므로 열심히 일하여 돈을 모으고 열심히 일하여 사회의 상위계층으로 올라가야 한다. 그렇지 않고 종교인들이 복을 빌면 복을 받아 돈도 늘어나고 높이 올라갈 줄로 아는 것은 그릇된 믿음 곧 미신이다. 미신적인 복이다.

- 열심히 일하여 자기 삶을 살고 헛된 것을 추구하면 안 된다

오직 열심히 일하고 지혜를 사용하여 돈도 모으고 지위도 높아져야 한다. 그렇지 않고 다른 방도로 좋아지려고 하는 것은 온갖 부정과 불법을 행하는 것이어서 창조주가 정한 생존방식을 허물어 내리는 것이다.

- 성인들의 이름을 부르는 것도 우상숭배의 일이다

11. 성인들과 다른 피조물들의 이름을 부르는 것을 피해야 한다.

그리스도인들이 어려움을 당할 때 불러야 할 이름은 주 예수 그리스도의 이름뿐이다. 하나님만 불러야지, 피조물인 성인들의 이름을 부르면 안 된다.

성인들과 다른 사람들이나 천사의 이름을 부르는 것은 창조주 하나님 대신 다른 피조물에게 도와주기를 청하는 것이므로 우상숭배이다.

- **성인들이나 천사들에게 빌어 결코 복을 받을 수 없다**

경배와 찬양을 받으셔야 할 뿐 아니라 모든 도움을 청할 대상은 창조주 하나님 곧 구속주 하나님뿐이시다.

그런데 소위 성인들이나 천사나 다른 피조물을 불러 도와주기를 청하는 것은 하나님을 반역하고 피조물들을 신으로 섬기는 반역자의 심성이 남아 있어서 그런 것이다. 그러므로 어떤 형태의 우상숭배도 단호히 배격해야 한다.

- **참 하나님은 창조주요 구속주이신 하나님이시다**

12. 유일하신 참 하나님을 인정하고 그만을 신뢰해야 한다.

우리가 믿고 신뢰할 이는 오직 창조주이시며 구속주이신 하나님이시다. 오직 참 하나님은 창조주요 구속주이신 하나님이시다. 그러므로 모든 경우에 그만을 하나님으로 인정하고 전적으로 믿고 의지해야 한다.

무엇을 구할 때도 오직 유일하신 참 하나님께만 구하고 의지해야 한다. 구한 것이 더디 이루어진다고 하여 다른 존재에게 빌고 구하면 안 된다. 그것은 바로 우상숭배이다.

오직 창조주 하나님에게만 소원을 아뢰고 구해야 한다.

- **하나님께만 선을 기대해야 한다**

13. 겸손과 참음으로 그에게서 모든 선한 것을 기대해야 한다.

하나님께 기도하여 구한 것을 받기를 바랄 때 모든 겸손으로, 그리고 참음으로 기다려야 한다.

기도한 것이 빨리 이루어지지 않는다고 불평하고 안달하지 말고 주시기를 겸손히 바라고 참음으로 받을 것을 기다려야 한다. 그리하여 하나님이 정하신 때에 받을 것을 기대해야 한다.

그렇지 않으면 하나님을 만홀히 여기게 된다. 곧 하나님을 가볍게 생각하고 무엇이든지 구하면 바로 답을 주시는 분으로 생각하고, 그렇지 않으면 하나님께 불평하고 원망하게 된다. 이것은 하나님을 하나님으로 인정하고 섬기는 것이 아니라 하나님을 모든 자기의 욕망을 성취하기 위해 대령하고 있는 자로 여기는 것이다. 이것은 하나님을 가볍게 여기고 업신여기는 일이다.

그러므로 하나님께 기도하여 무엇을 구할 때는 겸손하게 아뢰고 참아 기다려야 한다.

- 모든 선한 것은 하나님에게서만 온다

14. 모든 선한 것은 하나님으로부터만 기대해야 한다.

창조주 하나님은 선하고 의로우시어 반역죄를 저질러 영원히 죽음에 떨어진 백성을 사랑과 공의의 법으로 구원하셨다. 그러므로 구원받은 백성을 향하여 모든 선한 것을 주시기를 기뻐하신다. 따라서 모든 선한 것을 하나님으로부터만 받을 것으로 바라야 한다.

- 하나님만 사랑해야

15. 하나님을 온 심장으로 사랑해야 한다.

하나님이 사람과 우주를 창조하셨을 때 사람이 하나님의 백성이 되어 온 마음으로 그를 사랑하고 섬기며 경배하도록 정하셨다.

그리스도의 피로 하나님의 백성으로 회복된 사람들은 창조경륜을 이루어드릴 자들이므로 온 심장으로 하나님만 사랑해야 한다.

- 하나님 사랑은 온 마음과 정성과 열심으로 사랑하는 것이다

하나님을 사랑하는 것은 사람들 간에 애정으로 진행되는 그런 사랑이 아니다. 하나님을 사랑하는 것은 온 심장으로, 곧 온 정성과 열심을 다해 사랑하는 것을 말한다. 그것은 하나님을 의식적으로 고백하고 믿는 것을 말한다. 언제나 마음으로 하나님을 사랑하는 것은 그를 믿는 믿음을 고백하고 전심으로 그를 의지하는 것을 말한다.

- 하나님을 온 마음으로 사랑하는 것은 "주 예수님, 주를 내가 믿습니다"라고 늘 고백하는 것이다

하나님을 온 마음으로 사랑하는 것은 "주 예수님, 내가 주를 믿습니다"라고 늘 고백하는 것이다. 이 고백으로 온 마음을 주 예수께 집중하고 그만을 참 구주로 모시기 때문이다.

- 하나님을 온 마음으로 두려워하는 것은 창조주만을 참 하나님으로 인정하는 것이다

16. 하나님을 온 마음으로 두려워하는 것은 창조주만이 참 하나님이라고 인정하는 것이다.

창조주는 만물을 무에서 창조하신 전능한 하나님이시다. 그리고 모든 인류의 생명을 관장하는 분이시다. 그러므로 그를 전능하신 하나님으로 인정하고 그의 의로운 통치를 두려워해야 한다.

17. 참 하나님을 높이는 것은 창조주 하나님을 참 하나님이고 유일하신 하나님으로 찬양하고 경배하는 것이다.

- **사람의 본분은 하나님을 찬양하고 경배하는 것이다**

사람의 제일가는 본분은 창조주 하나님을 찬양하고 경배하는 것이다. 이것만이 하나님을 높이는 바른 법이다. 하나님을 찬양하고 경배하는 것이 하나님을 높이는 것이다.

하나님을 경배하고 찬양하는 것은 그를 하나님으로 인정할 때만 가능해진다. 하나님을 하나님으로 인정하는 것이 하나님을 영화롭게 하는 것이고 하나님을 높이는 것이다. 이 경우에 사람의 입에서 찬양이 나오고 경배가 나온다.

- **하나님의 뜻은 온 인류가 창조주 하나님만을 찬양하고 경배하는 것이다**

18. 그러므로 가장 작은 것에서 그의 뜻에 거슬러 행하기보다 오히려 피조물을 포기해야 한다.

창조주를 참 하나님으로, 유일하신 하나님으로 인정하고 섬기면, 그의 뜻을 따라 행하는 것이 합당하다. 하나님의 선한 뜻은 범죄한 인류가 다시 하나님의 백성이 되어 창조주 하나님만을 섬기고 찬양하는 것이다. 그러므로 그리스도인들은 모든 일에 하나님의 선한 뜻을 따라 행해야 하고, 그의 뜻을 거슬러서 살면 안 된다. 하나님의 선한 뜻은 하나님을 섬기고 찬양하여 생명과 영생을 얻는 것이다.

- **피조물에 의존하려는 것보다 그런 피조물을 버리는 것이 옳다**

피조물 때문에 가장 작은 것에서라도 범죄하게 되면 그런 피조물을 포기해야 합당하다. 가령 피조물을 의지해서 죄용서 받고 영생을 얻으려고 하는 생각은 다 버려야 한다.

- **창조주 하나님을 섬기는 것이 인생의 제일가는 본분이다**

창조주 하나님을 믿고 섬기는 것이 인생의 제일가는 본분이다. 그러므로 이 본분을 하지 못하게 막는 모든 피조물들은 다 포기해야 한다.

95. 우상숭배의 죄악과 해악을 해설함

물음 95.

우상숭배는 무엇입니까?

Frage 95.

Was ist Abgötterei?

답.

그의 말씀에 자신을 계시하신 유일하신 참된 하나님 자리에 다른 어떤 것을 날조하거나 유일하신 하나님 외에 다른 것에 자기의 신뢰를 두는 것입니다.

Antwort.

An Statt des einigen wahren Gottes, der sich in seinem Wort hat offenbaret, oder neben demselben, etwas anderes dichten oder haben, darauf der Mensch sein Vertrauen setzt.

해설

- 우상숭배는 유일하신 참 하나님 자리에 날조물을 두고 전적으로 신뢰하는 것이다

1. 우상숭배를 정의하고 있다.

2. 우상숭배는 유일하신 참 하나님 대신에, 또 그 하나님 옆에 다른 어떤 것을 날조하고 거기에 자기의 신뢰를 전폭적으로 두는 것이라고 정의한다.

- **우상숭배는 창조주 하나님 외에 피조물을 섬기는 것이다**

3. 우상숭배는 창조주 하나님 외에 어떤 것이든지 섬기는 것이다.
창조주 하나님 외에 천사들이나 귀신들이나 자연 사물들이나 어떤 것을 섬기면 그것이 바로 우상숭배이다.

4. 또 창조주 하나님을 섬긴다고 하면서 다른 피조물들을 섬기는 것도 우상숭배이다.

5. 하나님 외에 어떤 피조물에게 믿음을 두는 것은 다 우상숭배이다.

96. 하나님의 형상을 만들면 안 된다고 하는 계명을 해설함

물음 96.

하나님은 다른 계명에서는 무엇을 바라십니까?

Frage 96.

Was will Gott in andern Gebot?

답.

우리는 하나님의 형상을 어떤 방법으로도 결코 만들면 안 되고, 또 하나님이 그의 말씀에서 명령하신 것과 달리 어떤 다른 방식으로도 그를 예배하면 안 됩니다.

Antwort.

Daß wir Gott in keinem Wege verbilden, noch auf irgend eine andere Weise, denn Er in seinem Wort befohlen hat, verehren sollen.

해설

- 하나님의 형상을 만들어도 안 되고, 경배해도 안 된다

1. 물음 96이 말하는 우상숭배는 두 방식으로 금지되었다.
2. 첫째로, 어떤 방법으로든 하나님의 형상을 만들면 안 된다.

피조물의 형상을 만들어서 자기 옆에 두거나 공공장소에 두거나 할 경우 그 형상에 경배하고 절하게 되어 있다. 그것은 우상숭배이므로 허용될 수가 없다.

- 하나님이 정하신 법을 떠나 하나님을 예배하는 것도 우상숭배

3. 둘째로, 하나님이 정하신 경배와 예배모범을 벗어나 다른 방식으로 하나님을 예배하는 것도 우상숭배이다.

창조주 하나님은 자기가 받으실 예배모범을 구체적으로 확실하게 정하셨다. 영과 진리로 예배하는 것을 말한다. 그렇지 않으면 사람들이 하나님의 엄위와 인격에 맞지 않게 하나님을 예배할 것이다. 이것도 우상숭배이다.

사람이 정한 예배모범은 하나님이 받으시기에 합당한 방식이 아니다. 그것은 우상에게 하는 방식이므로 영과 진리로 예배하는 것일 수가 없다. 그런 예배방식은 용납될 수 없다.

97. 하나님의 형상을 만들어서 경배해도 안 된다

물음 97.

그러면 사람은 결코 어떤 형상이든지 만들면 안 되는가요?

Frage 97.

Soll man denn gar kein Bildniß machen?

답.

하나님은 결코 모사될 수 없고 모사해도 안 됩니다. 피조물들은 모사될 수는 있어도 그것들의 상을 만들거나 가지는 것도 하나님은 금하시고 그것들을 경배하거나 하나님으로 섬기지 못하게 하셨습니다.

Antwort.

Gott kann und soll keineswegs abgebildet werden; die Creaturen aber, ob sie schon mögen abgebildet werden, so verbietet doch Gott derselben Bildniß zu machen und zu haben, daß man sie verehre, oder ihm damit diene.

해설

- 하나님의 상을 만들거나 경배해도 안 된다

1. 이 97문답은 하나님의 상을 만들면 안 되고, 상을 만들어 섬겨

도 안 된다는 것을 강력하게 주장하고 있다.

- 하나님의 상을 만들어 섬기는 것은 귀신을 섬기는 것이다

2. 하나님의 상을 만들어 하나님을 섬기면 하나님을 섬기는 것이 아니라 피조물로 표현된 귀신을 섬기는 것이 된다.

- 하나님의 상을 만들어 섬기는 것은 피조물의 형상을 섬기는 우상숭배이다

3. 하나님의 얼굴은 볼 수 없는데 하나님의 상을 만들면 그것은 피조물을 섬기는 것이 된다.

하나님의 상이라고 하는 것은 상상해서 그렇게 만든 것이다. 결국 피조물의 형상을 표현한 것이므로 하나님을 섬기는 것이 아니라 우상숭배이다. 그러므로 하나님은 하나님의 상을 만드는 것을 강력하게 금하셨다.

- 하나님 상을 만들어 하나님이라고 섬기면 귀신을 섬기게 된다

4. 하나님의 상을 만들어 하나님이라고 섬기면 결국 귀신을 섬기는 데 귀착한다.

하나님의 형상을 만들어 섬기면 하나님은 거기 오시지 않는다. 또 그렇게 섬기는 것을 받지도 않으신다. 따라서 하나님의 상을 만들어 섬기면 그 상에 오는 자는 사탄 혹은 귀신이다. 모든 우상숭배

는 결국 사탄 혹은 귀신을 섬기는 것이다. 그러므로 하나님의 상을 만들어 섬기면 안 된다.

   5. 하나님의 상을 만들어 섬기는 것은 결국 하나님을 섬긴다고 하면서 귀신을 섬기는 것이다. 상으로 하나님을 섬기는 것은 성립할 수 없다.

> **98.** 하나님은 말씀으로 가르치시므로 성상이나 그림은 안 된다

물음 98.

그림은 평신도의 책으로 교회에서 용납될 수 있지 않겠습니까?

Frage 98.

Mögen aber nicht die Bilder als der Laien Bücher in den Kirchen geduldet werden?

답.

아닙니다. 우리는 하나님보다 더 지혜로울 수 없습니다. 하나님은 자기의 백성들에게 말 못하는 우상들로 가르치는 것을 원하지 않으시고, 그의 말씀을 생생하게 선포함으로 가르치기를 원하십니다.

Antwort.

Nein: denn wir sollen nicht weiser sein denn Gott, welcher seine Christenheit nicht durch stumme Götzen, sondern die lebendige Predigt seines Wortes will unterwiesen haben.

해설

- 로마교회에서 그림과 상으로 가르치는 것은 용납할 수 없다

1. 로마교회에서 시행되어 온 그림과 상으로 글을 모르는 평신도들에게 믿음의 도리를 가르친다는 주장의 타당성을 시비하고 있다.

- **평신도에게 그림과 상으로 가르치는 것이 허락되지 않았다**

2. 그림과 상들로 무식한 평신도들을 가르치는 것이 합당하지 않은 것은, 하나님이 교회에서 믿음의 법을 가르칠 때 그런 그림과 상들을 사용하는 것을 허용하지 않으셨기 때문에 불가하다고 단언한다.

- **말씀선포로 교회를 가르치게 하셨으니 그림과 상은 불가하다**

3. 무한한 지혜를 가지신 하나님이 그림과 상들로 교회를 가르치는 것을 원하지 않으시고 말씀 선포로 가르치도록 하셨으니 로마교회의 법은 불가하다고 주장하고 있다.

- **주 예수를 믿는 것은 복음 선포로만 된다**

4. 믿음은 들음에서 나고 들음은 그리스도의 선포에서 나오므로 오직 주 예수를 믿는 법은 복음 선포를 통해서만이라는 것을 강조하고 있다.

5. 글을 읽지 못해도 설교로 복음의 도를 전하면 다 알아듣고 믿음을 가지기 때문에 우상이 될 수 있는 상들로 가르치면 안 된다는 것을 말한다.

- **그림과 상으로 가르치는 것은 성인과 귀인 섬김으로 떨어진다**

6. 로마교회의 상들과 그림으로 가르치는 법은 결국 성인들과 귀인들을 섬기는 데로 떨어짐으로 우상숭배에 빠진다. 그러면 주 예수 그리스도의 인격과 구원사역을 잊어버리고 우상숭배로 빠지게 된다.

99. 제3계명 하나님의 이름을 함부로 부르는 것을 금지한 계명 해설

물음 99.

제3계명은 무엇을 원합니까?

Frage 99.

Was will das dritte Gebot?

답.

우리는 저주함이나 거짓 맹세로뿐만 아니라 불필요한 서원으로 하나님의 이름을 욕하거나 잘못 쓰면 안 되고, 또 우리가 침묵하거나 바라만 보는 식으로 그런 끔찍한 죄들에 동참하면 안 됩니다. 요컨대 우리가 하나님의 거룩한 이름을 두려움과 존경으로 사용하는 것 외에 달리 사용하면 안 됩니다. 그리하여 하나님은 우리로부터 바르게 고백되고 부르심 받고, 또 우리의 모든 말과 일들에서 찬양받으려고 하십니다.

Antwort.

Daß wir nicht allein mit Fluchen, oder mit falschem Eid, sondern auch mit unnötigem Schwören den Namen Gottes nicht lästern oder mißbrauchen, noch uns mit unserem Stillschweigen und Zusehen, solcher schrecklichen Sünden theilhaftig machen; und in Summa, daß wir den heiligen Namen Gottes anders nicht, denn mit Furcht und Ehrerbietung gebrauchen, auf daß er von uns recht bekennet, angerufen, und in allen unsern Worten und Werken gepriesen werde.

해설

- 하나님의 이름으로 저주하는 것은 하나님 자신이 저주하시는 것이 되므로 그것은 불가하다

1. 하나님의 이름으로 저주하는 것은 하나님 자신이 저주하시는 것으로 만든다.

저주하는 것은 다른 사람에게 재앙이 임하기를 위해서 비는 욕이다. 이런 일에 하나님의 이름을 쓰면 안 된다. 하나님의 이름으로 말하는 것은 하나님의 인격을 걸어서 욕하고 재앙이 임하도록 하는 것이므로 용납할 수 없는 죄악된 일이다.

- 하나님의 이름으로 저주하는 것은 그의 인격을 걸어 저주하는 것이므로 용납될 수가 없다

하나님의 이름으로 저주하는 것은 하나님의 인격을 걸어 저주하는 것이다. 이것은 하나님 자신이 저주하시는 것으로 만드는 것이다. 하나님을 자기의 저주에 끌어들이는 것은 하나님으로 저주하게 하는 것이다. 이것은 도저히 용납할 수 없는 큰 범죄이다.

하나님이 저주하지 않으시는데 자기의 분노와 적개심을 드러내어 그 사람에게 저주가 임하게 하기 위해서 하나님의 이름으로 저주한다. 하나님의 이름과 인격을 자기의 저주의 도구로 활용하는 것은 도저히 용납할 수 없는 죄악이다. 이런 죄악은 하나님의 인격을 죄악의 도구로 활용하는 것이다.

- **거짓 맹세는 하나님의 이름으로 속이는 것이 되므로 불가하다**

2. 거짓 맹세하는 일에 하나님의 이름을 오용하면 안 된다.

맹세는 거의 불가능하게 보이는 일을 이루겠다고 공적으로 약속하는 일이다. 꼭 이루겠다는 뜻으로 하나님의 이름을 거는 것은 하나님을 가볍게 여기는 것이다.

진정한 맹세로 자기의 약속한 것을 이루겠다는 것이 아니고, 거짓으로 맹세하면서 하나님의 이름으로 맹세하여 속이려고 하는 것이다. 거짓을 정당화하기 위해서 하나님의 이름을 쓰는 것은 하나님의 인격을 만홀히 여기고 하나님을 도구로 활용하는 것이다. 그것은 하나님의 인격의 엄위와 영광을 훼손하는 것이므로 용납할 수 없는 일이다.

바른 맹세의 경우에도 하나님의 이름을 쓸 수 없거니와 더구나 거짓 맹세에 이런 죄악된 행습을 하여 하나님을 도구로 전락시키는 것은 불가한 일이다.

저주와 거짓 맹세에 하나님의 이름을 쓰는 것은 타락한 종교세계에서나 있는 일이다.

- **맹세와 서원은 하나님의 이름으로 하는 것이므로 근본은 같다**

3. 맹세와 서원은 정도의 차이이고 근본은 같다.

맹세는 모든 것을 걸어 이루겠다고 약속하는 것이다. 이것이 거의 불가능하기 때문에 하나님의 이름을 건다.

서원은 선한 일을 하겠다고 약속하는 일이다. 이런 서원의 경우에도 하나님의 이름을 써서 자기의 신실성과 결의가 굳음을 나타내는 것인데, 이런 것도 자기의 작정대로 할 것이지 하나님의 이름을 불러 약속하는 것은 하나님의 이름을 더럽히는 것이다. 이름은 인격을 지시하는데, 하나님의 이름을 불러 서원하는 것은 하나님의 인격을 부당하게 대하는 것이다.

- 다른 사람이 하나님의 이름으로 저주하고 거짓 맹세하는 것을 그냥 보고만 있는 것도 하나님의 이름을 욕하는 것이 되므로 안 된다

4. 다른 사람이 하나님의 이름으로 저주하고 거짓 맹세하고 서원하는 것을 그냥 보고만 있으면 하나님의 이름을 가볍게 여기고 욕되게 하는 것에 찬동하는 것이 된다.

그러므로 하나님의 이름을 걸어서 저주하고 서약하고 맹세하는 것을 금해야 한다.

5. 하나님의 이름이 거룩한 것은 그의 인격이 거룩하고 엄위로우시기 때문이다.

- 하나님의 이름을 함부로 쓰는 것은 하나님의 인격의 엄위를 무시하는 것이다

6. 하나님의 거룩한 이름을 함부로 쓰는 것은 하나님의 인격의 엄위를 무시하고 영광의 하나님을 욕되게 하는 것이므로 이런 죄악을 범하면 안 되고, 또 동참해도 안 된다.

- 두렵고 떨림으로 하나님의 이름을 불러야

7. 하나님을 부를 때는 하나님의 이름 곧 그의 인격 앞에 두렵고 떨림으로, 그리고 무한한 존경으로 그의 이름을 불러야 한다.

- 기도할 때도 경건한 마음으로 이름을 불러야

8. 기도할 때도 함부로 하나님의 이름을 부르면 안 되고, 두려움과 경건한 마음으로 불러야 한다.

- 하나님 이름을 부를 때 감사하는 마음을 가져야

9. 영광과 엄위의 하나님이 창조주이시고 구주이시므로 그의 이름을 부를 때 감사하는 마음을 가져야 한다.

100. 하나님의 이름을 모독하는 자들에게 하나님이 진노하심

물음 100.

저주와 맹세로 하나님의 이름을 모독하는 것이 그렇게 무서운 죄악인데도 이런 죄를 막지 않고 금하지 않는 자들에게 하나님이 진노를 발하십니까?

Frage 100.

Ist denn mit Fluchen und Schwören Gottes Namen lästern so eine schwere Sünde, daß Gott auch über die zürnet, die, so viel an ihnen ist, dieselbe nicht helfen wehren und verbieten?

답.

예, 물론입니다; 어떤 죄도 그의 이름을 모독하는 것보다 하나님을 더 노하게 하는 큰 죄는 없기 때문입니다. 그러므로 그 죄를 죽음으로 벌하라고 명하셨습니다.

Antwort.

Ja freilich; denn keine Sünde größer ist, noch Gott heftiger erzürnet, denn Lästerung seines Namens: darum er sie auch mit dem Tode strafen befohlen hat.

해설

- **하나님의 이름을 모독하는 것은 그의 인격을 무시하는 것임**

1. 하나님의 이름을 모독하는 것은 하나님의 인격의 엄위를 무시하고 욕하는 것이다.

그러므로 하나님의 이름을 모독하는 것은 하나님으로 격노하게 하는 큰 죄악이다.

- **하나님의 인격을 무시하는 것은 용서받을 수 없는 큰 죄악이다**

2. 인격적 존재를 무시하고 짓밟는 것처럼 용서받을 수 없는 죄악이 없다.

더구나 창조주 하나님을 피조물이 욕하는 것처럼 큰 죄악은 없다. 도저히 용서받을 수 없는 죄악이다.

- **하나님의 이름을 욕하는 죄는 죽음의 벌을 받음**

3. 하나님의 이름을 욕하는 죄는 죽음으로 벌 받는 것이 마땅하다.

그러므로 하나님의 이름을 욕하는 자는 죽이라고 명하셨다 (레 24:15-16).

4. 여호와 하나님의 이름을 욕되게 하지 말라고 레위기에서만도 여러 차례 말씀하셨다 (레 21:6; 22:2; 32).

101. 필요 시 경건하게 하나님의 이름으로 맹세할 수 있다

물음 101.

그러나 사람이 경건하게 하나님의 이름으로 맹세할 수 있습니까?

Frage 101.

Mag man aber auch gottselig bei dem Namen Gottes einen Eid schwören?

답.

예: 정부가 그의 신민에게 맹세를 요구하고 혹 위기 때 하나님의 영광과 이웃의 구원을 위해 신실과 진리를 유지하고 촉진하기 위해 그것이 필요할 수 있습니다. 왜냐하면 그런 맹세는 하나님의 말씀에 근거하고 있고, 또 그 때문에 신구약에서 성도들에 의해 올바로 사용되었습니다.

Antwort.

Ja: wenn es die Obrigkeit von ihren Untertanen oder sonst die Noth erfordert, Treue und Wahrheit zu Gottes Ehre und des Nächsten Heil dadurch zu erhalten und zu fördern. Denn solches Eidschwören ist in Gottes Wort gegründet, und derhalben von den Heiligen im alten und neuen Testament recht gebraucht worden.

해설

- **경건하게 하나님의 이름으로 맹세할 수 있다**

1. 하나님의 이름을 욕하면 안 되지만 그의 이름으로는 맹세할 수 있는지를 묻고 있다.
2. 요리문답의 답은 경건하게 하나님의 이름으로 서약할 수 있다는 것을 제시한다. 성경이 주의 이름으로 서약할 수 있다고 말하기 때문이다 (신 6:13; 10:20).

- **시민정부가 하나님의 이름으로 맹세를 요구하면 할 수 있다**

3. 시민정부가 하나님의 이름으로 맹세를 요구하면 맹세할 수 있다고 제시한다.

당시 시민정부는 그리스도인들로 구성되었으므로 하나님의 이름으로 맹세를 요구하였다. 그러면 백성이나 관리들이 하나님의 이름으로 맹세할 수 있음을 말하고 있다.

- **비상상황의 경우 하나님의 이름으로 맹세할 수 있다**

4. 또 비상상황의 경우 하나님의 영광과 이웃의 구원을 위해 신실함과 참이 필요할 때 맹세할 수 있다고 제시한다.

- **신구약 성도들이 맹세한 경우들**

5. 이런 근거로 신구약에서 성도들이 맹세했던 것을 예로 든다.

아브라함이 아비멜렉에게 맹세하였다 (창 21:24). 야곱이 여호와 하나님 자기 아버지의 하나님 곧 이삭의 경외하는 이로 맹세하였다 (창 31:53). 여호수아와 족장들이 기브온 거민을 살리기 위해 여호와의 이름으로 그들에게 맹세하였다 (수 9:15-19). 다윗도 사울의 자손을 살려주기로 맹세하였고 (삼상 24:22), 아브넬 건 때문에 음식을 먹지 않기로 맹세하였다 (삼하 3:35). 또 다윗은 솔로몬을 후계자 왕으로 삼기로 했을 때 맹세하였다 (왕상 1:28-30). 바울도 서약했다고 볼 수 있다 (롬 1:9; 고후 1:23).

102. 성인들이나 다른 피조물로 서약하는 것은 불가함

물음 102.

우리는 성인들이나 다른 피조물들로 서약할 수 있습니까?

Frage 102.

Mag man auch bei den Heiligen, oder andern Creaturen einen Eid schwören?

답.

합법적인 맹세는 하나님을 부름이기 때문에 그렇게 할 수 없습니다. 하나님은 사람의 속마음을 잘 아시는 분이므로 참된 증거를 원하시고 내가 거짓으로 맹세하면 나를 벌하십니다. 그러므로 어떤 피조물도 하나님의 자리에 증인으로 서는 것은 합당하지 않습니다.

Antwort.

Nein: denn ein rechtmäßiger Eid ist Anrufung Gottes, daß Er, als der einige Herzenskündiger, der Wahrheit Zeugniß wolle geben, und mich strafen, so ich falsch schwöre, welche Ehre denn keiner Creatur gebühret.

해설

- 피조물을 걸어 맹세하는 것은 합당하지 않다

1. 주님 자신이 친히 가르치시기를 하늘로도 땅으로도 예루살렘 성으로도 맹세하지 말라고 하셨으니 어떤 피조물도 걸어서 맹세하기에 합당하지 않다 (마 5:34-37).

2. 합당한 맹세는 하나님의 이름을 의지해서 할 수 있다.

3. 하나님은 모든 사람들의 심장을 살피는 분이시므로 어떤 피조물의 이름으로 하는 맹세도 합당하지 않다고 밝히신다.

- **맹세를 지킬지 못 지킬지 하나님은 아신다**

4. 하나님은 진리를 증거하시므로 거짓으로 맹세하는지 참으로 지키고 해낼 뜻으로 맹세하는지 알고 계신다. 그것을 양심을 통해서 알리신다.

- **피조물로 맹세하면 안 된다**

5. 어떤 형태로든지 피조물로는 맹세하면 안 된다.

그 피조물이 아무리 큰 사람이라고 하더라도 하나님의 이름의 위력과 비길 수 없다. 또 피조물로 하는 맹세에는 하나님의 이름으로 성취해 내야 하는 구속력이 없다.

- **피조물로 맹세하는 것은 우상숭배가 된다**

6. 피조물로 자주 맹세하면 그 맹세의 대상은 우상이 된다.

이 때문에 피조물이나 성인들로 하는 맹세를 금하신 것이다. 그 이름으로 맹세하면 그 존재가 하나님의 자리에 이르게 된다. 이 때문에 피조물이나 성인들, 특히 마리아나 요셉을 걸어서 맹세하는 것을 엄격히 금하셨다.

103. 제4계명 안식일 계명으로 원하시는 것을 해설

물음 103.

하나님은 제4계명에서 무엇을 원하십니까?

Frage 103.

Was will Gott im vierten Gebot?

답.

첫째로 하나님은 설교자의 직임과 교회학교가 유지되기를 바라십니다. 그리고 내가 특별히 주일에 열심히 하나님의 교회에 와서 하나님의 말씀을 배우고 성례들을 사용하고 공적으로 주의 이름을 부르며 구제하기를 바라십니다. 둘째로 나의 나쁜 모든 행실들을 버리고, 주께서 그의 영으로 내 안에서 역사하시게 하고 또 이 현재 삶에서도 영원한 안식을 시작하기를 바라십니다.

Antwort.

Gott will erstlich, daß das Predigtamt und Schulen erhalten werden, und ich, sonderlich am Feiertag, zu der Gemeine Gottes fleißig komme, das Wort Gottes zu lernen, die heiligen Sacramente zu gebrauchen, den Herrn öffentlich anzurufen, und das christliche Almoses zu geben. Zum andern, daß ich alle Tage meines Lebens von meinen bösen Werken feire, den Herrn durch seinen Geist in mir wirken lasse, und also den ewigen Sabbath in diesem Leben anfange.

해설

- 주일은 하나님 찬양과 경배, 그리고 복음 선포를 받기 위해 모이는 날

1. 주일에 하나님을 찬양하고 경배할 뿐만 아니라 복음을 선포 받기 위해서 열심히 모여야 한다.

제4계명은 안식일 계명이다. 지금 그리스도인은 안식일을 지키는 것이 아니라 주일을 지킨다.

주일은 주의 부활의 날을 기념해서 모이므로 더욱 열심히 모여서 하나님을 찬양하고 경배해야 한다. 그리고 하나님의 말씀을 해설하는 설교를 듣는다. 그러므로 주일에는 설교자가 필요하다.

설교자는 예수 그리스도의 인격과 그의 구원사역을 전해야 한다.

- 설교자와 교회학교는 복음 선포를 위해 필요하다

2. 설교자와 교회학교가 필요한 것은 복음을 선포 받고 가르침 받기 위해서이다.

설교자는 예수 그리스도의 복음을 선포하도록 세워진 자이다. 그러므로 주일에 사람들이 모이면 예배를 인도하면서 복음을 선포해야 한다. 설교자가 복음을 선포하지 않으면 그는 존재할 이유가 없어진다.

학교는 주일학교를 뜻한다. 주일에 모여서 하나님을 예배하고 찬

양하지만 또 하나님의 말씀, 특히 복음의 내용을 가르침 받으므로 믿음을 굳게 하고 신실하게 살 수 있다.

주일학교에서 복음을 배울 때는 복음의 내용과 함께 그리스도인의 삶의 방식도 배워야 한다.

- 성례전은 믿는 자의 믿음을 굳게 세워야

3. 주일에 성례전을 시행하여 믿는 자들의 믿음을 굳게 세워야 한다.

지금은 매주 성례전을 시행하지 않고 한 달 혹은 두 달 기간에 하고, 한국에서는 일 년에 두 번 정도 성례를 집행한다. 할 수 있으면 매주 성찬예식을 집행해야 하고, 안 되면 한 달에 한 번 정도라도 성찬식을 거행하여 우리 주 예수 그리스도께서 우리의 구속을 위해서 피 흘리시고 몸을 찢으셨음을 마음에 새기게 해야 한다.

- 주 예수의 이름으로 기도하여 응답 받는다

4. 주의 이름을 불러 기도하여 우리의 소원을 하나님께 아룀으로 응답을 받아야 한다.

기도할 때 주 예수 그리스도의 이름으로 기도를 시작하고 소원을 아뢰어야 한다. 하나님은 예수 그리스도의 이름으로 구하는 기도만을 들으신다.

그리고 기도하는 중에도 주 예수 그리스도의 이름으로 기도함을 하나님께 아뢰어야 한다. 우리는 하나님께 구할 권리도 없다. 그냥 우리의 사정을 아뢰고 응답하시기를 구해서는 하나님이 기도를 듣지 않으신다. 하나님은 오직 주 예수의 이름으로 비는 기도만을 받으신다.

- 그리스도인은 어려운 사람들을 도와야 한다

5. 그리스도인은 어려운 사람들의 삶을 도와야 한다.
그리스도인은 그리스도의 피 흘리심으로 구원받았으니 어려운 사람을 돕는 것이 마땅한 도리이다. 삶이 어려운 사람을 도움으로 주의 사랑을 전하고, 또 그들로 최소한의 수준에서라도 인간적인 삶을 살 수 있도록 도와야 한다.

- 그리스도의 피의 권세로 옛사람의 방식을 청산한다

6. 그리스도인들은 주 예수를 믿을 때 새사람으로 나지만 옛사람의 삶의 법을 가지고 있다. 그래서 가끔 과거 삶의 방식을 좋아하고 거기로 돌아가기를 원한다. 그러므로 그리스도의 피의 권세로 과거의 삶의 방식을 청산해야 한다.
7. 성령으로 옛사람의 법과 사고와 느낌을 벗겨주시도록 기도해야 한다.

- 주일에 하는 경배는 영원세계에서 하나님 찬양과 경배의 연습

8. 주일은 주의 부활을 기념해서 하나님 경배의 날로 정하였다.

주일에 주를 찬양하고 경배하는 것은 영원세계에서 할 하나님 찬양과 경배를 연습하는 것이다. 주일에 안식하는 것은 영원세계에서 누릴 안식과 하나님 경배를 지금 연습하는 것이다.

104. 제5계명 부모를 공경하라는 계명이 요구하는 것을 해설함

물음 104.

하나님은 제5계명에서 무엇을 원하십니까?

Frage 104.

Was will Gott im fünften Gebot?

답.

나는 내 아버지와 어머니와 또 나를 앞선 모든 분들에게 존경과 사랑과 신실함을 보여야 합니다. 또 나는 모든 선한 가르침과 채찍에 나를 종속시켜야 합니다. 또 그들의 실수도 인내함으로 받아야 합니다. 왜냐하면 하나님이 그들의 손을 통해서 우리를 다스리기 원하시기 때문입니다.

Antwort.

Daß ich meinem Vater und Mutter, und allen, die mir vorgesetzt sind, alle Ehre, Liebe und Treue beweisen, und mich aller guten Lehre und Strafe mit gebührlichem Gehorsam unterwerfen, und auch mit ihrem Gebrechen Geduld haben soll, dieweil uns Gott durch ihre Hand regieren will.

> 해설

- 나를 낳아서 길러준 부모를 공경해야 한다

1. 제5계명은 부모를 공경하라는 계명이다.

부모는 자식을 낳아 기르고 보호하고 교육하여 사람이 되게 하므로 부모를 존경하고 섬겨야 한다.

부모를 공경하지 못하면 하나님의 법도 순종할 수 없고, 하나님을 믿지도 못한다. 나를 세상에 오도록 했으므로 부모를 공경하고 순종하는 것이 합당하다.

- 부모를 공경하는 법은 존경하는 것이다

2. 부모를 공경하는 것은 존경하는 것이다.

부모를 공경하는 첫 번째 도리는 부모를 존경하는 것이다. 자녀가 자란 후에 부모가 부족해 보이고 잘못 가르친 것으로 보여도 부모를 존경하고 순종해야 한다.

자식이 부모를 존경하는 것이 첫째 의무이고 마땅한 일이지만 종종 부모를 존경하지 못할 수가 있다. 부모를 존경하지 않으면 부모를 부모로 인정하지 않는 것이다.

부모가 교육을 많이 받지 못했어도 내게 생명을 주신 분이므로 존경으로 대하는 것이 합당한 자식의 도리이다.

- 부모를 공경하는 법은 부모를 사랑하여 합당한 예절로 섬기는

것이다

3. 부모를 공경하는 법은 부모를 사랑하여 합당한 예절과 섬김을 다하는 것이다.

부모는 생명의 은인이고 내 양육자이므로 부모를 사랑하여 합당한 예절로 섬기며 할 수 있는 모든 것을 다해야 한다.

부모는 나를 낳아주었을 뿐 아니라 온갖 어려움과 괴로움을 다 당하면서 나를 길렀으니 부모의 사랑과 헌신에는 못 미치지만 사랑으로 합당하게 대접하고 부모의 필요를 다 채울 수 있어야 한다.

- 부모를 공경하는 법은 부모를 한결같이 섬기는 것이다

4. 부모를 공경하는 둘째 법은 부모를 한결같이 대하고 섬기는 것이다.

부모를 대하는 태도가 시종일관 같아야 하고 변덕을 부리면 안 된다. 부모가 잘 해줄 때는 잘 대하고 그렇지 않을 때라도 불손하면 안 된다. 언제나 부모에 대해 할 일을 다 하고, 부모의 생존과 노후를 책임져야 한다.

- 부모의 교훈과 채찍질에도 순종해야 한다

5. 부모가 교훈을 베풀고 또 채찍질할 때도 합당하게 순종해야 한다.

부모는 자식이 잘못하면 책망하고 훈계해서 바른길로 나아가게

한다. 비록 책망이 괴롭고 유쾌하지 않아도 그 책망을 받고 순종하여 고쳐야 한다. 그렇지 않으면 사람으로 바르게 자라갈 수가 없다.
부모의 가르침과 꾸짖음을 받아 잘못을 고치고 바른길로 나아가면 사람이 되고, 국가의 법도 잘 지킬 수 있게 되고, 다른 사람들에게도 합당한 예절로 대할 수 있다.

- 부모가 실수해도 참고 합당한 예절로 대하고 존경해야 한다

6. 부모가 실수했을 경우에라도 화를 내거나 무시하지 말고 잘 참아 합당한 예절로 대하고 존경해야 한다.
혹 한두 번 잘못했다고 해서 부모를 무시하고 가볍게 대하면 안 된다. 부모가 사람으로서는 부족해도 자기 부모이므로 존경하고 합당한 예절로 대해야 한다.

- 부모의 교훈과 꾸짖음은 하나님의 다스림을 대행하는 것이다

7. 부모가 자녀를 꾸짖고 바른 교훈으로 기르는 것은 하나님의 다스림을 대행하는 것이다. 이렇게 하여 사람으로 서게 한다.
하나님이 올바른 사람을 가지시려고 부모를 통하여 사람을 교육하게 하셨다. 그리하여 온전히 하나님을 섬기고 찬양하는 존재가 되도록 신앙교육과 예절교육과 사회생활의 법도를 가르쳐야 한다.

- 부모를 잘 섬긴 자에게 땅에서 오래 사는 것을 약속하셨다

8. 부모를 잘 섬기고 공경하면, 하나님이 땅에서 복을 받고 오래 살게 하겠다고 약속하셨다 (출 20:12; 엡 6:1-4).

하나님이 십계명을 주시면서 부모 섬김에 선한 복을 약속하셨다. 부모를 잘 섬기고 존경하는 자녀들로 잘되게 하고 땅에서 오래 살게 할 것을 약속하셨다.

- 부모 섬김이 자식들의 마땅한 도리인데도 부모 섬김에 복을 약속하셨다

이런 선한 복을 부모 잘 섬기는 자들에게 약속하셨으니 부모 섬김이 얼마나 중요한지를 잘 보여주고 있다. 부모를 공경하고 잘 섬기는 것은 땅 위에서 할 수 있는 사람의 마땅한 도리이다.

부모를 잘 섬기는 자들이 사회생활에서도 사람답게 살며, 삶이 윤택해져서 건강하여 장수할 수 있다. 하나님의 약속은 처음이나 지금이나 굳게 서 있고 타당하다.

105. 제6계명 살인 금지 계명으로 뜻하신 것

물음 105.

하나님은 제6계명에서 무엇을 원하십니까?

Frage 105.

Was will Gott im sechsten Gebot?

답.

나는 내 이웃을 생각이나 말이나 몸짓이나 더욱이 행동으로 나 자신으로 말미암거나 다른 사람을 통해서나 비방하거나 미워하거나 모욕하거나 죽이면 안 되고; 남을 죽이려는 욕망을 내려놓고 나 자신도 손상시키면 안 되고 변덕스럽게 위험에 들면 안 될 것입니다. 그러므로 정부도 살인을 막기 위해 칼을 지니고 있습니다.

Antwort.

Daß ich meinen Nächsten weder mit Gedanken, noch mit Worten oder Geberden, viel weniger mit der That, durch mich selbst oder Andere, schmähen, hassen, beleidigen oder tödten; sondern alle nachgierigkeit ablegen, auch mich selbst nicht beschädigen, oder muthwillig in Gefahr begeben soll. Darum auch die Obrigkeit, dem Todtschlag zu wehren, das Schwert trägt.

해설

- **살인 금지 계명으로 뜻하신 것**

1. 제6계명은 살인하지 말라는 계명이다.
2. 살인하지 말라는 계명으로 단순히 살인만 하지 말라는 것인지 유사한 행동도 하면 안 되는지를 묻고 밝히고 있다.

- **살인 금지 계명에는 이웃과 나 자신도 들어간다**

3. 살인 금지 계명에는 이웃만이 아니라 나 자신도 들어감을 밝히고 있다.
4. 살인 금지 계명에는 직접 이웃 사람이나 나 자신을 죽이는 것도 금지되지만 살인에 이를 수 있는 모든 행동이나 생각이나 계획도 다 금지하고 있다.

- **살인 금지 계명에는 다른 사람의 인격을 무너뜨리는 것을 금함이 포함됨**

5. 살인 금지 계명에는 다른 사람의 인격을 손상하거나 비방하여 그의 인격을 무너뜨리는 것을 금하는 것이 포함되어 있다.

- **살인 금지 계명에는 이웃을 욕하고 미워하고 모욕하는 것과 실제 죽이면 안 된다고 명시한다**

6. 살인 금지 계명에는 이웃을 욕하거나 미워하거나 모욕을 주거나 또 실제로 죽이는 것을 하면 안 되는 것을 밝히고 있다.

남을 욕하고 비방하고 미워하는 것은 그 사람으로 죽도록 만드는 것이 된다. 법적인 다툼에서 남을 비방하고 욕하면 그 사람을 무고하는 것이어서 결국 죽음에 이르게 한다.

- **다른 사람의 인격을 짓밟고 욕하는 것도 살인 형태이다**

7. 육체적인 죽임만이 아니라 사람의 인격을 짓밟고 욕하여 사람 노릇 못하게 하는 것도 정신적 영적 살인 형태이다.

그러므로 이런 것을 엄격히 금해야 한다. 확실한 증거가 없는 한 남을 욕하고 비방하면 안 된다.

- **남을 욕하는 것은 그의 인격을 깎아내리는 것이다**

8. 사람을 욕하는 것은 그의 인격을 심히 깎아내리는 죄악이다.

그러므로 남을 욕하고 비방하는 것은 그리스도인들이 일절 금해야 할 사항이다.

- **미움이 살인의 시작점이다**

9. 미워하는 것이 사람을 죽이게 하는 첫걸음이다.

사람을 미워하면 그 사람이 죽기를 바란다. 그래도 죽지 않으면 자기가 죽이려고 꾀를 낸다. 그리고 물리적인 힘과 모든 것을 동원해서 자기가 미워하는 사람의 목숨을 끊어 땅에서 완전 제거하려고 노력한다. 그러므로 미워하는 것이 살인의 시작점이다.

- 미련하다고 하는 것, 노하는 것, '라가'라고 하는 것도 다 살인에 해당하는 벌을 받게 된다

10. 사람을 미워하여 그를 죽게도 하지만 그 전 단계에서도 살인에 해당하는 형벌이 주어진다.

율법수여자이신 그리스도가 살인하지 말라는 계명을 설명하시면서, 형제에 대해 노하는 자는 심판을 받고 형제에 대해 '라가'라 하는 자는 공회의에 잡히게 되고 미련한 놈이라 하는 자도 지옥 불에 들어가게 된다고 하셨다 (마 5:21-22).

직접 살인이 아니더라도 미련하다고 하거나 형제에 대해서 노하는 자도 심판을 받아 지옥 불에 던져진다고 하였다. 사람을 미워하여 그의 인격을 깎아내리는 말은 그 인격에 큰 손상을 준다. 곧 그런 말을 하면 그런 말을 한 사람을 죽이고 싶게 만든다.

- 비방하는 일도 살인과 같은 급에 해당한다

11. 비방하는 일도 살인과 거의 같은 급인 것을 알아야 한다.

비방은 상대방의 인격을 헐뜯고 비웃는 일이므로 무서운 죄인 줄 알고 하지 말아야 한다.

반대로 어떤 사람이 자기를 비방하면 자기의 인격을 깎아내리고 무시했으므로 즉각적이고 반사적으로 같이 비방하고 대항하고 싶

어진다. 그러나 그런 경우에도 하나님의 진노에 맡기는 것이 그리스도인들이 취할 태도이다. 하나님이 갚으실 것이다 (롬 12:19; 신 32:35). 남을 비방하는 마음도 미워하는 마음에서 나오므로 살인죄의 시발점이다.

- **욕하거나 비방한 사람에 대해 복수하려는 욕망을 내려놓아야 한다**

12. 욕하거나 비방한 사람에 대해 복수하려는 욕망을 내려놓아야 한다. 공개적으로 욕을 먹어 부끄러움을 느끼면 자동적으로 맞대응해서 갚아주려고 한다. 곧 복수하려고 한다.

- **보수는 하나님의 일이므로 직접 복수하려고 하면 안 된다**

그러나 원수 갚는 것은 주께 속한다. 바울도 성도들에게 권하기를, "친히 원수를 갚지 말고 진노하심에 맡기라" (롬 12:19)고 하였다. 보수(報讐)하는 것이 주의 일임을 신 32:35에서 모세가 처음으로 제시한다. "보수는 내 것이라 그들의 실족할 그때에 갚으리로다."

하나님은 자기의 백성이 부당하게 당하는 것을 자기가 갚으시겠다고 약속하셨다. 그러므로 우리가 욕을 먹고 비방을 받고 미워하는 것을 당할 때에 직접 갚으려고 하지 말고 주의 선하신 심판과 역사하심에 맡겨야 한다.

그리고 그런 것을 당할 때 '왜 내게 이런 일이 일어났는가? 내가 무엇이 부족하고 어떤 잘못을 해서 이런 일이 일어났는가?' 반성하여 고치도록 해야 할 것이다.

- **내가 직접 복수하려고 하면 먼저 상해를 입는다**

13. 내가 직접 복수하려고 하면 먼저는 신체적으로 상해를 입고 또 위험에 처하게 된다. 이런 것은 직접 갚으려고 하므로 생기는 해와 위험이다. 복수는 하나님께 속한 것이다.

- **사회에서 살인을 막도록 시민정부가 칼을 가졌다**

14. 인간사회에서 살인을 막도록 시민정부가 칼의 권세를 지니고 있다. 살인은 언제든지 막아야 하고, 마땅히 죽일 자는 정부가 법에 의해 판단하여 집행할 것이다.

사람들이 한 사회에서 살면서 갈등과 이해상관 때문에 충돌하여 다른 사람을 죽이는 일을 저지른다. 그런 경우 그 사람을 죽이는 것은 정부의 책임사항이다. 부당한 살인을 막아 정당한 사람 사는 사회가 되도록 하기 위해서 시민정부가 칼의 권세를 가지고 있다.

- **개인이 직접 살인하면 안 된다**

어떤 경우에도 개인이 직접 원수를 갚으려고 사람을 죽이면 안 된다. 사람의 생명을 제거하는 일은 합법적으로 세워진 정부가 법에 의해서 판결해서 정할 일이다. 또 합당하면 사형을 집행하여 죽일 수 있다. 그러나 개인이 사람을 죽이는 일은 결코 허용할 수 없는 일이다.

15. 사람이 범할 수 있는 가장 큰 범죄는 사람을 죽이는 것이다. 어떤 경우에든지 개인은 이것을 하면 안 된다.

106. 살인의 뿌리에 대해서도 금하심

물음 106.

이 계명은 사람을 죽이는 것에 대해서만 말합니까?

Frage 106.

Redet doch dies Gebot allein vom Tödten?

답.

하나님은 살인을 금하시면서 살인의 뿌리인 시기, 미움, 성냄, 탐욕을 미워하신다는 것과 또 이런 모든 것들이 그 앞에서 숨겨진 살인이라는 것을 우리에게 가르치십니다.

Antwort.

Es will uns aber Gott durch Verbietung des Todtschlags lehren, daß Er die Wurzel des Todtschlags, als Neid, Haß, Zorn, Nachgierigkeit, hasset, und daß solches alles vor ihm ein heimlicher Todtschlag sei.

해설

- 살인 금지의 뜻은 살인의 뿌리도 살인이기 때문이다

1. 살인하지 말라는 계명은 단지 살인만 금하신 것이 아니라 살

인의 뿌리도 숨겨진 살인이라는 것을 가르치고 있다.

- 살인은 첫 범죄 이후 늘 일어났다

2. 살인은 첫 범죄 후에 시작되고 죄성이 역사하여 늘 일어났다.

- 살인 금지 계명은 범죄자라도 하나님의 백성으로 돌아갈 수 있다는 것을 함의한다

3. 살인을 엄격하게 금지한 이유는 범죄자들이라도 마침내 하나님의 백성으로 돌아가야 하기 때문이다.

- 살인이 보편적으로 일어난다면 인간사회가 존속하지 못한다

4. 살인이 보편적으로 이루어진다면 인간사회에 생존할 사람이 별로 많지 않을 것이다.

- 살인에 대해 핏값을 받으시겠다고 하셨다

그러므로 살인하면 반드시 핏값을 받으시겠다고 하나님은 밝히셨다 (창 9:5-6). 살인자는 반드시 죽이도록 하셨다. 단지 죽일 마음이 없이 실수로 사람을 죽게 할 때만 그 사람을 위해서 도피성을 내셨다 (민 35:6, 11; 신 19:3, 6; 수 20:2-6).

- **사람은 하나님의 형상 곧 인격체이므로 살인하면 안 된다**

5. 사람을 죽이면 안 되는 근본을 사람이 하나님의 형상으로 지음 받음에 두었다 (창 9:6).

하나님이 사람을 인격체로 지으셨으니 다른 인격체가 또 다른 인격체를 죽일 수 없는 것으로 정하셨다. 하나님의 인격의 영광과 엄위를 반사하도록 사람을 인격체로 지으셨기 때문이다.

- **살인이 제일 큰 죄악이다**

6. 사람을 죽이는 것은 인격체를 죽이는 것이므로 사람이 범할 수 있는 죄악 중에 제일 큰 죄이다.

- **시기, 미움, 성냄, 탐욕이 살인의 뿌리이다**

7. 심장에서 나오는 시기, 미움, 성냄, 탐욕 등이 살인의 뿌리임을 밝히고 있다.

8. 시기와 미움과 성냄과 탐욕도 결국은 사람을 죽이는 것을 목표하므로 숨겨진 살인이라고 명시한다.

- **시기가 살인의 뿌리인 것은 잘되는 사람을 미워하기 때문임**

9. 시기가 살인의 뿌리라고 하는 것은 다른 사람이 잘되는 것을 싫어해서 미워하는 것이기 때문이다.

시기는 미워하게 되고 결국 사람을 죽이는 데 이르게 한다. 그러므로 시기도 살인의 뿌리이다.

- **미움이 살인의 시작점이고 뿌리이다**

10. 미움은 살인의 근본 시작점이다.
미워하면 그 사람이 죽기를 바라고, 쉽게 죽지 않으면 직접 죽이려고 하기 때문에 미움이 살인의 시발점이고 뿌리이다.

- **성냄이 살인의 뿌리인 것은 인격을 무시하는 것이기 때문이다**

11. 성냄이 살인의 뿌리라고 하는 것은 성냄은 사람의 인격을 무시하고 천히 여기는 것이 되기 때문이다.

- **탐욕이 살인의 뿌리인 것은 남의 것을 자기 것으로 삼기 위해 그 사람을 제거하려고 하기 때문이다**

12. 탐욕은 남이 가진 것을 자기 것으로 삼기 바라는 집착이다.
탐욕이 살인이라고 하고 살인의 뿌리라고 하는 것은 남이 가진 것을 욕심내서 자기의 것으로 삼기 원해서 그 사람을 제거하려고 하기 때문이다. 이것이 바로 탐욕이 숨겨진 살인이라고 하는 이유이다.

- **살인의 뿌리들은 상대방을 깎아내리고 화내고 욕하고 비방하**

고 죽이려고 하기 때문이다

13. 시기, 미움, 성냄, 탐욕은 다른 사람이 가진 것을 보고 상대방의 인격을 깎아내리고 화를 내고 욕하고 비방하며, 마침내 자기의 뜻을 이루기 위해서 남을 죽이려고 하기 때문에 살인의 씨앗이 된다.

107. 이웃을 사랑할 것을 명하심

물음 107.

이미 말한 대로 우리가 우리의 이웃을 죽이지 않는 것으로 충분하지 않습니까?

Frage 107.

Ist's aber damit genug, dass wir unsern Nächsten, wie gemeldet, nicht tödten?

답.

아닙니다: 하나님은 시기와 미움과 성냄을 정죄하시면서, 우리가 우리의 이웃을 우리 자신처럼 사랑하고, 그에게 참음과 평화와 친절과 자비를 보이고, 그의 손해를 가능한 막고, 또 우리의 원수에게도 선을 행하기를 바라십니다.

Antwort.

Nein: denn indem Gott Neid, Hass und Zorn verdammt, will Er von uns haben, dass wir unsern Nächsten lieben, als uns selbst, gegen ihn Geduld, Friede, Sanftmuth, Barmherzigkeit und Freundlichkeit erzeigen, seinen Schaden, so viel uns möglich, abwenden, und auch unsern Feinden Gutes thun.

해설

- **시기와 미움과 성냄은 살인의 근본동인과 시발점**

1. 시기와 미움과 성냄은 살인의 근본동인이고 시발점이므로 이런 악한 감정을 가지면 안 된다고 정죄하셨다.
2. 이웃을 사랑하고 진실히 대하고 그릇된 것이 있더라도 참고 기다려 좋은 결과가 나오도록 할 것을 권하고 있다.

- **이웃과 나 자신을 동등하게 사랑해야 하므로 시기와 적대감과 성냄으로 대하면 안 된다**

3. 우리가 이웃을 대하는 법이 나 자신을 사랑하는 것처럼 사랑하는 것이므로 이웃에게 시기와 적대감과 성냄으로 대하면 안 된다는 것을 강조하고 있다.

- **이웃에게 해를 입히면 안 되고 유익을 주도록 하여야**

4. 이웃에게 해를 입히면 안 되고 그에게 유익이 되도록 함으로 하나님의 사랑과 주 예수의 구원의 도를 증거할 수 있어야 할 것을 말하고 있다.

- **이웃에 대해 시기와 미움과 성냄의 감정을 가지면 살해와 제거하는 데로 나아간다**

5. 이웃에 대해서 시기와 미움과 성냄의 악한 감정들을 가지면 결국 상대방을 미워하게 되고, 또 그 사람을 살해하여 제거하려고 하기 때문이라는 것을 밝히고 있다.

- **이웃만이 아니라 원수도 사랑하고 선을 행해야**

6. 우리의 원수에게도 선을 행하고 악으로 갚으면 안 되는 것을 가르치고 있다. 이웃만이 아니라 원수도 사랑하고 선으로 대해야 할 것을 가르치고 있다.

7. 그리스도인의 삶의 법은 이웃과 원수까지도 사랑하는 것이다.

이것은 원수까지도 사랑하라고 명하신 주 예수의 사랑의 도를 실천해야 할 것임을 강조한다.

108. 간음과 음탕함을 전부 금하심

물음 108.

제7계명은 무엇을 원합니까?

Frage 108.

Was will das siebente Gebot?

답.

모든 음탕함은 하나님으로부터 저주 받았다는 것과 우리는 마음으로부터 그런 생각을 미워해야 한다는 것과 또 성스런 결혼관계에서나 독신으로 살거나 간에 순결하고 굳게 살아야 할 것을 원하고 있습니다.

Antwort.

Dass alle Unkeuschheit von Gott vermaledeiet sei, und dass wir darum ihr von Herzen feind sein, und keusch und tüchtig leben sollen, es sei im heiligen Ehestand, oder ausserhalb desselben.

해설

- 간음죄를 살인죄와 같은 무게로 다룬다

1. 제7계명은 간음죄와 살인죄를 같은 것으로 다루고 있다. 특히 젊은 처녀를 강간하였을 때는 그런 남자를 아무 고려 없이

죽이게 하셨다. 간음죄가 살인죄와 같은 죄임을 분명히 한다.

- 성행위는 결혼관계에서만 허용된 인격적인 결합행동이다

2. 성행위는 결혼관계에서만 허용된 인격적인 결합행동이다.
간음하지 말라고 명령한 것은 하나님의 백성이 실제적으로 제7계명에 어긋나게 성행위를 하지 말아야 할 것을 기본으로 전제한다. 성관계는 결혼관계에서만 허락된 사항이다. 성행위는 인격적인 관계이므로 결혼관계에서만 합당히 허락된다.

- 음탕한 생각에서 간음에 이르게 되므로 음탕한 생각을 금해야 한다

3. 음탕한 생각에서 간음이 시작하므로 음란한 생각을 금해야 한다.
그리스도인은 간음하지 말아야 할 뿐만 아니라 음란한 생각도 하면 안 된다는 것을 강조하고 있다. 음란한 생각에서 간음에 이르기 때문이다. 그것이 싹이 되어 간음죄를 범하기 때문이다.
그래서 모든 음탕함은 하나님이 저주하셨다고 명시하고 있다. 실제 음행뿐만 아니라 음란함도 실제 음행과 같은 죄악임을 강조하고 있다.

- 음탕한 생각은 저주를 받았다

4. 모든 음탕함이 하나님으로부터 저주받았으니 그런 생각도 가지면 안 되는 것을 강조한다.

음탕한 생각을 하는 것이 간음하는 시발점이기 때문이다. 음행은 우발적인 강간도 있지만 대개는 음란한 생각을 지니고 있으므로 시작한다. 그러므로 하나님이 음탕함을 저주하셨다고 표현하는 것이 정당하다.

- **음탕한 생각이 들면 즉각 물리쳐야 한다**

5. 음탕한 생각이 들어오면 즐기지 말고 물리쳐야 한다.

음탕한 생각을 마음에 담고 있으면 간음행위로 나아간다. 그러므로 그런 생각을 즐기지 말고 빨리 털어버려야 한다.

음란한 생각은 미워하기보다 즐기려고 하기 때문에 할 수 있는 대로 빨리 버려야 한다.

6. 본성적인 마음가짐으로는 음탕한 생각은 미워하고 역겨워하기보다 오히려 즐기고 좋아한다.

그리하여 오래 그런 생각을 갖고 있으면 상대를 만나 그 욕구를 충족하기 위해서 실제로 범행하게 된다.

- **음탕한 생각을 물리치는 법은 주 예수의 피가 나를 모든 죄에서 깨끗하게 한다고 선언하는 것이다**

7. 음탕한 생각을 물리치는 법은 주 예수의 피가 나를 모든 죄에서 깨끗하게 한다고 선언하는 것이다.

오직 단 한 가지의 법으로만 음란한 생각을 물리칠 수 있다. 주 예수의 피가 나를 모든 죄에서 깨끗하게 한다고 (요일 1:7) 선언하는 것이다. 오직 이 말씀의 적용으로만 옛사람의 음란한 욕망을 물리칠 수 있다.

- **그리스도인은 모든 경우 깨끗하게 살아야 한다**

8. 그리스도인은 결혼했거나 혼자 살거나 음탕한 생각을 버리고 깨끗하게 살아야 한다.

음탕한 생각은 결혼했다고 없어지는 것이 아니다. 음탕한 생각은 자기의 결혼 당사자 외에 다른 상대를 만나서 행위를 이루고 싶어 하기 때문이다. 그러므로 결혼했어도 음욕이 들면 즐기지 말고 주 예수의 피가 나를 모든 죄에서 깨끗하게 한다고 선언하여 곧 물리쳐야 한다.

- **독신이나 별거의 경우 음탕한 생각이 자주 일어나기 쉽다**

9. 결혼하지 않고 독신으로 살면 이런 불결하고 음탕한 생각이 늘 마음과 생각을 지배하게 되어 있다.

독신은 할 수 있는 대로 결혼하여 음란한 생각으로 지배받는 생활을 그쳐야 한다.

109. 간음 금지와 음탕한 것에서 몸과 영혼의 순결 보존을 명하심

물음 109.

하나님은 이 계명에서 간통과 그런 치욕적인 범죄 외에는 아무것도 금하지 않으셨는지요?

Frage 109.

Verbietet Gott in diesem Gebot nichts mehr denn Ehebruch und dergleichen Schanden?

답.

우리의 몸과 영혼은 다 성령의 전이므로, 성령은 우리가 둘을 다 깨끗하고 거룩하게 보존하기를 원하십니다. 그러므로 모든 음란한 행동들과 몸짓과 말들과 생각과 욕망과 또 사람을 거기로 충동할 수 있는 것을 다 금하셨습니다.

Antwort.

Dieweil beide unser Leib und Seele ein Tempel des heiligen Geistes sind: so will Er, dass wir sie beide sauber und heilig bewahren; verbietet derhalben alle unkeusche Thaten, Geberden, Worte, Gedanken, Lust, und was den Menschen dazu reizen mag.

> 해설

- 우리의 몸과 영혼은 성령의 전이므로 음행과 음란한 생각을 멀리해야

1. 우리의 몸과 영혼은 성령의 전이므로 음행과 음탕한 것에서 깨끗해야 한다.

주 예수께서 흘리신 피로 우리의 몸과 영혼을 깨끗하게 하시고 성령의 전으로 삼으셨다. 우리의 몸과 영혼은 성령의 전이므로 성령은 우리의 몸과 영혼에 거주하신다. 성령이 거주하시는 성전은 깨끗하고 거룩해야 한다.

- 음행으로 몸과 영혼이 더러워진다

2. 음행을 범하면 그것처럼 더러워지는 것이 없다.

음행으로 우리의 몸과 영혼이 말할 수 없이 더러워진다. 그러므로 음란한 생각이 들어 간음죄를 범하고 싶어도 이런 생각과 욕망을 피해야 한다. 요일 1:7을 적용함으로, 곧 주 예수의 피가 나를 모든 죄에서 깨끗하게 한다고 선언함으로 음행을 피해야 한다.

3. 음행은 음란한 생각과 욕망과 말로 시작하므로 이런 것들을 금해야 한다.

음행은 물론 금해야 하지만 음행을 일으키는 음탕한 생각과 욕망을 가지면 결국 음행을 하게 된다. 그러므로 음란한 생각과 음란한 말과 욕망을 금해야 한다.

4. 음탕한 것을 자극하는 매체들도 멀리해야 한다.

음탕한 생각과 욕망과 생각과 말들 외에도 음탕한 것을 자극하는 그림들이나 동영상이나 유사한 것들도 가까이하면 안 되고, 가까이하지 않는 것이 좋다.

110. 도둑질과 유사한 행동들을 다 금하심

물음 110.

하나님은 제8계명에서 무엇을 금하십니까?

Frage 110.

Was verbietet Gott im achten Gebot?

답.

하나님은 정부가 벌하는 도둑질과 강도질을 금하셨을 뿐만 아니라 도둑질이 모든 악한 꾀들과 공격이라고 지목하셨습니다. 이로써 우리는 폭력이나 권리의 모양으로 또는 불공정한 저울이나 치수나 질량이나 물품이나 부당한 화폐나 높은 이자나 혹은 여러 수단들로, 가령 고리대금이나 하나님이 금하신 다른 수단들로 이웃의 재물을 내게로 가져오면 안 된다는 것을 가르치고 있습니다. 이 목적으로 모든 탐욕과 그의 주신 재능들을 불필요하게 낭비하는 것도 금하셨습니다.

Antwort.

Er verbietet nicht allein den Diebstahl und Räuberei, welche die Obrigkeit straft; sondern Gott nennet auch Diebstahl alle böse Stücke und Anschlage, damit wir unseres Nächsten Gut gedenken an und zu bringen, es sei mit Gewalt oder Schein des Rechtes, als unrechten Gewicht, Elle, Mass, Waare, Münze, Wucher, oder durch einiges Mittel, Wucher, oder durch einiges Mittel, das von Gott

> verboten ist; dazu auch allen Geiz und unn ütze Verschwendung seines Gaben.

해설

- **도둑질과 강도질은 노동의 법을 허는 범행이다**

1. 도둑질과 강도질은 하나님이 세우신 노동의 법을 허는 첫 번째 금령이다.

하나님이 노동을 생활의 법으로 정하셨으므로 (창 3:17-19) 사람은 열심히 일하여 자기의 밥과 생존을 해결해야 한다.

- **도둑질과 강도질은 남의 재산을 강제로 가져가는 죄악이다**

2. 도둑질과 강도질은 노동하지 않고 남의 근로소득을 강제로 가져가는 큰 죄악이다.

도둑질과 강도질은 일하지 않고 자기 생존을 위해서 남이 수고하여 모은 재산을 몰래 또 강제로 탈취하는 행동이므로 엄하게 금하셨다.

- **도둑질은 사회를 헐어내리는 사회악이다**

3. 일하지 않고 도둑질이나 강도질로 살려고 하는 것은 사회를 바르게 유지될 수 없게 하는 사회악이다.

건전한 사회를 이루려면 각자가 열심히 일해서 자기와 가족의 생존을 책임져야 한다.

- **부당한 저울, 치수, 거짓 재료, 거짓 화폐, 고리대금도 간접적 도둑질이다**

4. 간접적 도둑질 행위들도 엄히 금해야 사회가 바르게 돌아간다.

직접적 도둑질 외에 부당한 저울이나 치수나 재료나 거짓 화폐나 고리대금도 간접적 도둑질이므로 엄히 금해야 한다.

부정직한 저울은 자기의 물품을 공정가격보다 적게 주면서 본래 가격을 받는 것이므로 부당한 이득을 얻는 행위여서 도둑질에 해당한다.

부당한 잣대의 치수로 포목을 판매하는 것도 자기의 포목은 적게 주고 돈은 제값을 받는 것이므로 작은 액수의 도둑질 행위에 해당한다.

무게는 적게 하고 같은 가격을 받는 것도 작은 규모에서 도둑질하는 것이다.

부당한 상품 판매도 작은 규모의 도둑질에 해당한다. 좋은 상품이라고 말하며 나쁜 물건이나 가짜 물건을 내어주면서 제값을 받는 것은 부당한 이득을 취한 것이어서 도둑질에 해당한다.

화폐가 은화나 금화일 때 은이나 금에다가 다른 물질을 섞어서 화폐를 만들었다. 이때 화폐의 무게는 같았어도 재료는 다른 것을 섞었으니 화폐의 가치를 속인 것이다. 이것도 부당한 이득을 취하는 행동이므로 도둑질에 해당하는 행위이다.

고리대금업은 실제 통행되는 이율보다 과도히 높은 이자를 받고 돈을 빌려주는 사업이므로 이것도 남의 돈을 갈취하는 행위이다.

- **부당한 수단으로 장사하는 것도 도둑질에 해당한다**

장사와 거래하는 일에 다른 부당한 수단을 동원하여 돈을 정당한 범위 이상으로 버는 것도 도둑질에 해당하므로 정직하게 거래해야 한다.

- **탐욕과 불필요한 소비도 도둑질 행위이다**

5. 탐욕과 불필요한 소비도 부당한 도둑질 행위에 해당한다.
탐욕은 일하지 않고 남이 모은 재화를 자기 것으로 삼으려고 하는 과도한 욕심이므로 도둑질에 해당한다.
불필요한 소비도 자기의 재산보다 더 쓰는 것이므로 재화의 낭비는 결국 자기의 재산을 손실 내는 것이다. 그리하여 자기의 재화가 없어지면 살 길이 없으므로 남의 재산을 탐내어 자기 것으로 삼으려 함으로 결국 도둑질을 하게 된다.

- **재능을 함부로 써서 없애는 것도 재화를 낭비하는 것과 같다**

재능을 함부로 써서 없애버리는 것도 주어진 목적을 위해서 사용하지 않고 낭비하는 것이므로 주요한 재화를 없애는 것이 된다.

- **도둑질은 사회생활의 정당한 운영을 파괴한다**

6. 도둑질은 사회생활의 정당한 운영을 파괴하고 당한 사람의 삶을 파탄에 빠뜨리는 일이므로 온당한 사회생활의 유지를 위해서 엄히 금하셨다.

111. 이웃의 복지 증진과 어려운 사람을 도움

물음 111.

하나님은 이 계명에서 당신에게 무엇을 명령하십니까?

Frage 111.

Was gebietet dir aber Gott in diesem Gebot?

답.

내가 할 수 있는 한, 나는 이웃의 유익을 증진시키고, 사람들이 내게 해 주기를 원하는 대로 나도 그에게 행하고, 또 신실하게 일하여 어렵고 가난한 사람들을 도울 수 있어야 합니다.

Antwort.

Dass ich meines Nächsten Nützen, wo ich kann und mag, fördere, gegen ihn also handele, wie ich wollte, dass man mit mir handelte, und treulich arbeite, auf dass ich dem Dürftigen in seiner Noth helfen möge.

해설

- 제8계명은 도둑질 금지뿐 아니라 열심히 일하여 가난한 사람을 도울 것을 말한다

1. 제8계명은 도둑질하지 말 뿐 아니라 열심히 일하여 가난한 사람들을 도울 것을 가르치고 있다

도둑질하지 말라는 계명은 하나님이 우리 그리스도인들이 해야 할 것이 있다는 것을 제시하고 있다. 제8계명은 도둑질하지 말아야 할 뿐만 아니라 어려운 사람들을 도울 수 있도록 열심히 일해야 할 것을 가르치고 있다.

- **그리스도인은 남의 유익을 증진시키는 일에 힘써야 한다**

2. 그리스도인은 남의 유익을 증진시키도록 힘써야 한다.

그리스도인들은 그리스도의 심장으로 남의 유익을 증진하도록 힘써야 한다. 남이 잘되도록 돕는 것이 그리스도인의 심장이다.

3. 그리스도인은 열심히 일하여 가난한 사람들을 돕도록 힘써야 한다.

그리스도인은 자기의 삶과 가족의 생존을 위해서 열심히 일해야 한다. 그리하여 남에게 의존하려는 마음을 갖지 말고 남이 나를 도와주기를 바라지 말아야 한다. 또한 그리스도인은 가난한 사람들의 삶을 돕도록 노력해야 한다.

112. 거짓 증거와 비방과 중상도 다 금하심

물음 112.
제9계명은 무엇을 요구합니까?

Frage 112.
Was will das neunte Gebot?

답.
나는 아무에게도 거짓 증거하면 안 되고, 누구의 말이라도 비틀면 안 되고, 어떤 중상이나 비방도 하면 안 되고, 또 누구라도 직접 듣지 않고서 가볍게 정죄하는 것을 도와주어도 안 됩니다. 오히려 마귀의 일들인 온갖 거짓말과 속임은 하나님의 무서운 진노 때문에 피해야 할 것입니다. 재판과 모든 다른 행동들에서 진실을 사랑하고 참되게 말하고 고백하며, 내 이웃의 명예와 위신을 내 능력이 되는 한 보호하고 촉진해야 할 것입니다.

Antwort.
Dass ich wider Niemand falsch Zeugnis gebe, Niemand seine Worte verkehre, kein Afterreder und Lästerer sei, Niemand unverhört und leichtlich verdammen helfe; sondern allerlei Lügen und Trügen, als eigene Werke des Teufels, bei schwerem Gottes Zorn vermeide, in Gerichts und allen andern Handlungen die Wahrheit liebe, aufrichtig sage und bekenne, auch meines

> Nächsten Ehre und Glimpf, nach meinem Vermögen, rette und fördere.

해설

1. 제9계명은 거짓 증거하지 말라는 계명이다.

거짓 증거 금지에는 남의 말을 비틀거나 중상, 비방 금지도 포함된다.

- **거짓 증거는 거짓 증거 자체와 남의 말을 비틀거나 중상, 비방하는 것도 포함된다**

2. 거짓 증거는 거짓 증거 자체와 함께 다른 사람의 말을 비틀거나 중상하거나 비방하는 것도 포함한다.

- **거짓 증거는 재판에서 사람을 죽게 하는 일이다**

3. 거짓 증거는 재판에서 사람을 죽게 하는 일이다.

재판에서 증인이 거짓 증거하면 해당자가 그릇된 정보와 증거에 의해 죽임을 당하도록 판정받게 된다. 거짓 증거가 사람을 죽게 한다. 거짓 증거가 이렇게 무서운 결과를 가져온다.

- **재판에서는 싫은 사람의 경우도 사실 증거를 해야 하고 거짓 증거하면 안 된다**

재판에서는 아무리 싫은 사람에 대해 증인으로 섰을 때에라도 거짓 증거하면 안 되고 사실대로 말해야 한다. 거짓 증거는 재판 받는 사람을 죽게 하기 때문이다. 그 경우 거짓 증거하는 사람은 살인죄를 짓는 것이 된다.

- **거짓말과 속임은 반드시 피해야 한다**

4. 거짓말과 속임은 어떤 경우에도 피해야 한다.

첫 인류가 거짓에 속아서 하나님을 반역하여 죽음에 이르게 되었다. 그러나 하나님의 사랑이 크므로 하나님이 대신 죗값을 갚으시어 우리를 죄와 죽음과 저주에서 구해내셨다. 그러므로 구원받은 그리스도인들은 어떤 경우에도 거짓말을 하면 안 되고, 남을 속여도 안 된다. 의도를 갖고 거짓말하는 것은 속이는 것이다.

- **거짓말이 인류를 망친 근본**

거짓말이 인류를 망치는 근본이었듯이 지금 개인 간에 거짓말하는 것은 두 당사자를 망하게 하는 일이다.

- **거짓말과 속임이 창조경륜을 낭패하게 하였다**

5. 거짓말과 속임이 하나님의 창조경륜을 낭패하게 하였으므로 이 죄악에 대하여 하나님의 진노가 크다.

인류의 범죄가 거짓말과 속임으로 일어났으므로 범죄자들에게 저주를 내리시고 죽음의 법을 인류세계의 철칙으로 세우셨다. 그리하여 아무도 죽음을 벗어날 수 없게 되었다. 범죄에 관련된 모든 존재들이 다 저주를 받고 죽음에 이르게 작정되었다. 이 죄악에 대한 하나님의 진노가 크다.

- **거짓말과 속임은 하나님의 큰 진노를 받을 죄악이다**

지금도 거짓말과 속임을 계속하는 것은 하나님의 큰 진노를 받을 죄악이다. 거짓말과 속임은 많은 사람을 멸망으로 몰아넣기 때문에 인류사회를 궤도에서 어긋나게 하였다. 거짓말에 속은 사람도 그에 대해서 대단한 분노와 적개심을 갖게 된다. 왜냐하면 거짓말로 자기와 자기의 장래를 망쳤기 때문이다.

- **재판에서는 진실을 말해야**

6. 모든 재판과 행동들에서 진실을 말해야 한다.
재판에서 거짓말을 용납하면 진리가 완전히 왜곡되고 진실이 없어지게 된다. 진실이 사회가 서는 기본 바탕인데 재판에서 거짓말을 합당한 언어로 받아들이면 사법제도가 완전히 무너지게 된다.

- **진실을 말하기 어려운 때에도 진실을 말해야 한다**

7. 경우에 따라 진실을 말하기 어려운 경우들이 생겨난다. 그래도 처지와 상황과 체면을 보지 말고 진실을 말해야 한다.

권력과 돈이 작용하여 한 사람을 죽이려고 재판할 때는 어려운 상황에 처하게 된다. 그러나 진실을 말해야 한다. 그런 용기와 담력을 가져야 한다. 생명을 제거하려고 음모를 꾸며 진실을 억압해서 이기려고 할 때 더욱 담대히 진실을 말해야 한다.

내 진술에 따라 다른 사람의 생명이 억울하게 죽게 될 경우에는 확실하게 진실을 말해야 한다.

- **그리스도인은 거짓말을 미워하고 진실을 말해야 한다**

8. 그리스도인은 참을 사랑하고 거짓말을 미워하며 진실을 말해야 한다.

거짓말로 속임이 왔다. 지금도 거짓말로 속인다. 거짓말로 증거하는 것은 위증이다. 이 위증에 사람의 생명이 달릴 경우에는 더욱 참을 사랑하고 진실을 말하고 거짓말을 하면 안 된다. 돈으로 유혹을 받을 경우에도 재판에서는 위증을 하면 안 되고 참을 말해야 한다. 그리스도인은 재물의 유혹과 회유와 압박에 맞서서 참을 사랑하고 거짓말을 하면 안 된다.

9. 그리스도인은 다른 사람의 명예와 위신을 보호하고 훼손하면 안 된다.

우리는 남이 잘못되는 것을 바라고 그렇게 되면 기뻐하고 즐거워하는 성향이 강하므로 다른 사람의 명예를 깎아내리는 것이 죄인 줄을 모른다.

- **다른 사람의 명예를 훼손하는 것은 그를 매장하는 죄악이다**

다른 사람의 명예를 부당하게 훼손하는 것이 죄악임을 알아야 한다. 명예를 훼손하는 것은 부당하게 그의 정당한 명예를 깎아내리는 것을 말한다. 그 사람의 신실성과 진실성을 헐어내리는 것이다. 다른 사람의 명예는 평생 수고하고 노력하여 쌓아올린 것이다. 그런데 그것을 헐어내리는 것은 그의 인격과 노력과 선한 행동들이 다 허무가 되게 한다. 정직하고 진실한 사람을 부정직하고 거짓된 사람으로 만드는 것이요, 속이는 사람으로 만드는 것이다. 이것은 도덕적으로 사람을 매장하는 것이다. 이렇게 남의 인격을 깎아내리고 먹칠하는 행동을 하면 안 된다.

- **다른 사람의 명예를 촉진하고 보호해야 한다**

10. 다른 사람의 명예와 위신을 촉진시키고 보호해야 한다.

우리는 남의 위신이나 명예를 깎아내리면 안 되고 오히려 촉진시키고 보호해야 한다. 그래야 서로 믿는 건전한 관계와 생활을 유지할 수 있다.

- **다른 사람의 명예를 지켜주는 것은 그의 인격을 존중하는 것이다**

11. 다른 사람의 명예와 위신을 지켜주는 것은 그의 인격을 존중하고 신뢰하는 것이다.

우리는 합당한 그리스도인의 인격을 지키고 존중해야 한다. 그 사람의 인격은 그의 삶의 과정과 훈련을 통해서 형성되었다. 그러므로 그의 인격을 존중해야 한다.

- **헛소문에 근거해서 다른 사람의 명예를 망치면 안 된다**

근거 없는 소문과 비방과 훼손에 근거해서 그 사람의 인격을 무시하고 짓밟도록 하는 것은 그리스도인들에게 용납할 수 없는 일이다. 헛소문에 근거해서 다른 사람의 명예와 위신을 망치는 것을 허용하면 안 된다. 그런 헛소문에도 자기가 아는 대로 그 사람의 인격을 존중해서 그의 명예가 유지되도록 해야 한다.

- **다른 사람의 인격을 짓밟는 일에 동참하는 것은 직접 그 일을 하는 것과 같다**

남의 인격과 명예를 짓밟는 일에 동참하거나 방관하는 것은 직접 그 일을 하는 것과 같다.

12. 다른 사람의 인품과 명예를 지키고 촉진하는 일이 우리가 할 마땅한 임무이다.

우리는 다른 사람의 인품과 명예를 흠집 내거나 먹칠하지 말고 그 사람의 명예를 지키고 촉진해야 한다. 그래야 원만한 관계를 유지하고 명랑한 삶을 살 수 있다. 우리는 다른 사람의 명예를 망치고서 평안하고 조용하게 살 수 없다.

113. 모든 탐욕을 금하고 모든 죄에 대해 적대적이어야 함

물음 113.

제10계명은 무엇을 원하고 있습니까?

Frage 113.

Was will das zehnte Gebot?

답.

하나님의 계명에 거슬리는 아주 작은 욕망이나 생각도 우리의 심장에 결코 올라오면 안 된다는 것입니다. 그뿐만 아니라 우리는 언제나 온 심장으로 모든 죄에 대항해서 적대적이어야 하며, 또 모든 의에 대해서는 욕망을 가져야 하는 것입니다.

Antwort.

Dass auch die geringste Lust oder Gedanken wider irgend ein Gebot Gottes in unser Herz nimmermehr kommen; sondern wir für und für von ganzen Herzen aller Sünde feind sein, und Lust zu aller Gerechtigkeit haben sollen.

해설

- 탐심으로 하나님의 계명을 범하면 안 된다고 가르친다

1. 제10계명은 탐내지 말라고 한 명령이다.

2. 제10계명은 탐심 때문에 하나님의 계명을 범하는 경우들을 염두에 두고 있다.

3. 탐욕으로 하나님의 계명을 범하는 욕망이나 생각도 불가하다.

하나님의 계명에 대항하는 가장 작은 생각이나 사상도 우리의 심장에 올라오면 안 된다고 강조한다.

- **간음, 살인, 안식일 범함도 탐심에서 일어난다**

4. 간음, 살인, 안식일 범함, 거짓 증거도 다 탐심이 그 바탕이 되어서 일어난다. 이런 계명들을 범하는 욕망이나 생각을 가지면 안 된다는 것을 강조한다.

- **계명을 범하는 모든 것에 대해 적대적이어야 한다**

5. 우리는 언제나 죄에 대해서 온 마음으로 적대적이어야 한다.

여기서 죄는 하나님의 계명을 범하는 것으로 단정하고 있다. 계명을 지키는 것을 강조하는 문답에서는 계명을 범하는 것을 죄로 단정하는 길뿐이다.

- **모든 죄가 탐욕에서 나오므로 탐욕을 억제해야 한다**

6. 모든 죄가 탐욕에서 비롯되므로 탐욕을 억제하고 바른 마음으로 하나님의 계명대로 살도록 힘써야 한다.

- **계명 지킴을 좋아하고 기뻐해야 한다**

7. 그리고 모든 의에 대해서 기쁨을 가져야 한다.

여기서도 의는 하나님의 계명을 지킴을 말한다. 따라서 계명을 지킴, 곧 의를 좋아하고 기뻐해야 한다. 탐욕으로 자기의 이익 때문에 죄로 마음을 기울이면 안 된다. 하나님의 계명에 전심하고 그것을 범하지 않도록 해야 한다.

114. 십계명은 그리스도인들이라도 온전하게 지킬 수 없음

물음 114.

하나님께로 돌이킨 사람들이 계명들을 완전하게 지킬 수 있습니까?

Frage 114.

Können aber die, so zu bekehret sind, solche Gebote vollkommen halten?

답.

아닙니다. 가장 거룩한 사람들이라도 이 세상에 살고 있는 한, 하나님의 계명대로 사는 것을 시작하려고 할 뿐입니다.

Antwort.

Nein; sondern es haben auch die Allerheiligsten, so lange sie in diesem Leben sind, nur einen geringen Anfang dieses Gehorsams; doch also, dass sie mit ernstlichen Vorsatz, nicht allein nach etlichen, sondern nach allen Geboten Gottes anfangen zu leben.

해설

- 아무도 계명을 완전히 지킬 수 없다

1. 아무리 거룩한 사람이라도 하나님의 계명을 완전히 지키는 것은 불가능하다.

하나님의 계명에 완전히 순종하는 것은 어렵다는 진리를 제시한다.

- **유전된 부패와 무능으로 거룩한 계명을 온전히 지킬 수 없다**

사람은 아담의 범죄로 전적인 부패와 무능을 유전 받았다. 그러므로 아무리 거룩한 사람이라도 하나님의 거룩한 계명을 온전하게 지킬 수 없다. 죄성이 역사하여 율법의 정신대로 온전하게 지킬 수 없게 한다. 그리고 잘 지켜도 거기에 죄성과 죄의 오염이 스며들어 있다.

- **온전히 계명을 준수했다고 해도 형벌 받기에 합당할 뿐이다**

따라서 완전히 계명을 준수하였다고 자부할 경우라도 죄로 오염되어 있어서 그것은 죄투성이이고, 형벌 받기에 합당할 뿐이다.

그리스도의 흘리신 피로 깨끗하게 될 때만 사람의 율법 준수와 선행을 하나님은 기뻐 받으신다. 죄인은 아무리 정결하게 되었다고 하여도 죄로 깊이 오염되어 있으므로 사악한 생각과 더러움이 스며 있다.

- **마음의 범죄 때문에 온전한 계명 준수는 불가능하다**

2. 가장 거룩한 사람이라고 하더라도 계명을 준수하기는 하지만 마음의 범죄로 완전한 준수는 불가능하다.

- 계명을 지키려고 하면 죄성이 역사한다

율법의 계명을 지키려고 하면 죄성이 역사한다. 가령 도둑질하지 말라고 한 계명을 지킨다고 하여 실제로 도둑질하지 않았어도 남의 돈을 탐하여 자기 것으로 삼기를 바라면 그것은 도둑질하는 범죄에 해당한다. 본래 그런 마음 때문에 도둑질을 하기 때문이다.

간음하지 말라는 계명 때문에 실제로 간음하지는 않더라도 다른 여자를 보고 음욕을 품으면 곧 마음으로 간음을 행한 것이 된다. 음욕을 품으므로 다른 여인과 부당하고 불법적인 육체적 관계를 갖기 때문이다.

- 계명을 지키려는 것을 시작해도 온전한 준수는 불가능하다

어떤 계명을 문자대로는 지킨다고 하지만 마음으로는 그 계명이 금한 것을 한다면 그것은 바로 계명을 범하는 것이다.

그러므로 가장 거룩한 사람이라도 계명 준수를 시작하지만 완전하게 지키는 것은 불가능하다.

- 결코 계명 준수로 의를 얻을 수 없으므로 주 예수를 믿는다

3. 율법의 계명을 준수하여 의를 얻을 수 없으므로 주 예수를 믿어 구원 얻게 하셨다.

진지한 의도를 갖고 계명을 지키더라도 일부 계명도 잘 지키지 못하고, 더구나 전체 계명을 지키는 것은 전적으로 불가능하다.

계명을 지켜서 의를 획득할 수 없기 때문에 주 예수를 믿어서 구원에 이르게 정하셨다.

• 율법의 계명을 선포 받으면 마음으로 범죄한다

율법의 계명을 잘 지키려고 해도 죄성이 역사하여 마음으로 범죄하게 하므로 온전한 지킴은 불가능하다. 율법은 선하고 의롭고 거룩하여도 인간이 전적으로 무능하므로 지킬 수 없다. 그뿐만 아니라 계명들을 선포 받을 때 이미 마음으로 범죄함으로 계명을 지킬 수 없음이 확실하다.

• 율법 준수 주창자들은 마음으로 범하는 죄는 고려하지 않는다

범죄한 인간은 계명을 지킨다고 하여도 형식으로 지키고 문자만 지킬 뿐이다. 율법 준수 주창자들은 마음으로 범하는 죄는 전혀 고려하지 않는다.

• 주 예수를 믿는 것만이 의롭게 되는 길이다

따라서 사람이 의롭게 되는 길은 주 예수를 믿는 것뿐이다. 계명 준수로는 구원 얻는 것이 불가능하다. 그러므로 구원을 위해서 율법 준수가 아니라 주 예수의 구원사역을 내셨다.

115. 계명들은 준수할 수 없으므로 그리스도를 믿음으로만 의를 구하도록 하심

물음 115.

현재의 삶에서는 아무도 십계명을 지킬 수 없는데도 하나님은 왜 십계명을 날카롭게 전파하도록 하셨습니까?

Frage 115.

Warum lässt uns denn Gott also scharf die zehn Gebote predigen, wenn sie in diesem Leben Niemand halten kann?

답.

첫째로 우리는 일생 동안 우리의 죄된 본성을 더 깊이 인식하고 또 더욱더 그리스도 안에서 죄용서와 의를 간절히 구하게 하셨습니다. 둘째로 우리는 중단 없이 열심을 내고 성령의 은혜를 하나님께 구하고, 또 현재의 삶 후에 완전함의 목표에 도달하기까지 우리로 점점 더 하나님의 형상으로 새로워지게 하셨습니다.

Antwort.

Erstlich, auf dass wir unser ganzes Leben lang unsere sündliche Art je länger je mehr erkennen, und [so viel] desto begieriger Vergebung der Sünden und Gerechtigkeit in Christo suchen. Darnach, dass wir ohne Unterlass uns befleissigen, und Gott bitten um die Gnade des Heiligen Geistes, dass wir je länger je mehr

> zu dem Ebenbilde Gottes erneuert werden, bis wir das Ziel der Vollkommenheit nach diesem Leben erreichen.

해설

- **십계명을 지키라고 설교하는 것은 지킬 수 없다는 것을 알게 하기 위해서**

1. 십계명은 아무도 지킬 수 없는데도 설교하라고 하신 이유를 묻는다.

우리는 결코 십계명을 지킬 수 없다. 그런데도 하나님이 십계명을 중단 없이 설교하도록 하신 이유를 묻고 있다. 십계명을 지키라고 선포하는 것은 계명들을 잘 지키도록 함이 아니고, 지킬 수 없다는 것을 깨달아 성령의 은혜를 구하게 하셨다고 제시한다.

- **십계명은 아무도 지킬 수 없다**

2. 십계명은 이 세상에서는 아무도 지킬 수 없다는 것을 명시하고 있다.

사람이 이 세상에 살고 있는 한, 아무도 십계명을 지킬 수 없다는 것이 자명하다.

- **우리의 본성이 얼마나 죄된지를 알도록 십계명을 선포하게 하셨다**

3. 우리의 본성이 얼마나 죄된지를 인지하도록 십계명을 선포하게 하셨다.

율법의 계명을 선포하여 계명이 얼마나 준엄한지를 알게 하지 않으면 우리의 인간 본성이 얼마나 죄된지를 알 수 없다. 우리 인간 본성의 죄성이 얼마나 깊은지를 인식하도록 하려고 율법의 계명을 선포하게 하셨다.

- **계명을 선포하지 않으면 인간 본성은 교만해져서 착각한다**

율법의 계명을 선포하지 않으면 인간 본성은 교만하고 자만하여 스스로 계명을 잘 지킬 수 있는 것으로 여길 것이 분명하다. 이 무지와 교만을 인식하고 자기는 계명을 지킬 수 없다는 것을 인식하도록 하기 위해서 십계명을 선포하게 하셨다.

- **계명 선포는 지킬 수 없다는 것을 깨닫게 하기 위해서이다**

계명 선포로 율법을 지키게 하려는 것이 전혀 아니다. 오히려 사람은 율법의 계명을 지킬 수 없다는 것을 깨닫게 하시려고 하신 조치이다.

- **죄용서와 의는 그리스도에게서만 온다**

4. 죄용서와 의는 그리스도에게서만 얻을 수 있다.
사람이 계명을 지켜 의를 얻는 것이 결코 아니다. 계명을 지켜 의를 얻으려고 하면 오히려 범함만 더하게 된다. 범죄를 용서받고 의를 얻는 일이 계명 준수로는 결코 되지 않는다.

- **죄용서는 오직 그리스도에게서만 온다는 것을 알리려고 계명을 선포하게 하셨다**

의, 곧 죄용서는 오직 그리스도 안에서만 받을 수 있다. 그러므로 계명을 선포하는 것은 죄용서와 의를 그리스도에게서만 받을 수 있다는 것을 밝히기 위함이다.

- **의는 계명 지킴으로 아니고 오직 주 예수를 믿음으로만 받는다**

5. 죄용서와 의는 계명 지킴이 아니라 오직 주 예수를 믿음으로만 받는다.

계명은 온전하게 지킬 수 없으므로 율법 준수로는 결코 의를 얻을 수 없다. 오직 하나님이 내신 의의 길인 예수 그리스도와 그의 구원사역을 믿는 믿음으로 죄용서, 곧 의를 받는다.

- **의는 주 예수의 피로 죄용서를 받는 것이다**

예수 그리스도의 흘린 피로 죄를 용서받는 것이 의이다. 율법 준수로 오는 의는 성립할 수 없다.

- **율법 준수로 의를 받을 수 있다는 설정은 잘못된 논리이다**

6. 율법 준수로 의를 받을 수 있다고 한 설정부터 잘못된 논리이다. 계명을 지켜 의를 얻을 수 있다고 한 제시는 율법주의적인 관점에서 나온 사변이다. 개혁자들이 복음의 이해에 아직 온전하게 이르러 가지 못했다.

- **율법은 계명 준수가 불가능하다는 것을 가르치기 위해서 주어졌다**

율법은 사람이 자기의 힘으로 계명과 율법을 지킬 수 없다는 것을 가르치기 위해서 주어졌다. 율법은 본래 지킬 수 있다는 것을 전제하고 주어진 것이 아니다. 율법으로는 의를 얻을 수 없다는 것을 가르치기 위해서 주어졌다. 그러므로 율법을 지켜 의를 얻을 수 있다고 전제하는 것은 그릇된 신학이다.

의는 그리스도의 피로 죄를 용서받는 것이다. 바울이 율법과 연관해서 의를 전개함으로 이런 오해를 낳게 하였다 (롬 2:12-13).

- **의는 오직 주 예수를 믿는 믿음으로만 받는다**

의, 곧 죄용서는 오직 주 예수를 믿는 믿음으로 받는다. 주 예수를 믿음으로 죄용서를 받는 것이 의롭다 함을 받는 것이다. 죄용서를 받으므로 구원에 이른다. 이것이 바로 이신칭의이다. 이 진리는 성령이 깨우치셔야 알 수 있는 진리이다.

- **완전 거룩에 도달하는 것은 부활에서 이루어진다**

7. 완전 거룩에 도달하는 것은 죽음 후 부활에서 이루어진다.

우리의 믿음의 목표는 완전한 거룩에 도달하는 것이다. 이것은 지금 몸을 입고 살 때 이루어지는 것이 아니고 죽은 후 부활에서 이루어진다. 부활에서 육체와 영혼이 온전히 깨끗해진다.

- **부활에서 하나님을 온전히 섬기는 하나님의 형상이 된다**

8. 마지막에 온전히 하나님을 섬기는 하나님의 형상이 된다.

완전 성화가 이루어질 때 하나님을 온전하게 섬기는 하나님의 형상이 된다.

- **사람 창조 목적은 하나님을 찬양하고 경배하도록 하기 위해서이다**

하나님이 사람을 창조하신 것은 창조주 하나님을 찬양하고 경배하도록 하기 위해서이다. 이 목적으로 하나님은 사람을 하나님의 형상 곧 인격체로 지으시고 언약을 맺어 하나님의 백성 삼으셨다. 언약백성의 임무는 창조주 하나님을 찬양하고 경배하는 것이다. 하나님의 창조와 호의를 인해서 하나님을 찬양하는 일을 한다.

- **부활 때부터 하나님을 온전히 찬양하고 경배한다**

구속이 완성되면 온전히 하나님을 찬양하고 경배하는 백성이 된다. 부활 때 이 일이 이루어진다. 구원 얻은 사람들이 하나님의 형상으로 하나님 앞에 선다.

III-11. 기도에 관하여: 물음 116-129
Vom Gebet

> **116.** 기도는 감사의 표이고, 구하는 자들에게 선한 것을 주시는 통로임

물음 116.

왜 그리스도인에게 기도가 필요합니까?

Frage 116.

Warum ist den Christen das Gebet nöthig?

> **답.**
> 기도는 하나님이 우리에게 요구하시는 감사함의 표현이고, 또 끊임없이 탄식으로 구하는 자들과 그에게 감사하는 자들에게 자기의 은혜와 성령을 주기를 원하시기 때문입니다.
>
> **Antwort.**
> Darum, weil es das vornehmste Stück der Dankbarkeit ist, welche Gott von uns fordert, und weil Gott seine Gnade und Heiligen Geist allein denen will geben, die ihn mit herzlichem Seufzen ohne Unterlass darum bitten, und ihm dafür danken.

해설

- **기도는 그리스도인의 최상의 감사의 표현이다**

1. 기도는 그리스도인이 표현하는 최상의 감사의 표이다.

기도는 그리스도인들이 하나님께 감사를 표현하는 최상의 직분이다. 하나님의 은혜에 감사하는 표가 찬송하는 일이지만, 기도는 말로 직접 하나님께 감사를 표하는 방식이다.

- **구원은혜에 감사하여 기도한다**

성도들은 언제나 구원은혜에 감사하는 기도를 먼저 한다. 기도하여 주의 구원하신 은혜에 감사하고 기도하므로 찬송한다.

하나님의 구원과 모든 은혜에 감사하는 최상의 법은 기도하여 감사를 표현하는 것이다.

- **그리스도인은 늘 은혜에 감사하고, 은혜를 구해야 한다**

2. 그리스도인들은 주의 은혜로만 살 수 있으므로 늘 은혜를 구해야 한다.

하나님의 은혜를 끊임없이 간구하는 자에게 은혜를 주신다는 것은 믿는 자들이 계속적으로 은혜를 구하는 것을 말하고, 처음 믿을 때 믿게 하는 은혜를 말하는 것이 아니다.

- **불가항력적 은혜로 사람들로 믿게 하신다**

사람들로 주 예수를 믿어 구원에 이르게 하기 위해 하나님은 은혜를 베푸신다. 이 은혜는 불가항력적 은혜이다. 거부해도 받지 않을 수 없게 하나님은 은혜를 베푸신다. 이때도 강제적으로 은혜를 입히시는 것이 아니고, 의지를 설득하고 심장을 감화하셔서 믿게 하신다.

- **믿는 자들은 은혜로만 살므로 늘 은혜를 구하고 의지해야 한다**

믿는 자들은 끊임없이 하나님의 은혜를 구해야 한다. 하나님의 은혜를 구하는 것은 그리스도인이 전적으로 주께만 의존해서 살 수 있음을 말한다.

그리스도인은 하나님의 은혜 없이는 한시도 살 수 없다. 그러므로 끊임없이 기도하여 은혜를 구해야 한다. 그리스도의 은혜로만 그리스도인으로 살 수 있다. 그러므로 쉬지 말고 은혜를 구해야 한다.

- **성령은 주 예수를 믿는다는 믿음고백을 할 때 받는 것이고 구해서 받는 것이 아니다**

3. 성령을 끊임없이 구하는 자에게 주신다는 것은 해명을 필요로 한다.

성령은 주 예수를 믿는다고 믿음고백을 할 때 받는다. 믿은 후에 추후적으로 받는 것이 아니다. 그러므로 믿는 자가 기도와 간구로 성령을 받는 것이 아니다. 믿음고백을 할 때 성령은 그리스도인 안에 거주하신다.

- **성령 내주는 신성 자체로 우리 안에 거주하시는 것이 아니고 지속적, 인격적 교제 관계로 거주하시는 것이다**

성령의 내주는 신성 자체로 우리 안에 거주하시는 것이 아니다. 지속적인 인격적 교제 관계로 우리와 함께 계신다. 그런 면에서 성령의 역사를 구해야 한다.

- **울시누스는 성령 받음을 잘못 이해하여 구해서 받는 것으로 오해하고 있다**

울시누스 (Zacharius Ursinus)는 성령의 역사하심을 알지 못하여 끊임없이 구해서 성령을 받는 것으로 표시하였다. 성령은 처음 믿음고백을 할 때 받는 것이지, 간구해서 받는 것이 아니다. 우리는 성령 받기 위해서 기도하는 것이 아니라 역사하심을 구해야 한다.

- **성령 모신 후에는 그의 역사하심을 구해야 한다**

우리는 성령을 우리 심장에 모신 후에도 그의 역사하심을 늘 구해야 한다. 우리의 간구를 따라 성령이 우리에게 역사하셔서 죄의 욕망이 없어지게 하신다. 죄의 욕망을 이기는 길은 오직 성령의 역사하심으로 되므로 성령의 역사하심을 늘 구하고 기도해야 한다. 성령은 믿음고백을 할 때 거저 받는다. 간구해서 성령을 받는 것이 아니다.

- **그리스도인은 하나님의 은혜에 감사하며 살아야 한다**

4. 그리스도인은 하나님의 은혜에 늘 감사함으로 살아야 한다.
일반적으로 그리스도인들이 은혜를 구하여 받으면 그 받은 은혜에 대해 잊어버리고 감사하지 못한다. 그리스도인들은 은혜를 받으면 감사하고 찬양해야 한다.

> **117.** 모든 선한 것은 하나님께로부터 오는 것을 알고 겸손히 기도할 뿐만 아니라 그리스도의 이름으로 기도하면 응답하신다는 것을 확신해야 한다

물음 117.

하나님을 기쁘시게 하고 그에게서 응답 받는 기도에는 어떤 것이 속합니까?

Frage 117.

Was gehöhrt zu einem Solchen Gebet, das Gott gefalle, und von ihm erhört werde?

답.

첫째로 우리는 그의 말씀에서 우리에게 자신을 계시하신 유일한 참 하나님께 모든 것을 진심으로 간구해야 합니다. 이것들은 하나님이 우리로 간구하도록 명하셨습니다. 둘째로 우리는 우리의 필요와 비참함을 철저하게 인식하고 그의 엄위 앞에 우리 자신을 겸손하게 해야 합니다. 셋째로 우리 자신은 구해서 받을 만한, 자격이 없지만, 주 그리스도 때문에 우리 기도를 들으실 것이라는 확실한 근거를 갖고 있습니다. 그가 그의 말씀에서 우리에게 약속하신 대로 말입니다.

Antwort.

Erstlich, dass wir allein den einigen wahren Gott, der sich uns in seinem Wort hat geoffenbaret, um alles, das er uns zu bitten

> befohlen hat, von Herzen anrufen. Zum andern, dass wir unsere Noth und Elend recht gründlich erkennen, uns vor dem Angesicht seiner Majestät zu demüthigen. Zum dritten, dass wir diesen festen Grund haben, dass Er unser Gebet, unangesehen, dass wir es unwürdig sind, doch um des Herrn Christi willen gewisslich wolle erhören, wie Er uns in seinem Wort verheissen hat.

해설

- **하나님은 우리 기도를 기뻐 들으신다**

1. 하나님이 우리 기도를 기뻐하시고 우리의 기도를 기꺼이 들으신다는 것을 확신시켜 주고 있다.
2. 우리는 유일하신 참 하나님께 기도함으로 하나님이 명령하신 것을 구해야 한다.

이방종교는 사람이 원하는 대로 예배모범을 정해서 그 대상 신을 경배하고 기도한다. 이것은 이방종교의 법이다.

- **하나님은 예배모범을 정하셔서 그 법대로 예배하게 하셨다**

우리가 믿는 하나님은 유일한 참 하나님이시므로 우리가 하나님을 예배해야 할 예배모범을 그의 말씀에 정하셨다. 예배를 받으시는 존재가 그가 받으실 예배모범을 정하신 것이다.

- 하나님은 주 예수의 이름으로 기도할 것을 정하셨다

어떻게 기도하고 무엇을 간구할지도 하나님이 다 정하셨다. 그뿐만 아니라 주 예수 그리스도의 이름으로 구한 기도만 받으신다.

우리는 기도할 때 하나님이 그의 말씀에서 계시하시고 명하신 대로 간구해야 한다. 그때만 우리의 기도를 받으신다.

- 하나님이 기뻐하시는 기도는 그의 명령대로 하는 기도이다

3. 하나님이 기뻐하시는 기도는 그가 명령하신 대로 하는 기도이다.

하나님이 받으시는 기도는 그의 영광과 엄위에 합당하게 구하는 기도이다. 하나님은 우리의 아름다운 말과 수식어로 중언부언하는 기도를 기뻐하지 않으신다.

- 하나님은 그리스도의 이름으로 드려진 기도만 받으신다

하나님이 받으시는 기도는 주 예수 그리스도의 이름으로 드려진 기도이다. 우리는 우리의 자격이나 공로로 기도할 수 없다. 오직 그리스도의 구속 때문에 하나님이 우리의 기도를 받으신다. 따라서 주 예수 그리스도의 이름으로 드려진 기도만을 기뻐하신다. 그러므로 우리가 응답 받기를 원하면 시작부터 주 예수의 이름으로 기도해야 한다.

- 기도할 때 그리스도의 피로 죄와 허물을 사해 주시기를 구해

야 한다

그리고 기도할 때 우리의 죄와 허물을 그리스도의 피로 씻으셔서 용서하시도록 기도해야 한다. 그냥 죄와 허물을 나열하는 것으로는 용서받지 못한다. 그 죄와 허물을 그리스도의 피로 용서해 주시기를 구해야 한다.

- **그리스도의 피에 호소해서 죄용서를 구해야 용서받는다**

그냥 죄만 아뢰어서는 결코 용서받을 수 없다. 오직 그리스도의 피에 호소해서 죄용서를 구하고, 그의 이름의 권세로 기도해야만 용서받는다.

- **하나님을 찬양하고 경배하는 기도를 해야 한다**

또한 기도할 때 하나님을 찬양해야 한다. 하나님이 사람을 지으실 때 하나님을 찬양하고 경배하도록 지으셨기 때문이다. 창조와 구속을 인해 하나님을 찬양하고 경배하는 기도를 하면 인간 본분을 다하는 것이다. 하나님이 사람을 구원하신 것도 본래 창조의 목표대로 하나님을 찬양하고 경배하는 자리로 돌리기 위해서이다.

- **사람은 자기의 비참함을 깨닫고 기도해야 한다**

4. 사람은 자기의 존재가 얼마나 비참한 상태인지를 잘 인식해야

한다.

그리스도인은 하나님께 기도할 때 자기의 부족함과 비천함과 비참함을 깨닫는다. 그럼에도 불구하고 자기의 잘남을 과시하고 자기의 우월함에 도취되어 있다. 도저히 하나님의 엄위 앞에 설 수 없는 비참한 죄인이지만 교만하고 반역성이 강해서 자기를 과대포장하고 자기과시를 한다.

- **교만하지 말고 자신이 얼마나 비참한 죄인인지를 깨닫고 기도해야 한다**

그 때문에 자기 자신을 철저히 살피면 얼마나 비참하고 무능하고 부족한 존재인지를 알 수 있다. 그러면 하나님의 엄위 앞에 자신을 낮추어 비참한 죄인이라고 고백하고 불쌍히 여겨주시라고 절규하게 된다.

- **비참한 죄인이어서 주의 은혜 아니면 살 수 없음을 고백해야**

기도할 때는 언제나 자기가 비참한 죄인인 것과 주의 은혜 아니면 살 수 없는 자임을 고백하고 겸비해야 한다.

- **그리스도 때문에 하나님은 우리의 기도를 들으신다**

5. 하나님은 우리의 무익함에도 불구하고 그리스도 때문에 우리의 기도를 기꺼이 들으신다.

하나님은 우리의 가치나 자격 때문이 아니고 그리스도 때문에 우리의 기도를 기꺼이 들으신다. 하나님이 우리 자체만을 보시면 죄의 덩어리이기 때문에 우리를 기뻐하실 수도 없고, 기도도 받으실 수 없다.

- **하나님은 우리를 그리스도 안에 있는 자로, 또 그로 옷 입은 자로 보시고 기도를 받으신다**

하나님은 우리 자신을 보시는 것이 아니라 그리스도 안에 있는 자로 보시고 그로 옷 입은 자로 여기시기 때문에 우리를 사랑하는 자녀로 보신다. 그 때문에 우리의 기도를 기뻐 들으시고 응답하신다. 그러므로 우리가 주 예수 그리스도의 이름으로 기도함으로 우리 기도를 받으시라고 말해야 한다.

하나님은 그리스도를 믿는 믿음 때문에 우리 기도를 들으신다. 하나님이 우리 기도를 들으시는 유일한 근거는 그리스도, 곧 그리스도를 믿는 믿음뿐이다.

- **하나님은 주 예수의 이름으로 기도한 것만 받으신다**

6. 하나님은 주 예수 그리스도의 이름으로 기도한 것만 받으신다.

그리스도 자신이 약속하시기를, "내 이름으로 아버지께 기도하면 내가 시행하리라"고 하셨다 (요 14:13). 이 말씀이 '그가 약속하신 대로'라는 말씀의 뜻이다.

118. 영적, 육체적 모든 요구를 다 구하라고 명하심

물음 118.

하나님이 무엇을 구하라고 우리에게 명령하셨습니까?

Frage 118.

Was hat uns Gott befohlen, von ihm zu bitten?

답.

모든 영적, 육체적 필요한 것을 구하도록 명하셨습니다. 이것은 주 그리스도가 친히 우리에게 가르치신 기도문에 넣으신 것들입니다.

Antwort.

Alle geistliche und leibliche Nothdurft, welche der Herr Christus begriffen hat in dem Gebet, das Er uns selbst gelehret.

해설

- **주님이시므로 우리의 영적, 육체적 필요를 다 구해야 한다**

1. 우리는 영적, 육체적 필요를 다 하나님께 구해야 한다.

하나님은 우리를 구원하신 구주이실 뿐 아니라 우리의 주님이시다. 주님은 우리의 모든 문제를 책임지시는 분이시다. 우리의 구원만이 아니라 생존도 책임지신다. 그러므로 영적 필요만이 아니라 세상적, 물질적 혹은 삶에 필요한 모든 것을 주께 아뢰고 부탁해야 한다. 그러면 주께서 우리의 필요를 채우신다.

- **주기도문에 영적, 육체적 필요를 다 구하라고 하셨다**

2. 주 예수는 주기도문에서 일용할 양식을 구하도록 명하셨다.

하나님의 영광과 그의 나라가 임하기를 기도하도록 명하신 후 죄를 용서해 주실 것을 구하도록 하셨다.

그리고 우리에게 일용할 양식을 주시도록 기도하라고 명하셨다. 이것은 우리의 삶을 하나님의 지시와 명령대로 살 것을 명하신 것이다.

그러므로 우리의 기도는 영적 필요를 구할 뿐 아니라 육체적 필요를 채워주시기를 구해야 한다. 가난한 사람만 매일의 양식을 구하는 것이 아니다. 백만장자, 억만장자도 매일 먹는 양식을 주께 구해서 그의 손에서 받아 먹어야 함을 가르치셨다.

119. 기도의 표준인 주기도문으로 어떻게 우리가 기도할 것인지를 교훈하심

물음 119.

주의 기도는 무엇입니까?

Frage 119.

Was lautet das Gebet des Herrn?

답.

하늘에 계신 우리 아버지여, 주의 이름이 거룩히 여김을 받으시오며, 주의 나라가 임하옵시며, 주의 뜻이 하늘에서 이루어진 것같이 땅에서도 이루어지이다. 오늘 우리에게 일용할 양식을 주옵시고, 우리가 우리에게 죄지은 자를 사하여 준 것같이 우리 죄를 사하여 주옵시고, 우리를 시험에 들게 하지 마옵시고, 다만 악에서 구하옵소서.

대개 나라와 권세와 영광이 아버지께 영원히 있사옵나이다. 아멘.

Antwort.

Unser Vater, der du bist in den Himmeln: Geheiliget werde dein Name. Dein Reich komme. Dein Wille geschehe auf Erden, wie im Himmel. Unser täglich Brot gieb uns heute. Und vergieb uns unsere Schulden, wie auch wir vergeben unsern Schuldigern. Und führe uns nicht in Versuchung, sondern erlöse uns vom Bösen. Denn dein ist das Reich, und die Kraft, und die Herrlichkeit in Ewigkeit. Amen.

주기도문 해설

- **하나님이 인류를 창조하셨으므로 우리의 아버지이시다**

1. 하나님이 우리의 아버지이신 것은 우리를 창조하셨기 때문이다.

하나님이 인류를 창조하셨다. 그러므로 우리의 아버지이시다. 더욱이 그리스도인들은 주 예수를 믿고 거듭나서 새사람이 되었다. 이 구원역사를 하나님이 실제로 이루셨다. 그러므로 하나님이 우리의 아버지이시다.

- **하나님을 하늘에 계신 아버지라고 말하는 것은 그가 창조주이심을 밝히는 것이다**

2. '하늘에 계신 우리 아버지'라고 한 것은 하나님이 창조주이심을 밝힌 것이다.

모든 사물은 땅에 있고 또 창조세계에 있다. 하늘은 하나님의 처소이다. '하늘에 계신 아버지'라고 하는 것은 그가 창조주이심을 밝히는 것이다.

- **아버지가 하늘에 계신다는 것은 그가 온 우주를 다스리는 분이심을 말한다**

3. 하늘에 계신다는 것은 온 우주를 다스리시는 것을 말한다.

하늘에 계시는 아버지는 온 우주를 다스리시는 하나님이시다. 하나님이 하늘에 계신다는 것은 하나님이 하늘과 땅을 다 다스리심을 말한다. 그래서 '하늘에 계신 아버지'라고 말한다.

- **'주의 이름이 거룩히 여김을 받으시오며'는 주의 이름에 합당하게 영광과 찬송을 돌려드려야 할 것을 말한다**

4. '주의 이름이 거룩히 여김을 받으시오며'는 하나님이 마땅히 하나님으로서 영광과 경배를 받으심으로 하나님으로 인정받으시는 것을 말한다.

'주의 이름이 거룩히 여김을 받으시오며'는 주의 이름에 합당하게 찬송하고 경배해야 하는 것을 지시하고 가르친다.

하나님이 사람을 창조하신 뜻은 하나님을 찬송하고 경배하도록 하기 위해서이다. 그러므로 하나님을 경배하고 찬송하는 것이 마땅하다. 그것이 하나님을 하나님으로 섬기는 것이며, 그의 이름에 합당한 섬김을 하는 것이다.

- **'이름이 거룩히 여김을 받으시오며'는 그의 인격에 합당하게 경배와 찬송을 바쳐드려야 함을 말한다**

5. 이름이 거룩히 여김을 받으시는 것은 하나님의 인격, 곧 하나님이 하나님으로서 합당한 경배와 찬송을 받으시는 것을 말한다.

이름은 인격을 표시하고 지시한다. 이름은 실재여서 그 이름을 지닌 인격과 일치된다. 이름이 거룩히 여김을 받으시는 것은 하나님의 인격을 합당한 방식으로 찬송하고 경배하는 것을 말한다.

- **'나라'는 그리스도의 피로 죄가 씻어져서 하나님의 백성의 자리로 돌아간 사람들을 뜻한다**

6. '나라'는 그리스도의 피로 죄가 씻어지고 용서되어 백성의 자리로 돌아간 사람들을 말한다.

여기 '하나님의 나라'는 주 예수를 믿어 구속된 백성이다. 이런 백성이 참으로 하나님을 찬양하고 경배한다. 백성이 본래 창조된 본분으로 회복되었기 때문이다.

'나라'는 그리스도의 흘리신 피로 죄가 제거되고 용서되어 본래 백성의 자리로 돌아간 사람들이다. 구속받은 백성은 하나님의 백성이 되었으므로 하나님을 찬송하고 경배한다.

주기도문을 가르치실 때에는 그리스도가 아직 피 흘리시지 않았으므로 '나라가 임하옵시며'라고 기도하게 하셨다. 또한 백성 회복의 과정은 역사의 끝까지 계속되므로 백성 회복이 온전히 이루어지도록 기도하는 것이 필요하다.

- **'뜻이 하늘에서 이루어진 것같이'는 하나님이 정하신 대로 세상 구원이 다 이루어지기를 구하는 것이다**

7. '뜻이 하늘에서 이루어진 것같이 땅에서도 이루어지이다'는 하늘에서 하나님이 정하신 세상 구원 작정이 다 이루어지기를 구하는 것이다.

세상에는 하나님의 뜻에 거슬러서 또 하나님의 뜻을 망치려는 세력들이 존재한다. 사탄과 그 무리들이 하나님의 구원사역을 방해하고 인류를 하나님의 백성으로 돌이키는 구원사역을 망치려고 사력을 다한다. 사탄과 그 무리들은 이 거룩한 사역이 다 이루어지지 못하게 막고 방해한다. 적그리스도 세력도 마찬가지 일을 하고 있다.

- **구원사역을 선포하는 것도 제대로 이루어지지 못하게 막는다**

구원사역을 선포하는 것도 제대로 이루어지지 못하게 막는다. 인간의 죄성의 역사가 복음 선포를 제대로 이루어지지 못하게 비튼다.

- **'주의 뜻'은 주 예수로 말미암아 세상이 구원받도록 정해진 것을 말한다**

8. '주의 뜻'은 주 예수로 말미암아 세상이 구원받도록 정하신 것을 말한다.

하나님은 주 예수로 말미암아 세상을 구원하기로 정하셨다. 세상 구원을 이루시기 위해 그리스도께서 세상에 오셨다. 주 예수로 세상을 구원하기로 정하셨기 때문에 이스라엘에서 오랫동안 준비하셨다. 그리스도께서 인류를 하나님의 백성으로 돌이키기 위해 오셨으므로, 구원경륜이 잘 이루어지도록 기도하게 하셨다. 하나님의 구원 작정이 다 이루어지도록 성도들이 기도하는 일이 매우 중요하다.

- **'일용할 양식을 주옵시고'는 날마다 양식을 하나님으로부터 받**

아 사는 것을 말한다

9. '일용할 양식을 주옵시고'는 매일 양식을 하나님으로부터 받아서 사는 것을 말한다.

백만장자, 억만장자도 하나님의 손으로부터 먹을 것과 마실 것을 받는다. 다른 사람들도 다 하나님으로부터 양식을 받아서 살아간다. 그러므로 매일의 양식을 주시라고 기도해야 한다.

- 모든 것을 창조세계에서 얻어서 산다는 것을 표시한다

우리는 모든 것을 하나님의 창조세계에서 얻어 산다. 그것은 하나님의 창조세계에서 얻지 않으면 아무것도 얻을 수 없음을 말한다.

- 매일의 양식을 주시라고 기도하는 것은 생명과 모든 것이 하나님께 달렸음을 말한다

10. 매일의 양식을 주시라고 하나님께 기도하는 것은 생명과 모든 것이 하나님께 달렸음을 말한다.

매일 먹는 양식을 하나님께 구해야 하는 것은 모든 것이 전적으로 하나님의 손에 달렸음을 말한다. 곧 하나님의 작정과 허락 없이는 아무것도 일어나지 않음을 말한다. 모든 것이 하나님의 손에서 나오므로 하나님 아버지께 매일의 양식을 구해야 한다.

- **우리의 죄를 사해 주시기를 기도할 때 먼저 할 것은 다른 사람들의 잘못을 용서하는 일이다**

11. 우리 죄를 사해 주시기를 기도할 때 앞서서 할 것은 우리에게 잘못한 사람들을 먼저 용서하는 것이다.

나는 내게 잘못한 사람의 죄과를 용서하지 않으면서 하나님이 내 죄를 용서해 주시기를 기도하는 것은 자기의 악은 그대로 갖고 있으면서 내 행동적인 죄만을 용서해 주시라고 기도하는 것과 같다.

- **내가 사람에게 앙심과 적개심을 갖고 있으면 죄용서를 받을 수 없다**

나는 다른 사람에게 대해 앙심과 적개심을 그대로 갖고 있으면서 하나님께 죄용서를 구하는 것은 내 죄는 죄가 되지 않는다는 식으로 악한 마음으로 하는 기도이다. 따라서 내 죄도 용서받을 수 없다.

- **우리의 죄에는 악행과 악한 생각과 악한 감정이 포함된다**

12. 우리의 죄를 용서해 주시라고 기도하는 것은 우리는 죄인이므로 모든 악행과 악한 생각들과 죄된 감정을 용서해 주시기를 기도하는 것이다.

- **주 예수의 이름으로 기도하고, 그의 흘린 피에 의지해서 죄용**

서를 구해야 한다

13. 주 예수의 이름으로 기도하고, 그의 흘린 피에 의지해서 죄용서를 구해야 용서받는다.

우리가 죄를 용서받을 수 있는 유일한 근거와 재료는 그리스도의 흘리신 피이다.

죄를 그냥 고백만 해서는 결코 사죄의 확신을 가질 수 없다. 사죄의 확신이 없기 때문에 반복적으로 여러 차례 자기의 죄를 나열한다. 죄의 고백이 죄용서를 가져다주는 줄로 착각하는 것이다. 하나님이 죄의 고백을 들으셨어도 그리스도의 피에 호소해서 용서를 구하지 않으면 그 사람의 죄를 용서하시지 않는다. 주 예수의 흘린 피로 용서해 주시기를 구할 때만 죄용서를 받는다.

- 죄짓지 않는 최선의 길은 시험에 들지 않는 것이다

14. '시험에 들게 하지 마옵시고'라고 기도하라고 하신 것은 사람은 시험 받으면 거의 죄로 떨어지기 때문이다.

시험에 죄성이 역사해서 죄짓게 만든다. 죄짓지 않는 최선의 길은 시험에 들지 않는 것이다. 그러므로 '시험에 들게 하지 마옵소서'라고 기도하라고 명하셨다.

- 시험 받으면 죄성이 역사해서 핑계를 대어 죄지으려고 한다

시험 받으면 죄성이 역사해서 온갖 핑계를 대어 죄지으려는 마음

을 일으킨다. 그러면 죄짓는 일을 계획하고 죄짓는 데로 나아간다. 그러므로 처음부터 시험에 들지 않게 하는 것이 중요하다. 시험에 드는 환경을 멀리하고, 죄의 유혹을 피하는 것이 좋다.

- **시험에 들면 주 예수의 피가 나를 모든 죄에서 깨끗하게 한다고 선언해야 한다**

시험이 올 때 주 예수의 피가 나를 모든 죄에서 깨끗하게 한다고 선언함으로 죄의 욕망과 생각이 마음 판에 정착하지 못하게 해야 한다.

- **'악한 자에게서 구원하소서'라고 기도하는 것은 악의 유혹을 피하게 해주시라는 기도이다**

15. '악에서 구하옵소서'라고 기도하는 것은 죄악의 유혹을 피하는 것이 악에서 구원받는 것이기 때문이다.

'악에서'의 '악'은 '악한 자'로 번역해야 한다. 첫 범죄가 유혹자에게서 시작하였다. 첫 유혹자가 그리스도인들도 시험하여 범죄하게 한다. 그가 첫 인류로 범죄하도록 충동질하였다. 그리스도인들도 마찬가지로 범죄하게 한다. 그러므로 악한 자에게서 구출되어야 한다.

- **악한 자의 목표점은 잘 믿는 사람들과 잘 믿으려고 하는 자들로 예수 믿지 못하게 하는 것이다**

악한 자의 목표점은 잘 믿는 사람들과 잘 믿으려고 하는 자들로 하나님 섬김, 곧 예수 믿음을 못하게 하는 것이다. 그러므로 성도들이 악한 자에게서 구원되도록 구해야 한다.

16. '나라와 권세와 영광이 아버지께 영원히 있사옵나이다'라고 기도하는 것은 나라와 권세와 영광을 하나님께 돌리도록 함을 나타낸다.

- **나라가 영원한 것은 구속받은 백성이 영원히 하나님을 찬양하고 경배하는 것을 말한다**

17. 나라가 영원한 것은 구속받은 백성이 영원히 하나님을 찬양하고 경배하게 됨을 말한다.
나라는 구속받은 백성들이다. 이 백성은 처음 창조경륜을 따라 창조주 하나님만 찬양하고 경배하도록 창조된 백성이다. 창조되고 구속된 백성은 영원히 하나님을 찬양하고 경배해야 한다. 이것이 빨리 이루어지게 기도하라고 명하셨다.

- **권세가 영원한 것은 하나님의 통치가 영원한 것을 말한다**

18. 권세가 영원한 것은 창조주 하나님의 통치가 영원함을 말한다.
하나님이 구속받은 백성들 가운데 충만히 거주하시는 것이 하나님이 그들을 영원히 다스리시는 것이다.

- **영광이 영원한 것은 하나님이 구원받은 백성 가운데 거하시며 영원히 찬양과 경배를 받으시는 것을 말한다**

19. 영광이 영원한 것은 하나님이 백성들을 구원하시므로 그들로부터 끊임없이 찬양과 경배를 받으시는 것을 말한다.

하나님이 구속받은 백성 가운데 충만히 거주하시므로 백성들의 찬송과 경배를 만족하신다. 영원한 찬송과 경배 속에 사시는 것이 하나님이 영원히 영광을 보시는 것이다.

120. 하나님을 아버지로 불러 기도하는 이유

물음 120.

그리스도는 왜 하나님을 '우리 아버지'라고 부르라고 명령하셨습니까?

Frage 120.

Warum hat uns Christus befohlen, Gott also anzureden: unser Vater?

답.

그리스도는 우리가 기도를 시작할 때부터 하나님을 향해 어린아이와 같은 두려움과 신뢰를 우리 안에 일으키기 원하십니다. 이것이 우리 기도의 근거가 되어야 합니다. 곧 하나님은 그리스도로 말미암아 우리의 아버지가 되십니다. 육신의 아버지들은 땅의 일들도 들어주기를 거부하는데, 하나님은 우리가 믿음으로 구하는 것을 물리치시지 않습니다.

Antwort.

Das Er gleich im Anfang unsers Gebets in uns erwecke die kindliche Furcht und Zuversicht gegen Gott, welche der Grund unseres Gebetes sein soll, nämlich, dass Gott unser Vater durch Christum worden sei, und wolle uns viel weniger versagen, warum wir ihn im Glauben bitten, denn unsere Väter uns irdische Dinge abschlagen.

해설

울시누스가 제시한 주기도문의 항목들을 해설함

- 하나님을 아버지라고 불러 기도하는 것은 아들의 심장으로 구하라는 것이다

1. 하나님을 아버지라고 불러 기도하라고 명하신 것은 기도할 때 아들의 심장으로 구하도록 하려고 명하셨다.

- 천지의 대주재 하나님은 엄위롭고 거룩하셔도 믿는 자들에게는 아버지 되시어 기꺼이 들으신다

하나님은 천지의 대주재이시므로 거룩하고 엄위로우신 하나님이시다. 그러나 믿는 자들에게는 우리의 모든 형편을 기꺼이 들으시는 아버지 되심을 밝히기 위해서 '우리 아버지'라고 기도하게 하셨다. 아들이 아버지를 대할 때 두려움도 있지만 기도를 들어주실 것이란 확신을 갖게 하는 호칭이 '우리 아버지'이다.

- 하나님은 아버지이시므로 두려움과 공포의 대상이 아니라 애정으로 우리를 대하신다

하나님은 아버지이시므로 우리를 대하여 두려움과 공포의 대상으로 서시는 것이 아니다. 아버지로서 부드러움과 애정으로 대하신

다. 그러므로 '우리 아버지'라고 불러 기도하게 하셨다.

- **두려움과 신뢰가 기도의 근거**

2. 두려움과 신뢰가 하나님을 향한 우리의 기도의 근거가 되어야 한다.

하나님은 아버지로서 아들의 기도를 받으시고 응답하신다. 우리의 기도를 들으시고 이루어 주신다는 것을 확신하게 하려고 '우리 아버지'라고 불러 기도하게 하셨다.

- **그리스도의 구속사역 때문에 하나님이 우리 아버지이시다**

3. 하나님이 우리 아버지가 되신 것은 전적으로 그리스도의 구속사역 때문이다.

그리스도의 구속사역 전에는 하나님은 반역한 인류를 향하여 진노하시는 창조주이셨다. 그러나 그리스도께서 우리의 죗값을 다 갚으심으로 주 예수를 믿는 우리를 하나님의 자녀로 삼으셨다. 하나님은 우리의 아버지가 되셨다.

- **아버지이시므로 우리의 기도를 기꺼이 들으신다**

4. 하늘 아버지는 땅의 아버지들보다 우리의 기도를 기꺼이 들으신다.

육신의 아버지는 삶에 꼭 필요한 것도 때때로 해주기를 거부한다. 그러나 하늘 아버지는 우리의 기도를 기꺼이 들으신다. 오래도록 기도하고 간구하게 하는 일이 있어도 합당한 기도와 간구는 기꺼이 응답하신다.

- **주 예수의 이름으로 드리는 간구를 다 들으신다**

하나님이 우리 아버지로서 우리의 기도와 간구를 들으신다는 확신이 있기 때문에 우리는 우리의 필요를 다 하나님 아버지께 아뢴다. 하나님 아버지는 우리 주 예수의 이름으로 구하는 간구를 들으시고 우리의 소원을 충족시켜 주신다.

> **121.** '하늘에 계시는' 본문을 추가한 이유는 하나님의 엄위를 생각하도록 하고 모든 필요를 채워주실 것을 믿고 기도하도록 함임

물음 121.

왜 '하늘에 계시는'을 추가하였습니까?

Frage 121.

Warum wird hinzugethan: Der du bist in den Himmeln?

답.

우리가 하나님의 엄위에 대해서는 지상적인 것을 전혀 생각하지 않도록 하기 위해서입니다. 또 그의 전능으로부터 우리의 몸과 영혼의 모든 필요를 기대할 수 있도록 하기 위해서입니다.

Antwort.

Auf dass wir von der himmlischen Majestät Gottes nichts Irdisches gedenken, und von seiner Allmächtigkeit alle Nothdurft Leibes und der Seele gewarten.

해설

- 하늘에 계신 아버지는 땅에 있는 아버지와 전혀 다름을 전달함

1. '하늘에 계신 아버지'라고 부르는 이유는 하나님 아버지는 땅 위의 아버지들과 전혀 다른 분이심을 깨닫도록 하기 위해서이다.

아버지라고 하면 우리를 낳은 아버지를 생각하는 것이 통상적이다. 그러므로 하나님도 아버지라고 하면 땅에 있는 아버지 정도로 생각하게 된다. 하늘에 계시는 아버지는 하늘의 영광과 엄위를 지니셨음을 알도록 하기 위해서이다.

- **하나님은 아버지이셔도 영광과 엄위와 거룩을 지니심**

2. 하늘의 엄위는 창조주 하나님의 영광과 거룩을 표현한다.

창조주는 어떤 존재와도 비교할 수 없는 영광과 거룩을 지니신다. 그러므로 아버지라고 부르더라도 땅 위의 아버지들처럼 생각하면 안 된다는 것을 강조하려고 한다. 하나님은 아버지이셔도 하늘의 영광과 엄위와 거룩을 지니신다.

- **아버지이시므로 우리 기도와 간구를 다 들으신다**

3. 아버지이시므로 우리의 기도와 간구를 다 들으시는 전능한 하나님이심을 말한다. 하나님은 전능하시므로 우리의 기도를 다 들어 응답하실 수 있고 실제로 응답하신다. 영적 필요뿐만 아니라 육체적 요구도 다 들으신다.

122. 첫 간구는 주의 이름이 거룩히 여김을 받으시는 것

물음 122.
첫 번째 간구는 무엇입니까?

Frage 122.
Was ist die erste Bitte?

답.
주의 이름이 거룩히 여김을 받으시옵소서: 곧 먼저 우리가 주를 올바로 알게 하시며 또 주의 모든 사역들에서 주를 알게 하시옵소서. 또 주의 전능과 지혜와 선하심, 의와 자비와 진리가 빛을 발하는 주의 사역들에서 주를 높이고 기리고 찬양하게 하소서. 그리고 우리의 삶과 생각과 말과 행함을, 주의 이름이 우리 때문에 모욕을 당하지 않고 존귀와 찬양을 받으시게 하옵소서.

Antwort.
Geheiliget werde dein Name; das ist: Gieb uns erstlich, dass wir dich recht erkennen, und dich in allen deinen Werken, in welchen leuchtet deine Allmächtigkeit, Weisheit, Güte, Gerechtigkeit, Barmherzigkeit und Wahrheit, heiligen, rühmen, und preisen. Darnach auch, dass wir unser ganzes Leben, Gedanken, Worte, und Werke dahin richten, dass dein Name um unsertwillen nicht gelästert, sondern geehret und gepriesen werde.

해설

- **'주의 이름이 거룩히 여김을 받으시오며'는 주를 알고 거룩하게 찬양해야 하는 것을 말함**

1. '주의 이름이 거룩히 여김을 받으시오며'는 어떤 내용으로 이해되어야 하는지를 설명하고 있다.
2. '주의 이름이 거룩히 여김을 받으시오며'는 주를 올바로 알며 주의 모든 사역에서 주를 거룩하게 하고 높여 찬양하는 것을 말한다.

- **주를 아는 것은 창조주와 구속주로 아는 것임**

3. 주를 올바로 아는 것은 하나님 아버지를 창조주와 구속주로 아는 것을 말한다.
하나님은 본래 창조주이셨는데 인류를 죄와 죽음에서 구원하심으로 구속주가 되셨다. 창조주는 하늘과 땅과 인류를 창조하심으로 아버지가 되셨다. 그러나 범죄한 인류를 죄와 죽음에서 구원하는 큰 사역을 하심으로 하나님은 구원 얻은 백성들의 아버지가 되셨다. 이렇게 하나님이 아버지가 되시는 것을 아는 것이 주 하나님을 올바로 아는 것이다.

- **회복된 백성은 창조주요 구속주이신 하나님을 찬양하고 높인다**

4. 하나님의 백성으로 회복된 자들은 창조주요 구속주이신 하나님을 찬양하고 거룩하게 높이며 찬양하는 것이다.

하나님의 사역들은 창조사역과 구속사역과 역사의 섭리를 말한다. 하나님의 크신 사역들을 알면 하나님을 찬양하고 높여 경배하지 않을 수 없다.

5. 창조사역에서는 하나님의 전능과 지혜와 선하심이 찬연하게 빛난다.

- **하나님은 전능하시므로 만물을 단번에 창조하심**

하나님은 전능하시기 때문에 무에서 만물을 단번에 창조하셨다. 무에서 만물을 순간에 창조하신 것은 하나님이 전능하시기 때문이다. 없는 것에서 유를 창조하는 것은 하나님만의 특권이고 전유적 권세이다.

- **하나님은 전능하시므로 만물의 성질과 법칙과 존재방식을 단번에 정하셨다**

하나님의 창조에서 하나님의 지혜가 찬연하게 빛난다. 하나님은 무한한 지혜를 가지셨으므로 창조하실 만물 각각의 성질과 법칙을 다 정하셨다. 그리고 각 사물의 존재방식도 다 정하셨다. 온 우주의 운행과 역사의 진행도 창조를 시작하실 때 다 정하셨다. 하늘의 별들과 땅 위의 생명체들과 만물을 다 지혜로 정하시고 운행하는 방식도 다 정하셨다.

- **역사의 진행과 완성도 다 정하셨다**

그리고 역사의 진행과 완성까지도 다 정하셨다. 무한한 지혜를 가지신 하나님이시므로 이런 창조 작정을 단번에 다 정하시고 순간에 만물을 창조하셨다.

- **반역한 백성을 돌이키심에서 하나님의 선하심과 의와 자비가 빛남**

6. 구속사역에서 하나님의 선하심과 의와 자비가 빛났다.
인류가 반역죄를 지었으므로 도저히 용서될 수가 없었다. 그러나 무한히 선하신 하나님이 범죄한 백성을 돌이켜 하나님의 백성으로 삼기로 하셨으니 하나님의 선하심이 말할 수 없이 크다.

- **반역한 백성을 하나님의 자녀로까지 올렸으니 선하심이 크다**

구속받은 백성을 백성 수준으로 올리신 것이 아니고 하나님의 자녀의 자리로 올리셨으니 하나님의 선하심이 사람의 헤아림의 대상이 될 수 없다.

- **하나님이 죗값을 대신 갚으셨다**

하나님의 의와 자비가 구속사역에서 깊고 넓게 빛난다. 무한히 선하신 하나님은 죄인의 죗값을 대신 갚으셨다. 하나님은 그의 공의대로 사람의 죗값을 대신 갚으시기 위해서 무한한 대가를 치르셨다.

- **죗값을 대신 갚기 위해 성육신과 십자가의 고난을 당하셔서 피 흘리셨다**

무한하신 하나님이 피조물처럼 여인의 몸에 들어가시고 사람으로 출생하시고 다른 아이들과 같이 자라나시는 과정을 다 겪으셨다. 그리고 마침내 세상 죄를 전가받아 십자가에서 모진 고통과 죽음을 당하시고 피 흘리심으로 세상 죄를 완전히 속하셨다. 그의 사역이 의가 되어 믿는 자들의 죄를 용서하고 영생에 이르게 하셨다. 하나님이 공의와 선의 하나님이심을 완벽하게 현시하셨다.

- **죄와 죽음에서 인류를 구원하셨으니 큰 자비를 드러내셨다**

고통당하는 인류를 죄와 죽음에서 구원해 내셨으니 하나님의 자비가 얼마나 큰지가 잘 드러났다. 하나님은 자기의 법과 작정에 얼마나 신실하신지를 잘 나타내셨다.

- **신자들이 바르게 살지 못하면 주의 이름이 능욕을 받는다**

7. 믿는 자들의 삶과 언어와 행함이 올바르지 않으면 주의 이름이 능욕을 받고 훼방을 받는다.

그리스도인들에게는 주 예수의 이름이 붙어 있다. 그런데 그리스도인이 예수 믿은 후에도 삶이나 말이나 행함이 변화되지 않고 그 전처럼 살면 주의 이름이 훼방을 받고 욕을 먹는다.

- **그리스도인은 음담패설을 하면 안 된다**

그리스도인은 어떤 상황에서라도 음란한 말과 호색적인 말을 입 밖으로 내면 안 될 것이다. 또 그리스도인은 단정하고 올바른 행동을 해야 한다. 옛사람의 행동을 하면 안 될 것이다.

- **그리스도인은 언제나 주의 이름을 찬양하고 경배하는 삶을 살아야 한다**

8. 우리의 삶과 행동은 주의 이름을 찬양하고 존귀히 되게 해야 한다.

범죄하여 영원히 죽게 된 인류를 하나님이 그리스도의 피로 다시 살려 하나님의 백성이 되게 하셨으니, 구원받은 백성들은 늘 또 어디서나 주의 이름을 찬양하고 높이는 삶을 살아야 한다. 하나님을 찬양하고 경배하는 삶을 살면 우리의 본분을 다한 것이다.

123. 두 번째 간구는 주의 나라가 임함을 구하는 것

물음 123.

또 다른 간구는 무엇입니까?

Frage 123.

Was ist die andere Bitte?

답.

'주의 나라가 임하옵시며'입니다; 그러므로 주의 말씀과 영으로 우리를 다스려 주옵소서. 그리하여 점점 더 우리를 주께 복종하게 하옵소서. 주의 교회를 붙드시고 더하게 하소서. 그리고 주께 거슬러 일어난 마귀의 일들과 모든 폭력과 주의 거룩한 말씀에 거슬러서 고안해 낸 모든 악한 의논들을 파괴하소서. 그 안에서 주께서 만유 안에 만유가 되시는 주의 나라가 온전히 임할 때까지 그렇게 하소서.

Antwort.

Dein Reich komme; das ist: Regiere uns also durch dein Wort und Geist, dass wir uns dier je länger je mehr unterwerfen; erhalte und mehre deine Kirche, und zerstöre die Werke des Teufels und alle Gewalt, die sich wider dich erhebt, und alle bösen Rathschläge, die wider dein heiliges Wort erdacht werden, bis die Vollkommenheit deines Reichs herzukomme, darin du wirst Alles in Allen sein.

> 해설

- '주의 나라가 임하옵시며'는 그리스도의 구속사역으로 백성을 회복하는 것을 뜻한다

1. '주의 나라가 임하옵시며'는 그리스도의 구속사역으로 백성을 회복하는 것을 말한다.

'나라이 임하옵시며'는 주께서 말씀과 영으로 다스리심으로 이해하는 것이 종교개혁 때부터 확정되었다.

그러나 이 이해는 부족하고 본문의 뜻에 합치하지 않는다. '주의 나라가 임하옵시며'는 주 예수의 구속사역으로 백성을 회복하여 하나님이 그 백성 가운데 거하심으로 이해해야 한다. 주 예수는 그의 피로 백성을 회복하여 하나님이 그 회복된 백성 가운데 임하시도록 하기 위해서 오셨다.

- 말씀과 영으로 다스리심은 복음으로 사람을 변화시키는 것을 말한다

2. 말씀과 영으로 다스리심은 복음의 내용으로 성령이 우리를 변화시켜 주를 믿고 섬기게 하는 것을 말한다.

'말씀으로'를 그냥 성경 말씀 전체를 지시하는 것으로 이해하면 안 된다. 우리를 변화시켜 주를 믿게 하는 복음의 내용을 말한다. 복음의 선포에 성령이 역사하셔서 사람들을 변화시켜 주를 믿게 하신다. 다른 법으로 사람을 변화시키는 법은 세상에 없다.

- 주께 복종하는 것은 죄의 욕망을 버리고 믿음으로 사는 것을 말한다

3. 주께 더욱 복종하는 것은 죄의 욕망을 버리고 믿음의 법으로 사는 것을 말한다.

복음의 내용을 적용하여 죄의 욕망이 소산되면 그리스도를 믿는 믿음으로 산다. 그리스도인이 육의 욕망에 매여 살지 않으면 그리스도에게 더욱 복종하는 것이다.

- '주의 교회를 지켜 더 흥하게 하소서'는 시험과 핍박에서 지켜 주심으로 교회가 흥왕하는 것을 말한다

4. '주의 교회를 지키시며 더 흥하게 하소서'라고 구하는 것은 교회를 시험과 핍박에서 지켜 주심으로 교회가 흥왕하게 해 주시라고 기도하는 것이다.

교회가 시험과 유혹을 이겨내더라도 핍박을 면할 수 없다. 핍박을 받으면 믿음에 굳건하게 서서 순교하기도 하지만 상당수는 변절하여 믿음을 버린다. 배도는 교회가 핍박을 받아 당하는 큰 어려움이고 낭패이다. 그러므로 교회를 지켜 주시라고 기도할 수밖에 없다.

- 사탄과 대항세력들을 멸해 주시라고 기도하는 것은 사탄과 그 세력들이 교회를 유혹하여 죄에 빠져들지 못하게 해 주시라고 기도하는 것

5. 악마의 모든 행위들과 주를 대항해서 일어나는 세력을 멸해주시라고 기도하는 것은 사탄과 그의 무리들이 교회를 유혹하여 죄에 빠져들지 못하게 해 주시라는 간구이다.

사탄의 모든 행함과 꾀는 교회를 박멸하는 것이다. 핍박으로 교회가 흩어지고 없어지기도 했지만, 자유주의 이성적 신학은 교회를 완전히 황폐하게 하였다. 이런 것은 다 사탄과 그의 무리의 대적하는 역사이다. 그러므로 이런 일이 진행되지 않도록 기도해야 한다.

- **'주의 거룩한 말씀'은 복음을 뜻한다**

6. '주의 거룩한 말씀'은 주의 복음으로 이해해야 한다.

여기 '주의 거룩한 말씀'은 구약 말씀을 뜻하는 것이 아니라 주 예수의 거룩한 구원사역으로 이해해야 한다.

- **복음을 멸하려는 기도가 없어지게 해달라고 기도함**

7. 주의 거룩한 복음의 진보를 막는 세력들을 멸해 주시라고 기도해야 한다.

복음의 진리를 부정하고 배척하는 일은 사탄에게서 나온 꾀이다. 그러므로 이런 기도를 박멸해야 한다. 우리가 그렇게 할 수 없으므로 하나님이 멸해 주시기를 기도하는 것이다.

예수 그리스도의 복음을 멸하려는 기도와 악한 박해는 없어지지 않을 것이다. 그러므로 복음을 멸하려는 기도를 없애 주시라고 간구해야 한다.

- **주의 나라가 완전히 임할 때는 재림의 때이다**

8. 주의 나라가 완전히 임할 때는 주의 재림의 때이다.
주 예수께서 세상에 다시 오사 사탄과 그의 무리들을 심판하여 지옥으로 청산하시고 믿지 않는 자들도 지옥으로 소제하실 때 하나님이 구원받은 백성에게 오셔서 온전히 거주하신다.

- **하나님이 구원받은 백성 가운데 충만히 거주하심**

9. 주가 만유 안에 만유가 되시는 것은 하나님이 구원받은 백성 가운데 오사 충만히 거주하심을 말한다.
주가 재림하시면 주는 악을 완전히 소제하신다. 의인들이 거주하는 새 땅이 된다. 이때 하나님이 구원받은 새 백성들 가운데 오셔서 충만히 거주하신다. 백성들의 입에서 찬송이 터져 나와 온 누리를 찬송으로 채운다. 하나님은 자기의 창조경륜을 완전히 성취하시고 만족하시고 기뻐하신다.

124. 셋째 간구는 주의 뜻, 곧 백성 회복이 이루어지는 것임

물음 124.

셋째 간구는 무엇입니까?

Frage 124.

Was ist die dritte Bitte?

답.

'주의 뜻이 하늘에서처럼 땅에서 이루어지이다'입니다. 곧 우리와 모든 사람들이 우리 자신의 뜻을 취소하고, 반대의견을 버리고 주의 선한 뜻만을 순종하게 허락해 주시고, 또 하늘에 있는 천사들처럼 각 사람이 자기의 직임과 소명을 기꺼이 그리고 신실하게 수행하게 해주시옵소서 라고 기도하는 것입니다.

Antwort.

Dein Wille geschehe auf Erden, wie im Himmel; das ist: Verleihe, dass wir und alle Menschen unserem eigenen Willen absagen, und deinen allein guten Willen, ohne alles Widersprechen, gehorchen; dass also Jedermann sein Amt und Beruf so willig und treulich ausrichte, wie die Engel im Himmel.

해설

- **주의 뜻은 백성 회복이다**

1. 주의 뜻은 범죄한 인류를 구원하여 하나님의 백성으로 돌이키는 것이다.

하나님은 첫 인류와 언약을 체결하여 자기 백성을 삼으셨다. 언약백성으로 하나님을 잘 섬기다가 유혹을 받아 하나님 섬김을 거부하는 반역죄를 지었다. 이 반역죄로 저주와 죽음이 인류세계에 도입되어 모든 사람이 죽게 되었다.

하나님이 대신 사람의 죗값을 갚아 죄를 용서하고 구원하여 다시 백성으로 돌이키기로 정하셨다. 이것이 하나님이 정하신 뜻이다.

- **주의 뜻이 하늘에서 이루어진다는 것은 하나님의 세상 구원 작정을 말한다**

2. 주의 뜻이 하늘에서 이루어진다는 것은 하나님이 세상 구원을 스스로 작정하심을 말한다.

하나님은 반역하여 다 죽게 된 인류를 살리기로 정하셨다. 하나님이 구주가 되시어 사람의 죗값을 그의 피로 갚아 구원하기로 정하셨다.

- **주의 뜻이 땅에서 이루어진다는 것은 많은 사람이 주 예수를 믿어 하나님의 백성이 되는 것**

3. 주의 뜻이 땅에서 이루어진다는 것은 많은 사람이 주 예수를 믿어 하나님의 백성으로 돌아가는 것이다.

주의 뜻이 땅에서 이루어지는 것은 복음을 듣는 사람들이 주 예수 그리스도와 그의 구원사역을 믿는 것이다. 그러므로 복음 선포로 많은 사람들이 주 예수를 믿어 하나님의 백성으로 돌아가게 해야 한다. 이것이 땅에서 주의 뜻이 이루어지는 것이다.

- 주의 뜻이 땅에서 이루어진다는 것은 복음 선포로 많은 사람을 주께로 돌이킴을 뜻한다

4. 주의 뜻이 땅에서 이루어지는 것은 복음 선포를 열심히 하여 많은 사람들을 주께로 돌리는 것이다.

복음 선포로 사람들이 주 예수를 믿어 구원 얻게 하는 것이 주의 뜻이 이루어지게 하는 것이다. 풍성한 복음 선포만이 주의 뜻이 성취되게 하는 유일한 길이다.

- 주의 뜻이 땅에서 이루어지는 것을 울시누스는 사람들이 주의 뜻에 순종하는 것이라고 해설

5. 주의 뜻이 땅에서 이루어지는 것을 울시누스는 우리와 모든 사람이 자신의 의지를 버리고 아무런 반항 없이 주의 뜻만을 순종하는 것이라고 해명하였다.

이런 해명은 주의 뜻이 무엇인지를 잘 모르고서 한 해설이다. 땅에서 이루어질 주의 뜻은 사람들이 주 예수를 믿어 죄용서를 받아

하나님의 백성으로 돌아가는 것이다.

울시누스의 해설은 주 예수를 믿은 다음에 이루어질 성화과정에 해당한다. 죄지으려는 육적인 의지를 버리고 주 예수를 믿는 믿음으로 사는 것이라고 해야 한다.

- 울시누스의 모든 사람이 주의 뜻만을 순종한다는 것은 불가능한 선언이다

모든 사람이 자기의 뜻을 버리고 주의 뜻만을 순종한다는 것은 불가능한 선언이다. 믿는 사람들도 죄의 욕망을 버리고 주를 믿는 믿음대로만 사는 것이 어렵다. 그런데 믿기 전에 모든 사람들이 자기의 뜻을 버리고 주의 뜻만을 순종한다는 것이 무슨 뜻인가? 주 예수를 믿어 새사람이 되어 하나님의 백성이 되는 것 외에 다른 뜻이 있는 것인가?

- 주의 뜻만을 순종하는 것은 믿는 사람들의 당연한 의무이다

6. 자기의 뜻을 버리고 주의 뜻만을 순종하는 것은 믿는 사람들이 할 당연한 임무이다.

자기 뜻을 버리는 것은 죄지으려는 욕망을 버리는 것이다. 육의 욕망을 충족하기 위해서 행동하지 말고, 주를 믿는 믿음의 법으로 살아야 한다.

- 각 사람이 자기의 직임과 소명을 성실하게 수행해야 한다

7. 각 사람이 자기의 직임과 소명을 성실하고 진실하게 수행해야 한다. 이 일은 예수 믿어 변화된 사람들이 마땅히 행해야 할 직업수행이다.

125. 넷째 간구는 일용할 양식 주시기를 구하는 것

물음 125.

넷째 간구는 무엇입니까?

Frage 125.

Was ist die vierte Bitte?

답.

'오늘 우리에게 매일의 양식을 주시옵소서'입니다. 곧 우리에게 모든 육체적 필요를 공급해 주심으로 주님은 모든 선한 것의 원천이신 것을 알게 하시며, 또 주님의 복이 없이는 우리의 관심이나 일함도 형통할 수 없으며 또 주님의 은사 없이는 우리가 번창할 수 없습니다. 그러므로 우리는 우리의 신뢰를 모든 피조물들에서 떼어 오직 주께만 두게 하소서.

Antwort.

Gieb uns heute unser täglich Brot; das ist: Wollest uns mit aller leiblischen Nothdurft versorgen, auf dass wir dadurch erkennen, dass Du der einige Ursprung alles Guten bist, und dass ohne deinen Segen weder unsere Sorgen und Arbeit, noch deine Gaben uns gedeihen, und wir derhalben unser Vertrauen von allen Creaturen abziehen, und allein auf dich setzen.

해설

- '매일 양식을 주시고'는 우리의 양식이 전적으로 하나님께 의존되어 있음을 명시함

1. '오늘 우리에게 매일의 양식을 주시옵소서'는 우리의 양식이 전적으로 하나님께 의존되어 있음을 명시하는 기도문이다.

주님이 친히 이 기도를 가르치시면서 우리의 필요한 모든 것이 하나님으로부터 오는 것임을 확실하게 가르치셨다.

매일 먹는 양식도 하나님이 주셔야 먹고 살 수 있음을 말한다. 모든 양식은 다 하나님이 자라게 하심으로 우리의 양식이 될 수 있다.

- 하나님은 식량생산에 필요한 것을 다 주신다

하나님은 합당한 때에 비와 이슬과 습기를 주신다. 그리고 잘 자라도록 햇빛을 비추시고 적합한 온도가 유지되게 하신다. 또 비료가 될 요소들을 땅에 심어놓으시고 바람도 적당히 불어 곡식이 야무지고 옹골차게 자라게 하신다.

- 농부는 씨를 심고 가꾸지만 하나님이 식량이 되게 하신다

농부는 씨를 심고 가꾸지만 열매 맺어 양식이 되게 하는 것은 전적으로 창조주 하나님의 역사이다. 그러므로 우리가 먹는 양식은 하나님의 선물이다. 하나님이 주시는 양식이므로 기도하여 구해야

한다.

- **양식을 주시라고 기도하는 것은 육체적 필요를 채워주시라는 것이다**

2. 양식을 주시라고 기도하는 것은 우리의 육체적 필요를 다 채워 주시라고 기도하는 것이다.

우리가 주 예수를 믿어 하나님의 백성이 되면 하나님은 우리의 구주이시지만 주가 되신다. 주님이 되시는 것은 우리의 모든 것을 책임지시는 분임을 말한다.

- **양식 외에 모든 필요한 것을 주실 것을 구해야 한다**

양식 외에 우리의 삶에 필요한 모든 것도 다 주께 아뢰고 주시기를 구해야 한다. 또 필요한 것을 벌 수 있도록 지혜를 주시기를 구해야 한다.

- **주님이 선의 원천이므로 모든 필요를 하나님께 구한다**

3. 모든 필요를 하나님께 구하는 것은 주님이 모든 선의 원천이심을 깨닫는 것이다.

하나님만이 모든 선의 원천이시다. 하나님 아닌 존재 곧 악마와 그의 무리들은 우리에게 해가 되는 것을 주어 망하게 한다. 악마는 모든 악의 원천이다.

- **하나님이 선의 원천이시므로 우리를 죄와 죽음에서 구원하셨다**

하나님은 모든 선의 원천이시므로 우리를 죄와 죽음에서 구원해 내시고, 악마의 모든 계략에서 구출해 주신다.

하나님은 창조주이시므로 모든 선한 것은 다 그에게 있다. 그러므로 우리는 필요한 모든 것을 주 예수 그리스도의 이름으로 하나님께 구해야 한다.

- **일용할 양식을 구하는 것은 하나님의 은혜 아니면 살 수 없음을 밝히는 것이다**

4. 우리에게 일용할 양식을 주시라고 기도하는 것은 주의 축복 없이는 우리의 염려와 일함도 형통할 수 없고, 주의 은사들도 우리에게 번창할 수 없다는 것을 알게 하기 위해서이다.

우리가 우리의 필요를 채우기 위해서 일해도 주께서 복을 내리시지 않으면 아무 소용이 없다.

- **피조물을 의지하지 말고 주님만 의지해야 한다**

5. 우리는 모든 피조물들에게 우리의 신뢰를 두지 말고 오직 주께만 두어야 한다.

우리는 어려운 문제에 봉착하면 인간적인 모든 수단과 방법을 다 동원한다. 그래도 안 되면 주께 기도한다.

그러면 안 된다. 우리는 전적으로 주께 의지하고 그에게 간구해야 한다.

- **주 하나님만 의지할 뿐이다**

6. 우리가 의지할 이는 오직 주 하나님뿐이시다.

우리는 무슨 문제든지, 무슨 필요든지 먼저 주 하나님께 기도하고 간구해야 한다. 그러면 주께서 길을 내시고 지혜를 주신다. 전적으로 믿음으로 기도하고 간구해야 한다.

126. 우리의 죄를 사하시기를 구함

물음 126.
다섯째 간구는 무엇입니까?

Frage 126.
Was ist die fünfte Bitte?

답.
우리가 우리에게 죄지은 자들을 사해준 것처럼, 우리의 죄를 사하여 주시옵소서. 우리의 모든 악행과 우리에게 늘 붙어 있는 악까지도 그리스도의 피 때문에 우리 불쌍한 죄인들에게 돌리지 마옵소서. 주의 은혜의 증거를 우리 안에서 만나는 것처럼, 이웃을 심장으로부터 용서하게 하옵소서.

Antwort.
Vergieb uns unsere Schulden, wie auch wir vergeben unseren Schuldigern; das ist: Wollest uns armen Sündern alle unsere Missethat, auch das Böse, so uns noch immerdar anhängt, um des Bluts Christi willen nicht zurechnen, wie auch wir diess Zeugnis deiner Gnade in uns finden, dass unser ganzer Vorsatz ist, unserem Nächsten von Herzen zu verzeihen.

해설

- **우리 죄용서를 구하는 것은 우리도 사람들의 잘못을 용서해야 함을 말한다**

1. "우리 죄를 사하여 주시옵소서"라고 기도할 때 우리가 우리에게 죄지은 사람들을 용서해야 함을 말하고 있다.

"우리가 우리에게 죄지은 사람을 용서해 주듯 우리 죄를 용서해 주시옵소서"라고 기도하는 것은 먼저 다른 사람이 내게 행한 범죄나 악행을 용서해 주어야 한다는 것을 뜻한다. 그렇지 않고 내게 악행을 한 사람에 대해 적개심과 분노가 가득하면 결코 자기 죄를 용서받을 수 없다는 것을 기억해야 한다. 그래야 자기의 죄도 용서해 주시라고 합당하게 구할 수 있다.

- **죄용서받는 유일한 길은 주 예수의 피에 호소해서 용서를 구하는 것이다**

2. 죄용서받는 유일한 방도는 주 예수 그리스도의 흘리신 피에 호소해서 용서를 구하는 것이다.

우리는 어떤 선행이나 금욕이나 많은 헌금을 해서 죄를 용서받는 것이 아니다.

하나님은 그리스도의 흘린 피로 범죄한 모든 사람의 죄를 씻고 용서해 주기로 하셨다. 우리의 죄를 씻는 유일한 재료는 주 예수의 피뿐이다. 죄를 용서받기 원하면 그리스도의 흘린 피에 호소해서 죄용서를 구해야 한다.

- **우리의 악행과 죄악도 그리스도의 피로 용서해 주시기를 구하는 것이다**

3. 우리의 악행과 우리에게 붙어 있는 죄악도 그리스도의 피로 용서해 주시고 우리에게 돌리지 마시기를 구해야 한다.

우리에게 붙어 있는 악행도 그리스도의 피 때문에만 용서하시고 우리의 책임사항으로 돌리시지 않는다. 그 피로 죄를 씻어주시라고 기도하면 용서받는다.

- **충심으로 이웃을 용서해야 한다**

4. 우리의 결심은 충심으로 이웃을 용서하는 것이다.

우리의 큰 죄를 용서받았으면 이웃이 범한 죄도 충심으로 용서해야 한다. 내 큰 죄는 용서받고도 이웃의 죄는 용서해 주지 않는다는 것은 용서받은 자의 자세가 전혀 아니다. 하나님의 구속하는 은혜를 잊어버리고 변화되지 못한 사람의 심장이다.

127. 우리를 시험에 들지 말게 하시고 악에서 구하시기를 구함

물음 127.

여섯째 간구는 무엇입니까?

Frage 127.

Was ist die sechste Bitte?

답.

그리고 우리를 시험에 들지 말게 하시고 악에서 구하소서; 곧 우리가 우리 자신으로는 너무 약하므로 우리는 한순간이라도 존속할 수 없습니다. 그리고 우리와 관계가 끝난 원수들, 마귀, 세상, 그리고 우리 자신의 육이 쉬지 않고 우리를 공격합니다; 그러므로 주는 주의 성령의 능력으로 우리를 보존하시고 강하게 하시어 우리가 그들을 확고하게 저항하고 이 영적 전투에서 쓰러지지 않고 우리가 마침내 완전한 승리를 얻기까지 하게 하소서.

Antwort.

Und führe uns nicht in Versuchung, sondern erlöse uns vom Bösen; das ist: Dieweil wir aus uns selbst so schwach sind, dass wir nicht einen Augenblick bestehen können, und dazu unsere abgesagten Feinde, der Teufel, die Welt, und unser eigen Fleisch, nicht aufhören uns anzufechten: so wollest Du uns erhalten und stärken durch die Kraft deines Heiligen Geistes, auf dass wir

> ihnen mögen festen Widerstand thun, und in diesem geistlichen Streit nicht unterliegen, bis dass wir endlich den Sieg vollkommen behalten.

해설

- **시험에 들지 말도록 간구해야 한다**

1. 시험에 들지 말게 해 주시라고 간구해야 한다.

시험을 만나면 그 시험대로 범죄하기를 좋아하고, 그 범죄로 인해 육적 쾌락을 즐기기를 좋아한다.

그러므로 연약한 우리는 시험에 들지 말게 해 주시라고 간구해야 한다. 또 시험을 만나도 시험에 들지 않고 이기게 해주시라고 기도해야 한다.

- **죄의 유혹을 물리치는 유일한 무기는 그리스도의 피의 권세에 호소하는 길이다**

2. 시험 혹은 죄의 유혹이 올 때 그것을 물리칠 수 있는 유일한 무기는 그리스도의 피의 권세에 호소하는 것이다.

죄의 욕망과 시험을 물리치는 유일한 방도는 그리스도의 권세에 호소하고 그 피의 권세를 고백함으로 물리칠 수 있다.

그러지 않고 자기 힘이나 지혜로 이기려고 하면 완전히 패한다. 이길 길이 없다.

오직 그리스도의 흘린 피의 권세를 적용함, 곧 주 예수의 피가 나를 모든 죄에서 깨끗하게 한다고 (요일 1:7) 선언함으로 죄의 욕망과 시험을 이길 수 있다.

- **우리의 원수들이 우리를 그리스도인으로 살지 못하게 한다**

3. 우리의 원수들, 곧 마귀와 세상과 우리 자신의 육, 곧 옛사람의 법이 우리로 그리스도인으로 살지 못하게 한다.

마귀와 세상은 하나님과 그리스도의 구원사역을 싫어한다. 세상은 주 예수의 복음을 직감적으로 싫어하고 주의 구원사역이 사라지기를 바란다. 그래서 그리스도인들이 시험에 들고 범죄하여 넘어짐으로 그리스도인으로 살지 못하게 한다. 마귀가 제일 큰 원수 대적이다.

- **주 예수께서 성령의 능력으로 지켜 주시기를 구해야 한다**

4. 그러므로 주 예수께서 성령의 능력으로 우리를 지키시고 강하게 해 주시기를 구해야 한다.

성령은 우리가 기도하여 그의 능력으로 역사하시기를 구할 때 일하신다. 그러므로 끊임없이 기도하여 주께서 우리를 은혜 안에 보존하시고 강하게 해 주시라고 기도해야 한다.

- **온전한 승리, 곧 성화 노력은 죽음에서 끝난다**

5. 온전한 승리는 성화가 종결되는 죽음에서 이루어진다.

성화의 종결은 죽음에서 이루어진다. 그때 모든 죄와의 투쟁이 끝나기 때문이다.

그리스도인은 죽으면 육신의 옷을 벗고 하늘에 있는 승리한 교회와 연합한다. 하늘에 먼저 간 성도들은 죄와 시험과 유혹과 핍박을 이겨낸 사람들이다. 그들은 승리자의 대열에 선다.

128. 주기도문을 마치면서 하는 기도문

물음 128.
당신은 이 기도를 어떻게 마칩니까?

Frage 128.
Wie beschliessest du diess Gebet?

답.
나라와 권세와 영광이 영원히 주의 것입니다; 곧 주는 우리의 왕이시고 만물 위에 권세를 가지셨으므로 우리에게 모든 선을 주기 원하시고 또 주실 수 있으므로 우리는 주께 이런 모든 것을 구합니다. 그러므로 우리가 아니라 주의 거룩한 이름이 영원히 찬송을 받으셔야 합니다.

Antwort.
Denn dein ist das Reich, und die Kraft, und die Herrlichkeit in Ewigkeit; das ist: Solches alles bitten wir darum von Dir, weil Du, als unser König und alle Dinge mächtig, uns alles Gute geben willst und kannst, und dass dadurch nicht wir, sondern Dein heiliger Name ewig soll gepriesen werden.

해설

- 주기도문을 마칠 때 나라와 권세와 영광이 주의 것이라고 기

도한다

1. 주기도문의 마침 본문이 어떤지를 묻고 있다.
2. "나라와 권세와 영광이 영원히 주의 것입니다"라고 기도하는 이유를 아래의 3, 4, 5번처럼 해설한다.

- 나라가 주의 것이라고 한 것은 구원받은 백성 가운데 하나님이 충만히 거주하시기를 구하는 것이다

3. 나라가 주의 것, 곧 하나님 아버지의 것이라고 기도한 것은 그리스도의 구속사역으로 백성이 회복되어 하나님이 그들 가운데 충만히 거주하시는 일이 꼭 이루어질 것이라고 기도하는 것이다.

- 권세가 주의 것이라고 하는 것은 주의 통치와 임재가 영원할 것을 기도하는 것이다

4. 권세가 주의 것이라고 기도하는 것은 백성 회복이 이루어짐으로 하나님의 임재와 통치가 영원할 것이라고 기도하는 것이다.

- 영광이 주의 것이라고 기도하는 것은 백성으로부터 영원히 찬송과 영광을 받으실 것을 말한다

5. 영광이 주의 것이라고 기도하는 것은 하나님이 회복된 백성으로부터 영원히 찬송과 영광을 받으실 것임을 말한다.

- 주기도문의 마지막은 모든 선한 것을 주시기를 구하는 것이다

6. '우리의 왕으로서 만물 위에 권세를 가지셔서 우리에게 모든 선한 것을 주시기를 원하시고 주실 수 있으므로 이런 모든 것을 주께 간구합니다.' 이 기도문은 울시누스가 작성한 것이다.

나라와 권세와 영광이 영원히 주의 것이라고 기도하는 것은 이런 일들이 온전히 이루어지기를 기도하는 것이다.

우리에게 모든 선한 것을 주시라고 기도하는 것으로 이해하는 것은 합당한 해설이 아니다.

- 주의 이름이 영원히 찬송을 받으시는 것은 창조경륜이 성취된 것을 말한다

7. '또 이로써 우리가 아니라 주의 거룩한 이름이 영원히 찬송을 받으시기를 기도합니다.'

주의 나라가 온전히 이루어지면 주의 이름이 영원히 찬송을 받으신다. 왜냐하면 창조경륜이 그리스도의 구속사역으로 온전히 성취되었기 때문이다.

129. '아멘'이란 낱말의 뜻

물음 129.

'아멘'이란 낱말은 무엇을 뜻합니까?

Frage 129.

Was bedeutet Wörtlein: Amen?

답.

아멘은 그것이 참되고 확실하게 될 것이라는 것을 뜻합니다. 왜냐하면 내가 하나님께 그런 것들을 바라는 것을 내 심장에 느끼는 것보다 더 확실하게 하나님이 내 기도를 들으실 것이기 때문입니다.

Antwort.

Amen heisst: das soll wahr und gewiss sein; denn mein Gebet viel gewisser von Gott erhöret ist, denn ich in meinem Herzen fühle, dass ich solches von ihm begehre.

해설

1. 주기도문 끝에 붙은 '아멘'의 뜻이 무엇인지를 묻는다.
그것이 주기도문 전체와 무슨 상관이 있는지를 밝히고자 한다. 주께서 가르쳐주신 대로 기도하고 구한 것이 확실하게 이루어질 것임을 확증하는 말이다.

- **'아멘'은 주기도가 참되고 확실한 것임을 확증하는 것**

2. '아멘'은 기도한 내용대로 주께서 들으시므로 확실하게 이루어 주실 것을 믿는 믿음을 표현하는 말이다.

3. '아멘'은 주기도문과 모든 기도는 주 예수의 이름으로 구하였으므로 하나님이 확실하게 들으실 것임을 표시하는 표현이다.

주 예수의 이름으로 기도하였기 때문에 하나님이 확실하고 참되게 들으실 것임을 확신한다. 이 확신을 표현하는 것이 '아멘'이다. '아멘'은 하나님이 꼭 들으실 것임을 확신한다는 표현이다.

4. '아멘'은 하나님이 꼭 들으실 것임을 확신한다는 믿음고백의 표시이다.

- **내 말을 다 들으시는 것이 아니라 주 예수의 이름으로 구하였으므로 하나님이 확실히 들으신다**

5. 하나님이 내가 한 기도는 다 들으신다는 말이 아니라 주 예수의 이름으로 기도하였기 때문에 내가 구한 것을 하나님이 확실히 들으신다. 하나님이 확실히 들으실 것이란 믿음을 '아멘'으로 표현하고 있다.

아무 기도나 다 들으시는 것이 아니다. 주 예수 그리스도의 이름으로 구하고 간구하기 때문에 하나님이 들으신다. 하나님이 응답하시는 기도는 주 예수의 이름으로 구하는 기도이다.

6. '아멘'은 주 예수의 이름으로 구하였으니 하나님께서 내 기도를 들으신다는 믿음고백이다.

하이델베르크 요리문답 해설
Heidelberger Katechismus

1판 1쇄 인쇄 _ 2019년 11월 30일
1판 1쇄 발행 _ 2019년 12월 10일

지은이 _ 서철원
펴낸이 _ 이형규
펴낸곳 _ 쿰란출판사

주소 _ 서울특별시 종로구 이화장길 6
편집부 _ 745-1007, 745-1301~2, 747-1212, 743-1300
영업부 _ 747-1004, FAX 745-8490
본사평생전화번호 _ 0502-756-1004
홈페이지 _ http://www.qumran.co.kr
E-mail _ qrbooks@gmail.com / qrbooks@daum.net
한글인터넷주소 _ 쿰란, 쿰란출판사
페이스북 _ www.facebook.com/qumranpeople
인스타그램 _ www.instagram.com/qrbooks
등록 _ 제1-670호(1988.2.27)
책임교열 _ 김영미·박은아

ⓒ 서철원 2019 ISBN 979-11-6143-309-7 93230

책값은 뒤표지에 있습니다.
이 출판물은 저작권법에 의해 보호를 받는 저작물이므로 무단 복제할 수 없습니다.
파본(破本)은 구입처에서 교환해 드립니다.